国家出版基金项目
NATIONAL PUBLICATION FOUNDATION

辛亥革命百年纪念文库

学术研究系列

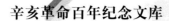

辛亥革命与资产阶级

朱 英 著

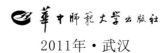

华中师范大学出版社

2011年·武汉

新出图证(鄂)字 10 号

图书在版编目(CIP)数据

辛亥革命与资产阶级/朱英著.
—武汉:华中师范大学出版社,2011.12
(辛亥革命百年纪念文库·学术研究系列)
ISBN 978-7-5622-5298-6

Ⅰ.①辛… Ⅱ.①朱… Ⅲ.①资产阶级—关系—辛亥革命—研究—中国 Ⅳ.①D691.71②K257.07

中国版本图书馆 CIP 数据核字(2011)第 257124 号

辛亥革命与资产阶级

作者:朱 英 ©
责任编辑:陈良军　　　　责任校对:易 雯　　　封面设计:罗明波
编辑室:文字编辑室　　　　电话:027－67863220
出版发行:华中师范大学出版社
社址:湖北省武汉市珞喻路 152 号
电话:027－67863040(发行部)　027－67861321(邮购)
传真:027－67863291
网址:http://www.ccnupress.com　　电子信箱:hscbs@public.wh.hb.cn
印刷:湖北恒泰印务有限公司　　　督印:章光琼
开本:640mm×960mm　1/16　　印张:23.25
字数:340 千字
版次:2011 年 12 月第 1 版　　　印次:2011 年 12 月第 1 次印刷
印数:1－1200　　　　　　　　　定价:66.00 元

欢迎上网查询、购书

总　序

章开沅

　　"人事有代谢，往来成古今。"时间过得真快，转眼就是辛亥百年。作为辛亥革命的研究者，我自然感慨万千。

　　首先想到的，就是孙中山在《民报发刊词》中说的那段话："十八世纪之末，十九世纪之初，专制仆而立宪政体殖焉。世界开化，人智益蒸，物质发舒，百年锐于千载，经济问题继政治问题之后，则民生主义跃跃然动，二十世纪不得不为民生主义之擅场时代也。"

　　过去有些论者，常常讥刺孙中山为空想主义者，其实大谬不然。他脚踏实地，实事求是，时时事事都从实际出发。他不仅密切关注现实，还关注历史，更关注未来。他没有把西方现代化看作完美无缺的样板，更没有机械地照搬西方政治模式，而是在总结既往百年世界历史的基础上，对西方的先进文明有所选择"因袭"，更有所斟酌"规抚"，从而才完成新的"创获"——"三民主义"与"五权宪法"。他历经千辛万苦，终于领导中国人民推翻君主专制，建立民主共和，开辟了中国历史的新纪元。

　　"百年锐于千载"是孙中山对于同盟会成立以前那一百年世界历史的精辟概括，其实这句话也可以形容同盟会成立以后这一百年的世界历史，因为20世纪的"世界开化，人智益蒸，物质发舒"等，其变化的幅度之大，速度之快，更远远超越了19世纪那一百年。我很重视"百年锐于千载"这句话，认为只有透过这前后两个一百年世界历史的发展变化，才能更为深切地理解辛亥革命。

我们钦佩孙中山，因为他在伦敦总结 19 世纪百年历史并思考人类文明走向时，并无任何具有实力的社团作为依托，主要是时代使命感与社会责任感督策使然。他在大英博物馆漫游书海，几乎是孑然一身，固守孤独。然而他并不寂寞，他的心与祖国、与受苦民众联结在一起，同时也与世界各地善良的同情者联结在一起。他把祖国命运放在世界命运中间认真思考，并且像耶稣背负十字架一样，心甘情愿地承担起"天下兴亡，匹夫有责"的沉重课题。

我们钦佩孙中山，还因为他在百年以前思考的问题、探索的思路以及追求中国现代化的各方面实践，都已经成为宝贵遗产，在此后百年的中国历史进程中或多或少产生影响。辛亥革命不仅仅是一个伟大的历史事件，它更是一个伟大的社会运动，并非起始于辛亥这一年，更非结束于辛亥这一年。像任何历史上发生过的社会运动一样，它有自己的前因，也有自己的后果，而前因与后果都有连续性与复杂性。我们不是辛亥革命的当事人，没有任何亲身的经历与见闻；但是作为后来者百年以后看辛亥，可能对当年的若干重大问题观察得更为客观、全面、深切，其原因就在于我们探索其前因后果的连续性与复杂性，具有更多的方便条件。

因此，我们反思辛亥百年，应该在连续性与复杂性方面多下工夫，换言之，就是在时间与空间两方面作更大的扩展，以期形成长时段与多维度的整体考察。

仅以三民主义为例，就能引发许多新的思考。

首先是民族主义，过去的研究多半侧重于"排满"问题的实质探讨，而有意无意冷落了对"五族共和"的阐析。其实，在中华民族作为国族认同方面，辛亥那一代人不仅开创于初始，而且还在政治、制度、政策乃至文化诸层面有持续的探索性实践。应该承认，孙中山及其后继者在"中华民族多元一体格局"的形成方面也有不同程度的贡献，至少我们在中华民族作为国族的总体观念上与前人是一脉相承的。1949 年新中国成立以后，我们在增进民族平等、团结，发展民族地区经济、文化，乃至促进少数民族内部社会革新等方面都取得了举世瞩目的辉煌成绩。但是，在民族认同与民族团结方面仍然存在着若干问题，仍然需要从历史到现状进行系统的梳理与总结。

作为历史遗产，辛亥革命也有负面的因素。为鼓动民众推翻清王朝而狂热地鼓吹"排满",显然对早已存在的大汉族主义或汉族中心主义有所助长,长期以来,无论是在对历史还是对现实的看法中这些经常会有意无意地显现。即以 20 世纪初期革命报刊极力制作宣扬的"黄帝文化"而言,至今我们一味"弘扬"而未能有所"扬弃"其汉族中心主义内涵。所以我自去年以来不断提倡"新黄帝观",即给始祖文化符号以更具包容性的诠释,这样才能更为增进对中华民族作为统一国族的认同,可能也更符合孙中山"五族共和"的积极意蕴。

其次是民权主义,回顾过去百年,也会有许多新的认知与感受。辛亥革命使共和国从此深入人心,此话不错亦非虚,但这次革命也仅仅是开启了共和之门,迈出了走向共和的第一步。就以孙中山自己为例,他对"五权宪法"的创建寄予很高期望,曾经明确揭示:"以三民主义为立国之本原,五权宪法为制度之纲领。"但是,对于这个理念懂之者不多,应之者甚少,连孙中山自己也还缺乏相关的架构设计。直到 1920 年在广州召开非常国会并就任非常大总统之后,孙中山才逐步把"五权宪法"从抽象理念形成完整的国家体制框架。概括起来,无非是:(1)以"权能分离"作为理论基础;(2)"五权分立"具体化,成为行政、立法、司法、监察、考试五院政府的架构;(3)进一步确定县一级实行选举、复决、罢官、创制等直接民权,每县选代表一人,组成国民大会代表全国人民行使政权,并授权中央政府行使治权。他认为,如此既可防止议会专制,又可杜绝政府腐败;既可实现直接民权,又可实现"万能政府",堪称民权主义的完美境界。

但是,"五权宪法"倡议以来,孙中山却未能在生前实施自己的方案;而国民党定都南京以后,所谓"五权分立"的推行也是举步维艰,其后逐步演变得荒腔走调,更非孙中山所能预料。应该说,"五权分立"的立意还是积极的,即为了防止西方议会、政党政治的弊端,将考试权从行政权中分出,监察权从立法权中分出,借以寻求更为完善的权力相互制衡。国民党内外三民主义、"五权宪法"的服膺者也并非都是虚应故事,其中确实有些忠贞之士满心期望通过"五权宪法"的实施,把中国引向民主与法制的进步道路。但是,任何良好的民主政治设计,都改变不了国民党政府"党治"、"军治"、"独治"的严酷现实,"五权分立"的政治架构只能流于虚有其表的形式。这种披着"五权宪法"外衣的威权统治，在1949年以后随着国民党的失败而转移到台湾。直到蒋介石死后，迫于内外形势的急速变化，蒋经国在临终前解除了党禁、报禁与戒严，这才结束了蒋家王朝的威权统治。正是在此以后，"五权宪法"、"五权分立"才真正在台湾的政治实践中受到全面检验与不断修正。

无论西方与东方，特别是在东方，民主政治在任何国家的成长、完善，都必然要经过一条漫长、复杂、曲折而艰苦的道路。中国长期处在中央集权的君主专制统治之下，从来没有什么议会政治的传统。过去认为这是一个优点，其实这只是有利于"枪杆子里出政权"，政权的更替只能通过武装斗争，别无其他良策。现今，国家已经富强，并且逐步走上民主与法治的轨道，我们应该更加尊重前贤追求民主法治的真诚努力，从他们留下的经验教训中吸取智慧，走出政治制度改革的瓶颈，建设更为完善的中国先进政治文明。

第三是民生主义，这是孙中山最具前瞻性的思想遗产，也是当时最为曲高和寡的政治主张，但在百年之后却成为中国与世界面临的最为紧要的严重问题。孙中山师法亨利·乔治与约翰·穆勒，同时又从中国传统的大同思想以及均田、公仓等方案中受到启发，提出"平均地权"以谋防止资本主义贫富两极分化的弊害。孙中山自信"可举政治革命、社会革命毕其功于一役"，过去曾被讥评为徒托空言，其实他和他的后继者在这方面还是做过多方面的探索与讨论，积累了颇为丰富的经验教训。"民生"一词，从经济而言，涵盖发展与分配两个方面，这就是孙中山所说的"欧美强矣，其民实困"。20世纪初始，中国资本主义还处于极为幼弱时期，1905年提倡"节制资本"诚然是"睹其祸害于未萌"，但现今对于中国而言则早已是严酷的现实。我们虽然标榜中国式的社会主义市场经济，但是并未能置身于资本主义"祸害"之外，而双轨制经济并存衍生的权钱交易，更使这种"祸害"愈演愈烈。因此，最近几年，政学各界及媒体、网络苦心焦虑，"民生"一词遂成出现频率最高的话语之一。

孙中山及其后继者设计的多种具体方案，已成明日黄花，很难解决当前社会深层转型的复杂问题，但"一手抓土地流转（平均地权），一手抓投资调控（节制资本）"的思路仍然可以对我们有所启发。孙中山是农民的儿子，他对贫苦民众有本能的同情；他自己又在海外生活时间甚久，对资本主义社会弊病理解最深。这样的领导者，郑重提出的政治设计必定有其现实根据，更有丰富的思维蕴涵，我们理应加以珍惜，作为当前排难解纷的借鉴。

最后还有孙中山晚年对世界主义，特别是世界主义与民族主义之间关系的思考，经过百年世界风云变幻的映照，在全球化浪潮已经席卷世界各地的今天，仍然可以发人深省。

孙中山是伟大的爱国主义者，他临终仍不忘呼唤："和平，奋斗，救中国。"他又是伟大的国际主义者，从革命一开始就谋求国际合作，而且晚年还更为热忱地呼吁建立一个和平、公道、合理的世界新秩序。他为人题字，书写极多的就是"天下为公"、"世界大同"。他应该是近代中国最高层政治领袖中堪称"世界公民"的第一人。

晚年的孙中山，不再简单地以东方、西方或者肤色差别划分世界，而是把世界区分为压迫民族与被压迫民族两大阵营。他呼吁全世界"受屈人民"联合起来反对帝国主义。而所谓"受屈人民"，不限于被压迫民族，也包括压迫民族中的"受屈人民"，以及虽已强大然而真诚支持世界各国"受屈人民"的苏联人民。他甚至天真地把"苏维埃主义"与中国传统的大同理想等同起来，劝说日本"联苏以为与国"，共同支援亚洲乃至全世界"受屈人民"的反帝斗争。这可以认为是孙中山民族主义的又一次升华。

孙中山以"恢复中华"作为自己革命生涯的发端，但是从来没有把民族主义的范围局限于中华，更没有以此作为终极目标。他认为民族主义乃是世界主义的基础，因为被压迫民族只有首先恢复民族的自由平等，然后"才配得上讲世界主义"。他期望以苏联人民作为欧洲世界主义的基础，以中国人民作为亚洲世界主义的基础，然后扩而大之，从而实现整个人类的世界主义。

百年以来的世界，风云变幻，日新月异。特别是第二次世界大战以及冷战与后冷战的国际格局演变，与孙中山的理想相去甚远。但是他的总体思路，特别是有关民族主义与世界主义之间关系的深沉思考，并非纯然是美好的空想，仍然有许多值得重视的现实依据。在全球化潮流席卷整个世界，人类已经进入网络化信息时代的今天，正确处理民族主义与世界主义之间的关系，仍然是极为复杂而又必须回答的重要问题。当前某些政论家正在构思的所谓"全球地方关系（global-local relationships）"或"全球地方化（glocalization）"，与孙中山的思路正相呼应，似乎一脉相承。

举一可以反三。中国现代的历史叙事，党派成见影响甚深，意识形态束缚尤多，所以很难求得客观、公正、深切的理解。必须以更为超越的心态、广博的胸怀，把中华民族作为一个整体，并真正置于世界之中，作百年以上长时段的宏观考察与分析，才可以谈得上史学的创新。思想的解放，对中国、对世界，于学术、于现实都大有裨益。我认为这是对辛亥百年最好的纪念。

在辛亥革命百年纪念之际，华中师范大学中国近代史研究所在学校出版社的鼎力支持下，隆重推出了"辛亥革命百年纪念文库"，其中包括学术研究系列和人物文集系列，总计多达 30 余种著作。这套文库的出版，称得上是一项规模较大的学术文化工程。尽管由严昌洪教授担任主编的十卷本《辛亥革命史事长编》等新书未收入文库，而是由其他出版社出版，但这套文库仍然较为集中地体现了多年以来华中师范大学在辛亥革命史研究方面所取得的成果。

从 1978 年华中师范大学历史系成立辛亥革命史研究室，到 20 世纪 80 年代初由原国家教委批准建立华中师范大学历史研究所，再到 2000 年成为教育部人文社会科学重点研究基地而改名为中国近代史研究所，数十年来虽历经人事更替与诸多困难，但辛亥革命史始终是我们的重点研究领域之一，其间不断有新成果问世，研究所一代又一代学人为之付出的心血，从现今出版的这套文库更不难窥见一斑。

当然，这套文库所收录的著作，无论是学术研究系列还是人物文集系列，都还存在着这样或那样不尽完善之处，希望能够得到海内外学者的批评与指正。

目　　录

第一章　资产阶级的形成

举世瞩目的辛亥革命，是一次资产阶级性质的革命。对辛亥革命时期资产阶级的探讨，理所当然是辛亥革命史研究领域中尤为重要的课题。而资产阶级何时发展成为一支独立的队伍，换句话说也就是何时形成为一个阶级，则是研究资产阶级首先需要解答的一个问题。因此，本书将这个问题列为第一章加以分析。

海外曾有一部分学者认为，辛亥革命时期的中国，资产阶级尚未形成，并进而否认辛亥革命是一次资产阶级性质的革命。对此，国内已有学者作了多方面阐述，证实了辛亥革命时期，中国资产阶级已经形成而且具有一定影响，辛亥革命无疑是资产阶级性质的革命，故本书不再赘述。[1]

国内绝大部分学者对于近代中国资产阶级已经形成这一结论均无疑义，但究竟何时形成，则众说纷纭，似无定论。这个问题不搞清楚，就很难全面准确地把握资产阶级在辛亥革命进程中的地位与影响。故本章拟在分析以往有关见解的基础上，着重从组织发展程度和思想意识的变化这两个新视角，论述辛亥革命前商会的诞生与中国近代资产阶级的初步形成。

---

[1]　可参阅章开沅的《就辛亥革命性质问题答台北学者》(《近代史研究》，1983年，第1期)、《辛亥革命与江浙资产阶级》；丁日初的《辛亥革命前的上海资本家阶级》(以上两文载《纪念辛亥革命七十周年学术讨论会论文集》，中华书局，1983年)；汪敬虞的《中国近代社会、近代资产阶级和资产阶级革命》(《历史研究》，1986年，第6期)等。

一　学术界有关论述评介

关于中国资产阶级究竟形成于何时，迄今学术界主要有以下几种不同的意见。

一种意见认为，随着19世纪70—80年代中国民族资本近代工业的产生，中国资产阶级就已相应产生。[1] 持此观点的论者并未就这一问题展开说明，只是引用列宁和毛泽东的两段话作为依据。为便于理解，将这两段话转引如下。列宁指出："社会上一部分人占有全部土地，那就有了地主阶级和农民阶级；如果社会上一部分人拥有工厂，拥有股票和资本，而另一部分人却在这些工厂里做工，那就有了资本家阶级和无产者阶级。"[2] 毛泽东在《中国革命和中国共产党》一文中说："中国民族资本主义发生和发展的过程，就是中国资产阶级和无产阶级发生和发展的过程。"[3]

上引列宁和毛泽东的观点都没有错，问题是我们应该如何理解。任何一个"阶级"，从其产生到最终形成都有一个历史发展过程。起初所产生的只能是这个阶级的一部分成员，当其成员越来越多，并且通过自己的组织或政党，凝聚结合成为一个统一的整体，相互之间有了明确的阶级认同感，以独立社会力量的姿态出现，才能说它已经发展成为一个真正的阶级。因此，不能将某个阶级内部成员的出现，直接说成是某个阶级的形成。

在近代中国，资本家的出现是比较早的。自从1840年第一次鸦片战争之后，受外国资本主义影响，中国就产生了资本主义性质的新式商业，一些传统商业也逐渐向新式商业转化。那些经营新式商业的商人，可以说就是商业资本家。与传统商业向新式商业转化相伴随，一些传统商人也逐渐向近代商业资本家转化。19世纪70年代以后，又诞生了民族资本主义工业，出现了工业资本家，而且人数不断增加。这些工商业资本家出现之后，虽然在社会经济生活

---

①　魏永理：《中国近代经济史纲》（上），甘肃人民出版社，1983年，第320页。

②　列宁：《共青团的任务》，《列宁选集》，第4卷，人民出版社，1972年，第352～353页。

③　《毛泽东选集》（合订本），人民出版社，1976年，第590页。

中占有不容忽视的地位，但尚不具备独立阶级队伍的基本特征和自觉意识。他们彼此没有紧密的组织联系，被隔绝分散在为数众多、互相排斥的会馆、公所等行会之内，缺乏明确的阶级认同感。这时，作为独立社会力量的资产阶级并未形成，资本家的力量也比较有限，因此在引进西方机器设备，肇始中国工业化的过程中，不可能发挥应有的主导作用。在中国工业化的初始阶段，国家政权及其统治集团中的一部分开明改革派以推行洋务运动的方式，扮演了发动者和组织者的角色，资本家只是担任了配角。

马克思和恩格斯都曾对阶级形成的发展过程作过论述，前引列宁和毛泽东的两段话，实际上也包括资产阶级内部成员即资本家的产生，并不能理解为单纯指资产阶级的形成。认为伴随着中国民族资本近代工业的产生，中国资产阶级即已产生的观点，直接将个别资本家的出现等同于整个资产阶级的形成，显然是将两个不同的概念相互混淆了。从目前情况看，这一观点也未得到学者们的重视和赞同。

第二种意见认为，戊戌变法时期资产阶级上层已经形成，"以康有为为首的资产阶级维新派，主要是被民族资产阶级上层呼唤出场的"。当时，民族资产阶级中下层"没有形成独立的政治力量"，"还只能处于前者的附庸和助手地位，远未能在政治上、经济上拥有独立的发言权"[1]。

以往的有关论述，大多认为民族资产阶级上层充当了戊戌时期的维新派和辛亥时期的立宪派的阶级基础，维新派和立宪派主要代表和反映了民族资产阶级上层的利益与愿望。这种意见认为戊戌变法时期民族资产阶级上层已经形成，主要依据就是代表民族资产阶级上层利益的维新派登上了历史舞台。这里姑且不谈维新派和立宪派是否仅仅代表民族资产阶级上层的利益，即使承认这一点，也很难说维新派登上历史舞台就标志着民族资产阶级上层已经形成。因为这涉及另外两个不能混淆的概念，即阶级的政治代表与阶级主体。就一般情况而言，一个阶级的政治代表和阶级主体的产生发展，并非亦步亦趋，往往有超前或滞后的现象，所以也不能将两者

---

[1]　胡绳：《从鸦片战争到五四运动》（下册），人民出版社，1983年，第498～499页。

等同视之。在近代中国，由于社会动荡频仍和各派政治力量消长急剧，代表和被代表者之间发展脱节的状况更为突出。如果单以政治代表出现，就断定其所代表的那个阶级或阶层已经形成，这在政治思想超前产生，社会物质基础滞后发展的近代中国，难免失之偏颇。

考察戊戌变法时期资产阶级本身的发展程度，也很难说当时已经形成了一个能以独立社会力量姿态出现的资产阶级。不容否认，当时的资本家在人数上已进一步增多，实力也有所加强，但他们彼此之间仍仅仅只有行业或乡谊等十分狭隘的联系，组织的发展程度没有什么变化，思想上尚无明确的阶级认同感，也就是说仍不具备自觉的阶级意识。因此，不能说当时资产阶级已经形成。资本家在戊戌变法中的表现，是与其发展状况相吻合的。由于没有形成为独立的社会力量，在戊戌变法这样一次如此重大的社会变革中，我们看不到各行业的资本家互相联合起来，集体表露自己的态度和采取统一的行动。当时，也没有任何一个资本家的组织或机构，能统一代表整个工商业者的利益，直接表达他们的要求，领导他们参与变法运动。从整体上来看，工商业者对戊戌变法并未予以多大的关注，几乎看不到他们的有关言论和行动，只有少数资本家以个人身份，参与了一些变法活动。而在 20 世纪以后的历次重大政治运动和经济活动中，工商业者却无不以独立社会力量的姿态，互相协调配合，公开表明其政治态度，并采取相应的统一行动。从这一重要侧面，即可看出戊戌时期的资本家尚未形成为一个资产阶级。

第三种意见认为，中国的资产阶级形成于 19 世纪末 20 世纪初。因为戊戌变法以前，投资于商办新式企业的大多数人的经济利益和政治态度，基本上没有脱离原来买办、地主和官僚的地位与立场，只是开始有了不同程度的转化。所以，不能说已经形成了一个独立的资产阶级。到 19 世纪末 20 世纪初，民族资本主义经济有了较大增长；资本家数量相应增加；出现了一批资产阶级、小资产阶级知识分子；民族资产阶级跃上了政治舞台。此时，作为一支独立阶级队伍的资产阶级才真正形成。[①]

---

① 　林增平：《中国民族资产阶级形成于何时》，《湖南师院学报》，1980 年，第 1 期。

从以上介绍可以看出，第三种意见从四个方面作了论述，是目前论述资产阶级形成方面最全面的一种观点，视野和角度较前均有所拓展，不仅涉及了作为资产阶级政治代表的资产阶级、小资产阶级知识分子，而且直接考察了资产阶级主体的自身发展态势，因而更具说服力，得到多数学者的首肯。目前，大部分近代史教材和有关著作都采用了这一观点。如果说仍稍有不足，那就是对资产阶级主体的考察尚欠充分，特别是未从资产阶级的组织发展和思想意识变化方面进行分析。另外，19 世纪末 20 世纪初的时间界定，似乎也过于宽泛。

1983 年在上海举行了第一次全国性"近代中国资产阶级研究"学术讨论会，会上曾就资产阶级何时形成进行过讨论，但意见颇为分歧。有的学者指出，民族资产阶级的形成，从 19 世纪 70—80 年代开始而完成于 20 世纪初年。也有人认为，经济是一个复杂、相对的因素，很难用工厂或商业的基本的数字来判断资产阶级在哪一年或哪一个十年形成。而政治斗争则有一个大致的时间界限，因此在各种因素中可以着重考虑政治因素，发生维新运动的 19 世纪 90 年代，即可视为民族资产阶级的基本形成时期。还有的强调鸦片战争后工场手工业在中国资本主义经济中占有重要位置，后来又有了进一步发展，因此提出民族资产阶级形成的起点应是 19 世纪 40 年代，完全形成则是在 19 世纪末。①

以上说法因系在发言中提出，大多论证不充分，也欠严密。同时，由于缺乏一个准确而统一的标准，论者之间有的强调经济因素，有的侧重政治因素，其结果必然会见仁见智，莫衷一是。

综合以上介绍的各种意见，不难看出学术界对资产阶级何时形成这一问题的探讨非常活跃。尽管尚未获致完全统一的认识，却给研究者提供了不少启迪。但是也应看到，以往的探讨在视野上仍嫌狭窄，有一定局限性。我认为，目前应着重加强对资产阶级本身发展状况的考察，尤其是探讨其组织发展程度和思想意识的变化。这样，或许能够对资产阶级究竟何时形成获得比较清晰的认识。

---

① 参见杨立强、沈渭滨：《"近代中国资产阶级研究"讨论会综述》，《历史研究》，1983 年，第 6 期。

二 资产阶级组织程度的提高

所谓阶级，应该是一个社会集团，这个集团的成员不仅在社会经济结构中处于相同的地位，具有共同的利益，而且彼此之间必须存在着密切的政治经济联系，成为协调行动的一股社会政治力量。"鸡犬之声相闻，老死不相往来"，彼此孤立，单独相向的状态是不可能形成一个阶级的。马克思在分析法国中世纪的小农时就曾指出："由于他们利益的同一性并不使他们彼此间形成任何的共同关系，形成任何的全国性的联系，形成任何一种政治组织，所以他们就没有形成一个阶级。"[1] 不难看出，一个阶级的形成有赖于其成员之间相互联系的加强和组织程度的提高，这也是考察资产阶级是否形成的一个重要依据。因为自发分散的资产阶级分子，只有增强组织程度，通过某种枢纽性的组织机构，才能凝聚联结成为一个有着共同利益的社会集团。任何一个阶级，也只有在组织起来之后，才能从事最起码的社会活动，体现出本阶级的政治能量，使人们在社会生活中感受到它的存在与影响。据此，笔者认为：1904 年以后各地资本家社团组织——商会的建立，可以作为中国资产阶级初步形成为一支独立阶级队伍的重要标志。

商会成立之前，工商业者虽然拥有公所、会馆等组织机构，但其性质类似于中世纪的行会，与近代的商会不能同日而语。我们知道，传统的公所、会馆一般是封建社会内部商品经济发展到一定程度，各行业为防止不当竞争、排除异己和垄断市场而建立的一种非常狭隘的机构，商会则是资本主义经济发展、资产阶级力量增强的产物。在成员构成上，公所多由同行业者联合而成，会馆更兼有同乡会的色彩，由在异乡的同籍者组成。因此，会馆无行业之分，但有地域的限制，公所无地域限制，却有行业帮派之别，均非各行业资本家的统一机构。被誉为"众商业之代表"的商会，则不限籍贯和行业，是联结工商各业的统一组织。其产生之后，有史以来第一次将分散在各行业的资本家凝聚成了一个相对统一的整体。从活动内容看，公所、会馆往往各有其势力范围，畛域分明，壁垒森严，

---

① 《路易·波拿巴的雾月十八日》，《马克思恩格斯选集》，第 1 卷，人民出版社，1972 年，第 693 页。

除约束会员，限制竞争外，还从事联络乡谊和慈善事业。商会则是各行业的枢纽性机构，其活动范围不限于某一行业，它的宗旨是"联络群情，开通民智，提倡激励与兴利除弊，并调息各业纷争"①。

清朝商部颁行的《商会简明章程》规定，各省垣及通商大埠成立商务总会，府州县设立商务分会，贸易较为发达的集镇则设立商务分所，就此表象而论，可以说商会只是一个更广阔范围内的区域性组织。然而透过这一表象，我们却可发现各商务总会通过星罗棋布的分会和分所，层层联结与渗透，实际上形成了网罗全省各地资本家的轴心，发挥着某种系统中枢的重要作用，从而改变了各省区资本家过去那种互不联系的分散孤立状况。

如从全国范围看，各省的商务总会互不统属，在组织上都是独立的，但这并不意味着它们之间就毫无联系。恰恰相反，全国各地为数众多的商会在各项实践活动中往往遥相呼应，密切配合而协调行动。通过这种紧密的联系，则又使全国的资产阶级也形成了一个相对统一的整体，由此得以产生商会"登高一呼，众山皆应之势"②。1905年爆发的反美爱国运动，之所以能在短时间内发展到前所未有的高涨声势和普及程度，即是上海商务总会率先以"伸国权而保商利"相号召，各地商会闻风响应，积极动员资本家踊跃参加这一爱国运动的结果。1907年的讨论商法草案大会，也反映了全国各商会之间的紧密协同关系。据有关文献记载，派代表赴上海参加这次大会的，共有88个商务总会、分会和分所，其中包括新加坡、三宝垄、长崎、海参威华商总会。另以书信形式与议者，还有30余埠。这次有领导、有组织、有明确宗旨的全国性民间商业立法活动，展示了资产阶级政治上要求民主权利、经济上发展自身利益的双重愿望，也说明全国各商会趋向一致、联合行动的发展态势。在这次会上，还提出了筹办华商联合会和中国华商银行的动议，会后又派人专程赴南洋从事联络。1909年12月，海内外商会代表第二次聚集上海召开商法讨论会，决定将上海商会创办的《华商联合报》改名为《华商联合会报》，报馆内附设华商联合会办事

---

① 《广东总商会简明章程》，《东方杂志》，第1年，第12期。
② 《大公报》，1905年7月2日。

处，负责联络筹备工作。此后，该办事处即成为全国各商会的联络中心，它除通过《华商联合会报》进行宣传鼓动外，还组织各地商会共同从事了不少的经济政治活动，从而进一步密切了商会间的联系。

1910年第二次国会请愿运动前夕，华商联合会办事处为动员和组织海内外华商参加这一政治运动，即在会报刊发《为国会事公告海内外华商联合请求书》，各地商会马上积极响应，"或即开会，或拟上书，或任运动同志，或拟公举代表"；造成国会请愿运动的广泛声势①。上述事实表明，商会成立之后，资产阶级不仅依靠自己的这一组织在地方上团聚起本阶级的力量，改变了过去分散自发的狭隘落后状态，而且通过相互之间的照应和协调运动，一定程度地突破了省区的界限，在全国建立起虽比较松散但却令人瞩目的政治经济网络，逐渐成为一支独立的政治力量。

新兴的资产阶级不仅通过商会联成一个有着共同政治经济利益的社会集团，更重要的是获得了"法人"地位，进而能够采取种种办法将自己的势力和影响层层渗透到社会生活的各个领域。例如清末的上海，设有城厢内外总工程局管理市政建设。在这个机构中，虽有不少地方绅董，但领导权基本上控制在商会领导人手中。总工程局总董李平书，是沪南商务分会的会董，办事总董曾铸、郁屏翰、朱葆三等三人均为上海商务总会的骨干。1909年总工程局改组为自治公所，李平书连任总董，中区商团团长莫锡纶当选为副总董。董事王一亭、叶逵、苏本炎、朱得传、顾履桂等都具有商会会董或会员的身份。② 以商会领导人为骨干而组成的总工程局及自治公所，在改变上海城市面貌等方面做了许多卓有成效的工作，产生了一定的社会影响。如招商建立电灯有限公司、创办自来水公司、增辟城门马路等。此外，总工程局还设有参事会，下分户政、警政、工政三科，并办有政法讲习所，附设裁判所、平粜局、平价处等，比较全面地管理城市社会生活，维护资产阶级的利益。

还应该强调的是，商会成立之后，资产阶级才真正有了为本阶级利益说话办事的统一组织机构，从此他们不再以个人或落后的行

---

① 《记国会请愿代表进行之状况》，《东方杂志》，第7年，第2期。
② 《上海通志馆期刊》，第1123、1125页。

帮形象,而是以新式社团法人的姿态与官府势力相周旋。如商事裁判权以前控制在官府衙门手中,工商业者每逢涉讼纠纷,必受敲诈勒索。由于势单力薄,各商家虽怨声载道,却无可奈何。商会的成立就使这种局面有所改观,不少商会附设商事公断处或裁判所,"以保商规、息商累为宗旨"①,并向官府明确宣布,嗣后"凡商号一切诉讼案件,概归商会办理"。这样,工商户"遇有亏倒情事,到会申诉,朝发夕行,不受差役需索之苦,并无案牍羁留之累,各商藉资保护,受益良非浅鲜"②。又如1906年底,江苏地方衙门增收牙贴税,商人苦不堪言,于是苏州商务总会及所属部分分会多次呈文交涉,要求商部出面制止。最后商部迫于舆论压力,不得不宣布暂停加征。由此可见,由于有了商会这一联系纽带和基地,封建统治者对资产阶级的气度和活动能量也须刮目相看了。

综上所述,1904年以后各地商会的相继建立,当可视为中国早期资产阶级初步形成的一个重要界标。它将资产者以往的个人或行帮形象,转变为新式社团法人的姿态,从而使其得以极为活跃的政治风貌在晚清风云变幻的社会大舞台上,演出一幕又一幕的历史活剧。

不过也应该看到,当时的资产阶级仍处于幼年时期,尽管其组织程度明显加强,但在许多方面依然远未完全成熟。就商会这一资产阶级的新式社团而言,其性质虽与旧的公所、会馆有着本质的不同,却又"大都以各业公所、各客帮为根据"。商会的会员,也就是各行帮所推选的商董,因而有一定的局限性。从实际情况看,商会成立之后,公所、会馆并未即刻消亡,有的行业行帮活动甚至继续增加。据民国七年(1919年)刻本《上海县续志》记载,清末的上海约有会馆、公所73个,其中建于光绪、宣统年间的即有水果、参业、金业、纱业等37所。这一方面表明公所、会馆在新的历史条件下发生了某些变化,旧的封建色彩有所削弱,能够在一定范围内表达工商业者的意愿,另一方面也反映资产阶级虽然有了自己统一的社团组织,但在一定程度上仍旧受到传统行帮格局的某种限制。因此,清末商会的诞生,只是意味着资产阶级独立阶级队伍

---

① 《保定商会设所裁判讼案》,《华商联合报》,第8期。
② 苏州市档案馆藏:苏州商会档案,第68卷,第48页。

的初步形成。1912年"全国商会联合会"这一全国性的资产阶级联合团体正式宣告成立，使中国资产阶级的组织程度发展到一个更高层次，标志着中国资产阶级完整形态的最后形成。

三 资产阶级近代意识的增强

考察近代中国资产阶级的形成，不仅应该分析其组织程度的增强及其所产生的影响，而且还要探讨当时的资产阶级自身是否已具备近代思想意识。因为一个阶级只有在其成员具有共同的阶级利益意识时，才能称得上已发展成为名副其实的阶级。英国著名历史学家汤普逊曾说：当一批人从共同的经历（无论是继承的还是分享的经历）中得出结论，感到并明确说出他们之间有共同利益，他们的利益与其他人不同时，阶级才会发生。[1] 应该指出，汤普逊这段话强调的仅仅是阶级意识，而且主要是针对英国工人阶级的形成而言的。我们认为，从思想意识方面，考察处在近代中国半殖民地半封建这一特殊社会历史土壤中的资产阶级的产生与形成，不能局限于阶级意识这一个方面，应该从更大的范围来观照包括它们的阶级意识在内的近代思想意识。商会诞生之际，资产阶级已萌发了明显的近代意识，这从另一个方面说明当时的资产阶级已初步发展成为一支独立的阶级队伍。

资产阶级近代意识的明显萌生，首先体现于其具有丰富近代内容的民族主义爱国思想。

众所周知，中华民族有着数千年的文明史，早在秦汉时期汉民族即形成了共同的语言和文字、共同的经济生活与文化，因此，中国人民的祖国观念、民族意识、民族感情产生已久，爱国主义传统源远流长。但是，祖国和民族都是历史的范畴。不同时代的人们，对祖国和民族有着不同的理解；不同时代的民族主义和爱国主义，也有着相异的内涵。20世纪初资产阶级的民族主义和爱国主义思想，包含着近代民族、国家、国民等新内容，具有鲜明的时代特征，故而明显不同于古代的民族意识和爱国思想，属于近代资产阶级民族主义的历史范畴。

---

① ［英］E·P·汤普逊：《英国工人阶级的形成·序言》，纽约，1966年。

与古代的民族主义和爱国主义囿于一隅小国或者是眷念于汉族复兴相对照，20 世纪初资产阶级所萌发的近代民族意识和爱国思想，将中国看作各民族统一完整的国家，并且意识到"国家为人民之集合体"①，而不是将其视为某个王朝体系世代相袭的天下。他们指出："今世之稍具国家观念者，盖莫不知国家者，非君主一家之私物，而凡具个人之资格者，皆含有一国家之一分子也，故知欲强其国家者，必非藉少数豪杰英武强毅之威力，而必恃有多数团体整齐严肃之精神。"② 基于此种认识，资产阶级的民族主义和爱国思想主要是着眼于维护整个国家的主权和领土的完整，建立强盛的近代化国家，而不是为统治者效忠，也非专注于复兴汉族的王朝统系。例如法国侵略者密谋侵占广西，旅居上海的广东商人在广肇公所讨论拒法事宜，有一董事认为"公所为广肇两府商务而设，国家大事不得干预"，在座诸商"群起大哗，痛诋该董事无爱国之心"；众商争相演说，阐明"人皆知广西事即广东之事，救广西即救两粤，救两粤即救全局"③。这种打破狭隘乡土地域和一己之私的国家观念，说明 20 世纪初的资产阶级开始了民族主义的新觉醒。

至于 20 世纪初资产阶级民族意识和爱国思想中的国民观念，虽与古代"天下兴亡，匹夫有责"有着一定的渊源，但其所称之国民，是具有独立人格和个人权利的国民。"藐然之身，亦任国家存亡之责"，正是个人权利与职责义务紧密结合的必然结果，而不是对王朝体系的效忠，因此也属于近代范畴。资产阶级的有识之士还打破"士农工商"的传统定序，代之以含义深刻的"国民"概念，发起成立中国国民总会，激发士农工商各阶层人士权利与义务的现代观念，使之"以成真国民"。在近代国民权利义务认识的基础上，他们还初步意识到要抵御外来侵略，维护国家的领土和主权，应依靠国民自己的力量。国民总会即"以保全中国国土国权为目的"，指出"欲抵拒外祸，保固内权，亦非可望诸他人，其责任惟在我国民而已"④。

---

① 苏州市档案馆藏：苏州商会档案，第 297 卷，第 36 页。
② 《地方自治政论》，《东方杂志》，第 1 年，第 9 期。
③ 《苏报》，1903 年 4 月 27 日。
④ 《苏报》，1903 年 5 月 1 日。

要求改革封建专制制度，也反映了资产阶级的民族意识和爱国思想从属于近代范畴的鲜明特征。在分析中国内政不修、外交失策，以致危机日甚的原因时，即有商界人士指陈封建专制弊窦丛生的种种危害，并公开表示："吾国人民困厌于专制政体者久矣。"他们强调要致强救亡，就必须改变封建专制制度，实行"远近相应，上下相通"的立宪制。说明"使积贫积弱之中国一跃而跻于东西列邦之上，拨乱反正，转危为安，胥基于此"①。

上述具有新时代特征的近代民族意识和爱国思想的萌发与高涨，是 20 世纪初资产阶级渐趋成熟的重要表现，也是其得以发展成为独立社会力量不可或缺的重要因素。

相互之间的认同感以及对自己历史地位和时代使命的认知，更直接增强了资产阶级的凝聚结合，进而使之成为一支颇具影响的独立阶级队伍。20 世纪初，资产阶级内部要求联合起来，"公益维持，和衷共济"的呼吁越来越高。不少工商业者认识到自己所归属的阶级利益，要靠诸位同仁共同维护，他们希望本阶级的成员"合大群"，"固结团体"，强调"外人商务之竞争，转瞬万变，迫不容待"，只有群策群力，才能"提纲挈领，保卫维持"②。

对本阶级在社会中所处地位的认识以及时代使命感的产生，可以说是 20 世纪初资产阶级自觉阶级意识的直接流露。他们意识到："我们经商的人，生在这西历一千九百余年，叫什么二十世纪实业竞争的时代，也真尊贵的很了……天下最有活泼的精神，最有发达的能力，能够做人类的总机关，除了商，别的再没有这种价值了。"③ 这样的言辞尽管不无夸张，但表明资产阶级对自己的社会地位有了比较明确的认识，同时还由此感受到了时代赋予自己的历史使命，认为致强救亡，"我商人宜肩其责"。有的更进一步表示："今则一息尚存，苟能群策群力，收回我已失之利权，发挥我无尽之蕴藏，与彼角逐于经济竞争之世界，争存于惨淡猛烈之剧场，至二十世纪之中叶，我支那民族握全球商业上唯一之霸权未可知也。"④

---

① 《宣统元年颂词》，《华商联合报》，第 1 期。

② 《江汉日报》光绪三十四年（1908 年）五月十九日。

③ 《经商要言》，《辛亥革命前十年间时论选集》，第 1 卷，下册。

④ 《商业发达论》，《江苏》，第 3 期。

需要说明的是，以上主要从组织程度增强和思想意识成熟两个方面，简略论证了商会诞生之后资产阶级已初步形成。实际上，考察资产阶级在社会生活中的实践活动和影响，以及在各项政治运动中的地位与作用，也可明显看出当时的资产阶级已十分活跃，几乎在各个生活领域中都可以感受到其存在与影响。有关资产阶级与各派政治力量的关系及其在各方面的活动，本书将在以后各章详加论述。

辛亥革命后，资产阶级的组织程度获得进一步发展，思想意识也更趋成熟。不少工商业者意识到："我国幅员广大，各地商会往往因交通未便，声气难通，而物品之产额、销路素无统计，苟有全国商会联合机关，则商情可以联络，调查易于着手，至政府施行之商政，与议订之商法、商税、商约等项，其利害关系全国者，尤得广征意见，协力筹维，然后商人之障害可除，商业之振兴可望。……时至今日，无论对内、对外，皆决不可无全国商会联合之机关。盖有此机关则视线远大，规划周宏，一致进行，众擎易举。"[①]于是，全国各地的商会，包括海外中华商务总会，联合成立了清末即开始酝酿筹备的更高层次的全国性资产阶级社会团体——中华全国商会联合会。如果说1904年以后各省商会的成立标志着独立资产阶级队伍的初步形成，那么，1912年中华全国商会联合会的诞生，则可看作资产阶级完整形态最后形成的一个重要标志。

全国商会联合会诞生之后，中国资产阶级在经济上、政治上、组织上、思想上都发展到一个新的阶段。从此，资产阶级有了全国性的领导中心，相互间的联系更为密切。尽管无明文规定全国各地商会均隶属商会联合会，但事实上商会联合会使"国内商会暨各侨埠商会联为一体，协力图维"[②]。其宗旨为"联合国内外商人所设之商务总、分会、所，协谋全国商务之发达"[③]。联合会设总事务所于上海总商会内，各省分设事务所，由该省总、分会推举代表组成。凡各地商会之职员、会员，经所在地区的事务所将姓名、籍

① 《中华全国商会联合会缘起》，1912年11月，《历史档案》，1982年，第4期，第43页。

② 《上海总商会协理王震等致工商部呈》，1912年11月，《历史档案》，1982年，第4期，第44页。

③ 《中华全国商会联合会章程》，《历史档案》，1982年，第4期，第44页。

贯、年龄、职业报全国商会联合会，即为联合会会员。所以，全国商会联合会是各地商会亦即资产阶级的领导中心，资产阶级通过它得以实现"由局部的结合进而为全体的结合，由各别的行动进而为统一的行动"[①]。

全国商会联合会成立之后，于 1914 年 3 月在上海召开第一次代表大会。通过这次大会，资产阶级联系更紧密，行动更一致，在推动中国早期现代化过程中的作用与影响也更为突出。此后，全国商会联合会不仅领导全国各地的资产阶级从事"调查商情、发展商业、振兴商学、维持商务、辅助商政、裁判商事、竞赛商品、议订商律、商税及议结商约"等各方面的活动，而且代表中国资产阶级参加国际商务会议和国际商会联合会，并就一些有关的国际政治与经济事件发布对外宣言和通电，在国内外越来越受到重视。

从某种意义上说，上述资产阶级的形成过程，实际上也是资产阶级自身适应和走向现代化的发展过程，两者之间有着极为密切的关系。一方面，近代中国早期现代化的演进推动了资产阶级的不断发展乃至形成为一支有影响的独立社会力量。另一方面，正在形成过程中和已经形成的资产阶级，作为早期现代化的主力，对中国早期现代化的发展也作出了自己的贡献。

但是，由于任何一个阶级只有在组织起来，形成为一支独立社会力量之后，才能充分发挥其应有的能量和影响，而中国的资产阶级迟至 20 世纪初才初步形成，所以，在中国早期现代化发动之后的几十年间，资产阶级没有也不可能真正承担起早期现代化主干载体的历史使命。不仅如此，中国资产阶级的产生和发展还表现出诸多不同于西方资产阶级的特点，天生具有一系列无法克服的局限性和软弱性。当其形成为独立社会力量之后，虽然在推进中国早期现代化的过程中作了许多努力，发挥了值得重视的作用，但仍然不能承担早期现代化主干载体的历史重任，无法使中国的现代化取得成功。在某些方面，如对推翻清王朝、实现中国早期政治现代化有着重要意义的辛亥革命，资产阶级所持的反对态度甚至还起了阻碍作用。下面，我们将进一步考察中国早期资产阶级的产生与发展特点。

---

① 《中华全国商会联合会会报》，第 9～10 期《社论》。

第二章 资产阶级的特点

中国早期资产阶级与西方资产阶级有所不同。中国资产阶级主要不是传统社会内部资本主义萌芽自然成长的结果，而是受西方资本主义入侵的影响，在半殖民地半封建社会环境下产生发展起来的。因此，中国早期资产阶级带有与西方资产阶级不同的特点，形成了不同的成长道路、不同的内部结构和不同的政治性格。对这些特点进行分析考察，有助于了解中国早期资产阶级在中国现代化进程中的地位和作用。

一 独特的产生发展道路

概括地说，近代中国资产阶级主要不是在原有手工业和工场手工业比较发达的基础上，由手工工场主和包买商演变而成，它的前身主要也不是类似西欧那样的城市市民等级，而是由一部分与手工业没有多少联系的官僚、地主和商人演变而来。这一方面是中国原有资本主义萌芽比较微弱以及社会发展特点所致，另一方面则是受西方资本主义入侵的影响，形成了中国民族资本主义独特的产生和发展道路。

众所周知，鸦片战争前中国虽已产生了资本主义萌芽，但发展十分缓慢，规模很小，尚未进入工场手工业阶段，因而不能孕育出近代资产阶级。从时间上看，中国资本主义萌芽产生的时间并不很晚。大约在明朝后期的 16 世纪末叶至 17 世纪初，就开始在手工业中出现了依稀可辨的资本主义萌芽。例如苏州丝织业中的"机房"，机户与机工间即有比较固定的雇佣关系。万历二十九年（1601 年）应天巡抚曹时聘在奏折中说：苏州丝织业里"机户出资，机工出力，相依为命久矣"①。到清朝前期，中国原有资本主义萌芽有所增长。苏州丝织业又出现了商人开设的丝织行，名曰"帐房"。"各帐房除自行设机督织外，大都以经纬交与织工，各就织工居处，雇匠织造。"② 不难看出，这种帐房既自设作坊或手工工场从事雇佣剥削，又兼有控制小生产者的包买商职能。此外，在其他一些地区的棉纺织业、制瓷业、造纸业、制糖业、榨油业、酿酒业、采矿等手工业中，也出现了具有一定程度的资本主义生产关系的手工工场和作坊以及包买商直接支配生产的情况③。

但是，有了资本主义萌芽，并不一定就能顺利地发展到资本主义，形成近代资产阶级。某些外来因素的影响，常常会使幼弱的资本主义萌芽夭折。欧洲即曾出现这样的情况。如意大利北部城市共和国威尼斯、热那亚、佛罗伦萨等，在12至14世纪手工业和商业已很繁荣，并在14至15世纪相继出现了资本主义萌芽。但到15世纪以后，由于没有形成统一的国内市场以及国际商路发生变化等原因，其工商业日见萧条，资本主义萌芽先后夭折。德国北部诸城邦和汉萨同盟也曾在欧洲商业中盛极一时，但到16世纪同样急剧衰落而一蹶不振。

影响资本主义萌芽发展的原因是多方面的。在中国，由于生产上小农业和家庭手工业牢固结合，阻碍了商品经济的迅速发展；流通中市场的狭隘和自然经济占优势地位，严重妨碍了商品流通，而商品流通的扩大是促使资本主义产生的历史条件；分配上地主、商人、高利贷三位一体的财富分配结构和积累方向，也不断加强地主经济而遏止资本主义萌芽的发展。除此之外封建统治者抑商困商，压制民间手工业的发展也产生了恶劣影响。多如牛毛的赋税、纷繁的苛派勒索、限制对外贸易的"闭关"政策，都使资本主义萌芽的成长遭遇到巨大障碍。因此，中国资本主义萌芽在明朝后期出现之后，荏苒长达两个多世纪，到第一次鸦片战争前依然无法摆脱蜗牛爬行式的缓慢进程。虽然也产生了一些手工工场，但从整体上看仍

① 《明神宗万历实录》，卷361，万历二十九年（1601年）七月丁未。
② 曹允源编：民国《吴县志》，卷51，"物产"2。
③ 参见许涤新、吴承明主编：《中国资本主义发展史》，人民出版社，1985年，第4、5章有关论述。

处于简单协作的手工业阶段，尚未进入工场手工业时代。在西欧，经历了从 1500 年至 1750 年长达两个半世纪之久的工场手工业时代，成为手工工场向大机器工业过渡的一个重要阶段。中国不存在这样一个历史阶段，当然不可能像西欧国家那样，按常规从手工业发展到工场手工业再向大机器工业过渡，并由此产生近代资产阶级。

内部因素的影响还只是阻碍了资本主义萌芽的迅速发展，尚不足以扼杀这一萌芽的生存。之所以说中国的资本主义不可能像西方资本主义国家那样经过手工业——工场手工业——大机器工业这种历史常规产生，并非指中国的手工业最终不可能发展到工场手工业阶段，而是因为鸦片战争后西方资本主义势力的入侵，强行斩断了中国原有资本主义萌芽的自然发展进程。除少数能够为外国资本主义所利用，与外国资本主义发生密切联系者获得继续发展外，中国原有的手工业大多衰落，失去了正常发展的机会。"如果没有外国资本主义的影响，中国也将缓慢地发展到资本主义。"① 当然，中国也有少数手工业后来发展到工场手工业以至逐渐使用机器，但这并非自然的正常发展，同样是受外国资本主义的刺激和影响，而且在中国资本主义产生的过程中不占主导地位。

鸦片战争爆发前，不仅中国资本主义萌芽的发展程度不足以孕育出近代资产阶级，而且当时的中国也没有出现西欧近代资产阶级前身那样的强大市民等级。马克思和恩格斯在《共产党宣言》中论述西欧资产阶级的产生时曾经指出："从中世纪的农奴中产生了初期城市的城关市民；从这个市民等级中发展出最初的资产阶级分子。"在同一篇文章中，马克思和恩格斯又明确强调："中世纪的城关市民等级和小农等级是现代资产阶级的前身。"② 中国则由于不同于西欧的城市发展特点，难以产生类似西欧那样的市民等级，加上西方资本主义势力入侵的影响，有限的一部分工场主和作坊主又纷纷破产，不可能扩大自身的力量，发展成中国的近代资产阶级。

在西欧，中世纪的城市大多不是在古代城市的基础上发展起来

---

① 毛泽东：《中国革命和中国共产党》，《毛泽东选集》（合订本），人民出版社，1976 年，第 589 页。

② 《马克思恩格斯选集》，第 1 卷，人民出版社，1972 年，第 252、275 页。

的。古罗马帝国崩溃后，西欧的绝大部分城市也被毁灭。中世纪初期，采邑制的推行使西欧封建庄园遍布，形成领主分裂割据，仍无作为工商业中心的城市建立。① 到 11 世纪，西欧封建社会生产力获得一定发展，剩余农产品增多，手工业逐渐从农业中分离出来。伴随着社会分工的发展，交换更加频繁，一部分工商业城市才开始兴起。

西欧中世纪新兴城市建立之初，因系在封建主的领地上，一般都要受封建主管辖。封建主视城市为私有财产，肆意勒索高额地租，搜刮城市的财富。城市市民为求得生存与发展，不得不与封建主展开激烈斗争。如 11 世纪意大利的米兰城起义，驱逐了封建主；法国琅城居民武装起义，杀死了大主教。除了武装反抗，还有些城市以金钱赎买的方式，摆脱封建主管辖，获得自治权，发展成独立的自治城市。这些城市依据原来马克公社的形式，组织自治机关，有的仍继续自称"公社"。虽然西欧中世纪新兴城市自治权利的大小和多少，在西欧各国间并不相同，但总体说来其自治的基本特征乃是与东方各国封建城市所不同的一大特点。

西欧中世纪城市中的居民，即是所谓市民等级，多数为手工业者和商人。他们原来大都是封建庄园中的农奴，有的系逃出庄园来到城市。当时，许多独立自治的城市规定农奴如在城市中住满一年，即可取得自由人资格。也有的是以向封建主交纳代役租为条件而进入城市的。除原有在城市形成过程中即有的一部分手工业者和商人，较早进入城市的许多农奴也逐渐成为商人、作坊主等独立的小商品生产者，而较晚进入城市的农奴则大多成为徒弟、帮工。但即使是徒弟、帮工，出师后如有一定积蓄，也可变成为师傅自行开业。所以，马克思和恩格斯说："从中世纪的农奴中产生了初期城市的城关市民。"随着工商业的进一步发展，资本主义因素日趋增长，又从这个市民等级中产生了最初的资产阶级分子。当然，从市民等级转变成近代资产阶级，有一个长期的发展斗争过程。马克思和恩格斯对此也曾有过如下的论述："资产阶级的这种发展的每一

---

① 以服兵役、纳贡赋等作为条件，贵族获得王权分封的土地，此称采邑。后采邑变成贵族领主的世袭土地，领主在其辖区内拥有行政司法权力，造成了分裂割据。

个阶段，都有相应的政治上的成就伴随着。它在封建领主统治下是被压迫的等级，在公社里是武装的和自治的团体，在一些地方组成独立的城市共和国，在另一些地方组成君主国中的纳税的第三等级；后来，在工场手工业时期，它是等级制君主国或专制君主国同贵族抗衡的势力，甚至是大君主国的主要基础；最后，从大工业和世界市场建立的时候起，它在现代的代议制国家里夺得了独占的政治统治。"[①]

中国的城市则绝大多数是古代城市的延续，很少有类似西欧那样主要由手工业者和商人建立的工商业城市。中国也没有任何一个城市取得摆脱封建政权控制的独立自治权，而是始终在中央集权王朝的严密统治之下，并且大多是封建统治的重心所在。这些城市的兴衰，很大程度上取决于行政建制规模的高低大小。中国城市的居民中虽也有一部分手工业者和商人，但阀阅贵族、官宦世家、绅衿门第以及依附这些豪富借以营生的各类人，占了很大比例。加上历代统治者不同程度地奉行重农抑商政策，因此手工业者和商人的地位与影响极其低微，几无政治权利可言。封建社会晚期的明末清初，中国的城市中也出现了一些诸如工匠叫歇、商人罢市和抗捐等反抗斗争，但这种斗争不是为了挣脱封建统治的羁绊，争取城市的自治，而是自发地反抗暴政和苛敛，称不上是西欧那样的市民活动，也难以产生与西欧相似的市民等级。

中国历代封建统治者对手工业和商业的干预控制，也严重阻碍了手工业和商业的扩展，使手工业者和商人难以发展成独立自治的市民等级。在漫长的封建社会中，城市内的手工业和商业有很大一部分一直受封建王朝控制。统治者很早就推行限制私人手工业和商业的"禁榷制度"，发展官手工业。不论商业还是手工业，只要是销路广，生产和运销的数量多，利润大，朝廷即限制私人经营。例如日常生活的必需品食盐，不仅制作须由世隶官府匠籍的灶丁进行，而且贩卖也是由获朝廷谕准之盐商专营，一般私人手工业者和商人均不得从事获利甚大的食盐制作与销售。铁制品在封建社会小农经济中也具有重要地位，因为一切生产工具都必须用铁制作，所

---

① 马克思、恩格斯：《共产党宣言》，《马克思恩格斯选集》，第 1 卷，人民出版社，1972 年，第 252～253 页。

以封建统治者也禁止一般私人手工业者和商人经营，完全由官府垄断。其他如炼铜业、铜器制造业、酿酒业、造船、窑冶等，也都不同程度地受到官府控制。中外著名的江南丝织业和景德镇瓷器业，同样主要为官手工业垄断，民间手工业的发展因此而受到极大限制。

为发展官手工业，封建统治者还建立了匠籍制度。这种制度对那些技艺较高的手工业者发展自己的经营，扩大实力而向自治的市民等级转化更是严重的束缚。凡在籍手工工匠，均不准转业，世代沿替，不仅失掉了经营自由，有的还失掉了迁徙的自由，必须定期执行徭役性劳作。封建统治者由此将大批手工业者纳入皇家经济的体系，成为封建经济闭关自守和自给自足的一个环节。被迫在官手工业中劳动的民匠，分为轮班匠和住坐匠，以轮班匠为主，每年都必须到指定地区的官手工业中当班。据不完全统计，明代前期北京、南京两地官手工业占有的工匠即多达 30 万人左右。此外还有作为工匠助手的民夫，按"一匠五夫"算，30 万工匠须征 150 万民夫。[1] 可见官手工业占用民间手工业劳动力的数量相当多，是封建统治者强加在广大手工业者身上的沉重负担。明末至清，官手工业虽呈现出逐渐衰落的趋势，但仍是阻遏民间手工业发展的一大障碍。

上述诸方面原因，阻碍了中国资本主义萌芽的生长，也使得中国不可能产生像西欧一样的市民等级。因此，中国的资产阶级自然不能以市民等级为前身。一部分与手工业没有多少联系的官僚、地主和商人（包括买办）则取而代之，投资创办新式企业向近代资本家转化。正如毛泽东所说："一部分的商人、地主和官僚是中国资产阶级的前身。"[2]

第一次鸦片战争之后，受入侵的西方资本主义的影响，通商口岸的一部分商人在丰厚利润的吸引和刺激下，开始经营西方机器工业品，与资本主义发生了密不可分的联系，各方面相应出现了变化，逐渐转变成为近代商业资本家。

中国的机器工业是利用购买西方资本主义国家的机器设备而产

---

① 许涤新、吴承明主编：《中国资本主义发展史》，第 1 卷，人民出版社，1985 年，第 114～115 页。

② 毛泽东：《中国革命和中国共产党》，《毛泽东选集》（合订本），人民出版社，1976 年，第 590 页。

生的，资产微薄的小业主或小商人往往力不能及，只有那些原来虽与手工业没有联系，但已有较多积累的官僚、地主、买办和大商人才能胜任。考察中国资本主义兴起和初步发展阶段一些主要近代企业（包括官督商办和商办）的创办人及主要投资人的社会身份，即可看出这一特点。

1872年创设的第一家华资新式航运企业轮船招商局，由朱其昂（旧沙船商、道员）、唐廷枢（买办、候选同知）、徐润（买办、郎中）、盛宣怀（天津海关道）创办并主持，主要投资人有郁熙绳（旧沙船商）、朱其诏（候补知府）、朱其莼（候选同知）、宋缙（候选同知）、刘绍宗（买办、候选同知）、陈树棠（茶商、候选同知）、范世尧（商人）、郑观应（时任买办）、唐廷庚（商人）、张鸿禄（商人、道员）、马建忠（道员）、李松云（买办）等。

同年诞生的第一家华商机器缫丝厂——继昌隆缫丝厂，系广东南海侨商陈启沅创办。第一家纺织厂上海机器织布局，初由彭汝琮（前候补道）、郑观应创办，后由龚寿图（补用道）、戴景冯（候补道）、龚易图（道员）、戴恒（翰林院编修）主持。主要投资人有郑观应、经元善（商人、主事）、李培松（盐商）、蔡鸿仪（商人、部郎）、卓培芳（买办）、徐润、杨宗濂（直隶通永道、布政使、盐运使）、杨宗瀚（总办台北商务）、刘汝翼（前天津海关道）、龚照瑗（江海关道）、张善仿（商人）、卫静戌（商人）、周晋镳（商人、候选知县）、徐士恺（商人、候补同知）、唐廉（补用道）等。

1876年建立的仁和水险公司是中国第一家集资保险公司，由上面提到的买办徐润、唐廷枢创办，主要投资人有买办刘绍宗和茶商陈树棠以及韦华国（买办）、郑廷江（买办）、唐国泰（买办）、姚琨（茶商）、唐应星（商人）、唐静庵（商人）。

1878年创设的直隶开平煤矿，系唐廷枢创办，主要投资人有徐润、郑观应、盛宣怀、吴炽昌（商人、太守）、郑藻如（天津海关道）、张翼（候补道）等。1880年开办的山东峄县煤矿，由戴华藻（候补知县）、王筱云（道员）、黄佩兰（道台）、朱采（知府）主持，投资人中有王日智（地主）、金铬（地主）等数十人。[①]

---

① 以上所列各企业创办人、投资人及其身份，系依据严中平主编：《中国近代经济史》（下册），人民出版社，1989年，第1532～1537页。

范围更广泛的统计资料也证明，官僚、地主、商人、买办是中国近代资产阶级的前身。据不完全统计，1872 年至 1913 年，25 家华资纱厂的 41 个创办人和主要投资人中，有地主和官僚 26 人，商人 5 人，另有 10 人是买办。1895 年至 1913 年，28 家华资面粉厂的 13 个创办人或主要投资人中，有地主和官僚 11 人，商人 15 人，买办 15 人。1872 年至 1913 年，12 家华资轮运公司的 15 个创办人中，有地主和官僚 9 人，商人 2 人，买办 4 人。另外，1872 年至 1913 年毛纺、缫丝、榨油、卷烟、水电、水泥、煤矿 7 个行业，80 家企业的 103 个创办人中，有地主和官僚 67 人，占 65.1%；商人 15 人，占 14.5%；买办 21 人，占 20.4%。1913 年以后地主和官僚所占比例下降，商人比例增加，但中国资产阶级来源构成的基本格局仍未根本改变。详见下表：

业别	时期	家数	创办人数	官僚地主		买办		商人		其他	
				人数	百分比	人数	百分比	人数	百分比	人数	百分比
棉纺工业	1872—1894	5	14	11	78.6	1	7.1	2	14.3	—	—
	1895—1913	20	27	15	55.6	9	33.3	3	11.1	—	—
	1914—1922	36	59	17	28.8	1	1.7	35	59.3	6	10.2
	合计	61	100	43	43.0	11	11.0	40	40.0	6	6.0
面粉工业	1895—1913	30	30	11	36.7	10	33.3	9	30.0	—	—
	1914—1922	43	43	8	18.6	6	14.0	29	67.4	—	—
	合计	73	73	19	26.0	16	21.9	38	52.1		
毛纺工业	1872—1894	1	1	1	100.0	—	—				
	1895—1913	5	7	4	57.1	3	42.9				
	合计	6	8	5	62.5	3	37.5				
缫丝工业	1872—1894	3	4	2	50.0	2	50.0				
	1895—1913	9	9	5	55.6	2	22.2	2	22.2		
	合计	12	13	7	54.6	4	30.8	2	14.6		
水电工业	1872—1894	2	3	1	33.4	1	33.3	1	33.3	—	—
	1895—1913	16	19	9	47.4	5	26.3	5	26.3	—	—
	合计	18	22	10	45.6	6	27.2	6	27.2		
水泥工业	1895—1913	3	3	3	100.0	—		—			
榨油工业	1895—1913	9	10	5	50.0	4	40.0	1	10.0	—	—

业别	时期	家数	创办人数	官僚地主		买办		商人		其他	
				人数	百分比	人数	百分比	人数	百分比	人数	百分比
卷烟工业	1895—1913	4	4	3	75.0	1	25.0	—	—	—	—
航运业	1872—1894	3	4	1	25.0	3	75.0	—	—	—	—
	1895—1913	9	11	8	72.7	1	9.2	2	18.1	—	—
	1914—1922	8	9	2	22.2	3	33.3	4	44.5	—	—
	合计	20	24	11	45.9	7	29.1	6	25.0	—	—
煤矿工业	1872—1894	10	13	11	84.6	2	15.4	—	—	—	—
	1895—1913	28	30	23	76.6	1	3.4	6	20.0	—	—
	合计	38	43	34	79.5	3	6.5	6	14.0	—	—
总计		244	300	140	46.7	55	18.3	99	33.0	6	2.0

说明：本表引自《旧中国的资本主义生产关系》，人民出版社，1977 年，第 23～24 页。该书作者注明：面粉工业"创办人数"栏系"家数"；"商人"栏内包括一部分工业资本家。"其他"栏包括工业、银行资本家、资产阶级技术、文教界人员等。

资料来源：孙毓棠、汪敬虞编《中国近代工业史资料》第 1、2 辑；陈真编《中国近代工业史资料》，第 1 辑；严中平等编《中国棉纺史稿》、《中国近代经济史统计资料》；中国科学院经济研究所编《旧中国机制面粉工业统计资料》中有关资料综合。

需要说明的是，表中所列数字只能视为一般性的概数。当时，不少人是官僚、地主一身二任，难作明确区分，因此要进一步确切区分两者的比例各占多少是比较困难的。在卖官鬻爵成风的清朝，还有不少人只是通过捐纳报效取得各种功名或虚衔，并未任实缺，故而有些虽翎顶辉煌，但实际身份可能不是官僚，而是商人或地主、缙绅。尽管具体统计数字的精确性可能会稍有出入，但上表还是反映了中国早期资产阶级来源构成的基本状况，这一点是毋庸置疑的。

近几年来，有些学者强调中国虽然没有一个工场手工业时代，但近代机器工业有的也是从原有手工工场发展而来，一部分资本家的前身也是手工业者。的确，从手工作坊或手工工场发展为近代工业企业的现象，在中国也是存在的。例如中国最早出现的一家船舶修造厂——上海发昌机器厂，就是从手工业过渡到机器工业的。据有关材料介绍，"发昌"在初创时期的 19 世纪 60 年代，并未使用机器，开始只有一座打铁炉和四五名工人，资金二三百元。创办人系两个手工业者出身的广东人，一个是在上海当过铁匠铺学徒、后为流动手工打铁工人的方举赞，一个是在当地素业打铁制造农具的孙英德。[①] 由于业务上与当时设在上海的外资船厂建立了联系，"发昌"获得了较快的发展，于 1869 年开始使用机器，能够制造轮船上的机器部件以及车床、汽锤、铜铁器具。到 1890 年，"发昌"已有"车床十多台，牛头刨床二台，龙门刨床一台，二尺对径元盘铡床一台"，工人数量也有较大的增加。[②]

但即使是由手工作坊向机器工业的过渡，也不是中国资本主义萌芽正常发展的结果。正如前面已曾提及，这种转变也是在外国资本主义入侵的刺激和影响下发生的。仍以发昌机器厂为例，它建立于 19 世纪 60 年代，并非鸦片战争前资本主义萌芽的延续，创办之后又是以为外国船坞锻制、修配轮船零件为主，在某种程度上可说是作为外国造船工厂的附属工场而存在，丧失了自身独立发展的道路。它从手工生产发展为机器生产，实际上是中断了自己的独立发展，与外国资本主义发生依赖关系，体现出半殖民地手工业发展的明显特征。其他一些出现手工生产向机器工业过渡的行业，大都也是如此。有的与外国资本企业有直接业务联系，有的则是与对外贸易紧密相关的加工行业，如榨油业、缫丝业等。

总而言之，虽不能排斥在中国存在着由手工作坊主向近代资本家转化的情况，但这种途径不具有普遍意义。中国资产阶级更多的是由原来与手工业没有联系的地主、官僚和商人投资创办近代企业转化而来的。造成这一特点的主要原因，是中国封建社会资本主义萌芽发展缓慢，没有出现强大的市民等级，加之外国资本主义入侵，使中国的资本主义萌芽不可能正常地发展到工场手工业阶段，进而过渡到机器大工业阶段。这一特点，决定了中国资产阶级的软弱，难以胜任早期现代化主干载体的历史使命。因为中国的资产阶级绝大部分是从地主、官僚、商人、买办转化而来，他们长久地保

① 上海工商行政管理局等编：《上海民族机器工业》（上册），中华书局，1979 年，第 79、77～78 页。

② 上海市工商行政管理局史料组：《我国第一家民族资本近代工业发昌机器厂的调查》，《学术月刊》，1965 年，第 12 期。

持着原来所从属的那个阶级或阶层的浓厚残余思想和心理，在经济上也没有割断与封建主义的联系。少数从手工作坊主过渡为资本家的人，又与外国资本主义有着不可分离的经济依赖关系。在政治上，中国近代资产阶级则具有保守软弱的性格特征，在反对帝国主义和封建主义的斗争中难以取得最后胜利。

在西欧某些国家资本主义产生、发展的过程中，也存在着地主、贵族向资产阶级转化的现象，但其与中国地主、官僚等转化成资本家的情况却不能简单地等同看待。恩格斯曾经指出："起初，市民等级是一个被压迫的等级……它在反对贵族的不断斗争中占领了一个又一个的阵地，最后，在最发达的国家中取代了贵族的统治。在法国它直接推翻了贵族。在英国它逐步地使贵族资产阶级化，并把贵族同化，作为它自己装潢门面的上层。"[①] 这段论述虽非解释中国和英国地主贵族向资产阶级转化的区别，但实际上已经清楚地说明了相互间的差异。英国的地主贵族向资产阶级转化，是资产阶级已经产生并已取代封建贵族统治地位之后，地主贵族被其同化的结果，而不是决定资产阶级产生的因素。这与中国的资产阶级主要由地主、官僚和商人转化而来，区别是显而易见的。

二 持续过渡性特征

中国资产阶级的第二个特点，是一身多任，内部分化组合不充分以及阶级分野不清晰，即所谓持续过渡性特征。这一特点，与上述中国资产阶级特殊的产生方式不无关系。

西方国家的资产阶级，在其形成阶段的过渡时期，有些也一身兼有几重身份，阶级结构没有以纯粹的形式表现出来。但随着资本主义的迅速发展和经济结构的明显变化，阶级的分化组合也日趋明晰。由于西欧大多数国家的资产阶级主要是从市民等级转变而来，而且分化较为充分，因而阶级的分野也比较清晰，如工业资产阶级、商业资产阶级和金融资产阶级等，与其他阶级或阶层在各方面的区别比较清楚，较易界定。中国的资产阶级当然也存在着这种分野，有不同于其他阶级或阶层的特征，但要准确地加以区分有时却

---

① 恩格斯：《反杜林论》，《马克思恩格斯选集》，第 3 卷，人民出版社，1972年，第 203 页。

会碰到种种复杂的困难，需要费很大的气力。这正是中国资产阶级分化不充分，一身多任而与其他阶级或阶层具有很强粘连性的特点所造成的结果。

地主、官僚投资创办近代企业逐渐转化为资本家，是中国资产阶级的重要来源之一，在资产阶级队伍中占有较大比例。但这种转化绝非一蹴而就，需要一个较长的发展过程。不少地主、官僚在投资近代企业之后，仍程度不同地保留着先前的封建剥削关系，有的还继续保留官职。这些人大都是地主、官僚和工厂主多重社会身份集于一身，新旧阶级关系相互纠缠。正如《中国近代工业史资料》第一辑（科学出版社，1957 年）的编者，经济史专家孙毓棠在该书序言中所说的那样："民族资本近代工业的发生时期是旧社会的商人、地主、官僚通过新式企业的经营开始逐渐蜕变转化为民族资产阶级的时代。这蜕变转化的过程是复杂、曲折而缓慢的。"即使经过了很长一段时间，"有些企业主已完全是工业资本家了，但大部分企业主则是一方面拿出一部分财富投资于新式工业，另一方面仍握有大量的土地，经营着钱庄、典当、商号，并且同时还是在职的或候补的官僚"。

有关的具体事例，史料记载颇多。其代表人物如许鼎霖，不仅直接投资和经营 5 家近代企业，而且在另外 6 个企业中也占有大量股份，拥有资本总共多达 52 万余元。另一代表人物沈云沛，独资或集资创办织布、玻璃、面粉等 7 家近代企业，在其他 6 个企业中拥有数量不少的股份，其资本总额高达 110 多万元。[1] 但他们二人同时又是清朝的官员，许是安徽芜湖道，拥有二品顶戴；沈官至邮传部侍郎、署尚书。另外，曾分别创办与参加投资 14 家和 7 家近代企业的严信厚、朱畴，也均为清朝的道员。[2]

创办近代企业同时又兼营土地、从事封建地租剥削的例子也不少。例如湘系聂缉椝，曾任清朝上海道道台，署理江苏巡抚，因故被撤职。他后来拿出巨资创办恒丰纱厂，同时又在湖南大量购置田

---

[1] 参见唐传泗、徐鼎新：《中国早期民族资产阶级的若干问题》，《学术月刊》，1984 年，第 3 期，第 19 页。

[2] 见汪敬虞编：《中国近代工业史资料》（下册），第 2 辑，科学出版社，1957 年，第 1091～1096 页。

产，领垦洞庭湖 4 万多亩湖田，修成种福垸，出租给 3 千多户农民耕种。① 另两位湘系官僚杨宗濂、杨宗瀚兄弟，起初投资于上海机器织布局，1896 年又集股 24 万两创办了业勤纱厂。然而他们又以其母亲的名义，置田"足成千亩"，并"庄屋一区"②。再如创办启新洋灰厂（1906 年）、京师自来水厂（1908 年）的周学熙，也拥有大量的土地。其母死后，"乃就芜湖万顷圩购田二千亩为义庄"③。上海著名的资本家曾铸，原为花翎候选道，后投资创办多种近代工商企业，曾担任上海商务总会总理，但他也于"光绪间，购良田建瑞芝义庄"④。

另据苏州市档案馆所藏苏州商会档案及有关调查，可知清末苏州著名资本家尤先甲、张履谦、王立鳌、潘祖谦、杭祖良等人，除经营店铺、钱庄、典当、纱缎庄及投资苏经丝厂、苏纶纱厂等近代企业外，同时又拥有田产数百至数千亩不等，年收田租多者达 5 万元左右。可见，一身多任对中国早期资产阶级来说是比较普遍的。及至 1922 年，浙江东部农村的土地仍有 25%～33% 属城市工商业资本家所有。⑤

尽管类似以上所述的这类人是以经营近代企业为主，他们的阶级属性应划归资产阶级，但其一身多任的现象，不能不造成资产阶级阶级属性的严重不纯。许多官僚投资创办近代企业之后，仍保留官职或虚衔，"表面供职于官府，而里面则经营商务"，以致"为官为商，竟不能显为区别"⑥。

官商合流使得资产阶级的界定比较模糊的这种状况，不仅因为官僚、地主投资兴办近代企业后仍保留职衔和大量土地，继续从事封建地租剥削，与旧生产关系结有不解之缘，还由于工商业者竞相

① 中国科学院上海经济研究所编：《恒丰纱厂的发生发展与改造》，上海人民出版社，1958 年，第 28～32 页。

② 杨宗濂：《侯太夫上行述》，不著年月，第 15～16 页。

③ 《周悫慎公全集》，卷首，行状，第 49 页。

④ 《上海县续志》（1918 年刻本），卷 18，第 47 页。

⑤ 章有义编：《中国近代农业史资料》，第 1 辑，三联书店，1957 年，第 302 页。

⑥ 《中国经济全书》，第 1 辑，第 119 页。引自汪敬虞编：《中国近代工业史资料》（下册），第 2 辑，科学出版社，1957 年，第 926 页。

捐纳各种功名虚衔，同时也翎顶辉煌。

　　纳粟拜爵的捐纳制度在中国可谓源远流长，汉代即开始实行。到清代，卖官鬻爵之风不仅未曾衰减，反而更盛，成为清政府财政的一大收入来源。雍正年间，捐纳收入有时多达清朝财政收入总额的30％，[①] 捐纳者的范围及所捐名目，也较前更广。举凡文武生员、内外官吏、工商户及一般平民，均可捐纳实官与虚衔出身、加级记录、分发、封典等。清朝中后期由于国势衰败，财政危机日趋严重，捐纳更形泛滥，以致统治集团内部也有人担心："近来捐例频开，流品几不可问，吏治因以废弛。"鉴于商人捐官者日多，有人指出"急宜查禁者，莫如商人捐官为最要"[②]。但捐纳既成为清朝的一大固定收入，最高统治者就不会轻易地加以废止。

　　在清代，工商业者通过捐纳取得各种不同品级的功名职衔，从而跻身于所谓绅士的行列，是一种相当普遍的现象。据对绅士问题有过深入研究的张仲礼先生考察，在19世纪，一大批盐商、广东行商及山西票号商，都是通过捐纳报效而进入绅士阶层的。[③] 类似的情况，在各个地区均不少见。据苏州市档案馆所藏苏州商会档案资料记载，1907年第三届苏州商务总会会董、会员中的73名绅商，有62人系通过捐纳方式取得种种功名职衔。又如1905年第二届天津商务总会的22名会董，也全部捐有不同的职衔，低者为九品千总，高者至二品候补道。1906年至1911年直隶各州县建立的48个商务分会，其会董、会员也几乎无一不捐有不同品级的功名或职衔。[④]

　　著名的大资本家周廷弼，经商办厂发迹后，求得庆亲王奕劻的庇护和帮助，捐获"四品京堂"、候补道等职衔。汉口商务总会会董宋炜臣，被誉为"汉口的中国头号商人"，也不惜花费重金捐得候补道职衔，获二品顶戴。

　　工商业者之所以普遍解囊捐纳，主要是希望借此提高自己的社

---

① 罗东玉：《中国厘金史》（上册），商务印书馆，1936年，第3～5页。
② 参见许大龄：《清代捐纳制度》，哈佛燕京学社，1950年，第149页。
③ 张仲礼：《中国绅士的收入》，华盛顿大学，1962年英文版。
④ 参见《天津商会档案（1903—1911）》（上册），"商会组织状况"，天津人民出版社，1989年。

会地位，便于从事实业活动。由于长期以来工商业者横遭鄙视与凌辱，社会地位十分卑贱，在封建势力和传统陋习的层层压抑下抬不起头。拥有功名职衔的绅士则一直享有许多特权，他们"身无赋，产无徭，田无粮，物无税"。到近代其地位与特权虽不及从前，但在世人的眼中仍被视为地方名流，受到尊崇。所以，唯利是图的工商业者也不惜出资捐得功名职衔，改变自己低微的社会地位。

官绅投资创办近代商业和工商业者通过捐纳获取功名职衔，这两方面的途径形成了当时人所称的一个新的阶层——"绅商"，实际上就是正在形成过程中的新兴资产阶级。绅商的出现，使我们对中国资产阶级的界定变得更为复杂和困难。国外有些学者依据中国的许多资本家兼有各种不同品级的职衔，否认其资产阶级属性，进而认为直到辛亥革命前中国仍未形成资产阶级。这种看法当然是值得商榷的。

辛亥革命史专家章开沅曾对这一问题进行了比较深入的论述，他强调对"绅商"应作具体分析，"要认真研究他们有无向资产阶级转化的趋向以及转化到什么程度，切不可因为他们固有的官绅、买办身份而抹杀其资产阶级属性"[1]。就当时绝大多数绅商而言，其转化的趋向是非常明显的，他们的资产阶级属性也是可以分辨清楚的。传统的官绅投资创办近代工商业之后，虽仍然保留了职衔，但主要经济收入转向于经营近代企业所得利润，阶级属性必然相应发生变化。至于工商业者通过捐纳获取功名职衔，却并无实任，主要社会活动仍然是经营工商业，其原来的资本家属性也并无改变。

不过也应该承认，由于官商合流的错综复杂，模糊了绅商阶层属性中占主导面的资产阶级属性，具体到各个人又不无差异，有的难于准确把握，这正是中国资产阶级分化不完全和内部不纯的具体表现。这种现象不能不影响中国资产阶级的素质，使其缺乏更强的独立性，延缓了他们向更为纯粹和成熟的资产阶级转化，致其难以在中国早期现代化过程中充分发挥应有的重要作用。

大量买办投资创办近代工商业向资本家转化之后，仍然保留原来的买办身份，也是导致中国资产阶级与其他社会阶层具有很强粘

---

[1]　章开沅：《就辛亥革命性质问题答台北学者》，《近代史研究》，1983 年，第 1 期，第 180 页。

连性和阶级分野不清晰的一个重要原因。

买办投资创办近代企业，是中国资本主义产生的一个重要途径。与此相应，中国的资产阶级有很大一部分也是由买办转化而来的。前面所说中国资产阶级主要由官僚、地主和商人转化而成，商人中间即包括买办。因为当时的商人分为新式商人和旧式商人两种，新式商人除经营新式商业者外，就是任职外资工矿企业和洋行的买办。

第一次鸦片战争之后，广东"十三行"垄断进出口贸易的行商制度被取消，外商在通商口岸可直接与华商交易。但因语言、习惯等各方面的隔阂造成种种不便，外商一般都要雇请中国人担任买办。买办的来源，包括原广州的行商、散商、通事以及通商口岸与外商交易的华商，还有一些旧式店铺中的跑街、会计等。外商企业的学徒、雇员以至杂役，经外商选拔，或由老买办推荐，也可成为买办。另外，一部分地主及官僚子弟在高收入的诱惑下，也由人介绍充当买办。因此，担任买办的人社会身份比较复杂。买办一般都与外商订有合同，其主要职责是为外商推销商品和收购出口土产，具有外商经理人或代理人性质。除个别例外，买办一般拥有自己经营商业的独立性，当然他们的商业活动必须经外商同意或默许。外商允许买办拥有经营商业的独立性，目的是使其在市场交易中有广泛活动的余地，更好地为其倾销商品和收购土货服务。

买办大量投资创设近代企业，主要有两方面的便利条件。

其一，买办是最早接触西方资本主义经营方式的阶层，他们通过契约关系成为外资厂矿或洋行的经理人与代理人，直接参与资本主义企业的经营，很快即熟悉了资本主义的一套经营方式，具备了经营新式企业的技术、能力和社会联系。李鸿章即意识到买办"熟精洋情"、"殷实明干"，是发展中国工商业"极一时之选"的合适人才。[①] 故他在向清廷奏请兴办官督商办企业时，即网罗一批买办具体主持企业的经营管理。

其二，买办手中握有数量相当可观的资本。买办的各种收入是比较丰厚的，除固定的薪水之外，还有数量不小的佣金。按照一般常规，买办在进出口贸易中约得 2% 的佣金。若货物转输内地和沿

① 《李文忠公全书》，朋僚函稿，卷13，第24页。

途保险，则轮船和保险洋行买办可再分得 2% 左右的佣金。货物若由经销商出销，买办也可再得 1% 至 2.5% 的佣金。[①] 中国土货的出口，则从收购直到打包出口，每一个环节中买办都要抽取佣金。深知个中奥妙的王韬曾经说过："中外贸易，惟凭通事一言"，"顷刻之间，千金赤手可得"[②]。有些买办经营洋行的银钱、账务，还可利用这一便利，将洋行多余资金以"日拆"的方式短期拆放给银行、钱庄，与洋行共同赚取利息。例如琼记洋行的买办，每年由此可获得 5 千元到 6 千元的额外收入。[③] 收购土货时压低收价，向洋行则报高价，赚取差价收入，也是买办收入的另一重要来源。

以上各方面的收入，使买办成为近代中国收入最高的阶层之一。有的学者估算，1842 年—1894 年，买办收入总数约有 5.3 亿两，有的估计为 4 亿两。[④] 尽管现在仍难以对此作精确的估计，但买办收入和积累之多是毫无疑问的。买办手中既然握有大量资金，又熟悉资本主义经营方式的生财之道，优厚的利润必然诱使他们纷纷投资创办近代企业。

中国最早的一批华资企业，有许多即是由买办集资和主持兴办的。例如轮船招商局兴办不到一年，就转到买办唐廷枢和徐润手中，买办投资的股份在局中也占很大比重。附属于开平煤矿的唐胥铁路，是中国自建的第一条铁路，自始至终均由唐廷枢主持。1882 年创建的中国第一家自办电报企业，主持人是刚刚离开太古洋行的买办郑观应。在船舶机器修造业中，广东籍买办郭甘章创办了中国较早的一家商办船厂。天津在 1904 年以前只有 4 个近代工厂，其中 3 个是由汇丰银行买办吴懋鼎创办的。据不完全统计，从 19 世纪 70 年代到 1913 年，在棉纺、毛纺、缫丝、水电、面粉、水泥、榨油、卷烟、航运、煤矿等 10 个行业 157 家企业的 189 个创办人中，买办有 45 人，所占比重为 23.8%。[⑤] 可见，买办也是中国资产阶级的前身之一。

---

① 参见汪熙：《关于买办和买办制度》，《近代史研究》，1980 年，第 2 期。

② 王韬：《瀛壖杂志》，卷 1，第 8～9 页。

③ 参见郝延平：《十九世纪中国的买办——东西方之间的桥梁》，哈佛大学，1970 年英文版，第 93 页。

④ 参见汪熙：《关于买办和买办制度》，《近代史研究》，1980 年，第 2 期。

⑤ 《旧中国的资本主义生产关系》，人民出版社，1977 年，第 23～24 页。

过去，许多有关论著认为买办投资创办近代企业，只是产生了反动的买办资产阶级，否认其民族资产阶级的阶级属性。近些年来，有不少学者对此提出不同意见，认为买办独立投资兴办近代企业，即已向民族资本家转化，应划归中国资本家阶级，而不应仍视其为买办及买办资产阶级。从有关史实来看，否认近代中国的买办有转化为民族资本家可能性的结论是缺乏说服力的。应该说，近代中国的买办，绝大多数一直处于不断分化整合的过程之中，尚不足以构成一个独立的阶级。① 买办自己投资创办的近代企业，均具有独立性，并不隶属于与其有买办契约关系的外资厂矿或洋行，因而属于民族资本企业。就一般情况而言，转化之后的买办，大部分收入来源于所办企业的利润，买办收入则不再占主要部分。所以，应该承认转化之后的买办是民族资本家。

　　例如上海著名的资本家王一亭，曾先后担任太古人寿保险公司、大阪轮船公司和日清轮船公司的买办，但他从 1906 年至辛亥革命前，连续成为立大面粉厂、上海内地电灯厂、申大面粉厂、沈阳地产公司、上海义清地产公司、华通水火保险公司、华兴水火保险公司等民族资本企业的主要投资人，并在其中大多数企业里担任董事，直接参与经营管理。1906 年成立的上海信成商业储蓄银行，还由他出任董事长。② 在不长的时间内，王一亭即从大量投资民族资本企业而跃居为上海工商界的头面人物，曾相继担任沪南商务分会的总理和上海商务总会议董。类似王一亭这样从买办转化为民族资本家的例子还有很多，无需一一列举。

　　买办投资创办民族资本企业转化为民族资本家，扩大了中国资产阶级的来源，应该说这是历史的进步。但与此同时，也更进一步加剧了中国资产阶级队伍内部不纯、阶级分野不清晰的特点。这主要是因为，买办转化为民族资本家之后，绝大多数仍继续保留原有的买办身份。像唐廷枢、徐润、郑观应等人主持经营官督商办企业之后，即辞去或不再担任买办的人虽然也有一些，但更多的人则不

---

　　① 买办不仅存在着转化为民族资本家的可能，有的还向官僚转化。如广东买办吴健彰即在 1848 年当上了苏松太兵备道。见夏燮：《中西纪事》，卷 11，第 8 页。

　　② 汪敬虞编：《中国近代工业史资料》（下册），第 2 辑，科学出版社，1957年，第 965 页。

愿辞去原有买办职务,其目的在于,利用买办身份得到的某些特权,为其企业的经营提供便利条件。当时,作为外资企业高级职员合作者的买办,"有时亦可部分享有领事裁判权,如果犯什么法,中国官厅须先征得外国雇主同意,才可传讯"①。这种待遇,一般华商是不可能享受的。在工商业者遭受封建势力敲诈勒索屡见不鲜的近代中国,兼有买办身份的资本家可借此保护自己的利益。另一个重要原因是,不少买办可以利用外资银行和洋行为自己创办的企业调动资金,解决所遇到的资金周转不灵等困难。例如在辛亥革命前已由买办转化为民族资本家的虞洽卿,继续兼任荷兰银行的买办,他利用"荷兰银行买办间"的名义,开出远期本票,由荷兰银行背书,向持即期本票前来兑现的人掉换,从而为他自己所办的企业调动头寸。② 朱志尧在转化为民族资本家之后,立志发展本国民族工业,但也继续兼任法国东方汇理银行买办。他"利用买办的有利地位,利用东方汇理银行。东方汇理的银库常常被他临时调拨到自己的事业中去。对东方汇理银行他是常年拖欠一笔很大数目的"③。出于上述两方面原因,多数人在转化之后保留了原有买办职务,从表面上看是民族资本家和买办两重身份集于一体,而且担任买办在先,容易给人以一种买办身份的定论,造成误解。

一部分买办通过捐纳获取各种职衔,在资本家、买办之外又加上了花翎顶戴,集资本家、买办和官僚于一身,这更使中国资产阶级队伍显得错综复杂而扑朔迷离,难以准确地界定其占主导地位的资本家属性。在经济上,买办是近代中国收入最高的阶层之一。但在政治上,大多数买办的地位却很低,与一般商人一样也受到社会舆论的鄙视。为了提高自己的社会地位,他们也不得不纳资捐官。如杨坊、唐廷枢、徐润、郑观应等,都曾通过捐纳取得不同的职衔。前面已曾论及,纳资捐官并不能说明捐纳者已转化成官僚,只不过是装潢门面而已。但由于当时的人们十分看重这种虚衔,故而

---

① 中国人民银行上海市分行编:《上海钱庄史料》,上海人民出版社,1978年,第38页。

② 参阅丁日初、杜恂诚:《虞洽卿简论》,《历史研究》,1983年,第1期,第152页。

③ 朱恩源:《朱志尧事迹》,上海市工商业联合会档案室藏。

在许多场合他们宁愿只报出自己的虚职头衔而不讲其工商企业主的身份。后世论者如不全面了解他们投资办厂的情况和经营活动，就很容易为其表象所迷惑，认为他们不是民族资本家。

还有一种情况，也进一步增加了中国资产阶级阶级归属的模糊性，这就是有些民族资本家后来也担任了买办职务。这类人在出任买办之前，曾投资创办近代企业，已经是民族资本家，当上买办后继续经营原有企业并创办新的民族资本企业。他们虽兼有买办身份，但也应将其看作是民族资本家。祝大椿即颇具典型性。他在1900年前后担任怡和洋行买办前，已开设源昌缫丝厂和源昌碾米厂。当了买办后，又创办或投资6家工厂。[①] 如此大量投资创办民族资本企业，其收入的主要来源自然是民族资本企业所提供的利润。又如上海著名资本家朱葆三，1878年开设慎裕五金号，业务扩展十分迅速，成为上海五金行业的领袖人物。英商平和洋行为利用他在工商界的声望，请他担任了该行买办。但在此之后他不仅未停止投资创办民族资本企业，其投资规模反而进一步扩大，仅到1909年，他即投资于上海大有榨油厂、同利机器纺织麻袋公司、大达轮步公司、华兴水火保险公司、海州赣丰饼油厂、上海中兴面粉厂、宁波和丰纱厂、广州自来水厂、汉口既济水电厂、浙江兴业银行、四明商业储蓄银行、宁绍轮船公司等10余个民族资本企业。[②] 很明显，祝大椿、朱葆三仍属于民族资本家的范畴，但这类人毕竟又兼有了买办身份，双重身份的相互交叉，使其资本家属性显得更为模糊难辨。

上述中国资产阶级队伍的严重不纯，反映出一种过渡阶级形态的某些特征，这是中国资产阶级发展不充分、不成熟的具体表现。一个发展不充分、不成熟的阶级，必然会带有许多弱点，诸如各种阶级关系的纠缠牵扯，独立性不强以及由此而产生的软弱性、妥协性等等。加上中国资产阶级所处的社会环境更恶劣，国家丧失了独立和主权，沦为半殖民地，使其所面临的阻力也更大。帝国主义与

---

① 汪敬虞编：《中国近代工业史资料》（下册），第2辑，科学出版社，1957年，第1091页。

② 参见丁日初：《辛亥革命前的上海资本家阶级》，《纪念辛亥革命七十周年学术讨论会论文集》（上册），中华书局，1983年，第293～294页。

封建主义的反动联盟，毫无疑问要比西欧资产阶级所面临的反动势力更为强大和根深蒂固。所以，中国资产阶级在政治上、经济上都难以取得像西欧资产阶级那样的辉煌成就，也没有足够的能力实现中国的早期现代化。

三 较强的依赖性

中国资产阶级的第三个特点，是经济实力十分有限，不仅无法使民族资本主义在近代中国各种经济成分中占据优势地位，也无以彻底战胜封建主义和帝国主义两大反动势力，为中国早期现代化开辟迅速发展的道路，相反还对这两大反动势力存在着较强的依赖性。这也是中国资产阶级不能真正成为早期现代化主干载体，具有较大软弱性和妥协性的一个重要原因。

中国资产阶级的这一特点，是中国资本主义发展不充分等局限性所带来的必然结果。以往的有关论著，对此已作过许多论述。中国资本主义发展不充分，首先是因为资本原始积累不足，资产阶级资力薄弱。西方国家在资本主义兴起之初，无不以对外征服殖民地、发展殖民地贸易等手段进行搜刮掠夺，对内则采取发行公债和实行保护关税制度等方式从事财富的积累，由此积聚资本主义发展所必须的巨额资金。中国的资本原始积累，却与西方资本主义国家明显不同，是伴随着中国向半殖民地半封建社会转化的过程而进行的，因而不可能采取如同西方国家那样的方式。中国对外不仅不能征服殖民地，自己反而成为西方资本主义国家掠夺对象的半殖民地。国家主权的丧失，也使中国对内不能实行保护关税制度。这样，中国资本主义产生和发展所需的资金，只能来源于一部分地主、官僚通过封建地租和高利贷剥削积累的财富，以及一部分从事对外贸易和新式商业的商人从外国资本主义对华殖民地贸易中得到的余利。相对西方国家资本原始积累的巨额财富而言，中国特殊的资本原始积累所积聚的资金是非常有限的。更严重的是，由于帝国主义列强的入侵和掠夺，近代中国的财富源源不断地流向了西方资本主义国家，从而造成中国民族资本主义的发展始终面临着劳动者日益贫困，缺乏起码的购买力，资本家财富积累严重不足，扩大生产缺乏资金这种极为不利的局面。所以，中国私人资本主义企业一般都是资本很少，规模很小，大都集中于轻工业部门，这也使得中国早期经济现代化的进展十分缓慢。

中国资产阶级资力薄弱还反映在其所办企业设备不全、技术落后等方面。前面曾经提及，中国资本主义的产生超越了一段历史发展的常规，主要不是经由手工业——工场手工业——大机器工业这一过程发展而来的，而是由一部分地主、官僚和商人从西方资本主义国家购买机器设备创办起来的。引进机器设备，特别是先进的设备，需要大量的资金，这对资本原始积累严重不足的中国资本家来说，显然是一个难以解决的困难。正因为私人最初难以筹集巨资购买机器设备，所以他们只能附股于官督商办企业，而无法成为企业主。即使后来中国民族资本主义获得一定发展，并有一部分工场手工业过渡到机器工业，但仍然主要是从国外购买机器设备。其原因在于，中国始终未能建立自己独立完整的工业体系，机器制造业极不发达，不能生产民族资本主义发展所需要的机器设备，因此只能从国外引进。当时，除极少数赢利较多的企业有能力从国外引进较先进的机器设备外，绝大多数企业都因资金短缺，只能购买相对而言价格稍便宜一些的陈旧落后设备，而且往往是配备不全。更多的小企业则长期停留于人力操作的低水平，无力购买机器使用机械动力。据北洋政府农商部统计，1912 年全国使用原动力（即机械动力）的工厂仅有 363 家，全部原动力机械（包括蒸汽机和电机等）不过 24 544 匹马力，平均每家只 67.6 匹马力，而不用原动力的工厂则有 20 386 家之多。① 直到 1912 年还有如此众多的所谓工厂尚未使用原动力，只能算是手工工场或手工业作坊。中国资本主义发展之落后和资产阶级经济实力之有限，由此可见一斑。这种状况，不能不给中国资产阶级的素质和经济现代化的发展带来严重的不利影响。

应该指出，说中国资本主义发展不充分和资产阶级经济实力有限，主要并不是针对其自身发展速度而言的。中国资本主义没有经历西欧国家那样长达两个半世纪之久的工场手工业阶段，资本原始积累有限，先天孕育不足，后天又发展失调，到辛亥革命时期也只

---

① 阮湘编：《中国年鉴》（第一回），"工厂累年比较表"，商务印书馆，1924年，第 1430 页。该表统计中国使用原动力工厂的数字偏低，但大体上能反映当时的基本状况。

经过了几十年发展时间，能够取得这样的成就已属不易。另外，上述结论也不是与西方国家资产阶级革命前资本主义和资产阶级的发展状况相比较而得出的。如果对中西方资产阶级革命前资本主义和资产阶级的发展状况加以比较，我们将会发现，中国并不逊色于西方国家。17世纪中叶英国资产阶级革命爆发前，只是在采矿、冶金、金属、加工、制盐、玻璃、造纸、制硝、啤酒等行业中拥有比较发达的资本主义手工工场，工业革命则尚未发生，因而没有一家使用原动力的现代工厂。直到资产阶级革命一百多年以后的1785年，蒸汽机才第一次在英国用来带动纺纱机。① 法国大革命爆发之前，工业革命尽管在个别新兴行业中已经开始，但仍以工场手工业占优势地位，集中生产的手工工场约500余家，规模并不很大，分散生产的手工工场也为数众多。而中国在资产阶级革命前却已有数百家使用机器的工厂，另还有交通、电信等各种近代企业。由此看来，单就中西方资产阶级革命前的资本主义和资产阶级的发展程度而言，中国并不落后。

但是，如果与中国资本主义并存的封建经济和在华的外国资本主义相比较，中国资本主义的发展和资产阶级的实力就显得特别寒酸稚弱，根本谈不上在中国社会经济中居主导地位。

中国封建经济在资本主义经济产生之后，仍长期存在并继续保持优势地位，这是近代中国双重经济格局的一大特点。通过考察近代工业、农业和手工业在国民经济中的比重，即可明显看出资本主义发展的不足和资产阶级实力的有限。据美国学者费维恺估计，19世纪80年代中国农业产值占国民经济总产值的66.7%，而近代工业加上手工业的产值（包括采矿、制造、建筑、运输业）仅占7%。② 国内有关论著过去通常认为，近代工业产值在整个工农业总产值中的比重，到抗日战争前只有10%。近些年来，有的学者重新对各个阶段资本主义发展的水平进行估算和统计，数字比原来略高一些，但所占比重仍很小。

---

① 参见汪敬虞：《中国近代社会、资产阶级和资产阶级革命》，《孙中山和他的时代——孙中山研究国际学术讨论会文集》（上），中华书局，1989年，第22页。
② ［美］费正清主编：《剑桥中国晚清史》（下卷），中国社会科学出版社，1985年版中译本，第9页。

首先看 1920 年左右的情况。据唐传泗同志估算，1920 年左右我国的农业总产值约为 165.2 亿元，工业（包括矿业）总产值约为 53.83 亿元，共 219.03 亿元。如将手工业的产值略去，近代工业的总产值约 10.66 亿元，仅占工农业总产值的 4.87%。其进一步的考察表明，我国工业生产总值中，近代工业所占比重不到 20%，而手工业所占比重为 80% 强。1920 年左右，手工业（包括手工矿业）的总产值约 43.17 亿元。其中资本主义工场手工业大约占 30%，即 12.95 亿元，连同近代工业产值共 23.61 亿元。也就是说，到 20 年代初中国资本主义发展的水平，在全国社会经济中约占 10% 左右。①

再看 1936 年的情况。据丁世洵同志估计，1936 年我国工农业总产值约 306.12 亿元，其中工业（包括矿业）总产值 106.89 亿元。这里所说的工业，也包括近代工业、工场手工业和手工业在内。如果单算近代工业（包括全部矿业）的产值，则只有 33.19 亿元，仅占工农业总产值的 10.8%。由此可知，近代工业的发展水平尽管从 1920 年的 5% 左右增至 1936 年的 10% 左右，但在整个工农业总产值中所占的比重仍十分微弱。即使加上具有资本主义生产性质的工场手工业的产值 29.48 亿元，资本主义工业的总产值也只有 62.67 亿元，占工农业总产值的 20.5%。②

这种加上工场手工业的估算已很宽泛，但仍表明资本主义在中国始终没能成为占主导地位的生产方式。资产阶级的经济实力虽也在不断增长，然而终未摆脱屈从于封建经济的地位，仍然十分有限。20 至 30 年代的情况尚且如此，辛亥革命前后资产阶级的实力便可想而知。

资本主义虽已产生并不断发展，但封建经济仍始终居主导地位，这正是近代中国半殖民地半封建社会经济结构的突出表现。正如毛泽东所说："封建时代的自给自足的自然经济基础是被破坏了；但是，封建剥削制度的根基——地主阶级对农民的剥削，不但依旧

---

① 转引自吴承明：《中国资本主义的发展述略》，载《近代中国资产阶级研究》，复旦大学出版社，1984 年，第 141～142 页。

② 转引自吴承明：《中国资本主义的发展述略》，载《近代中国资产阶级研究》，复旦大学出版社，1984 年，第 146 页。

保持着，而且同买办资本和高利贷资本的剥削结合在一起，在中国的社会经济生活中，占着显然的优势。"① 所谓"封建剥削制度的根基"，就是封建土地所有制，亦即封建经济关系。封建土地所有制长期存在并占显然优势，使小农经济照旧保持着以种植农业为主的分散经营方式，难以产生资本主义农业性质的大农场。地主占有大量土地，但很少像德国的容克地主那样雇工耕种，也很少像英国地主那样将土地出租给农业资本家，由农业资本家雇工经营，自己间接分取农业工人的剩余价值的一部分，即属于平均利润以上的那部分剩余价值。在中国，绝大多数地主还是照旧将土地分散出租给贫苦农民耕种，直接向他们榨取封建地租。虽然随着农村经济商品化的发展，收租形式逐渐从分成租转变为定额租，从实物地租向货币地租过渡，但整个来说实物地租仍占绝对优势，有些货币地租只是按实物租额折算的，实际上仍然是实物地租。所以，在近代中国经济结构中，居主导地位的依然是以小农经济为核心的封建经济，传统手工业也仍是小农经济的重要补充和可靠支柱。据统计，在1932年至1936年间，手工织布仍占中国棉布总生产量的66％。②

在西方资本主义国家中，旧的封建经济也不是在短时间内就全部消失的。正如列宁所曾指出的那样："世界上没有而且也不会有'纯粹的'资本主义，而总是有封建主义、小市民意识或其他某种东西掺杂其间。"③ 这个论断，是符合历史事实的。但是，西方国家的资本主义发展到一定阶段之后，即确立了在社会经济中的主导地位，而不是像半殖民地半封建社会的中国，资本主义的发展始终步履蹒跚，无法占据优势。西方国家残留的封建经济因素，在社会经济中只是处于微不足道的次要位置，而不像近代中国封建经济仍长期占据主导地位。中国之所以如此，其重要原因一方面是资本主义发展不充分，资产阶级经济实力有限，另一方面是沿袭千百年之久的封建经济基础十分强大，难以铲除。当然，还有其他诸多因素

---

① 毛泽东：《中国革命和中国共产党》，《毛泽东选集》（合订本），人民出版社，1976年，第593页。

② ［美］赵冈：《中国棉纺织生产的发展》，哈佛大学，1977年英文版，第232页。

③ 列宁：《第二国际的破产》，《列宁选集》，第2卷，人民出版社，1972年，第642～643页。

的影响。

中国资本主义经济不仅未能在社会经济中居主导地位，远远比不上强大的封建经济，而且与侵入中国的外国资本主义经济相比较，也显得非常稚弱。就一般情况而言，中国资产阶级所具有的经济实力，是很难与外国资本主义经济相抗衡的。

1894 年中日甲午战争以前，西方资本主义国家在经济上对中国的侵略主要是商品输出。外商虽在中国陆续设立了 100 多家工商企业，但并无条约依据，属非法活动。战后签订《马关条约》，日本强迫清政府取消对外人设厂的限制，承认其在华设厂的权利，并规定外人在中国设厂制造的商品与进口洋货一样也享受减免税收的优惠待遇。各国根据片面最惠国待遇，均同样享受上述特权。于是，西方列强对中国的资本输出在甲午战后激增，各国争先恐后在华投资设厂，并很快即以绝对优势压倒了中国的民族资本主义。

据不完全统计，1894 年中外产业资本的比重，外国资本已占 60.7%，本国资本只占 39.3%。到 1913 年，中国产业资本所占比重更小。在总共 154 095.6 万元的中外产业资本中，外国资本占 80.3%，本国资本仅占 19.7%。在整个近代中国，中外产业资本各占比重的具体数据在不同时期虽有些微变化，但外国资本居垄断地位的基本格局却一以贯之，始终未变，详见下表。①

年代	合计万元	本国资本		外国资本	
		万元	%	万元	%
1894	8 952.6	3 519.1	39.3	5 433.5	60.7
1913	154 095.6	30 386.2	19.7	123 709.4	80.3
1920	236 825.0	70 079.2	29.6	166 745.8	70.4
1936	821 000.0	177 600.0*	21.6	643 400.0	78.4

*不包括东北。

甲午战争后的 40 余年间，外国工业资本增长的速度比中国工业资本快一倍。在此之前，外国资本主义已经控制了中国的贸易和金融，20 世纪以后又在绝大多数工业行业中居于垄断地位。到 30

① 引自吴承明：《中国资本主义的发展述略》，《近代中国资产阶级研究》，复旦大学出版社，1984 年，第 145 页。

年代上半期，外国资本企业已控制了中国生铁产量的 95％，钢产量的 83％，机器采煤量的 66％，发电量的 55％，掌握了中国的主要资源和能源等经济命脉。在纺织工业中，外国资本纱厂占有纱锭数的 46％和织布机数的 65％，卷烟产量外国资本厂家所占最高达 58％。[①]

就企业的规模和资本而言，也是外人在华所设厂矿居明显优势，华资企业难以与其相匹敌。据统计，1895 年至 1913 年间，外资在华设厂共计 136 家，资本总额 10 315.3 万元，平均每家资本为 75.8 万元。同期华资设厂共 549 家，比外厂多数倍，但每家的资本额却很小，以全部资本总额 12 029.7 万元平均计算，每家为 21.9 万元。[②] 这里所说的华资企业，包括官办、官督商办和商办企业在内。前两种企业的资本额一般都大于商办企业，如将其剔除单算商办企业，则平均每家资本额更少。

这一时期，资本额在 1 万至 10 万元之间的厂矿，在华厂总数中占 55.2％，在外厂总数中只占 5.1％；10 万至 50 万元之间的厂矿，华厂占 34.5％，外厂占 61.8％；50 万元以上者，华厂只占 10.3％，而外厂则占 33.1％。[③] 1913 年外资开滦煤矿资本额为 2 063 万元，中国所有 41 家煤矿的资本额却只有 1 410 万元；外资耶松机器造船厂资本额 772 万元；中国所有 22 家机器铁工厂资本额只有 148 万元；英美烟公司一家资本额多达 1 100 万元，而中国所有 20 家纸烟公司的资本额只有 137.8 万元。[④]

外商在华所设企业不仅经济实力雄厚，而且技术更加先进，并享有不平等条约所规定的种种特权，所以能够从各个方面对中国资产阶级加以排挤。20 世纪初兴起的民族资本卷烟业，即因敌不过英美制烟公司的倾轧，在 1908 年以后大批倒闭。"计自二十九年

---

① 严中平等编：《中国近代经济史统计资料选辑》，科学出版社，1955 年，第 124、128、130～131 页。

② 汪敬虞编：《中国近代工业史资料》（上册），第 2 辑，科学出版社，1957 年，第 399 页，表 2。

③ 汪敬虞编：《中国近代工业史资料》（上册），第 2 辑，科学出版社，1957 年，第 399 页，表 2。

④ 汪敬虞编：《中国近代工业史资料》（上册），第 2 辑，科学出版社，1957 年，第 400 页。

（1903）以后，华商制烟公司大小约有三十余家，现在（1909）能幸存者寥寥无几……均断送于此英美公司。"[1] 1910 年前后，上海大小约 40 家华资缫丝厂也由于外国资本的强大压力，"所盈者寡，所亏者众，失败者尤踵相接"[2]。

如上所述，中国资产阶级所拥有的经济实力，与在华外国资本相比悬殊甚大，不能不经常遭受巨大压力，无法与其竞争，自然也就难以顺利地实现中国早期经济现代化。同时，这种状况对中国资产阶级的素质也有不可忽视的重要影响。

由于经济实力的相对稚弱，中国民族资本主义不仅不能在各种社会经济形态中居主导地位，压倒封建经济和外国资本，反而受到来自这两方面的压迫，只能在帝国主义和封建主义的双层夹缝中艰难地生长。软弱的资产阶级为了生存和发展，不能不在险恶的环境之下委屈求全，争取强者的庇护。因此，他们对封建主义和帝国主义都存在着对抗性和依赖性兼而有之的双重矛盾关系。

在资产阶级发展成为独立社会力量之前，资本家求助封建势力庇护的方式主要是竞相投资于官督商办、官商合办企业，希望借官力扩大自己的资本积累。需要强调的一点是，官督商办和官商合办企业在最初一段时间，通过清政府给予的专利权以及免税、减税等优惠待遇，确实一定程度地起到了庇护早期私人资本的某些作用，但不久却走向了反面。

资产阶级形成之后，其独立性大为加强，但仍然不能从根本上摆脱对封建统治者的某些依赖。在经济上，商办企业常常通过息借官款解救资金短缺的燃眉之急。如苏经、苏纶丝纱两厂在创设期间因商款不足，请准"由官筹拨二十万五千余两以足建筑、购机、开办经费，于积谷、水利、丰备项下支拨"[3]。1897 年创办的杭州通益公纱厂，曾由官府分六次拨借公款共 88 000 两。1906 年河南清华榨油公司创办期间，共借各省官款 10 万两。[4] 类似的例子还有

---

① 《盛宣怀未刊信稿》，中华书局，1960 年，第 199～200 页。

② 《时报》，1913 年 1 月 11 日。

③ 苏州市档案馆藏：苏州商会档案，第 1035 卷，第 77 页。

④ 汪敬虞编：《中国近代工业史资料》（下册），第 2 辑，科学出版社，1957 年，第 1018、1046 页。

| 42 | 辛亥革命与资产阶级

很多，请参见上节清末官商关系发展变化的有关内容。此外，遇有波及整个市面的金融危机，正常商业交往不能维持，资产阶级也往往只能借助官府的支持渡过危机。这样的例子在晚清并不少见，仅举天津一例稍加说明。

1902 年 8 月清政府授袁世凯为直隶总督，从八国联军手中收回天津。当时的天津因八国联军铁蹄的践踏，市面一片萧条，银根奇紧，各行歇业者达 2 000 余家。报刊报道说："盖自庚子以后，天津因兵火摧残，始现恐慌，掣动全市，迥非从前钱荒之比。影响所及，遂令北部之商业日陷悲境。"① 在此情况下，天津资产阶级因自身力量已难以维持，只得求助于官府。直隶官府应资产阶级请求，批准设立以疏通市面为宗旨的天津商务公所，并从日本购运和自铸大量铜元投放市场。经官商共同努力，才逐步平抑金融风潮，恢复了正常的商业贸易。1908 年天津又发生华商累欠洋商 1 400 万两巨额债务案，造成华商"查封破产层见迭出，各府州县以及四乡八镇相连倒闭亦不一而足"的危急局面。最后，华商也只得请袁世凯出面，以官府担保，从大清银行借来巨款，方使风潮平息。② 上述事实说明，经济实力有限的资产阶级，常常难以承受大的震动与意外事故，遇此即不得不依靠官府帮助解决，体现出对封建统治者较大的依赖性。

资产阶级对外国资本主义的依赖，在各方面也均有表现。早期资本家托庇洋商的主要方式，是以个人名义附股于外商企业，借外商企业在许多方面享有特权和资本雄厚的优势，分享外商剥夺中国人民所谋取的高额利润的余羹。经济史专家汪敬虞先生 60年代中期曾对这种"华商附股"现象进行过深入的研究。③ 据其考察，华商正式附股外国洋行经营航运事业，至迟在 19 世纪 50 年代就已经开始。1859 年美商琼记洋行订造一艘航行于上海至汉口线的轮船"火箭号"，在 10 万元造价中，有 1 万元为华商的投资。进入 60 年代，华商附股外资企业日渐普遍。1862 年美商旗昌洋行

---

① 寂音：《论近来经济恐慌宜筹调护之长策》，《东方杂志》，第 7 年，第 7 期。

② 《北洋公牍类纂》，卷 21，商务二。

③ 汪敬虞：《十九世纪外国侵华企业的华商附股活动》，《历史研究》，1965年，第 4 期。

创办旗昌轮船公司，在实收 100 万两股金中，华商附股估计多达一半以上。① 熟知新式航运业内情的郑观应在 70 年代初也曾说："现在上海长江轮船多至十七八只，计其本已在一二百万，皆华商之资，附洋行而贸易者十居其九。"②

除航运业外，在保险、银行、码头堆栈、房地产、铁路运输、棉纺织、出口加工、船舶修造、公用事业以及各种轻工业等行业中，华商附股外人企业者均为数甚多。无论是资本在数百万两以上的大型外人企业，还是只有几万两的小型企业，也不论是在贸易中心的上海，还是其他通商口岸，华商附股都是常见之事。据汪敬虞先生的初步统计，在整个 19 世纪中，全部华商附股外人企业的资本累计在 4 000 万两以上。有些企业如琼记洋行、旗昌、东海等轮船公司以及金利源仓栈和上海自来水公司中，华股都占一半以上。还有些企业如烟台、怡和等丝厂和华兴玻璃厂中，华股占 60% 以上。有的甚至达到 80%，如大东惠通银行、中国玻璃公司等。③

早期资产阶级托庇于外国资本主义势力的另一个主要方式，是"寄名洋籍"，挂洋商招牌。造成华商以此种方式托庇外人的原因，一方面是资产阶级自身经济实力软弱，另一方面是清朝各级官吏对华商所办企业往往多方阻挠或敲诈勒索，而对外商企业却莫敢如何，并且提供种种优惠和特权。19 世纪 60 年代末，容闳曾提议"设一新轮船公司，俱用中国人合股而成"，并拟具章程，定资本 40 万两，因总理衙门阻挠未果。④ 接着又有华商赵立诚、吴南皋（吴炽昌）等分别呈请集资购买轮船，创办近代航运业，也由于清朝官僚反对没有成功。于是，华商即转而购船委托洋商代理。例如 1867 年，已有华商将所购的一艘 773 吨轮船取名"惇信"号，委托给英商格拉佛洋行代理，行驶于上海汉口之间。1868 年又有中国商人将购置的一艘 665 吨的"虹口"号轮船，委托给美商同孚洋

---

① 盛宣怀：《愚斋存稿初刊》，卷 1，第 5 页。
② 郑观应：《论中国轮船进止大略》，夏东元编《郑观应集》，第 52 页。
③ 汪敬虞：《十九世纪外国侵华企业的华商附股活动》，《历史研究》，1965 年，第 4 期。
④ 《海防档》，购买船炮（三），第 872～875 页。

行代理。① 70 年代由唐延枢等华商购置的"洞庭"号、"汉阳"号、"南浔"号和"永宁"号等多艘轮船，也无一不委托外商经营。

还有些华商虽然购买轮船自行经营，但也想方设法借洋商名义在外国领事馆注册，挂上洋商招牌。1868 年，烟台华商李振云等人以 63 750 两银子购置"天龙"号轮船，与美国人花马太创立一家所谓的清美洋行，以花马太的名义在美国领事馆注册，但花马太本人却在其中并无股份，实际上完全是华商企业。② 70 年代以后，表面上挂洋商招牌，实际上是华商企业的轮运公司为数更多。据海关报告记载："某些挂外国旗的江海轮船，几乎全系华商所有。"③商业店铺也多有挂洋招牌者，在镇江甚至 3 家中国商行同时借用英国人威克尔的名义经商。④

20 世纪之后，中国资产阶级的经济实力较前有所增长，但在某些方面仍无法摆脱对外国资本的一定依赖性。由于资本积累不足，商办企业经常遇到资金周转不灵的困难，四处求助官府无门时，只得向外商贷款。例如武昌织布局 1900 年"因经费支绌，工作久停"，只好"向某国借得洋款若干"，俾资周转。又如 1901 年汉口纺纱厂"因销路欠佳，积亏甚巨"，也不得不向洋商筹借 40 万两。⑤ 张謇称得上是近代中国相对来说资本比较雄厚的大资本家，他创办的大生纱厂在较长时间内也获利甚丰，但在 1912 年同样出现资金无法周转的窘困，向日本洋行借款 20 万两。1911 年创办的上海闸北水电公司，在第二年以全部厂房机器向日商抵借 40 万元。⑥ 下表列举了辛亥革命前后华商企业所借日债的情况，反映了中国资产阶级在资金方面对外国资本的依赖。⑦

---

① ［美］刘广京：《英美轮运业在中国的竞争》，哈佛大学，1962 年英文版，第 72、73～74 页。

② 《捷报》，1882 年 3 月 1 日、15 日。

③ 《海关十年报告》(1882—1891)，上海，第 324 页。

④ ［美］郝延平：《十九世纪中国的商业革命》，加利福尼亚大学，1986 年英文版，第 20 页。

⑤ 《中外日报》，1900 年 11 月 17 日，1901 年 7 月 2 日。

⑥ 汪敬虞编：《中国近代工业史资料》(下册)，第 2 辑，科学出版社，1957 年，第 1052、1055 页。

⑦ 汪敬虞编：《中国近代工业史资料》(下册)，第 2 辑，科学出版社，1957 年，第 1063 页。

厂矿名称	借款日期	借款额	投资机构
南昌开明电灯厂	1910	100 000 两	商田商会
武昌竟成电灯厂	1910 后	具体数额不详	东亚兴业会社
汉口既济水电厂	1911	1 200 000 两	东亚兴业会社
汉口既济水电厂	1912 前	137 397 两	正金银行
上海闸北水电厂	1912	400 000 元	大仓组
汕头自来水厂	1912	100 000 元	台湾银行
汕头开明电灯厂	1912	40 000 元	台湾银行
大冶水泥厂	1912	72 000 日元	三菱洋行
汉口扬子机器厂	1912	162 469 两	正金银行
安徽铜官山煤铁厂	1912 前	200 000 日元	三井物产会社
湖南狮子腰等矿	1912	55 000 日元	高木两合公司
南通大生纱厂	1912	200 000 两	大仓组
上海绢丝公司	1912	179 985 两	正金银行
清河溥利织呢厂	1912	160 000 两	大仓组
上海中兴面粉厂	1912	164 496 两	三井物产会社
上海南市电灯厂	1913	300 000 两	旭公司
杭州通益公纱厂	1913	200 000 两	旭公司

资产阶级在机器设备和技术方面也要依赖外国资本主义。前已多次论及，因为中国机器制造业极不发达，甲午战后设立的少数机器工厂大都是一些机器零件的修配厂，称不上真正的机器制造厂，所以绝大多数工厂只能从国外购买机器设备。由于对机器的性质与使用缺乏了解，在初期还需聘请外国技术人员。如 1887年严信厚集资在宁波创办机器轧花厂，全套机器设备均从日本进口，并聘请数名日本工程师和技师。八年后的 1894 年，严信厚又在宁波创办通久源纱厂，也仍然只能从国外购进机器，同时聘用外国技师。① 以上各方面对外国资本主义不同程度的依赖性，严重妨碍了中国资本主义的独立发展，是资产阶级难以使中国顺利过渡到资本主义社会的重要原因之一，也是影响其反帝不坚决、不彻底的重要因素。

---

① 参见《海关十年报告》(1882—1891)，宁波，第 381 页；孙毓棠编：《中国近代工业史资料》(下册)，第 1 辑，"民族资本经营的近代工业简表"，科学出版社，1957 年。

四　内部结构失调

中国资产阶级的第四个特点，是内部结构失调。其具体表现为，理应成为资产阶级核心部分的工业资产阶级却在整个资产阶级队伍中相对来说人数甚少，未能发挥出核心作用。商业资产阶级则一直是资产阶级队伍中的主体，在社会生活中显得更为活跃，所占地位与影响也更为突出。

近代工业不发达和商业的畸形发展，是导致资产阶级这一构成特点的主要原因。由于近代中国的统计工作十分落后，至今我们还无法确定工业资本家和商业资本家的整体概数，只能借某些省区在某一阶段的情况作管中窥豹，见其一斑。到辛亥革命前，上海近代工业的发展在全国堪称翘楚，工业资本家相对来说应是比较多的，但与商业资本家相比较仍非常悬殊。据有关文献记载，1908 年上海有银行、汇票、钱业及各种商号 7 700 户，而工厂、交通水电企业加上大量的手工作坊，也只有 2 912 户，并且其中绝大部分为手工工场和作坊，严格意义上的工业资本家只有很少一部分。[①] 广东和武汉虽然也算得上近代工业比较发达的地区，但比例相差更大。据《民国元年第一次农商统计表》记载，当时的广东有工厂和手工工场 2 426 家，其中也是以手工工场占绝大多数，近代规模的工厂只有 136 家。而各种商店仅在广州一地，就多达 27 524 户。[②] 在武汉，辛亥革命前工矿企业只 41 家，加上手工工场也总共不到 1 000 家，而各种商店仅汉口一处即有 7 000 家，另还有钱业 105 家。[③] 近代工业比较发达的通商大埠尚且如此，那么在其他一些地区，其情形更不待言。

在近代中国，商业资产阶级不仅在数量上大大超过工业资产阶级，其能量和影响也更为突出。据台湾学者张玉法统计，辛亥革命

---

① 据《上海华商行名簿》（1908 年）。转引自章开沅《辛亥革命与浙江资产阶级》，载《纪念辛亥革命七十周年学术讨论会论文集》（上册），中华书局，1983 年，第 261 页。

② 《广东咨议局编查录》（宣统二年），下卷，"政治述丛之部"，第 103～104 页。

③ 参见皮明庥：《武昌首义中的武汉商会、商团》，载《纪念辛亥革命七十周年学术讨论会论文集》（上册），中华书局，1983 年，第 323～324 页。

前成立的各类社团总共有 668 个，其中商业类占 265 个，教育类103 个，政治类 85 个，学术类 65 个，外交类 50 个，农业和风俗类各 26 个，青年类、艺术类各 17 个，宗教类 6 个，工业类最少，只有 3 个。[1] 上述统计数字与当时实际存在的各类社团数虽有很大距离，但仍能说明商业类团体远远超过了工业或其他各类社团。如果进一步分析，还可发现诸如商学会、商业研究会、教育会乃至各种地方自治社团，都与商业资产阶级有着极为密切的联系，其领导人不少系由商界知名人士担任，很大一部分实际上也是新式商人团体。[2]

清末民初的商会，是由工商业资本家所直接组成、分布极为广泛的资产阶级社会团体。在其内部，也以商业资本家占据绝大多数，工业资本家人数很少，特别是在领导层中，商业资本家明显居于优势地位。例如 1909 年改选的上海商务总会，共有会董21 人，其中投资经营各类商业（包括银行、钱庄、票号）者 13人，占总数的 62%，工业资本家 6 人，只占总数的 28.6%。同年改选的汉口商务总会，共有会董 41 人，其中各类商人 33 人，占总数的 80.5%，工业资本家仅 1 人，占总数的 2.4%。[3] 1910 年改选的广州商务总会，共有会董 57 人，其中商业资本家多达 49人，所占比重高至 86%，工矿企业主只 5 人，仅占总数的8.8%。[4] 在苏州、江宁、江西、吉林、贵州等地，1909 年改选的商务总会会董中，都只有为数极少的一二名工业资本家，其余均为商业资本家。[5]

在商业资产阶级内部，相对而言经济实力比较雄厚，影响更大的是与封建主义有着更为密切联系的钱业、票号业和典当业商人。在商会领导层中，上述行业的商董所占比重最大。例如苏州商务总会从 1905 年至 1911 年共选举了六届总理和协理，钱业商董吴理杲

---

① 张玉法：《清季的立宪团体》，第 144 页。
② 参见朱英《辛亥革命时期新式商人社团研究》有关章节，中国人民大学出版社，1991 年。
③ 《汉口商务总会己酉年总协理议董表》，《华商联合报》，第 14 期。
④ 《广州商务总会庚戌年总协理坐办会董衔名》，苏州市档案馆藏。
⑤ 参见《华商联合报》第 16、18、15、21、11、13 期有关各商务总会总协理议董表。

即连续四届出任协理；另外曾担任总理、协理的倪思九、张履谦二人，也分别为钱商和典当商。从《华商联合报》所载 1909 年各商务总会选举的会董及所属行业，可知上海商会会董总数 21 人，其中钱业 2 人，票号业 3 人；杭州商会总共 21 人，钱业占 7 人，典当业 2 人；江宁商会共 30 人，钱业有 5 人，典当业有 3 人；九江商会共 12 人，其中钱业 6 人，典当业 1 人，占总数一半还多；汉口商会共 36 人，钱业 9 人，典当业 1 人；吉林商会共 28 人，钱业即占 12 人。

在数量有限的工业资产阶级内部，也存在着比较严重的不纯性。其中，经营工场手工业的工场主占了很大比重。据有关调查统计资料，1912 年全国 20 749 家工厂中不使用原动力而仍属于手工工场的占 98.25％，使用原动力的工厂只占 1.75％。[1] 另据统计，1895 年至 1913 年间创设的资本在 1 万元以上、使用原动力的织布和印染工厂共 27 家[2]，而 1900 年至 1913 年设立的手工棉织工厂已达近 300 家。1901 年至 1910 年，机器纺织厂所织棉布仅占全国布匹总码数的 0.57％，而手工织布的数量则占 88.6％[3]。很显然，在中国近代工业中，从数量和产值看，工场手工业一直占压倒优势，机器大工业则处于明显的弱势地位。因此，在所谓工业资产阶级中，有很大一部分是手工工场主，算不上是严格意义上的近代工业资本家。

另一种不应忽略的情况是，有些工厂虽然使用了原动力，但机械化程度非常低，仍大量使用手工操作。如 1908 年广州的一家火柴厂，雇有男、女、童工 200 人，除制作火柴梗、染磷使用机器以外，其余所有工序都用手工操作。[4] 类似的情形，在当时的火柴业中并不少见，可以说是一种比较普遍的现象。又如广东南海一带的许多缫丝厂，只是在原有手工工场的基础上，添置一二台缫丝机

---

① 参见彭泽益《近代工业资本主义经济中的工场手工业》，《近代史研究》，1984 年，第 1 期。

② 汪敬虞编：《中国近代工业史资料》（下册），第 2 辑，科学出版社，1957 年，第 654 页。

③ ［美］费维恺：《1871—1911 年中国手工业和机制棉纺业》，《经济史杂志》，第 30 卷，1970 年 6 月。

④ 《海关十年报告》（1902—1911），广州，第 146～147 页。

器，经营、管理方式在很大程度上仍如既往。① 即使是机械化程度稍高一些的工厂，也广泛地利用个体手工劳动。例如 1909 年在广东汕头创办的一家织布厂，已拥有电动织布机 55 台，但仍离不开散在该城各地的约 150 台手工织布机为其加工。② 这些局限性，也使近代中国工业资产阶级在整个资产阶级队伍中应有的核心地位大打折扣。

由于相对来说素质较高的工业资产阶级在整个资产阶级队伍中未能发挥核心作用，而妥协性较大的商业资产阶级却占据了主导地位，加之与封建主义联系最密切的钱业、票号业和典当业商人又在商业资产阶级中间势力更大，这种结构特点在很大程度上决定了中国资产阶级必然缺乏应有的进取精神和革命素质，表现出保守和软弱的性格特征。

因为商业所不同于工业的某些特点，商业资产阶级对社会秩序的稳定更为关切。一般情况下，社会秩序的动荡必将影响到社会经济的发展，而首当其冲遭受冲击的即是与社会经济生活关系最为密切的市场。工业虽然也常常因之而受到一定的影响，但远不如商业所受的影响那样迅速和直接。有时候，社会动荡甚至还会给某些部门的工业生产创造有利条件；而对商业来说，除极少数投机商以囤积居奇的手段谋利之外，市面的混乱即刻就会影响正常的商业往来，造成银根紧张和商品滞销，直接危及广大商人的切身利益。因此，商业资产阶级更希望秩序稳定，少出动乱，这就使其政治态度在通常情况下均趋于稳健甚至保守。在以孙中山为首的革命派从事推翻清朝封建统治的革命运动中，资产阶级不仅长期不能予以支持，而且不少人表示反对，即是害怕革命造成动乱，危及其身家财产。资产阶级的这种态度和表现，对中国早期政治现代化的发展产生了诸多不利影响。他们不敢彻底推翻清朝封建专制统治，就不可能彻底扫除中国资本主义发展的一个主要障碍，也就谈不上最终实现中国早期经济现代化。

以上我们从几个方面论述了近代中国资产阶级的特点，实际上是分析了资产阶级的各种弱点，旨在说明资产阶级为什么不能

---

① 《南海县志》（宣统二年）（1910 年），卷 26，第 56 页。
② 《海关十年报告》（1902—1911），汕头，第 126 页。

承担中国早期现代化主干载体这一历史使命的若干原因。但是，资产阶级虽然由于这样或那样的弱点，无法实现中国的早期现代化，却并非意味着它在中国早期现代化进程中就无所作为。事实表明，资产阶级形成为独立社会力量之后，在社会生活的各个领域中都十分活跃，对推动中国早期现代化的发展也作出了重要贡献。当然，其软弱性与局限性在很大程度上限制了它发挥更大的作用。

第三章　资产阶级与革命派的关系

以孙中山为首的革命派作为资产阶级的代表，为什么在其领导资产阶级性质的辛亥革命运动时，未曾得到被代表者，即资产阶级主体的真正的切实支持？在这一过程中，代表者与被代表者之间的具体关系，究竟是怎样发展演变的？对这些问题，史学界已有一些论著进行了分析，但对两者中的另一方革命派的探讨还不够充分；从资产阶级这方面加以剖析，似也还有某些值得进一步深入研究之处。本章试图在现有成果的基础上，就这些问题提出几点粗浅看法。

一　代表与被代表者严重脱节

马克思在《路易·波拿巴的雾月十八日》一文中曾经说过这样一段话："资产阶级的思想家和资产阶级自己，代表者和被代表者，都互相疏远了，都不再互相了解了。"[①] 这指的是 1851 年法国议会内的资产阶级代表在同波拿巴进行斗争时，议会外的被代表者，即资产阶级群众与其发生了冲突和分裂。如果我们把视野从法国扩展到整个欧美，就会发现马克思所描述的这种现象，实际上并不仅仅限于发生在法国。翻开英国、德国等西欧许多国家早期资产阶级革命的史册，代表与被代表者分道扬镳的事例，同样也是屡见不鲜的。产生这种现象丝毫也不奇怪，因为资产阶级作为一个新兴的剥削阶级，有时候容易用眼前的浅短利益取代宏伟的政治目标，认不

---

①　《马克思恩格斯选集》，第 1 卷，人民出版社，1972 年，第 675 页。

清代表自己根本和长远利益的先进人物；或者是出于利害关系的权衡，一些人宁愿以牺牲自己的代表作交易，换取他们所期望得到的实际利益。

不过，西欧一些国家早期资产阶级革命时期这种现象的发生，大多是在革命已经发展到了一定的阶段，或者是已基本推翻了封建统治，革命已近尾声之时。如英国的克伦威尔在共和国建立之后就任"护国主"，实行个人军事独裁统治，才失去了英国资产阶级的支持。法国的罗伯斯庇尔等雅各宾派代表人物，也是在粉碎了外国武装干涉和封建复辟势力之后，始遭到法国资产阶级的反对。在此之前，代表和被代表者之间基本上是趋于一致的。所以，革命在这些国家最终仍然能够取得相当的成果。

但在中国，情况却大不相同。从革命开始酝酿直至发展到高潮的长时期里，除少数个别人外，资产阶级作为一个整体，几乎与革命派没有发生任何联系。代表与被代表者之间，根本不存在由了解到疏远的过程，而是一开始就处于分离状态。非但如此，广大资产阶级不仅不支持自己的代表所领导的革命，其中多数人还持敌对态度。产生这种奇特现象有两方面的原因。其一是革命派受客观条件的限制和主观认识的不足，没有在广大资本家当中做深入细致的动员启发工作；其二是中国特殊的经济结构和阶级构成造成了中国资产阶级严重妥协软弱的性格特征，缺乏应有的革命素质。

我们知道，辛亥革命爆发之前，中国民族资本主义已经产生并得到初步发展，出现了一支虽很稚弱但已在社会生活中具有相当影响的资产阶级队伍，为这场革命提供了所必须的阶级基础。但是，资产阶级普通群众由于身家财产的拖累以及封建因袭的羁绊，一般不可能像其走在时代前列的代表——先进知识分子那样，具有敏感的政治眼光和创新精神，因此自身难以产生革命思想。其革命思想的抽萌，需要本阶级先进政治代表的启蒙和灌输，这一使命理所当然应是以孙中山为首的革命先驱责无旁贷的职责。然而，包括孙中山在内的一些杰出革命领袖，在多年的革命准备阶段，却从未将此重要工作列入议事日程，没有很好地利用这一现有的阶级基础。可以说，革命的物质基础、阶级基础虽已具备，规定了这场革命的资产阶级性质，但实际上对革命的发展却并未起到明显的实际作用，这在革命的酝酿阶段表现得尤为突出。

孙中山等革命领袖之所以没有与广大资本家发生联系，积极动员他们支持或参加革命，其原因是多方面的。首先一点是受客观环境的限制，其中包括中国的社会环境和孙中山等人的处境。

中国是一个古老的东方帝国，在社会结构上具有不同于西欧的传统和特点。譬如中国的城市就与西欧的城市迥然不同。西欧的城市一开始兴起，就与封建主义统治的重心即庄园农村相对立，同时也是新兴市民阶层摆脱封建主义束缚、争取自治权利的发端。城市的最终形成，即标志着他们在这一斗争中取得了胜利。因此，西欧的城市实际上相当于一个独立自治的城市共和国，在此基础上产生的资产阶级，拥有一个范围较大的活动地盘，能够在这广阔的历史舞台上，尽情演出宣传革命、抨击封建制度的活剧。而在中国，城市历来是封建主义统治的中心。广大的农村，也严密地控制在专制主义中央集权统治的网罗之中。由于工商荟萃的经济中心，同时又是封建统治的政治重心所在，这种一元化的传统社会结构，就给以孙中山为首的革命党在国内从事革命活动带来了诸多不便，使其不可能像西方的革命家那样，在资产阶级及其他社会各阶层群众中公开进行广泛的革命宣传工作。

此外，从踏上革命道路，成为职业革命家之后，孙中山就一直受到清朝反动政府的通缉，个人处境也十分艰难，在国内几无立足之地。1894年，孙中山在檀香山创立兴中会，次年初回广州筹划起义。但这次起义未及发难，即因谋事不密而被清政府察觉，旋遭镇压。清朝以花红银一千元悬赏通缉"匪党孙汶"，总理衙门也电驻亚、美、欧各国使馆，命相机缉拿，孙文的名字因之而成为"匪党"的象征。从此，孙中山即不得不开始浪迹天涯，连在香港也无寄寓之地。至革命风潮日盛的1908年，清廷又以20万元赏金，晓谕全国捉拿孙中山。武昌起义胜利之前，他仅于1900年回国一次，只在上海呆了四天，紧接着又远走他乡。在这种处境之下，要求孙中山在国内工商界作比较广泛而深入的动员联络工作，几乎是不可能的。

当时，孙中山等革命领袖的工作重心主要放在联络华侨上。在国外，他们的活动虽然也受到某些限制，但比在国内的回旋余地要大得多。另一方面，海外华侨资本家与国内的资产阶级比较而言，与封建主义的联系不是那么密切，封建包袱的拖累相对要少一些，具有较强的爱国之心，因而容易被唤起其政治热情，引导其支持甚至参加革命。孙中山等人从事革命活动的经费，绝大部分就是华侨资产阶级捐助的；参加兴中会的成员中，也有一些是华侨资本家。在国内，孙中山及其他领导人所注重联络的力量，则是会党和新军士兵。会党是下层劳动群众组织的反清社会力量，具有较强的反抗精神，革命党通过"反满"口号和民主革命思想的宣传，能够使其成为荷枪实弹赴前杀敌的先锋。新军士兵大多来自于新式知识分子和下层劳动人民，也比较容易接受民主革命思想，投身革命运动。上述因素，可以说是导致革命派比较注重在华侨中传播革命种子，在国内仅偏重于运动会党和新军，而在工商界却着力甚少，成效甚微的又一个客观原因。

然而，更主要的还是孙中山和其他领袖人物，在主观上对这一问题的重要性认识不足。他们没有充分意识到，其所领导的资产阶级革命运动，没有广大资本家的支持，是难以取得最后胜利的。从有关史料看，革命党内部也不是完全没有人认识到应该联络资本家参加革命。担任共进会秘书长的谢石钦曾回忆说："革命党中就有人主张，联合会党及新军有流弊，不如从地方绅士、学生、豪商、巨贾下手，期以十年五年之孕育，全国同时以罢市、罢课为革命武器，不血刃而清廷窒矣。"[1] 但整个说来，革命派中能够全面考虑到这一层的人几如凤毛麟角，真正有意识地从事这项工作的更是微乎其微。

就孙中山个人而言，可能是由于他长期居住国外，以至于对中国的某些具体情况不无隔膜。辛亥革命前中国已经出现了资产阶级，在城市生活的各个角落里，都能感受到这支社会力量的存在。但直到辛亥革命后，孙中山却还多次提到，中国"工商未发达"，资本家没有出世。即使孙中山指的是欧美那种大的垄断资本家，他的这一估计也不切合中国的实际。应该说，中国的资本家早已出世，只不过比较稚弱。而孙中山认为中国根本没有资产阶级，这种片面的理解，不能不影响到他正确地认识整个资产阶级在革命中的地位及其作用，进而导致其完全忽视在资产阶级当中做广泛的革命动员工作。虽然客观条件不允许孙中山在国内开展活动，但当时仍

---

[1] 《辛亥革命资料》，中华书局，1961年，第490页。

有相当一部分革命同志留在国内，而他早已是革命队伍中公认的最高领袖，如果在主观上认识到这一工作的重要性，他完全可以安排布置国内的同志从事这一工作，然而他却从来也没有这样做。

革命派拟定的同盟会纲领和各项方针政策，尽管体现了发展资本主义的历史趋势，与资产阶级的愿望从根本上说是完全一致的，但由于没有在资本家中进行深入的宣传，结果广大资产阶级始终对自己的代表十分陌生，根本谈不上什么具体的了解。他们只能从清廷的官文和某些报刊上，获得"匪首"、"乱党"的歪曲印象，这怎么能使趋安厌乱的资本家向革命派表示同情和支持呢？

动员尽可能多的阶级阶层支持或参加革命，对于革命的领导者来说是十分重要的。资产阶级性质的革命尤其应该首先动员联络广大资本家，而孙中山忽视国内资产阶级这支主要革命力量的存在，这不能不说是他从事革命准备工作的一个相当大的缺陷。当时，国内资本家中具有爱国之心者不乏其人，同时也还有少数个别人，甚至是资财雄厚的大资本家，对革命表示同情和支持。例如华兴会筹备长沙起义时，就曾从当地著名资本家龙璋手中得到二万三千余元，书业商人张斗枢也先后捐款近万元予以资助。革命党还通过龙璋的两艘江轮，运输购自国外的枪械。① 又如上海商界的一些头面人物沈缦云、王一亭、虞洽卿等，也都参加过革命活动。沈缦云、王一亭曾投资赞助同盟会在上海的报纸《民吁日报》和《民立报》，光复上海时，王一亭还受革命党人委托，负责联络商团参加起义，起了重要作用。

诚然，这少数个别资本家同情或支持革命，原因是多方面的。但至少有一个共同的特点，即他们都与所在地区的革命党人往来频仍，在这方面所受之影响当不应忽视。如果孙中山等革命领袖意识到这一点，深入广泛地开展动员工作，是有可能将更多具有爱国之心的资本家争取到革命一边来的。辛亥革命前，不少地区的资产阶级还组织了商团或类似的武装，有的已经拥有相当可观的实力。如上海商团的前身"体育会"，早在 1905 年抵制美货运动之后即已成立。1907 年扩建商团联合会，至 1911 年已有会员数千人，是一支训练有素的武装力量。汉口资产阶级也在武昌起义前几年，按地段

---

① 刘揆一：《黄兴传记》，第 8 页。

成立了保安会、救火会等武装组织，1911 年春联合组成汉口各团联合会，会员近千人。此外，苏州、杭州、宁波、江西、安徽、重庆等地，也都有类似商团的资本家民间武装组织产生。

但是，对于这样一支现存的资产阶级武装力量，孙中山等人在革命正式爆发之前，尽管起义屡次失败，力量损失殆尽，也从未主动与其发生过任何联系。直到武昌起义爆发后，武汉、上海的革命党人才开始意识到应该争取商团，派人进行了说服动员。而武汉、上海商团支持或参加起义的行动，则又表明一部分资本家在特定的条件之下完全有可能转向革命一边，关键在于先驱者不失时机的动员和联络。从有关情况看，武昌起义爆发后，上海、武汉等举凡资本家支持革命的政治态度相对而言比较鲜明的地区，革命党人都与资产阶级发生了比较密切的联系。反之，广东、广西、苏州等地的资产阶级，尽管政治态度较诸从前也发生了变化，但仍然非常保守，热衷于所谓"和平独立"。可见，必要的宣传和联络是不可疏忽的。

在这方面，立宪派的所作所为，明显要比孙中山为首的革命派高出一筹。他们利用在国内所取得的公开合法地位，以及在工商界的影响与威望等等便利条件，向资本家大肆灌输立宪思想，把资产阶级的绝大部分都拉向了自己一边。有关具体情况，我们将在下一章中详细论述。

当时，孙中山等革命领袖忽视动员联络广大资本家这一革命准备工作中的重要环节，不仅表现在具体的行动上，而且在其思想理论中也有明显反映。截至民国建立之前，孙中山在他数量可观的文章、书信中，极少提到通过革命改善资本家的境况，即使是以革命促使民族资本主义发展的论述，直接涉及也不多，具体关心不够。对这方面的问题，孙中山在其成为一个职业革命家之前，还有某些阐述。1894 年以前他曾就经济改革写了《农功》和《致郑藻如书》，《上李鸿章书》中也以较多篇幅论及有关问题。在这些作品中，孙中山从各个方面，不同程度地阐明了发展资本主义以使国家臻于独立富强之境的思想。这是资产阶级所最关心的切身利益，由此可以进一步直接启发他们的革命性。但是，此后我们再也没有看到孙中山对这些问题作更加深入的阐发。

1905 年同盟会成立之后，孙中山在经济方面讲得较多的是民生主义。从长远后果看，民生主义在某种意义上也可以说是一个发展资本主义的纲领，但就"平均地权"、"土地国有"的具体内容而言，则在当时对资产阶级并无多大吸引力，甚至会引起反感。根据孙中山本人的解释，民生主义主要着眼于防止资本主义发达之后的社会贫富不均，而且是以反对和限制中国出现大资本家为手段的。辛亥革命前后，孙中山在许多场合都曾对资本家进行过猛烈的抨击，将同情之心寄诸贫苦民众。他说："盖专制皇帝且不难爱民，虽专横无艺，犹不敢公然以压抑平民为职志。若资本家则不然，资本家者，以压抑平民为本分者也，对于人民之痛苦，全然不负责任者也。一言以蔽之：资本家者，无良心者也。"① 这种说法，是孙中山民生主义学说超前闪光的地方，但又恰恰是资本家所反感之处。把它用于欧美帝国主义国家倒是不无妥贴，而在中国大加宣传则不合时宜。因为当时的中国不是资本主义多了，而是资本主义少了，不是要防止资本主义，而是要发展资本主义。就这个问题，以孙中山为旗帜的革命派曾同以梁启超为首的改良派进行过一场大论战。梁启超批评孙中山"以排斥资本家为务"的主张不合现实，他大力赞颂资本家"冒险以求利润"的精神，指出："中国若无大资本家出现，则将有他国之大资本家入而代之，而彼大资本家既占势力以后，则凡无资本者或有资本而不大者，只能宛转瘕死于其脚下，而永无复苏生之一日。"②

显而易见，在这个具体问题的争论上，梁启超的思想、主张更符合中国历史发展的方向，也更容易为资产阶级所接受。虽然孙中山的民生主义在本质上也是为资本主义发展开辟道路，但形式上却对资本主义持批判态度，其发展资本主义的蓝图，采取的是主观社会主义的曲折表达方式，而不是直截了当的呐喊，因而很难为资产阶级普通群众所理解和接受，更何况当时孙中山并没有对他们进行任何解释和宣传。

以上我们从几方面作了一些简单的分析，这并不意味着贬低孙中山等革命领袖领导辛亥革命的巨大成绩，而是总结历史的经验教训。金无足赤，人无完人。任何伟大的历史人物，都不可避免地有着这样或那样的缺点错误。我们从来都给予孙中山崇高的评价，同

---

① 《孙中山选集》（上卷），人民出版社，1956年，第95页。
② 《梁启超选集》，上海人民出版社，1984年，第505页。

时也看到他作为一个伟大革命家的某些缺陷，这正是遵循实事求是精神的历史唯物主义观点。

二 资产阶级疏远其代表的根源

下面，我们再从资产阶级的角度，分析他们远离自己代表的经济根源和阶级根源。

马克思说过："小资产者干着通常应该由工业资产者去干的事情。"① 类似的情况，也许可以看作各国资产阶级革命中的通例。就产生于半殖民地半封建这一特殊社会环境下的中国资产阶级来说，要求他们像自己的代表一样，为革命毁家纾难、赴汤蹈火，这当然不切实际。即使是在欧美国家的早期资产阶级革命中，这样的事例恐怕也不多见。不过，以各种公开或秘密的方式对革命表示同情与支持，在欧美资产阶级中则是比较普遍的现象。同样，以种种方式支持孙中山领导的革命事业，或者退一步说表示最起码的同情，这对辛亥革命时期的中国资产阶级来说也不应看作是苛求。然而，在革命酝酿发展的相当长一段时间里，除少数个别人以外。资产阶级作为一个整体，不论其上层还是中下层，既没有在公开场合对革命表示丝毫的同情，也没有在暗地里对革命提供过任何支持。相反，他们却对反动的清王朝眷念不舍，存有极大的幻想。这不能简单地完全归究于革命派没有在他们中间做动员宣传工作，使其对革命缺乏了解，还应该从这一阶级本身寻找根源。

在这方面，史学界早已作了比较充分的研究。许多论者从中国半殖民地半封建社会的具体国情出发，论述了资产阶级自身所具有的两面性格和"一身二任"的特征，以及由此导致的害怕革命等畏怯妥协的性格。为了进一步开拓思路，我们尝试从过去研究中涉及不多的中国资本主义经济结构和资产阶级的构成特点等方面，补充说明几点。

恩格斯在分析 1848 年德国革命失败的原因时指出："这些原因不应该从几个领袖的偶然的动机、优点、缺点、错误或变节中寻找；而应该从每个经历了震动的国家的总的社会状况和生活条件中

---

① 《1848 年至 1850 年的法兰西阶级斗争》，《马克思恩格斯选集》，第 1 卷，人民出版社，1972 年，第 468 页。

寻找。"① 具体论述中恩格斯主要说明了三点：第一，德国的封建贵族仍然保有很大一部分旧日的特权，反革命势力根深蒂固；第二，德国的工业区少而分散，资产阶级数量不多并且不集中；第三，资产阶级中大资本家和工业家阶级不发达，小手工业者、小商人阶层人数众多。很显然，恩格斯是把资产阶级内部的成员构成及其分布，提到一个较高的层次来加以认识的。那么，辛亥革命时期中国的情况又是怎样的呢？

可以说，中国当时的情况与 1848 年的德国存在着某些相似之处，有些地方甚至更为严重。近代中国的民族工业，虽然在 19 世纪 70 年代即已产生，但由于沦为半殖民地半封建社会，不可能按一般历史发展的常规，顺利地由手工工场发展到机器工业阶段，而只能以相对独特的方式，依赖从国外引进移植机器设备。因此，中国的近代民族工业，先天孕育不足，后天发展失调，处处受帝国主义和封建主义的限制束缚，技术落后，基础薄弱，始终未曾建立起自己的一整套工业体系，至多只似鹅行鸭步，蹒跚缓慢地朝前迈进。所以，直到辛亥革命前，虽历经数十年，中国仍然没有出现一个强大的工业资产阶级。

中国近代的新式商业，早在 1840 年鸦片战争之后，即受外国资本主义的刺激而先于民族工业开始逐渐产生，它的历史更加悠久。近代工业出现后，商业资本也仍然保持着某种独立发展的趋势，并未完全从属于产业资本。它不但可以靠销售民族工业产品分割一部分利润，而且还能从帝国主义日趋扩大的对华殖民地贸易中，源源不断地获取比较可观的残羹剩汁。因此，相对于落后的工业而言，商业能够保持较高的利润，得到迅速发展。这样，中国的资本主义随之出现了工业极不发达，商业畸形发展的特殊经济格局。与此相应，资产阶级队伍在构成上也形成了商业资产阶级的人数大大超过工业资产阶级的显著特点。有关具体情况，本书第二章第四节已有较为详细的论述。

但是，单从商业资本家在资产阶级中占绝对优势这一点，还不足以令人信服地说明中国资产阶级与革命派为什么一开始就严重脱

---

① 《德国的革命和反革命》，《马克思恩格斯选集》，第 1 卷，人民出版社，1972 年，第 501 页。

节。正像加拿大籍华裔学者陈志让先生所曾指出的："英法资产阶级在他们的革命前夕仍然是商业、金融阶段的资产阶级，为什么他们不像中国资产阶级那么犹豫？为什么伦敦、巴黎的银行家和商人斗争得那么果敢，而中国的银行家、商人、钱庄老板却吞吞吐吐？"[①] 这确实也是一个令人值得深思的问题。不过，应该进一步注意到，辛亥革命时期中国的商业资产阶级，与英、法革命前夕的银行家、商人在资本积累、自身实力和所处的社会环境等方面，都有着显著的不同。

考察西欧资本原始积累的历史，我们可以看到，英、法等国绝大部分商人的发家致富，主要靠的是海外殖民掠夺。15世纪末叶新航路开辟之后，他们即开始把魔爪伸向全球，疯狂掠夺美洲、亚洲、非洲的殖民地国家。革命前的英国虽未确立海上霸主的地位，但对外贸易的范围已显著扩大。北至波罗的海，东至中国，西至西印度群岛，南至非洲，到处都有英国商人活动。同时，还出现了类似东陆公司、近东公司、远东公司、非洲公司、东印度公司等庞大的商人垄断集团。革命前的法国对外贸易也非常发达。早在17世纪中期以前，法国即已成立了22个带有垄断色彩的商业贸易公司，拥有许多浩大的商船队，到18世纪革命的前夜，法国的对外贸易更成倍增长，左右着法国的整个国民经济。

掠夺性的殖民地贸易，使革命前的英、法许多银行家和大商人腰缠万贯，而且他们比较集中，在敦伦、曼彻斯特、巴黎和里昂等工商业中心起着重要作用，所拥有的实力已经足以影响整个国家的财政收入，在经济上对封建专制政权形成致命的威胁。特别是法国，资产阶级掌握了国家最大部分的财富，组成强大的纳税第三等级，并取得了可观的自治权利，因而敢于而且也有实力同封建主义作比较坚决的斗争。英国资产阶级的力量虽不如法国强大，但与资产阶级化的新贵族结成了联盟。对国王来说，这既是一支颇具威胁但又不得不依靠的社会力量。例如革命发生前夕，国王查理一世为了解决财政的极度窘困，不得不召开解散多年的国会，资产阶级即乘机提出未经国会同意，国王不得强向人民募捐或征税，不得剥夺

---

① 陈志让：《论资产阶级在辛亥革命中的作用》，《社会科学战线》，1984年，第2期，第160页。

人民财产等项内容的"利权请愿书"。查理一世虽然内心十二分反感，但为了得到资产阶级所提供的 350 万镑巨款，也只好接受请愿书所提的要求。很明显，尽管也是商业资产阶级，但在英国和法国革命前，其所拥有的政治能量特别是经济实力，在某种程度上已强大到能够左右封建政权的地步。他们一旦拒绝纳税，整个封建国家的财政就将完全陷入崩溃。

辛亥革命时期中国的情况则与其截然不同。沦为半殖民地半封建社会的中国，进出口贸易一直被外国侵略者所操纵和控制，始终处于不利的入超地位。中国的商业资本家不是靠发达的对外贸易起家，而是在清王朝和帝国主义侵略势力的夹缝中苦苦挣扎。革命前的中国，从来不曾出现英、法那样带垄断色彩的商业贸易公司，也没有形成实力强大而又非常集中的商人集团。除了在上海拥有少数经济影响及于全国的较大金融家以外，绝大部分都是中小商人。这正如梁启超在当时所说的"中产之家多，而特别富豪之家少"①。

中国商人不仅在政治上长期处于四民之末的卑贱地位，更重要的是经济实力十分有限，不可能对封建专制政权造成足够的威胁，此从其对清朝财政收入的影响即可略知一二。清末资产阶级的贡赋主要是厘金，据黎澍先生统计，清政府宣统三年（1911 年）的全国财政预算总收入为 296 900 千两，其中厘金收入为 43 000 千两，从商人身上听得仅占 9.43％。② 由此可知，中国的商业资产阶级直至革命爆发前夕，尚未形成一个强大的纳税等级，所以，清朝统治者才敢于一而再、再而三地拒绝他们提出的要求。商业资产阶级则由于社会地位的低微和经济实力的稚弱，使得其生存发展不得不依赖于封建统治者的惠顾，故此十分软弱，缺乏果敢反封建的魄力，至多只能采取伏阙上书的方式，告哀乞怜。

还应该指出，革命之前英、法专制政权和清王朝在工商业政策方面的不同变化，对英、法和中国资产阶级在革命中政治态度的差异，也产生了一定的影响。英、法等西欧国家的专制政权，在革命前的较长时间里一直实行重商主义政策，即马克思所说的

---

① 《梁启超选集》，上海人民出版社，1984 年，第 502 页。

② 黎澍：《辛亥革命几个问题的再认识》，《纪念辛亥革命七十周年学术讨论会论文集》（上册），中华书局，1983 年，第 129 页。

"利用国家权力……大力促进从封建生产方式向资本主义生产方式的转变过程"[1]。而到革命形势成熟时，却一变而为困商扰商，从而与实力已很强大的资产阶级发生了激烈冲突。如英国重商政策的历史，至少可以追溯到 15 世纪下半叶红白玫瑰战争之后建立的都铎王朝，其后延续几乎一个半世纪之久，在很大程度上促进了英国资本主义的发展，也获得了正在成长中的英国资产阶级的支持。但到 17 世纪初，取代都铎王朝的斯图亚特王朝，对内横征暴敛，规定日用消费品专卖，对外与英国商人在海外贸易竞争中的劲敌西班牙王室妥协联姻，严重阻碍了工商业的发展，因而激起资产阶级和新贵族的强烈不满。结果矛盾愈演愈烈，过去支持王权的资产阶级，开始不无愤怒地要求取消封建制度，建立资产阶级民主制度。

法国统一的君主专制政权，也从 15 世纪后期即开始推行重商政策，路易十四在位期间（1661—1715）达到了顶峰。诸如保护关税、拨给工场主津贴和贷款、解除行会限制、废除某些内地关卡、蠲免工场主和工匠的捐税及兵役等等，无不得到资产阶级的拥戴。然而到 18 世纪，由于频繁的对外战争耗资甚巨，波旁王朝不仅开始向工商户课以重税，取消关税保护措施，而且还扶植阻碍工商业发展的行会制度，使得纳税的第三等级唯有以财产为国王服务的义务，而无实际政治权利。于是，实力已非常强大的法国资产阶级，果敢地奋起推翻专制王权，确立了资产阶级的统治地位。

清朝所施行的工商业政策，前后演变则与上述英、法等国截然相反。清初，满族统治者集近两千年来"重本抑末"之大成，奉行严格限制对外贸易的"闭关"政策。整个 19 世纪，清朝横压商人的政策仍一以贯之，始终未变。广大商人备受凌辱，在封建制度和传统陋习的层层桎梏之下一直抬不起头来。但到 20 世纪初即辛亥革命爆发前，清朝统治者意识到要想维持日趋衰败的政权，就必须革故鼎新，改变传统的重农抑商政策。清廷的上谕曾表示："通商惠工，为古今经国之要政。自积习相沿，视工商为末务，国计民生，日益贫弱，未始不因乎此。亟应变通尽利，加意讲求。"[2] 于是，清政府开始着手推行"新政"，破天荒地打出奖励商务、振兴

---

① 《马克思恩格斯全集》，第 23 卷，第 819 页。
② 朱寿朋编：《光绪朝东华录》（五），中华书局，1985 年，总 5013 页。

实业、维护利权的旗帜，第一次正式承认了工商业者的"法人"地位。1903年商部设立之后，清廷即陆续颁布奖工恤商的一系列章程法令，如《商会简明章程》、《奖励公司章程》、《奖励商勋章程》、《铁路简明章程》、《公司注册试办章程》、《奖励华商出洋赛会章程》等等，并声称将力图"使商与官息息相通，力除隔膜之弊"①。

尽管清廷的"新政"称不上是资产阶级性质的改革，各种苛捐杂税在此期间实际上也有增无减，但客观上仍然刺激了民族资本主义的发展。这对实力本来就很弱小，又长期遭受摧残的商人来说，无异于一副麻醉剂，似久旱盼来云霓，更进一步增添了他们对清朝统治者的幻想和依赖。如果说英、法革命前，专制王权不得不主要依靠商业资产阶级解决财政经济危机，那么辛亥革命时期的中国商业资产阶级，相反却还要依靠封建王朝的改革和庇护求得自身的发展。这种依存关系的差异，不能不影响到他们对待封建专制政权的态度。因此，直到辛亥革命爆发前夕，中国的商业资产阶级虽然对清王朝颇有微词，有时甚至是切齿之恨，但却绝无将其推翻之意，而是希望通过清廷的进一步改革，开创资本主义发展的新局面。当时，革命派尚未在国内赢得广阔的根据地，仍处在地下秘密活动的状态，所以资产阶级不可能依赖其作为自己的保护伞，而只有将清王朝视为唯一的靠山。

另外，在中国商业资产阶级内部，相对而言经济实力比较雄厚的，又是与封建主义有着更为密切联系的钱业、票号和典当业商人。辛亥革命前夜，中国新式金融机构非常少。据统计，1896年—1911年，中国公商银行加在一起总共也只有17家，其中官办7家，官商合办2家，商办8家。但在此期间先后又有10家停业倒闭，所以实存数仅7家。② 当时，主要是为数众多的钱庄、票号起着金融调节作用，典当业也是重要的补充形式之一。据《民国元年第一次农商统计表》记载，1912年全国22个省区的钱庄资本总额多达75 099 000元，具有封建高利贷性质的典当业资本总额更高达89 755 000元。清末全国华商银行的资本总额，尚未见到明确的记载，但肯定与钱庄、典当资本相差甚远。据有的同志统计，1912

---

① 《商部接见商会董事章程》，《东方杂志》，第1年，第1期。
② 《中国近代经济史》（上册），人民出版社，1976年，第267页。

年中国各种银行虽然激增至 37 家，但资本总额也只 27 122 000 元。① 从发展速度和规模看，新式银行仍然望尘莫及，如 1916 年全国银行、钱庄的资本总额中，银行资本仅占 13%。②

钱庄、票号和典当都是早已有之的旧式金融行业，辛亥革命前虽然与民族工商业发生了程度不同的联系，在性质上有所变化，但其生存发展，仍同清王朝和旧官僚有着某种唇齿相依的关系。特别是票号，与清王朝的关系如胶似漆，其汇兑储蓄之款项，主要源于承汇政府公款和官僚私蓄。因此，它的繁荣同清朝统治的盛衰紧密相关。如势力最大的山西票号，1911 年前后即因清朝的覆亡而呈一片倒闭之风，先后有 26 家宣告破产，从此一蹶不振。钱业同样也有类似的情况。民国元年（1912 年）南京临时政府调换了在苏州担任都督的旧官僚程德全，当地钱商唯恐失去了这一靠山，慌忙不迭地表示：“如都督一变，则苏州之金融必变；苏州之金融既变，则各府州县之金融必变；各府州县之金融既变，则各府州县之商民如婴儿之失乳，如游鱼之失水，不能不相胥而变。”③ 寥寥数语，和盘托出了其与封建势力难分难舍的深刻经济联系。

锱铢必较、唯利是图乃商人之天性，这一点已足以销钝他们的革命锋芒。就辛亥革命时期大量的中小商人而言，细小规模的商品交易和信贷业务，更使他们谨小慎微，跋前踬后。尤其是由旧式钱商、票号和典当商转化而来的金融资本家，在经济上同封建势力有着如此密切的依存关系，使其更加软弱保守，构成了中国资产阶级妥协性最大的一层。然而，“商业盛衰，全视钱店之放款松紧为转移”④恰恰又是他们势力最大，能够在经济上控制中小资本家。不仅如此，他们当中许多人还以其较为雄厚的经济实力，荣膺商会要职，掌握了资产阶级社会团体的领导权，使得中小商人在政治上也不得不常常以其马首是瞻。

以上事实表明，中国商业资产阶级的主干是大量的中小商人，

---

① 唐传泗、徐鼎新：《中国早期民族资产阶级的若干问题》，《学术月刊》，1981 年，第 5 期，第 39 页。

② 陈真等编：《中国近代工业史资料》，第 1 辑，科学出版社，1957 年，第 755 页。

③ 苏州商会档案，第 305 卷，第 3 页。

④ 《民立报》，1911 年 3 月 22 日。

而起主导作用的是与封建主义关系最为密切，妥协性和保守牲最大的钱业、典当业和票号富商。如果说圆滑世故、奸诈投机，革命性远远比不上工业资产阶级，是世界各国商业资产阶级的通病，那么中国商业资产阶级则因为上述诸特点更加欠缺革命性，对封建势力的妥协依赖性也更大。因此，他们难以像英、法革命时期的资产阶级那样，同封建统治者进行比较坚决的斗争，而常常是畏首畏尾，患得患失，缺乏应有的起码革命素质。其支持立宪而疏远反对革命派，很大程度上即是由这一阶级所具有的这些特性决定的。

由于资产阶级对革命持反对态度，从未在经济上向革命派提供援助，因此革命派始终无法摆脱经费极度匮乏的困境，多次武装起义都因之遭受挫折。在国内得不到起义所需经费及军械的情况下，孙中山等革命领袖只有漂洋过海向华侨募捐，并求助于外国政府的支援。1900 年的惠州起义和 1903 年的洪全福起义，革命党人即将军械的供给寄希望于日本政府和外国洋行，结果临近剑拔弩张的关键时刻却希望落空，致使原订计划无法执行。孙中山事后曾沉痛地分析一系列起义"皆未能达目的，无非财力之不逮，布置之未周"①。1908 年以后，革命派准备酝酿更大规模的起义。为此，孙中山不辞劳苦奔走于欧美各国之间，舌敝唇焦以求资助。但"绕地球一周，所经五、六国，所图之件尚未达最终之目的"②。

更为严重的是，经费的拮据还导致同盟会上层领导人之间的分裂，使革命阵营内部暗藏着的分裂危机日趋尖锐。1907 年章太炎、刘师培等人掀起的第一次倒孙风潮，虽有其深刻背景，但导火索无疑即是起于经费问题。1909 年，陶成章也因向孙中山索取经费不成，遂率一部分江浙革命党人开始独自经营，重新打出光复会的旗号，并对孙中山施以人身攻击。

在建立根据地的问题上革命派也因缺乏资产阶级的支持，遇到了一系列困难。由于资产阶级站在革命对立面，革命派得不到广大资产阶级在财力和物力等方面的支持，很难在国内公开立足，更谈不上赢得一个比较广阔的地盘建立巩固的根据地，其结果必然导致起义军无法应付外援断绝后的艰难局面，这也是革命派武装起义屡

---

① 《孙中山全集》，第 1 卷，第 404 页。
② 《总理全集》（三），第 165 页。

次受挫的另一个重要因素。另外，由于缺乏根据地，所需军费枪械主要依靠临时从国外或港、澳输入，为利于接济，孙中山等人发动起义的地点只能选在濒临边境之处，并且大多限于广东、广西及云南等省，于是复引起内地长江流域革命党人的不满。一系列起义失败后，部分革命党人更进一步产生了沮丧情绪，这些对革命的深入发展显然是相当不利的。

三　武昌起义期间的发展变化

不过，资产阶级与革命派这种敌对疏远的关系，在整个辛亥革命过程中也不是完全一成不变的。武昌首义爆发后，中国的政局出现了前所未有的大动荡，资产阶级与清王朝和革命派的关系，也都随之发生了微妙的变化。首义的枪声敲响了延续二百六十多年之久的清朝统治的丧钟，也标志着革命发展到了高潮。时不兼月，全国已有十多个省相继宣告脱离清廷统治。清朝虽未最后寿终正寝，但已朝不保夕，摇摇欲坠。资产阶级在国会请愿碰壁后即已开始对清王朝日趋绝望，此时眼看其就像一幢腐朽的大厦即将坍塌，更不得不考虑进行新的选择。

与此同时，首义之后革命政权发布的一系列政策及其所采取的措施，也使资产阶级有了初步直接观察了解革命党人的机会。例如湖北军政府成立后，迭发通令，废除清朝的苛捐杂税，奖励发展商业，保护商人的生命财产，维挣社会治安。资产阶级因此而减轻了对革命的恐惧，并产生了一定的好感，有的甚至还态度比较鲜明地转到了革命一边。例如武汉，上海等地的商团，曾在各方面配合支持起义的民军；广东、苏州等地的资产阶级，则公开表示拥护革命派的民主共和主张，要求脱离清朝统治而宣布独立。下面，我们以武汉、上海资产阶级在辛亥革命中的动向为重点，对其具体表现略作说明。

武昌起义爆发前，汉口商团成员中的一部分人已有接近革命党人的迹象。据章裕昆《文学社武昌首义纪实》载："武汉两商业学堂学生邓汉鼎、李涛，汉口商团团员刘少舫、林醒浓、黄小池、李鸣实等，原籍互相切磋为名，组有秘密团体神洲学社，有社员四十余人，平时与祝制六等常通声气，今经祝之介绍，全体加入文学社。"① 其中刘少舫系旅鄂广东商帮中的著名人物，1905 年汉口反美爱国运动的组织者之一。汉口各团联合会会长王琴甫，是具有爱国心和民族感的资本家，他"性慷慨"，"喜与士大夫论郡国利病，国家安危"，"穷年矻矻，以提倡公益为己任，念教育为强国之本"②。

武昌起义爆发后，一方面革命以沛然莫遏之势发展到高潮，革命党人加紧对商团的联络和争取；另一方面一些商团的上层领导人在此前夕已与革命党人建立了联系，有的还参加了革命。在这历史性的转捩关头，他们引导商团公开支持革命，在清末商团的活动史册中，写下了值得称颂的新篇章。论及清末商团支持革命活动及其所起的作用，最为突出的要属武汉和上海的商团。

1911 年 10 月 10 日，武昌新军中的革命士兵打响了震撼世界的首义枪声，经过一夜血战，起义军政占各衙署，占领了整个武昌城。从武昌督署狼狈逃出的湖广总督瑞澂，为了苟延残喘，赴汉口商务总会请商团设法维持反革命秩序。随后，汉口商会又接到武昌革命党人的照会，"谓各团保安会只可防火，不可用武装相抗，违则严究"③。在此紧急时刻，商会、商团经过议决，毅然转向支持革命，由各保安会"以白布为标记"，接应民军。

于是，在武昌，汉阳的民军到达之前，汉口商团已担负起维持社会秩序的责任，做好了准备工作。"辛亥八月二十日，汉口清吏闻起义武昌，旋弃地遁。民军未及渡汉，巡警散兵力微，秩序大乱。汉口联合会忧之，乃集合堤口下段商防保安会、黄陂街上段商防保安会、公立永宁救火社、义成社商防保安会、平安社商防保安会、永济消防会、四官殿中段商防保安会、四段商团保安会、小董家巷筹办自治会、公益保安会、商界体育会、敦乐保邻会、清和保安会、永安消防会、公益救患会、仁义下段保安会、仁义上段保安会、同益自治会、水土果帮自治会、泰安商防保安会、仁义中段保安会、普济保安会、华景街商防保安会、商育婴局、清真自治保安

① 章裕昆：《文学社武昌首义纪实》，《中国近代史资料选辑》，三联书店，1954 年。

② 《夏口县志》，"人物志"（三）。

③ 《辛亥革命》（五），第 192 页。

会、汉口演说自治戒烟会、万全保安会等二十二团，会员千余人，开会筹议，以保卫地方协助民军为要义。"① 10 月 11 日，各团联合会正干事马刚侯、副干事关少尧"往商会约同协理孙君涤甫同诣汉阳，要求中华民国军政府到汉镇抚"②。当日晚，民军开赴汉口时，商团、商民点燃鞭炮，夹道欢迎。

在各团联合会的组织下，其所属各地段的保安会都采取积极态度支持革命。下面仅举数例，即可以窥一斑。

四段商团保安会：民军从汉阳开赴汉口之际，该会全体会员正集议于沈家庙会所。"适近邻裕成钱庄被汉防营散勇勾结地痞抢劫，会民军鸣号而过，该会率同全体欢迎于会所，并邀裕成庄将抢匪逐散，拘一首要送惩治外，且留民军晚餐焉。次日揭旗会所，介绍民军与商务总会，督率会员梭巡街市，秩序赖以维持，匪类因而潜戢。"时任该会会长的刘永清，开贸三盛药行，"民军过汉，毅然首表欢迎，并会同各职员、会员，竭力襄助"。③

汉口公益救患会："八月十九日武昌光复，驻汉亡清官兵逃遁，全镇为地痞扰乱。斯时，民军未即渡汉，由各团联合会集议各保安商团，携救火器具，上街梭巡。二十一、二十二日，匪徒纵火，日凡数起，赶救疲困。"该会会长关少尧，担任各团联合会副干事，随同马刚侯赴汉阳邀请民军。"民军渡江日众，饷糈未备，均商人筹集供给，当南北两军交战最烈时，本会日采办馒头，供给民军之用。"④

堤口下段商防保安会：该会位于汉口繁盛之区，"地接华洋，菁华荟萃"，五方杂处。"民军起义时，义师敌忾从戎，不暇计及民间。该会与联合会协商，力图保卫之方。"⑤

---

① 《汉口各团联合会协助民军纪实》，《武昌起义档案资料选编》（上卷），湖北人民出版社，1981 年，第 245 页。

② 《武昌起义档案资料选编》（上卷），湖北人民出版社，1981 年，第 252 页。

③ 《四段商团保安会起义时事实》，《武昌起义档案资料选编》（上卷），湖北人民出版社，1981 年，第 247~248、249 页。

④ 《汉口公益救患会起义时事实》，《武昌起义档案资料选编》（上卷），湖北人民出版社，1981 年，第 252 页。

⑤ 《堤口下段商团保安会事实》，《武昌起义档案资料选编》（上卷），湖北人民出版社，1981 年，第 254 页。

清真自治公益会：武昌起义爆发后，"夏口、汉阳地面异常紊乱，防营、警察均已逃避。该会居汉江之滨，联合各团整顿商团，同时反正，大张义旗。于是外侦敌情，内缉奸宄，或时祝融肆威，极力灌救，或时战场缺食，踊跃输将，屈指约二十余日，而地方得以安宁，人心得以鼓舞。各会员均抱纯粹义务，自备糇粮，至暮至朝，未尝稍懈"①。

他如永宁救火社："逮民军起义之时，全社同人，箪食壶浆以迎。"普济商团自卫社响应各团联合会"保卫地方协助民军"的号召，"由该会团长督带团员，不分昼夜，沿街梭巡"。永济消防会"适民军起义，无不踊跃协助，冀图光复"。清真保安会"集合团员四十四名，极力振作，严查奸宄，守望梭巡，须臾罔懈"②。

革命军占领武汉三镇之后，商团仍从各方面予以大力支持。概而言之，其活动内容主要有以下几项：

第一，协助维持社会治安，稳定城市社会秩序。

起义之后，民军主要力量集中于同敌军作战，维持社会秩序的重任几乎完全由商团承担。当时，匪徒地痞纷纷乘一时混乱之机，四处抢劫放火，以致人心惶惶，惊恐不安。10月11日，从清晨到夜间，汉口即发生抢劫案数十起，甚至钱庄及官钱局、典当铺也同时被劫；"匪徒纵火，日凡数起"。12日晚，花楼街和华景街等处起火，烧毁商店多家。革命政权建立后，必须尽速使社会秩序趋于安定，恢复正常的经济生活，才能得以巩固。为此，革命军渡江后即与商会、商团讨论决定，由各商团团员荷枪实弹巡查街道，缉拿抢匪，维持治安和防火。

各商团都能恪尽职守，"无昼无夜，守望梭巡，一面分途演说，安慰人民，称民军运筹美备、虎贲鹰扬、救民出水火而登衽席，诚属易事。请各店铺居民，照常居住交易、劝户悬一灯，家抽一丁，同为卫护"。"匪独市面肃清，亦足觇立国民气之盛。"③各地段保

①《清真自治公益会起义时事实》，《武昌起义档案资料选编》（上卷），湖北人民出版社，1981年，第255页。

②《武昌起义档案资料选编》（上卷），湖北人民出版社，1981年，第257、258、260、264页。

③《汉口各团联合会协助民军纪实》，《武昌起义档案资料选编》（上卷），湖北人民出版社，1981年，第246页。

安会仍负责本区内的秩序和治安，如公善保卫会地段处后城马路，地僻巷多，为匪徒出入要道，该会请领枪支弹药，"会员、职员、团员，不分风雨昼夜，认真保卫闾阎"。"分段站岗，编列门牌，便于夜缉"，迭获抢劫匪徒四起，共计七名，放火匪徒五起，相计共九名。①

第二，为民军筹集给养，解除民军的后顾之忧。

民军举义，饷糈仓促未备，给养困难，遂求助商会、商团缓解燃眉之急。"各团联合会力任其难，为之详细布置，设粮台五区：一、沈家庙，二、商育婴局，三、济生堂，四、小关帝庙，五、友仁义社。商同就近团体购办干粮，按日运送，接待民军。"② 四段商团保安会在民军渡汉，缺乏铜元支用时，"筹垫甚巨"，另"购办粮糈，日夜不倦。战争殷时，代为发赴前敌，休息兵士至会，又为供给餐饭，每日数十桌，至百桌不定"。③ 激烈的武汉保卫战开始之后，各商团更是群相解囊，购买干粮，以济民军之需。汉口四区公益会在歆生路余庆里、长源里等处设立军人招待所，专门接待作战民军，各团联合会派人与该会筹米百石，在如寿里搭盖大席棚，架大锅十余口，造饭送给浴血奋战的民军。汉阳商团也"押运粮食，不遗余力"。"汉阳积存米谷三千多石，由商团报效民国"。④

第三，武汉保卫战中，支援民军作战。

武昌起义爆发后，清廷惊慌失措，急忙调遣大批清军南下，企图一举扑灭在武汉燃起的革命烽火。1911 年 10 月 17 日，南犯清军开战进攻汉口，民军奋起抗击，进行了英勇卓绝的武汉保卫战。在激烈的战争期间，商团做了大量的支援前线工作，团员"奋不顾身，出应箪壶，或荷枪助战，或赍送军实，或帮运炮弹，或侦探敌

① 《公善保安会起义时事实》，《武昌起义档案资料选编》（上卷），湖北人民出版社，1981 年，第 258 页。

② 《汉口各团联合会协助民军纪实》，《武昌起义档案资料选编》（上卷），湖北人民出版社，1981 年，第 246 页。

③ 《四段商团保安会起义时事实》，《武昌起义档案资料选编》（上卷），湖北人民出版社，1981 年，第 249 页。

④ 《汉阳商团大概记》，《武昌起义档案资料选编》（上卷），湖北人民出版社，1981 年，第 243、244 页。

情，破家亡家者有之，饮弹丧身者有之"①。18日各团联合会得前线民军"飞信"，谓子弹缺乏，难雇夫役，联合会即会同各商团团员及所带夫役，将子弹、炮弹从汉阳枪炮厂解往火线。随后，仍每日协同民军运送，"虽在枪林弹雨之中，而不知畏"。与此同时，商团还派人"深入敌军，侦探敌情，随时报告，以便预防"②。有的商团更直接派员羽翼民军作战。如17日民军马队、炮队开赴刘家庙前线，途经汉口四区公益会所在地段，过铁路时被铁轨震断炮架二乘，公益会会长黄文根"当即招呼机匠六名，搬运铝床整配安全"。战斗打响后，为阻止敌军进逼，"复督率机匠多人，各执器械，折毁前途铁轨"。民军得胜，商团乘势截获敌军车粮械，解献汉口军政分府。

稍后，处在困境之中的清廷不断增兵，并起用袁世凯南下亲自督战，民军压力越来越大，形势已趋不利。此时，商团仍义无反顾地支持民军。如敦乐保邻会"至战事吃紧"，"聚集款项，出应箪壶……各会员皆勇于从事，奋力不辍"。③ 堤口下段商团有18人参加作战，四官殿保安会书记周松樵等26人"荷枪助战"，其他各团也不乏"荷枪助战，不畏险阻者"。当清军攻进汉口，纵火焚烧时，商团团员又奋力救火，"有中流弹而丧身者，如下段保安会之曹山堂是，有遇北兵而被枪毙者，如公益救患会之费新文是"。

总之，武昌起义爆发后，武汉商团旗帜鲜明地站在革命一边，从各方面支持民军，发挥了比较突出的积极作用，功不可没。

上海商团领导人较早与革命党人建立了联系，有的直接走上了革命道路，因此在辛亥革命前夕，上海商团即已转向革命一边，与民军共同策动了上海起义。

武昌起义爆发后，同盟会中部总会和光复会上海支部的革命党人即密谋响应。同盟会中部总会领导人陈其美与沈缦云、叶惠钧等商团负责人早有联络，决定将筹备起义的工作重心放在争取数千人

① 《堤口下段商团保安会事实》，《武昌起义档案资料选编》（上卷），湖北人民出版社，1981年，第254页。

② 《汉口各团联合会协助民军纪实》，《武昌起义档案资料选编》（上卷），湖北人民出版社，1981年，第246页。

③ 《敦乐保邻会起义事实》，《武昌起义档案资料选编》（上卷），湖北人民出版社，1981年，第268页。

的商团武装上。据沈缦云之子沈焕唐在回忆录中云：1911 年 10 月 24 日，宋教仁、陈其美、沈缦云等人在《民立报》报馆召开秘密会议，"即席决议以联络商团，媾通士绅为上海起义工作之重心，并利用《民立报》宣传革命胜利消息，以激励民气"①。

当时，争取商团的关键，在于将"全国商团联合会"会长李平书争取至革命一边。时任联合会副会长的沈缦云与李系"莫逆之交"，遂承担了这一任务。李平书记载说："武昌起义，沪上一日数电，闻者兴会飚举，而缦云窃忧之。一日语余曰，'顷得私电，汉阳有难保之信，万一失守，武昌亦危，若此次失败，我汉人尚有噍类耶？'言次唏嘘不置。余曰：'某亦知报纸捷电之不尽可凭，盖筹之熟矣！此时非东南急起响应，无以救武汉之危。'言未已，缦云跃然起曰：'先生有此意耶？日来沪上党人正谋此举，特非先生赞同不可。今欲介同志于先生，其可一见乎？'余曰：'可。'乃于是晚借陈君英士来余家密晤谈，一见如故。"② 同陈其美晤谈之前，李平书即已与自治公所和商团领导人"相与密商，佥谓时势至此，不能守闭关主义，当审察情势，以为进止"③。

此后，上海革命党人和商团负责人陈其美、沈缦云、李平书、叶惠钧等，"日必举行会议"，研究起义部署。"十二夜（1911 年 11 月 2 日），会于城自治公所，定翌日举事，当与警务长穆杼斋君商议保卫地方事宜，余（李平书——引者）又商请全体商团及救火联合会员，共同守卫城厢内外各重要地，以助警察之不及。"④ 接着，李平书召集各商团团长临时联席会议，宣布"时局日见紧张，愿各商团竭力保卫桑梓。如闻南市救火会钟楼鸣钟九响，继以十三响，即派团员分段出防，以安闾阎"⑤。

11 月 3 日，闸北巡警首先举义，商团按预定计划接管了沪宁车站。在接管车站的过程中，曾一度与帝国主义分子发生摩擦。起义爆发后，英籍车务总管濮爱德以保护铁路为名，请租界殖民武装

① 《辛亥革命回忆录》，第 4 册，中华书局，1962 年，第 48 页。
② 《沈缦云先生年谱》附言：李平书撰《哀文》。
③ 李平书：《且顽老人七十岁自叙》，《辛亥革命在上海史料选辑》，第 972 页。
④ 李平书：《且顽老人七十岁自叙》，《辛亥革命在上海史料选辑》，第 972 页。
⑤ 《上海商团小史》，《辛亥革命》（七），第 87 页。

万国商团进驻车站予以控制。闸北商团前往车站，以民军名义提出四点要求：（一）将站顶清廷龙旗卸下；（二）撤退万国商团；（三）由民军驻防；（四）负责为革命军供应运输车辆。濮爱德起初横蛮拒绝，商团表示：必须在 12 小时内撤走万国商团，到时民军即开进车站，如果不撤走一切后果由濮负责。11 月 4 日，商团即全副武装整队进入车站，万国商团见起义军不断取得胜利，各国又宣布"中立"，遂从车站撤出，闸北商团控制车站后，承担车站防务，负责军运调配和稽查，后由商余学会换防，达三月之久。①

在城内，起义后商团受命分段出防，接管道、县两署，陈其美则率敢死队一二百人进攻江南制造局。商团方面进展顺利，到达道、县衙署后，放火焚烧，沪道刘襄孙、县令田宝荣亡命租界，"各城门上先后树白旗与革命军旗"，群众"鼓掌欢呼，声隆如雷"。但陈其美率人攻制造局受挫，而且陈本人被局内清军俘执。李平书、王一亭闻讯前往，"以市公所、县商会名义"要求保释，遭拒绝。商团公会召开紧急会议商讨对策，王一亭表示："事亟矣，进或亦死，退则必死，等死耳，与其引颈待戮，无宁为国殉身。若事有济，则与民国前途裨益良巨。"② 李平书起初犹豫不决，担心商团会有所伤亡。等候命令的商团团员"群起鼓噪"，大呼"若不发动，我等今日愿洒血阶前，誓不散归"③。最后一致决定，集合商团配合民军进攻制造局。出发前，"由王（一亭）、沈（缦云）、叶（惠钧）三公挥泪誓师，勉励再至"。战斗中，团员咸抱破釜沉舟之志，奋勇前进，无一反顾者。在商团、巡防营、警士等各方面力量的配合进攻下，11 月 4 日凌晨攻占制造局，救出陈其美，整个上海宣告光复。由此可见，在上海光复的过程中，自始至终商团都发挥了十分重要的作用。

上海光复后，一部分商团还组织义勇队，参加苏浙联军攻克江宁的战斗。如书业商团组成一队，隶属沪军先锋队，在攻打乌龙

---

① 尹村夫：《闸北商团与上海光复》，上海市政协文史资料工作委员会编：《辛亥革命七十周年》，第 208～209 页。

② 伍特公：《上海商团光复上海纪略》，《辛亥革命在上海史料选辑》，第 151、152 页。

③ 伍特公：《上海商团光复上海纪略》，《辛亥革命在上海史料选辑》，第 151、152 页。

山、幕府山、天堡城的战斗中表现十分勇敢，数名团员壮烈献身。攻克了江宁，有的商团成员又在下关担任兵站工作，历时数日，并曾随北伐军进至徐州。

同时，上海商团也承担了维持治安、运送军械的重任。起义爆发后，"居民伏匿不出，而地痞流氓，则以其间拦路抢劫"。商团会同反正的巡防营等武装，"日夜警备，轮流出防，保卫地方"，很快使社会秩序趋于稳定。"城厢内外各要地以及衙署监狱，赖商团同志彻夜驻守，乃得闾阎安堵，比户无惊"①。此外，商团还帮助军政府捉拿清军奸细。如广帮商团会员在沪宁车站旅客行李内查到手枪两支，刀20把，子弹若干，并当场拿获5名形迹可疑者，经审讯，遂解送军政府发落。②

为运送军械，商团组织了战地干事团，专门负责运输枪炮支援攻宁战役。会攻江宁过程中，由于联军"仓促组成，军备不佳，而南京又为天险，故进攻之际，多历险阻，即商团之解送军需者，亦备尝艰苦"③。苏浙联军抵宁后，先攻天堡城，历二昼夜未下，枪炮短缺，陈其美致函商团诸负责人，说明："战机紧迫，非有后援，攻取不易……补充军械，急于星火，制局枪弹，发给一空，购备之货，尚未运到。仰恳眷怀大局，鼎力转商商团诸公，将从前所发快枪设法借用五百枝，俾得挑选劲旅，克日赴宁。"④ 李平书等人得信后，及时派遣商团炮队教练张玉法带队，携大炮赶赴南京助战，并飞速解运快枪五百支，为胜利攻克天堡城这一战略要地作出了贡献。

另外值得一提的是，孙中山归国至就任临时大总统后的一段时间，其保卫工作也主要由上海商团负责。1911年12月孙中山抵达上海时，商团原拟武装保护并示欢迎，因租界外国当局以所定禁例加以阻止，后决定"携轻武器护卫"。商团团员"手枪密藏襟底，至虹口埠头迎先生登陆"。孙中山在上海寓居时，"保卫工作也由商

① 《上海商团小史》，《辛亥革命》（近代史资料丛刊），第7册，第88页。
② 《时报》，1911年11月14日。
③ 朱尧卿：《上海商团史料辑录》，上海市政协文史资料工作委员会编：《辛亥革命七十周年》，上海人民出版社，1981年，第194页。
④ 朱尧卿：《上海商团史料辑录》，上海市政协文史资料工作委员会编：《辛亥革命七十周年》，上海人民出版社，1981年，第195页。

团担任"。1912 年元旦，孙中山在南京就任中华民国临时大总统，其警卫部队仍由上海商团步、骑两队组成，叶惠钧负责统率。"总统府草创伊始，人才缺乏，并由商团团员分股任事，迨宁局底定，商团团员先后返沪，备归本团，尽保卫桑梓之责。"[1]

与武汉、上海商团相比较，其他一些地区的商团在辛亥革命中的进步表现和影响显得不是十分突出，但也有许多商团发挥了不应被忽视的积极作用。

如上海独立在苏州引起很大震动，苏州商会、商团领导人多次面谒江苏巡抚程德全，要求宣布"和平独立"。1911 年 11 月 4 日，即上海举义的次日，苏州商会就传令各商团、"于夜间一律出巡、严防土匪藉端滋扰。是晨见（上海）民军已来，即袖缀白布，均甚欢迎，并各认定日夜时间，轮流出巡，共保治安"[2]。

湖北宜昌独立前夕，商会将原有商团、体育会 300 人组成商防队，由商董李春澄任管带官，"各佩带器械，日夜巡逻，以防不测，地方赖以无恐"[3]。独立之初，"各处邮电不通，谣风日甚，曾由商队管带李君春澄向川路公司介绍，借用济川轮船，为司令部侦探军情及拖运兵士等用"[4]。

他如重庆、南昌等商团成立之后即站在革命一边，对壮大革命力量，加速清王朝的瓦解，无疑也起了积极作用。

各省独立之后，所在地区的商团均无一不协助军政府维持秩序。如杭州光复后，"商团全体会员左手均缠白布，荷枪梭巡，不遗余力，故市面安堵如常"[5]。又如"苏城光复之时，承苏商体育会暨各支部会员热心任事，昼夜梭巡，市面赖以安堵"[6]。湖南独立后，由于"市面冷落，银根奇紧，值此革故鼎新之际，诚恐匪徒

① 朱尧卿：《上海商团史料辑录》，上海市政协文史资料工作委员会编：《辛亥革命七十周年》，上海人民出版社，1981 年，第 194～195 页。

② 郭孝成：《江苏光复纪事》，《辛亥革命》（七），第 6 页。

③ 《宜昌光复大概情形》，《武昌起义档案资料选编》（中卷），湖北人民出版社，1981 年，第 109 页。

④ 《宜昌光复大概情形》，《武昌起义档案资料选编》（中卷），湖北人民出版社，1981 年，第 111 页。

⑤ 《神州日报》，1911 年 11 月 7 日。

⑥ 《苏州商会档·商团（三）》，苏州市档案馆藏。

乘间滋事"，于是商人"特组织商团保安会，选募兵士一营，分班上街，轮流梭巡"①。

但是，也有的商团害怕革命导致商人身家财产损失，仍帮助清统治者维持反革命秩序。如天津商人配合清朝地方当局抵制革命，在武昌起义后相继组织了阖津水团、铺民局和民更局、绅商保卫局、天津公安总会等准军事和治安机构，派员巡逻值更，防范暴动发生，受到直隶总督陈夔龙的褒奖。东三省总督赵尔巽抗拒革命，通令各地组织"保安会"以垂死挣扎，一些商团即与其沆瀣一气。如营口商会会长出任该地保安会会长，从商人中征募商团团员 500 名，宣称："举凡发生骚乱或暴动，我营口必团结一致，全力以赴，以确保治安。"②

四　资产阶级的错误选择

武昌起义爆发后，革命虽然很快进入高潮，但紧接着又出现了波折。韬光养晦的袁世凯利用时局的动荡重出山门，督促北洋大军猛攻首义之区，将繁盛富庶的汉口，几乎夷为一片瓦砾荆榛之地。不久，南方革命党人与袁世凯开始停战谈判，中国产生了短暂的南北对峙局面，资产阶级特别是南方独立十四省的资产阶级，面临着在南北双方政权中究竟选择哪一方的转折关头。

应该指出，以商人占绝大多数的资产阶级，虽然对过去依赖的靠山清王朝由绝望而走向离异，但其天生所具有的依附权势的特性却并没有削弱。因此在这一过程中，与其说他们是在南北革命和反革命双方之间进行选择，倒不如说是权衡利害，选择实力更为强大的新靠山更切合实际。"议和"期间，资产阶级即已明确表示，不愿承受资本主义社会降生时所必须经历的阵痛苦楚。如首义中曾以少有热情支持革命的武汉资产阶级，此时却公开声称："现拟结一难民团，不问其为何政府也，但知有抚我者而归附焉。"③ 这种表现，正是典型的商人政治哲学的绝妙反映。而袁世凯早以厉行"新

---

① 《神州日报》，1911 年 11 月 27 日。

② 《法国外交部使领馆档案》，牛庄，1911 年 11 月 15 日，转引自［法］白吉尔：《辛亥革命时期的中国资产阶级》，《国外中国近代史研究》，第 2 辑。

③ 《时报》，1911 年 11 月 13 日。

政"的形象，获得了资产阶级的好感。在镇压革命的过程中，更显示了他所拥有的北洋军事实力，财政上又有帝国主义作后盾，因此，资产阶级很自然地将选择的砝码偏向了袁世凯一边。上海商界共和团就曾致书袁世凯的议和专使唐绍仪，说袁如反正，"则兵戈顿息，生灵免涂炭之难，中外通商依然复盛，外人方欣喜赞成之不暇，宁有反而干涉者乎？袁氏果能建此伟勋，则必不失共和国之大统领"①。但是，认为此时的资产阶级中绝大部分人已经完全投向了袁世凯，这也不尽符合历史事实。实际上，他们中的多数人对袁世凯只是抱着期待的态度，孙中山的归国还在其间引起了一场小小的波澜。资产阶级最后选择袁世凯，是在逐渐认识以孙中山为首的革命党人实力不足，对其感到失望之后所做出的错误历史抉择。那么，这一发展演变的具体过程又是怎样的呢？

尽管孙中山长期居留国外，但他以率先揭橥革命旗帜和坚韧不拔、百折不挠的非凡气度，不仅在革命阵营内部，而且在全国早已获得震烁遐迩的影响和威望。因此，孙中山回国后，南方资产阶级除少数上层人物外，大多数曾一度对其抱有程度不同的期望。前曾提到，1911 年 12 月 25 日孙中山抵达上海时，受到各阶层人民的热烈欢迎，资产阶级也躬逢其盛，派商团专程迎接护卫。在南京，孙中山同样也受到资产阶级的欢迎。几天之后，上海资本家团体共和建设会还致电南方十四省代表团，提出"组织临时政府，请举孙中山先生为总统，以救国民"②。回国后的孙中山，也开始以较多地热情关注于民族工商业的振兴，宣布要改订商法及采矿规则，"改良财政，蠲除工商各业之种种限制"③。就任临时大总统不久，他又颁布了一系列保护资产阶级私有财产和鼓励经营资本主义企业的政策法令。资产阶级也从中看到了一线光明和希望，有的还发出了"仰见关怀国计，体恤民艰……商业藉可维持，商等不胜感激之至"的感叹④。

史学界曾经有一种说法，认为资产阶级一开始就是企图借孙中

---

① 《辛亥革命在上海史料选辑》，第 834 页。
② 《辛亥革命在上海史料选辑》，第 764 页。
③ 《孙中山全集》，第 2 卷，第 10 页。
④ 《民立报》，1912 年 1 月 30 日。

山之手，将南方独立各省拢络在一起，为袁世凯篡夺革命胜利果实创造条件。这种说法与历史事实是有所出入的。

从当时的情况看，孙中山的回国使中国政局又产生了某些新的变化，出现了南孙北袁两个政治中心。北方的资产阶级因庆幸在袁世凯的统治之下，未遭受激烈革命动荡所带来的损失，一直对袁不无感恩戴德之情。而南方独立诸省的资产阶级虽然始终也没有忘情于袁世凯，但又以袁赞助共和、放弃立宪作为支持他的条件。张謇曾向其表示："东西南十余省之舆论，大数趋于共和……潮流所趋，莫可如何"，希望袁赶紧趋时乘势，"采众说以定政体"①。在此之前，孙中山如能实现统一新秩序，南方多数资产阶级还是表示欢迎的。但是，对于孙中山是否具有统一的实力，他们仍疑虑重重，因而更多的只是在表面上对孙中山就任临时大总统表示欢迎，实际上则持骑墙观望和不合作态度。下面的事实即可证明这一结论。

孙中山上任之后，为了巩固共和政权，曾力排众议组织北伐。当时，只有上海为数不多的部分商业资产阶级态度比较明朗，在舆论上和行动上支持孙中山采取的这一行动，这是应该给予肯定的。但是，我们不应忽略他们藏于背后的深刻动因。辛亥革命前后，经济活动及其影响能够及于全国的主要只有上海一地的资产阶级。对于他们来说，南北分裂即意味着丧失相当一部分的市场和原料基地，经济利益将进一步受到严重损害。因此，上海资产阶级更加关心南北统一。他们支持北伐，并不完全是出自拥护孙中山的政治热情，其背后实际上倚伏着没有言明的经济目的，那就是希望尽快恢复统一的国内市场，取得充足的原料基地和丰厚的利润。正因为如此，在北伐失败之后，我们即很少看到上海资产阶级的多数在政治上给孙中山以其他的实际支持，而是寄希望于袁世凯实现统一。北伐的成功与否，也是整个南方独立诸省资产阶级判断革命派是否有实力统一中国的一个重要标志。从当时军事力量的对比来看，革命方面实际上占有一定的优势，北伐也并不是没有获得成功的可能，只是因为同盟会已处于思想混乱、四分五裂的状态，孙中山难以进行统一的领导，所以这种优势没有很好地得到发挥。北伐的中途夭

---

① 扶海垞编：《张謇函稿》，第27册，转引自章开沅、林增平主编：《辛亥革命史》（下册），人民出版社，1980年，第27页。

折，未能使资产阶级获得望眼欲穿的统一新秩序，他们对革命派的实力也就由怀疑变为更加丧失信心。

另一个使资产阶级感到失望的是孙中山领导的临时政府财政极度匮乏，难以为继。他们原曾期望孙中山组织临时政府之后，能够很快使社会经济趋于稳定，弥缝战乱动荡中所遭受的损失。结果不仅未能如愿以偿，反而要他们再拿出钱来支持临时政府，这对当时的资产阶级来说，当然是难以办到的事情。在军需急于星火、筹款难于登天的困境之下，临时政府主要采取发行公债、军用钞票以及向外借款的办法勉强支撑维持。1912 年 1 月 8 日，孙中山批准发行军需公债一亿元，并强调当时形势的严峻："倘或一篑功亏，垂成坐败，神州铸错，大局沦胥。"① 但定购的商人仍很有限，临时政府直接所得不过五百万元。在南京，临时政府还曾发行军用钞票一百万元，尽管孙中山亲自解释"目前军需孔亟，应先发行南京军用钞票，以维持市面而协助饷糈"②，财政部也作了带强制性的明文规定："本钞票凡银行钱庄商店均须一律行使，如有阻难折扣情弊，一经查处，严罚不贷。"③ 然而，南京商人仍拒绝接受，不出两天，钱业、米店即相率停业罢市。在转致孙中山的呈文中，南京全体商人颇为不满地表示："现当乱离之后，元气大伤，损失资财，无法弥补。若再以纸币影响，朘其余生，转徙逃亡，不难立见。新政府志在爱民，若果灼见商等实在苦情，当必有披发撄冠往救之不暇，而忍出此饮鸩止渴之举乎？"④

由于资产阶级的反对和不合作，孙中山主张的举借外债大多也进行得十分不顺利。当时，临时政府向外借债，都是以某些大企业作抵押，其中唯一获得成功的是苏路借款。同一时期，临时政府还希望以轮船招商局为抵押，向日本邮船株式会社和日清公司借款一千万日元，但因股东反对而落空。另一项汉冶萍公司借款不仅遭致流产，孙中山还因此受到资产阶级的大肆诋毁攻击。

在孙中山领导临时政府期间，资产阶级真正以实际行动向其表

---

① 《民立报》，1912 年 1 月 30 日。
② 《申报》，1912 年 2 月 5 日。
③ 《申报》，1912 年 2 月 5 日。
④ 《中华民国史档案资料汇编》，第 2 辑，第 392 页。

示支持者是极少数。上海商务总会曾代表临时政府与德商捷成洋行签订五百万马克的借款，以其中一部分用于宁、沪、杭等地所需之军饷，但这已是孙中山正式辞职之后近一月的事情了。广肇公所和潮州会馆在孙中山任内曾慷慨借银四十万两，此在当时可谓脱颖之举，难能可贵，但遗憾的是类似的情况却未再现。孙中山曾经情词恳切地致电广东铁路公司，望能承充抵押对外借款。该公司的股东们口头上虽一度表示首肯，实则推诿敷衍，延宕至临时政府结束也无最后结果。总的来说，从整个资产阶级对待临时政府发行公债、纸币和借款等维持财政的一系列措施看，他们当中的绝大多数明显采取的是消极观望和不合作态度。

同时，孙中山就任临时大总统虽已月余，但笼罩在资产阶级头上的一片愁云惨雾，不仅未见骤然逝去的端倪，反而愈益浓厚。首先是社会治安问题一直没有很好解决。其原因一方面是下层劳动群众的经济地位在革命中未得到改变，各种自发的斗争仍然层出不穷；另一方面则是新政权对反动势力的打击不够彻底，反革命破坏活动比较嚣张，土匪抢劫和盗贼骚扰也时有发生。当时的报刊上，报道各地治安混乱的消息屡见不鲜，就连在孙中山坐镇的南京，也是"抢劫之案层见迭出"①。其次是商业萧条的状况非但未见好转，反而越来越衰败。许多地区"银元飞涨，日益加甚，人心恐慌，几达极点"。"市面萧条，大有江河日下之势。"② 另一个直接危及商人切身利益的是捐税重新开征。临时政府及各地新建政权，由于无法维持最起码的日常开支，不得已只有征收已经宣布废除的部分捐税，结果引起商人的普遍不满，纷纷以歇业罢市相抵制。上述数端，无一不进一步加剧了资产阶级对革命派不满的离心效应。曾主动赞助独立共和的广东商业资产阶级，原即以为"自此以往，咸冀共和幸福"，此时面对这种局势，无不抱怨"四乡多盗……居然一盗贼世界"。"商务凋零，银根奇困，乱机隐伏，如弓在弦。……我商民处此时代，真有岌岌不可终日之势……遂至举平日渴望治安之念，一转而为忧闷之心。"③

---

① 《申报》，1912 年 1 月 30 日。
② 《民立报》，1912 年 2 月 24 日。
③ 《民立报》，1912 年 3 月 6 日。

就在资产阶级对革命派的不满倾向日益加剧时，猾如狡兔的袁世凯却施展种种伎俩，竭力迎合资产阶级的望治心理。一开始他曾假惺惺地表示："余非为名誉权利起见，但欲为中国恢复秩序，意在有益于中国，使无波折耳。故余仍望和议有成……恢复和平，建设一坚固政府。"① 随即他又摇身一变，伪装赞成共和，抛出"永不使君主政体再行于中国"的诺言，更似一副强烈的兴奋剂，使资产阶级陶醉不已。这样一直对袁世凯期望甚殷的资产阶级，旋即争先恐后地望门投止，群起加入"非袁不可"、"非袁不能收拾"的大合唱。

在认定袁世凯是统一中国的最合适人选之后，资产阶级即与袁遥相呼应，胁迫孙中山妥协让位。当时，孙中山领导的临时政府正处于内外交困的艰难处境，他们不但不予以切实支持，反而呼吁乞求所谓的"统一"、"和平"，表示"南北和议，停顿已久……诚恐自今以往，国本无安宁之日，商务绝复活之机。……亟望和议速成，俾国本早定"②。这就造成了一种"民众心理俱视福于和议，逆而行之，乃至不易"的局面。③ 孙中山虽然坚持革命主张，但又担心战争和动乱会延长给人民带来的灾难，最后也不得不让位于袁世凯换取"统一和平"。

资产阶级在其目的达到之后，按捺不住内心的雀跃之情。与袁世凯一直保持密电往来的张謇，旋即心驰神往地电告袁世凯，期待他"奋其英略，且夕之间，勘定大局，为人民无疆之休，亦即为公身名俱泰，无穷之利"④。曾将临时大总统桂冠奉献给孙中山的上海共和建设会，更是为袁世凯大肆涂脂抹粉说："共和成立，民国蒙庥，安内驭外，惟公是赖。"⑤ 共和宪政会则在献上"公任总统，国民之福"美妙祝词的同时，迫不及待地准备派代表赴京，与袁合作共商国是⑥。

从这一时期革命派与民族资产阶级的关系来看，孙中山等革命

① 《辛亥革命》（近代史资料丛刊），第 8 册，第 128～129 页。
② 《反帝爱国运动中的苏州工商界》，《江苏文史资料选辑》，第 10 辑。
③ 《中华民国开国五十年文献》，第 2 编，第 2 册，第 52 页。
④ 《辛亥革命》（近代史资料丛刊），第 8 册，第 42 页。
⑤ 《民立报》，1912 年 2 月 21 日。
⑥ 《申报》，1912 年 2 月 21 日。

领袖虽然对发展工商业给予了一定的重视，也比较注意满足资产阶级的要求（例如在组建临时政府时，孙中山特地邀请资产阶级上层代表人物张謇出任财政总长；剪辫易服的命令公布后，各地绸缎业商人惶惶不安，担心从此丝绸滞销而失去生计，请求礼服礼冠定以国货为制作原料，对此，孙中山也表示同意，并请绸缎商研究"应如何制作，……拟定图式，详加说明，以备采择"①，还推荐对服制有所研究的陈少白、黄龙生二人作顾问），然而在当时新的形势下，孙中山仍然没有采取措施在资产阶级当中深入广泛地进行民主共和思想的宣传和切实有效的争取工作，结果始终未能得到他们的真正了解，未能使革命成为整个资产阶级主动的历史行动。

最为主要的是，孙中山没有满足资产阶级朝盼夕想的"秩序"和"统一"。对于孙中山个人来说，如同一切伟人的历史人物一样，其所作所为不可能超出时代和阶级的限制。害怕帝国主义的干涉和对其所存的幻想，使他在财政万般拮据的情况下，也不敢动用已经指抵对外赔款的大宗关税，只得出诸借债之下策。而以企业作抵押的对外借债，又危及了资产阶级的利益，特别是以汉冶萍公司中日合办为条件的借款合同，甚至危害了国家主权，遭到资产阶级在内的全国各个阶层的一致反对，因而难以收到实效。财政是关系到一个政权生死存亡的命脉所在。孙中山领导的临时政府始终无法摆脱财政极度匮乏的困境，自身难以维持，又怎么可能采取大规模的军事行动实现全国的统一呢？

其次，害怕广大农民起来革命，对首义之后遍及全国的农民自发斗争不是因势利导，而是加以镇压，从而使革命派丧失了将革命进行到底的基本力量，在反革命势力面前处于孤力无援的软弱地位。同时，工农群众悲惨的处境得不到丝毫改善，其反抗斗争必然不会停止，又怎么可能建立资产阶级所期望的"秩序"呢？

再次，民国建立之后，革命派内部急剧分化，不少老资格的革命党人都以为革命已经成功，热衷于追逐名利，发家致富。作为领导革命的政党同盟会，实际上已经无形中瓦解了。而孙中山个人对

---

① 《辛亥革命资料》，中华书局，1961年，第52～53页。

此却无能为力，有时"政令不出南京城，甚至出不了总统府"①。革命的领导集团既然如此涣散，领袖也空有其名而无实权，缺乏统一的行动步骤，当然难以使革命取得彻底胜利，更不能在短期内体现其解放生产力的巨大历史作用。

最后，在革命和反革命双方相互对峙、资产阶级面临选择但仍犹豫不决的关键时刻，孙中山虽然坚持继续革命的主张，对袁世凯也有所戒备，但他在就任临时大总统当天对袁世凯"虚位以待"的承诺，以及后来在荐袁咨文中所说的袁世凯"富于经验"、"民国统一，赖有建设之才"等等之类的话，又表明他对袁世凯存有不切实际的幻想。在当时的历史条件下，孙中山对袁世凯的伪善面目如此溢美多于揭露，也不能不对资产阶级在最后的选择中产生某些不良影响。

但是应该强调指出，阶级群众可以远离自己的代表，而代表却永远无法超出阶级的局限。上述种种，可以说基本上都是孙中山代表的资产阶级所具有的特性决定的，并非他个人能力和品德的缺陷使然。事实还表明，孙中山的妥协和举措失当，有些直接就是资产阶级缺乏竭诚合作精神所造成的。例如在举借外债的问题上，孙中山就曾一再强调应该以"一不失主权，二不用抵押，三利息甚轻"② 为原则。但后来他却违背了这个原则。难道是孙中山言而无信，出尔反尔？当然不是。我们知道，临时政府成立之初，孙中山解决财政困难的办法主要是发行公债和军用票，并没有借外债。但由于资产阶级的拒不合作，这种措施实效甚微。因此，孙中山在当时所能采取的，似乎也只有向外借债这一唯一的办法。而要想得到帝国主义的贷款，就必须以实业作抵，并附带某些苛刻的条件。孙中山并不是不知道这样做的危害。在向张謇解释汉冶萍借款时他就曾说："铁矿合办诚有如所示之利害，惟度之困极，而民军待哺，且有哗溃之虞，譬犹寒天解衣裘付质库，急不能择也。"③

又如孙中山为了确保共和，限制袁世凯，坚持应定都南京。资

----

① 何遂：《辛亥革命亲历纪实》，《辛亥革命回忆录》（一），中华书局，1961年，第488页。

② 《孙中山全集》，第1卷，第576页。

③ 《辛亥革命》（近代史资料丛刊），第8册，第55页。

产阶级却认为这是节外生枝，非但一辞莫赞，反而从中作梗。先是天津的全体商人联名公开通电，声称"若令袁公往南接任总统，北方必有变乱，于民国前途恐多危险"；他们还表示"如不得请，则拟邀约各省绅商前来南京，哀请于大总统之前，必得请而后已"[①]，企图以此逼迫孙中山放弃这一主张。北京、天津等地陆续发生"兵变"之后，上海等地的商人也如临深履薄，纷纷指责孙中山争定都地点而酿此大祸，并诚惶诚恐地表示"商民何辜，屡遭兵厄，……大局一日不定，商业一日不安。列强已藉保卫为名，调兵干涉，国事愈艰，民生愈蹙"[②]。上海总商会、沪南商会更以在沪全体商人名义，分别致电孙中山和袁世凯，要求"早定统一政府，免再风动云扰，致生意外干涉"[③]。最后，孙中山在来自方面的压力之下，不得不同意袁世凯在北京就职。就这样，袁世凯耍尽花招迎合资产阶级乞求"统一"和"秩序"的心理，利用资产阶级对孙中山革命派施加的压力，顺利地爬上民国大总统宝座，窃取了革命志士抛头颅、洒热血，前仆后继得来的胜利果实。

不过，革命并未因此而悄然结束，资产阶级与革命派的关系也尚未恢复到革命爆发前的那种敌对状态。在孙中山辞去临时大总统职务后近一年的时间里，资产阶级与他的联系似乎更加密切起来。这是因为孙中山并没有意识到让位于袁世凯即标志着革命的失败，反而误以为政治革命已经获得成功，转而四处奔走，专心从事于实业建设。很显然，这种没有牢固基础的密切关系是不可能持久的。因为孙中山终究是一个真诚而坚定的民主革命者，一旦认清袁世凯的反革命真面目，马上就毫不犹豫地举起了武装倒袁、维护革命果实的战斗旗帜。而资产阶级却在所谓"和平"的新氛围中越来越厌恶革命，他们兴高采烈地迎接资本主义发展的"黄金时代"的到来，唯恐兵连祸接，葬送了赢利增财的千载难逢之机，因此不顾一切地反对战争再起，其结果是必将与以孙中山为首的革命派发生更加激烈的矛盾冲突。

1913 年 3 月"宋案"发生之后，孙中山即积极作讨袁准备。

---

① 《申报》，1912 年 2 月 18 日。
② 《申报》，1912 年 3 月 2 日。
③ 《申报》，1912 年 3 月 9 日。

资产阶级则希图故伎重演，利用他们的长袖善舞，再次逼迫孙中山妥协，扑灭行将燃起的"二次革命"之火。6月，上海商会以全国商会联合会总事务所的名义，要求孙中山、黄兴和陈其美"通电各省表明素志，其有谋为不轨者，一律严拿，尽法惩治"，并说什么"如是则三君爱国之心可大白于天下，彼乘机思逞之匪，当可以从此绝迹，不复讬名倡乱"①。孙中山不无愤怒地拒绝了上海商会的这种要求，依然擂鼓猛进，不到一月即促成了"二次革命"的正式爆发。早已利令智昏的资产阶级，与革命派的矛盾随之趋于白热化。他们一头扎进袁世凯的怀抱，歇斯底里地叫嚣："孙黄蓄谋作乱，不自今始……非歼渠魁，无以谢天下。"并恳请袁世凯"率师讨贼，万勿再误时机，陷民水火"②。同时，还禀承袁世凯的旨意，"断绝一切与叛党之经济关系"，积极帮助"速平祸乱"③，极不光彩地充当了袁世凯绞杀"二次革命"的帮凶。

纵观辛亥革命时期资产阶级同革命派的关系，可以简要地概括为：革命酝酿阶段疏远冷淡，革命高潮时期进行了短暂的合作，在革命和反革命鹿死谁手的最后决战阶段则走向背叛。

任何一场革命如果没有比较巩固和强大的阶级基础，是难以获得成功的。革命派与其所代表的资产阶级主体之间如此严重的脱节，代表和被代表者之间未曾建立真正的合作关系，注定了他们所领导的辛亥革命必然遭致失败的悲剧结局。之所以如此，固然与革命派的主观认识及其准备不足有关，但更重要的是其所依附的那个经济结构的特殊格局，以及所从属的那个阶级的脆弱与妥协性格决定的。

---

① 《申报》，1913 年 6 月 5 日。
② 《申报》，1913 年 7 月 28 日。
③ 《申报》，1913 年 8 月 3 日。

第四章 资产阶级与立宪派的关系

上一章我们主要探讨了辛亥革命时期资产阶级与革命派的关系，本章则集中考察资产阶级与立宪派的关系。

与疏远以至反对革命派明显不同，辛亥革命时期的资产阶级与立宪派保持着非常密切的关系，并追随立宪派参加了立宪请愿运动。其原因一方面是立宪派采取了各种方式对资产阶级进行争取，并在许多实践活动中注意维护资产阶级的切身利益，另一方面资产阶级自身也十分向往实行立宪，支持立宪派的政治主张。下面，我们分别对此加以论述。

一　立宪派对资产阶级的争取

上一章提到，革命派没有对资产阶级进行广泛的宣传和动员，这既是由于革命派主观上忽视了这一发动革命的重要环节，也是因为客观条件的限制，使其不能在国内公开从事革命宣传活动。与革命派相反，立宪派却能够以合法的身份开展活动，不仅公开成立了为数众多的立宪团体，而且拥有咨议局这一合法的讲坛，并在国内出版发行许多宣传立宪的报刊。所有这些，都是革命派所不具备的有利条件。在主观认识上，立宪派也逐渐认识到争取广大资产阶级支持的重要性，从舆论宣传到直接联络等各个方面都做了大量工作。

立宪派合法身份的取得，也是经历了一个发展过程的。19世纪末的"戊戌变法"时期，清朝统治者还顽固反对君主立宪制，视要求立宪的维新派为洪水猛兽，大逆不道，进行了残酷的镇压。康有为、梁启超等维新派领袖人物，在清政府的通缉之下不得不亡命海外。但时隔数年，清王朝面临前所未有的统治危机，自己打出变法旗帜推行"新政"，以挽救其摇摇欲坠的腐朽统治。"新政"的内容起初主要限于振兴商务、奖励实业、创办新学、训练新军等，接着扩展到预备立宪。1905年，清政府派五大臣出洋考察宪政。1906年9月，清廷颁发上谕，宣布"仿行宪政"。

清朝统治者从反对立宪转为准备实行宪制，这样，鼓吹立宪、推动宪政的立宪派，也随之不再是"莠言乱政"的洪水猛兽，能够以合法的身份公开从事各项活动。尽管清政府对亡命海外的康、梁等人仍耿耿于怀，申斥其变法主张"乃乱法也，非变法也"，但却允许国内立宪派作为一个公开的政治派别存在，对立宪派组织立宪团体、宣传立宪主张，均未予限制。当时，全国朝野上下"鉴于时局之阽危，谓救亡之方只在立宪。上则奏牍之所敷陈，下则报章之所论列，莫不以此为请"①。社会舆论一致要求立宪，更为立宪派的活动造成了有利的环境。

立宪派充分利用了上述有利环境，创办各种报刊杂志，在倡行立宪时大力宣传发展资本主义。他们呼吁："今日之中国，必以奖励实业为最重要之政策。"② 此外还进一步阐明，"惟有奖励资本家"，推动民间资金投入工业，使民族工业趋于发达，才能"从各方面以抵挡外竞之潮流"，否则，外国资本家将竞相侵占我市场而使我国资本家无以自存③。类似的许多宣传，对资产阶级来说都是颇有吸引力的。

与此同时，立宪派成立了许多立宪团体，以扩大自己的社会影响。在组织这些团体时，立宪派也注意吸收一些有影响力的资产阶级头面人物参加。有些资产阶级代表人物本身可以说就是立宪派，例如张謇、沈云霈、许鼎霖、梁善济等人，既是投资创办各种工矿企业的大资本家，又是积极投身立宪运动的活跃分子。除他们之外，还有不少资本家参加了立宪团体。

上海的预备立宪公会，规模和影响在全国的立宪团体中均居首位，其中即有不少江浙资本家。从《预备立宪公会报》光绪三十四

---

① 《清末筹备立宪档案史料》（上册），第25页。
② 沧江：《收回干线铁路问题》，《国风报》，1911年，第11期。
③ 《社会革命果为今日中国所必要乎》，《新民丛报》，第86期。

（1908年）年第20期所载《预备立宪公会章程题名表》可知，张謇是该会的副会长，许鼎霖、李云书、李平书、周廷弼、周金箴、王一亭、王清穆等工商界要人担任董事，另外还有孙多森、叶惠钧、尤先甲、吴本善、郁怀智、金承林等资本家，也是会中的骨干分子。

湖北立宪派发起成立宪政同志会，"集合研究宪政士绅，以促进实行君主立宪为宗旨"[1]，也注意联络资产阶级，争取资产阶级的支持。立宪派发出这一倡议时，汉口商务总会即有12人立表赞同。宪政同志会成立后，成员主要由湖北咨议局、湖北自治筹办处、湖北教育会、汉口商务总会、汉口各团联合会等五个团体的人士结合而成。在总共36名发起会员中，工商界人士占了相当比例，其中蔡辅卿、李紫云、刘歆生等人，都是湖北资产阶级中颇有影响的代表人物。

湖南立宪派首领谭延闿、罗杰等人，原即与长沙商务总会的头面人物李达璋、俞峻等联系十分密切。1911年立宪派组织立宪团体"辛亥俱乐部"，李达璋、俞峻二人被推举为副支部长。谭延闿发起组织"宪友会湖南支部"，也在商会中发展了不少成员[2]。从上述工商界代表人物纷纷加入立宪团体可以看出，立宪派与资产阶级的关系是非常密切的。

在收回利权运动这一直接关涉资产阶级切身利益的斗争中，绝大部分省区的立宪派都十分活跃，有不少还成为运动的组织者和领导者。他们坚决抵制帝国主义掠夺中国的路矿主权，反对清王朝以路矿作抵押向列强贷款，支持商办铁路与开矿，维护了资产阶级的利益，由此进一步赢得资产阶级的信赖，密切了两者之间的关系。

例如浙江立宪派首领汤寿潜，可谓江浙两省铁路风潮中风云际会的著名人物，在斗争中获得了极高的声誉。浙江铁路公司成立时，他担任总理要职，为争取商办铁路作出了重要贡献。清政府强迫江浙两省铁路公司接受"借款筑路"的变相卖路方案，汤寿潜领导公司全体股东坚持抵制，决不妥协，被清政府视为眼中钉。1910年9月，清政府欲调屡次出卖路权的盛宣怀回任邮传部右侍郎，资

---

① 王保民：《清末汤化龙组织汉口宪政同志会情况》，《纪念辛亥革命七十周年学术讨论会论文集》（上册），中华书局，1983年，第338页。

② 参见杨世骥：《辛亥革命前后湖南史事》，第210～211页。

产阶级群起反对。汤寿潜挺身而出致电军机处，严厉指责"盛宣怀既为借款之罪魁，又为拒款之祸首"，要求清廷"不应令其回任，请收回成命，或调离路事，以谢天下"。清廷下谕申斥汤寿潜"狂悖已极"，"着即革职，不准干预路事"。① 汤被革职的原因显然是由于他坚持维护资产阶级的利益而开罪了清朝统治者，他本人曾表示自己的行为"不专为浙，不专为路，国之强弱是非而已"。所以，清廷罢免汤寿潜，激起公司全体股东乃至社会各阶层的极大愤怒，也震动了全国；汤寿潜本人则因此而声誉益隆，受到资产阶级推崇。

其他地区立宪派中的知名人士，也大多是保路保矿的倡导者。如湖南的谭延闿倡导组织"铁路股东共济会"，声援资产阶级的保路斗争。不久成立集股会，谭延闿又担任会长，主持集股、拒债、办报以及研究湘路筹款赶修的具体办法。"由是，湘人之拒债集股，颇有头绪。"② 湖北立宪派首领汤化龙，也是保路运动的倡导者之一。在日趋激烈的保路斗争中，整个湖北立宪派都始终与广大资产阶级携手站在一起，结成了联盟。1909 年 3 月，张之洞与英、德、法等国签订湖广铁路借款草约，湖北宪政筹备会马上联合汉口商务总会致电张之洞表示反对，要求他遵照"庶政公诸舆论之旨，将合同底稿交鄂督发下，否则即或奏定，鄂人也决不认此未经公论之合同"③。在四川，立宪派直接发动和领导保路运动，其领袖人物蒲殿俊担任保路同志会会长，另一位立宪派要人罗纶担任副会长。他如江苏铁路公司总理王清穆、安徽铁路公司总理周学铭、云南铁路总公司总办陈荣昌、会办丁彦、广西铁路公司协理梁廷栋、保晋矿务公司总经理渠本翘等，都是该省立宪派中的活跃分子，在保路保矿运动中与资产阶级保持着极为密切的关系。

1909 年下半年咨议局成立之后，立宪派更是利用其争得的这一参政议政机构，促进资本主义发展，维护资产阶级的利益，以争取资产阶级的支持。在各省咨议局讨论的议案中，有关实业内容者均列为头等重要位置。湖南咨议局第一届年会议决通过了"振兴工业大宗案"，拟"广设工厂，组织公司"。第二届年会再次提出"发

① 《宣统政纪》，第 25 卷，第 8 页。
② 《湘路警钟》，第 1 期，"湘路纪事"（上）。
③ 《大公报》，1909 年 8 月 21 日。

展工业案",预定在长沙建模范工厂,筹设工业成品展览所和商品展览会等①。四川咨议局议决筹办银行修正案,拟定在省城、各府厅州县各设地方银行一所,照公司律股分公司办理②。湖北咨议局也议决"兴矿业以辟利源"、"推广农林以兴实业"等有关方案,反映了资产阶级要求发展工商业的迫切愿望。

厘金是阻碍资本主义发展的一大障碍,深为广大商人所痛恨。为此,不少咨议局提出议案专门讨论改革厘金。例如四川咨议局讨论通过"剔除厘金积弊"议案,湖南咨议局议决改厘税为统捐,"裁汰厘卡,重定税则",并指出"少一分需索,则商少一分负担"③。浙江咨议局也议定"厘捐革弊案",认为"厘捐之弊亟矣……种种苛勒,不胜枚举"④。尽管诸议局所通过的革除厘金弊端议案大多未能如实施行,但它集中反映了广大资产阶级的意愿,因而仍然受到资产阶级的欢迎。

为帮助资产阶级办好商会,有的咨议局还讨论通过整顿商会案。如江苏咨议局向本省商会提出"筹经费"、"扩知识"、"谋进步"三大建议,具体内容包括:附设研究所、研讨商业法令和一般法令、讲求土货改良方法、设商品陈列所等,其主旨为"图商业进步"⑤。

在收回路权运动中,许多咨议局也积极维护资产阶级的利益。1909 年闻讯张之洞与英、德、法等国签署湖广铁路借款合同,湖南咨议局初选议员 820 人即致电张之洞,表示:"照咨议局章程,本省权利之存废由议员决定","铁道借款,湘人决不承认"⑥。11 月,刚刚成立的咨议局又作出"力拒借款"、"实行商办"的决议,并对铁路公司内部的改革、铁路人才的培养、资金的筹集办法以及筑路期限等问题,拟订了具体计划,报湖南巡抚转奏清廷⑦。湖北

---

① 《政治官报》,宣统三年(1911 年)三月一日。

② 《四川辛亥革命史料》(上册),第 34～35 页。

③ 《改厘税为统捐案》,转引自《辛亥两湖史事新论》,湖南人民出版社,1988 年,第 190 页。

④ 《辛亥革命浙江史料选辑》,浙江人民出版社,1982 年,第 188 页。

⑤ 《江苏咨议局议决整顿商会案》,《广东咨议局编查录》下卷,宣统二年(1910 年)二月。

⑥ 《湘路警钟》,第 1 期,"湘路纪事"(上)。

⑦ 《九记湘鄂路线商借外款情形》,《东方杂志》,第 6 年,第 12 期。

咨议局联合商会等团体，发起成立湖北铁路协会，以拒款商办为宗旨，向清政府声明："粤汉、川汉借款关系大局安危，鄂人全未预闻，誓不承认。"① 四川咨议局为推动商办铁路发展，议决"整顿川汉铁路公司案"，就筹集股本、修订章程、清查账目、整理财政等，提出了具体的整顿方案②。

除上述各个方面，特别值得一提的还有立宪派发起的拟订商法、为资产阶级争取立法权的活动。

1907年5月间，预备立宪公会致函上海商务总会，提议联合全国商人自订商法草案。同时大力宣传：中国商人无法律保护，"动受洋商之欺抑"，"商法草案之发起，实鉴于商人无法律保护之可危，而欲合通国商民共同挽救"③。在此之前，清政府已颁行《公司律》及其他有关法规，预备立宪公会认为："政府颁布商事法令，每不与商人协议，致多拂逆商情之处，是非徒不足以资保护，而且转多窒碍。"④ 强调只有商人参与讨论拟订的商法，才能真正反映商人的意愿，因为"商法所以保护商人，则必须商人之公认可知也"⑤。

预备立宪公会的这一行动，反映了广大资产阶级希望得到法律保护的迫切要求，很快得到资产阶级的积极响应。上海商务总会深感预备立宪公会所言皆"洞悉商况，发人深省"，旋联合上海商学公会，与预备立宪公会一起承担联络和组织此项活动。随后，预备立宪公会派孟森、秦瑞玠等五人组成商法草案编辑部，议定一边翻译各国商法作为参考，一边拟订公司法，并依次编订契约法、破产法、商行为法等。1907年11月，上海商务总会邀请海内外商会派代表赴沪召开商法讨论会，应邀到会的有国内14省近90个商会的代表，海外新加坡、长崎、海参崴等中华商会也派代表出席，另有30余埠的商会，"以书信形式与议"。1909年11月，又举行了第二

---

① 《东方杂志》，第6年，第11期。

② 《四川辛亥革命史料》（上册），第48～51页。

③ 《天津商会档案汇编（1903—1911）》（上册），天津人民出版社，1989年，第284页。

④ 《天津商会档案汇编（1903—1911）》（上册），天津人民出版社，1989年，第284页。

⑤ 《商法调查案问答》，《预备立宪公会报》，宣统元年（1909年），第10期。

次商法讨论会。

预备立宪公会的主要领导人先后参加了两次商法讨论会，并在大会上发言，阐明此次所拟商法草案，"盖我商人既得同意，则我政府自无故拂舆情之理"①。第二次讨论会后，预备立宪公会还受各商会代表之托，派秦瑞玠、孟昭常赴京向农工商部和法律馆呈递讨论通过的商法草案，要求清政府颁布施行。1910 年，农工商部即根据这一草案，修订成《大清商律草案》。

以往的有关论著大多只注意到预备立宪公会在全国立宪请愿运动中的倡导和宣传作用，而对其发起拟订商法活动则很少提及。实际上，发起拟订商法也是其从事的一项重要社会活动。在宣统元年（1909 年）的年例大会上，会长郑孝胥说明该会"现办之事有四宗"，除出版有关立宪书籍、举办政法讲习所、编辑发行《预备立宪公会报》外，就是与上海商务总会和商学公会联合编纂商法②。从预备立宪公会发起拟订商法活动的有关情况可以进一步看出，立宪派对于推动资本主义发展和保护资产阶级的利益十分关注，不仅在理论宣传上大声疾呼，而且在各项实际行动和措施等诸方面也都特别重视，从而取得了资产阶级的信赖和支持，而革命派在这方面所做的工作显然远远不及立宪派。正因为立宪派在多年的宣传和实践活动中，注意争取和保护资产阶级，相互之间建立了密切的合作关系，所以当立宪派动员资产阶级参与立宪请愿时，资产阶级马上紧随其后，成为第二次国会请愿运动的积极参与者。两者之间的这种关系，正如《时报》的一篇社论所说："我国之有志为政治家者，欲连结商人，必先为一、二事，为商人造福。……为商人者，亦宜视谁有政治家之希望，谁能为商人造福，则亦竭其力以辅之。"③

二 资产阶级对宪政的向往

立宪派的动员和争取，固然是资产阶级群趋立宪而疏远乃至反对革命的一个重要原因，但资产阶级本身也特别向往君主立宪制，并期望通过自上而下非暴力形式的改革，实现从封建君主专制向君

---

① 《申报》，1909 年 12 月 20 日。
② 《申报》，1909 年 12 月 28 日。
③ 《时报》，1910 年 4 月 4 日。

主立宪制的过渡。

　　前面一章中我们曾对此进行过一些分析，已知资产阶级在革命高潮来临之前，普遍眷恋立宪而反对革命，这并不令人费解，应该说是合乎中国早期资产阶级的性格特征的必然现象。生长发育于半殖民地半封建社会环境下的中国资产阶级，由于种种原因而缺乳少哺，在经济上比较稚弱，对清王朝具有较大的幻想与依赖；在政治上则视野模糊，目光短浅，缺乏应有的革命素质，具有畏怯和动摇的基本特征。这在其上层和中下层身上都有明显的反映，只是在上层人物身上一般表现得更为突出。因此，不论是资产阶级上层还是中下层，都对革命谈虎色变，怀有一种惊怵恐惧感，真正敢于毁家纾难者寥若晨星，绝大多数都惟恐革命带来动乱，危及身家财产。

　　不过，资产阶级虽对暴力革命心怀忌惮，持反对态度，但又对清朝统治的黑暗现实深为不满，尤其对清政府的沉重政治桎梏和经济压榨啧有烦言，强烈要求改变自己的政治经济地位，变革封建专制制度。而对革命的畏怯心理，又使他们不敢承受新社会诞生时所必须经历的巨大阵痛。这样，即使前途荆棘丛生，充满忧患艰辛，资产阶级也宁愿在清朝统治下的有限空间里挣扎图存。他们所企盼的只是在保持秩序稳定的前提下进行自上而下的改革，而立宪派连篇累牍大力鼓吹的通过清王朝开议会、定宪法等温和的改良方案，正是其愿望的反映。因而，支持立宪在当时的资产阶级各个阶层中几乎是众口一词，风靡一时。

　　1906年9月清廷"仿行宪政"谕旨颁布之后，资产阶级当中即有相当一部分人弹冠相庆。当时的报刊记载说："自立宪明诏颁发，各处商民无不欢欣鼓舞，开会庆祝。"上海商务总会、上海商学公会、宁波商务总会、锡金商会以及海外的横滨、长崎、神户等中华商会，还纷纷致电农工商部，"请以翘盼实行立宪之意，代达天听"[1]。由此可以看出，资产阶级的态度与当时朝野上下瞩目立宪的社会心理是相吻合的，他们一开始就对立宪充满了期望。

　　应该注意的是，我们多次强调资产阶级支持立宪而反对革命，是其软弱性的政治表现，但这只是与西方资产阶级支持革命、反封建的态度相比较而言的。如果单从中国早期资产阶级自身的纵向发

---

　　① 《商民翘盼立宪之舆情》，《商务官报》，光绪三十二年（1906年），第17期。

展看，对其向往宪政的态度则不宜作过多指责，相反应该给予适当肯定。要求立宪，表明资产阶级在致力于发展资本主义经济的同时，开始成为推动中国政治近代化的社会力量。虽然革命派提出的民主共和方案较诸君主立宪更加进步，但君主立宪制同样是资本主义政治制度之一，在当时的历史条件下，以君主立宪取代封建君主专制无疑也是历史的进步。就此而论，要求立宪可以看作资产阶级政治觉醒的表现之一。考察资产阶级支持和要求立宪的原因，或可对此获致更加明确的认识。

资产阶级要求立宪的目的，涉及许多方面。其一是希望通过召开国会，实行宪政，以挽救民族危机。1910 年，设在上海的华商联合会事务处为动员广大工商业者参加国会请愿运动，曾对这一目的作了充分说明："今天下之祸变亟矣，内忧外患，纷至沓来，国事日非，人心瓦解，商等思维再四，知非国会无以通上下之情而使之萃，非开国会无以挽危亡之局而即于安……一国之盛衰强弱，不在乎土地之广狭，户口之多寡也……国会为立国不二之方，顺而行之则富而强，逆而制之则危而乱。"① 字里行间显而易见，资产阶级是将立宪作为救亡图存的一项根本措施来支持的。不论其实际效果如何，单就其爱国动机和热情而言也不应简单地加以否定。

其二是对封建专制制度不满，要求以立宪取代弊端丛生的封建专制。对于封建专制制度的诸多危害，特别是其阻碍资本主义发展的各种表现，资产阶级中的有识之士进行了深刻的揭露。《华商联合会报》刊登的一篇文章指出："吾国人民困厌于专制政体者久矣"，"统计吾国近年，路政不修、币制不一、矿学不讲、工厂不兴、垦牧不倡、林业不振，厘税鲜决行之政见，盐漕乏改革之良规，凡此种种原因，皆上病国，下病民，而商界实先受其病"②。并且指出，要免除以上弊端，只有改变封建专制，实行立宪制。因此，资产阶级支持清政府预备立宪，赞成立宪派政治主张的目的之一，是希望以此革除专制之害。资产阶级的喉舌《时报》曾载文说明，预备立宪"非唯本朝二百余年未有之盛举，抑亦我国历史以来五千余年未有之盛举也。何以故？以数千年间专制政体，将从此而

---

① 《拟海内外华商联合请开国会书》，《华商联合会报》，第 4 期。
② 《上都察院书》，《华商联合会报》，第 7 期。

为根本之改革故"①。

其三，资产阶级当中的许多有识之士，还希望通过立宪使广大工商业者增强政治思想，以争取更多的政治权利。有的指出，欲行立宪，"必先使国民中之一部分有政治之思想，有政治之能力，而后可以言要求"，否则，"恐政体变，而国民之心理犹未能相应而与之俱变"②。还有的认为，在筹备立宪的同时，"凡本省、本府、本州县、本乡应兴应革之事，如教育、土木、警察等，应有预结之团体，就力所得为，协力办理，以为自治之基础。将来即可为地方之正式议会，助理地方行政"③。由资产阶级组织的许多地方自治团体，就是在这一时期先后成立的。例如上海城厢内外总工程局、苏州市民公社、广东粤商自治会等等，这些商办自治团体，大都不同程度地争取到一部分市政建设和管理权。商会成立之后，也取得了一部分工商事务的管理权。但是，商会和自治团体"对于政府未有正当之立言权限也，立宪则议员可作代表，且人民有所请愿，议院有代收而转上于政府之责"④。所以，资产阶级盼望通过立宪进一步扩大参政权利。

要求召开国会，就是希望形成以国会为中心的资产阶级参政机关，在立法、行政、财政等各方面监督政府，并代表资产阶级的利益"定国家行政之方针"。因而他们特别强调国会的地位与作用，"一言以蔽之曰：国会有监督政府行政及预算、决算、财政之权而已。如是始得谓之立宪，不如是不得谓之立宪"⑤。很显然，资产阶级所要求的是名副其实的资本主义立宪制，而不是挂立宪之名行专制之实的冒牌货。

其四，资产阶级还希望通过立宪改变自己在经济上的困境，促进中国资本主义迅速发展。关于立宪与实业的关系，当时的许多报刊都曾载文从各方面进行了论述。例如《商务官报》光绪三十二年（1906年）第16期刊登的《立宪与实业之关系》一文，列举了立

① 《时报》，1906 年 10 月 9 日。
② 《时报》，1906 年 1 月 14 日。
③ 《时报》，1907 年 2 月 2 日。
④ 《立宪与实业之关系》，《商务官报》，光绪三十二年（1906 年），第 16 期。
⑤ 《时报》，1908 年 7 月 25 日。

宪对发展实业的十二大好处，并说明"立宪之世，四民平等，无所偏倚。官者至苦而商者至乐，官以名贵而商以利尊。故民之有志于功名者始为官，否则竟趋于实业，且士有以不知商为耻者矣。此思想转移，而利之及于实业者"。立宪派创办的报刊，更是在这方面作了不遗余力的宣传。

资产阶级对立宪推动实业发展的作用也不无认识。1910年上海商务总会代表沈缦云赴京参加国会请愿运动，在谒见某军机时即"痛陈现时商界之困难情形，中有谓商力疲则国势弱，征税轻重不平，则商情避重就轻而涣散，挂洋旗入洋籍日见其多，则国未灭而种先亡"。某军机问："国会与商界有何关系？"沈缦云答曰："关系极重。"又问，"商民亦知国会开，负担更重乎？"沈明确答复："剔除中饱，化私为公，何重之有？"次日，沈缦云又往谒都察院某总宪。该总宪也诘问："开国会于商界有何利益？"沈缦云进一步阐明说："各业之利弊，惟各业知之。何利宜兴，何弊宜革，何税宜增，何税宜减，一经国会之议决，即为天下所公认，商业之扶持在此，其利甚溥。"[1] 由此可见，资产阶级对立宪促进工商业发展的美好前景充满了期望。尽管后来历史发展的事实证明这只是不切实际的幻想，但作为今天的历史研究者，我们却不应脱离当时的历史条件，对其良谟宏愿作近似苛求的指责。

三　参与立宪请愿运动

1906年清政府颁布"仿行宪政"上谕之后，立宪派和资产阶级都曾一度将实行立宪的希望完全寄托于清朝统治者，其有关舆论并未对清政府施加什么压力，只是表达赞誉之词，期待着通过清政府使中国走向国强民富之路。但时隔不久，立宪派即感到"仿行宪政"的步骤太迟缓，开始对清政府立宪的诚意表示怀疑，于是展开舆论攻势，要求清政府加快立宪步伐，速开国会。1908年，清政府颁布《钦定宪法大纲》，决定以九年为预备立宪期，期满召开国会。立宪派对九年漫长的期限仍颇为不满，议定组织国会请愿运动，敦促清政府尽快召开国会。

---

[1]　以上引文均见《大公报》，1910年6月12日。

1910 年 1 月的第一次国会请愿运动，资产阶级并未派代表参加。请愿代表团成员主要是各省咨议局的代表，仅 33 人，由直隶议员孙洪伊领衔署名，向都察院递交了请愿书。由于参加人数少，而且涉及的面不宽，声势和影响都非常有限。清政府根本未予重视，毫不留情地断然拒绝了请愿代表团的请求，坚持按照原订九年期限，依次筹备。

　　资产阶级虽未派代表参加第一次国会请愿运动，但对此次请愿仍非常关注。吉林商务总会曾致电请愿代表团，呼吁"国会请愿代表切勿各归本省"，并表示要"再举代表晋京，直接上书请愿，以作后援"。烟台商会也曾电告请愿代表鼓舞士气，"谓现正联合各商，晋京请愿，誓达目的"①。第一次请愿运动进行期间，直、苏、粤、鄂四省商会还拟联合发出号召，通告各省商会派代表到汉口举行大会，再从汉口到北京配合请愿代表团向清廷上书，只是因请愿很快失败而未果②。

　　第一次请愿碰壁后，立宪派意识到必须扩大请愿声势，动员社会各阶层尤其是广大工商业者参加。他们认为："今日世界无不以工商业为立国之根本者，夫商人一跃而居国中最重要之地位，则国中政治之得失，自与商人有特别利害之关系，故吾国今日国会请愿之事，尤应以联络商界为中坚。"③ 为此，立宪派组织了"请愿即开国会同志会"，总部设在京师，各省设分会，"凡赞成请愿者，均得入会为会员"。同时，派人四出联络，广为宣传，向各省商会发出联合请愿书，阐明"国会一事为立宪国最重大之问题，断非少数人所得而私，必当萃全国之精力才智集于一途，乃克有济"。请求书还针对资产阶级希望通过立宪改变自己的处境和发展资本主义的迫切心理，反复解释，召开国会，"则商人受保护之利益者不少，否则无正当之保护，商人受害必烈，而欲立足于商业竞争之世界难矣"。最后，请愿书说明"各省商会最多热心爱国之士，若能速举代表来京，同时并举，政府必有改弦之心，吾侪益无孤立之惧"。

　　立宪派的动员和号召，很快得到资产阶级的积极响应。设在上

---

① 《时报》，1910 年 2 月 26 日。
② 苏州商会档案，第 284 卷，第 18 页。
③ 《代表团敬告各省商会请联合请愿书》，《广东谘议局编查录》（下卷）。

海的华商联合会事务处，接到北京国会请愿同志会邀请商界组织请愿团赴京请愿的函电后，随即发出《为国会事公告海内外华商联合请求书》，在《华商联合会报》上发表。稍后，《时报》也以《华商联合会联合海内外华商请愿公告书》的篇名转载。这篇公告书从五个方面申述了商界参加国会请愿的必要性：首先指出参与请愿是商人应尽义务，责无旁贷。因为"今日实业之世界，论人数以商界为至众，论势力以商界为最优"，所以，"若论请愿之事，其必有需于我商人者"。其次，说明北京国会请愿同志会数次来函来电，"各界请愿之注重我商界也可知"，在此情况下商界更不能"度外置之"。另外还就国会与发展实业的关系以及咨议局成立后对保护商人的作用等，阐明商人参与请愿的意义。①

国会请愿同志会和华商联合会事务处动员广大商人参加国会请愿运动的号召发出之后，各地资产阶级马上行动起来，积极作好有关准备。江宁商务总会邀集商界各业董事组织了国会请愿同志会支部，举定宁属赴京请愿代表。广东总商会、九大善堂等商人团体，与自治研究社一起成立了"速开国会请愿同志会"。湖北成立国会请愿同志会支部，由身为武昌商务总会总理的商界要员吕逵先出任干事长。可以说，筹备参加国会请愿运动，已成为当时全国各地资产阶级最注目的一项政治活动。《东方杂志》描述说："各省学会、商会与京中国会请愿会遥相应和，或即开会，或拟上书，或任运动同志，或拟公举代表以接续请求者，不一而足。"②

1910 年 5 月，各省请愿代表纷纷赴京，商会也派出了商界代表。6 月 16 日发动第二次请愿，全体请愿代表按事先拟定的方式，同时向都察院呈递十份敦促清廷速开国会的请愿书。在这十份请愿书中，有三份系代表海内外华商所上，分别由沈缦云领衔代表各省商会，杭祖良领衔代表苏州及上海商会，陆乃翔领衔代表南洋雪兰峨二十六埠商会。显而易见，第二次国会请愿运动中资产阶级发挥了重要作用，扩大了请愿运动的规模和影响。

但是，从沈缦云、杭祖良等人领衔呈递的请愿书看，资产阶级的态度仍比较软弱，缺乏勇猛进取的斗争精神，只是竭诚馨哀，希

---

① 《华商联合会报》，第 3 期。

② 《记国会请愿代表进行之状况》，《东方杂志》，第 7 年，第 2 期。

望清廷怜悯工商业者的困境,在一年内速开国会,而没有像西方资产阶级那样,以停止纳税等各种斗争方式,胁迫封建统治者不得不接受自己的要求。沈缦云领衔呈递的请愿书,开头即呼吁:"商业困疲,国计民生,交受其弊,请速开国会,以图挽救。"接着通篇论述华商面临的种种困苦,"已无立足之地",情词恳切地希望清廷"念民生之日蹙,国计之可危,恻然动心,立时召集国会"①。杭祖良代表苏州和上海商会呈递的请愿书,将商人喻为"失乳婴儿",一开始也是强调"商业日危,商情日涣,请速开国会,以振商业,而维商情";并且再三说明"国会不开,商困莫挽","某等承数十万商民之委托,不辞斧钺,稽首君门,为求一线之生路,吁请速开国会。朝廷苟迟迟不与,则商情之涣,商业之衰,必视前此有一落千丈之势"②。由于资产阶级斗争的软弱,其匍匐都门、告哀求怜的作为根本不可能达到目的。清政府仍顽固坚持"俟九年筹备立宪,再行降旨定期召集议会",并申令"毋得再行渎请"③。

第二次请愿失败后,许多省份继续酝酿第三次请愿,有的还提出了比较激进的口号:不开国会,人民不承认新捐税。沈缦云也曾在天津商会举行的欢迎大会上发表演说指出:"商民请愿,非速开国会不可。如再不允,则由全国商界结合团体,不尽税厘义务。"④然而,从有关史料中却看不到资产阶级在这方面有实际行动。

请愿的失败,使资产阶级当中的一部分人对清政府的幻想破灭。例如沈缦云赴京请愿碰壁,深感清朝统治者冥顽不化,并无立宪诚意,不得不叹曰:"釜水将沸,游鱼未知,天意难回,人事已尽,请从此辞。"⑤回到上海后,沈缦云与革命党人建立了密切联系,从支持立宪转而走上革命道路。但资产阶级中的大多数当时虽对清政府感到愤懑,却仍未完全醒悟。1910年11月,清政府迫于民情高涨,加上不少督抚大吏也呼吁提前召开国会,宣布缩短预备

① 《时报》,1910年7月4日、7日。
② 《时报》,1910年7月21日、22日。
③ 《宣统政纪》,第36卷,第29~30页。
④ 《大公报》,1910年6月30日。
⑤ 《大公报》,1910年6月12日。

立宪期限，将原订宣统八年召集国会改为宣统五年。许多地区的资产阶级即兴高采烈，北京商人提灯游行以示庆贺。苏州各业资本家以极其隆重的礼仪迎接请愿归来的代表，就像欢迎凯旋的英雄，各商铺户均悬挂龙旗，张灯结彩。苏州繁华喧闹的元妙观一带，还由商会、商团等团体高搭彩棚，组织提灯游行，欢庆雀跃持续三个夜晚，"以表达苏民欢忭之忱"。

以上我们简略论述了资产阶级对待君主立宪制的态度及其参与立宪请愿运动的情况，下面再谈谈资产阶级与立宪派的关系。

20世纪50年代末60年代初，史学界曾就与此密切相联的立宪派阶级基础问题进行过讨论，但究竟是民族资产阶级中的哪一个阶层充当了立宪派的阶级基础，论者之间意见颇为分歧。归纳起来，主要有两种不同意见。

一种意见认为，立宪派的阶级基础是地主——资产阶级。有的指出，立宪派的阶级基础相当复杂，"它不仅包括已经转化为民族资产阶级上层分子的地主、官僚和大商人，而且也包括为数众多的正在转化和企图转化为资产阶级的地主、官僚和大商人"。所以，立宪派的阶级基础应该是"地主——资产阶级"。这个阶层虽然对清廷阻碍资本主义发展的腐败统治不满，与封建统治者存在着一定的矛盾，但他们当中绝大多数都拥有封建性的土地财产，与清王朝有着血肉关系①。有的从分析部分立宪派人物的身份入手，认为立宪派的阶级基础是大资产者、官僚、地主，"换一个说法，他们是地主——资产阶级，封建性大于资本主义"，"这就决定了立宪派只要求改良，实行君主立宪，而坚决抵制和破坏革命"②。

另一种意见认为，立宪派的阶级基础是民族资产阶级上层。持此看法者有的分析说，立宪派既然是阶级斗争中的一个政治派别，它就必定主要是某一个特定阶级或阶层利益的代表者，而不可能是地主、资产阶级的混合。同时，从民族资产阶级上层的特点，国内立宪派领袖的阶级身份和立宪派的政治经济纲领三个方面可以发现，立宪派既不代表地主阶级的利益，也不代表民族资产阶级中下

① 胡绳武、金冲及：《论清末的立宪运动》，上海人民出版社，1959年，第53～55页。
② 刘大年：《赤门谈史录》，第38、46页。

层的利益，而是集中反映了民族资产阶级上层的愿望①。

目前，史学界对这个问题的认识还不尽一致。但从近十年来新出版的有关论著看，立宪派代表民族资产阶级上层的说法，似已为大多数论者所接受。但我们认为，这种说法也值得商榷。

为论述问题的方便起见，先概括地看一看近年有关论著得出这一结论的两个主要依据。其一，民族资产阶级上层主要由官僚、地主和买办演变而来，他们当中许多人原来就拥有功名职衔，因而向资本家转化之后依然翎顶辉煌，而立宪派中的绝大多数人即具有这一特征。有的论者还明确指出，在当时的历史条件下，无功名、职衔者，是难以跻身于民族资产阶级上层行列的。其二，民族资产阶级上层在政治上、经济上同封建主义的联系较之中下层更为密切，难以同清王朝彻底决裂，因而反对革命，支持立宪；而其中下层主要由一般商人和工场主转化而来，与封建主义联系较少，故而反对立宪，支持革命。因此，立宪派的政治主张，不代表民族资产阶级中下层的利益，主要反映的是上层的要求和愿望。

从我们所接触的有关史料看，上述结论的依据与当时的实际情况大有出入。

首先，拥有功名或职衔不能单单视为民族资产阶级上层所独具的特点。事实上，当时不仅是资产阶级上层人物，一些中等水平的资本家，甚至一部分家产非常有限的资产者，也同样是顶戴花翎或身兼功名。我们曾系统地查阅了清末苏州商会档案，发现苏州地区不论是商务总会的总、协理或会董等上层领导人，还是商务分会的一般会员，几乎全都拥有功名或职衔。例如 1908 年改选的苏州商务总会，包括总、协理在内共有会董 18 人，会员 44 人。18 名会董分别拥有中书衔、二品职衔、候补试用知府、候选同知、州同、郎中、县丞衔和监、贡、禀及武生等功名。44 名会员则分别拥有候选同知、州同、县丞、通判、州判衔及按经历、府经历、都事、博士、盐大使、从九职衔、八品军功、监、禀及武生等功名。1907 年改选的江震商务分会和 1908 年改选的平望商务分会，总共有会员 52 人，也分别兼有上述各种职衔或功名。②

---

① 苑书义：《清末立宪派的阶级基础问题》，《历史教学》，1963 年，第 5 期。
② 参见苏州商会档案，第 68 卷、第 5 卷、第 18 卷有关记载。

如果说苏州仅为江南一隅，又历来是朝野巨绅名宦和富商大贾云集之所，有其特殊的阶级结构，仅此尚不足以推及全国，那么，从《华商联合报》各期所载上海、天津、汉口、广州等数十个商务总会及许多省份商务分会会董与会员的衔名表可知，全国各地商会的情况均与苏州基本相近，并无多大出入。可以说，商会上层领导人和一般会员拥有功名职衔，在当时非常普遍。

清末的商会，是以工商业资本家为主体组成的资产阶级社会团体。有资格荣膺商务总会会董的人，一般是各地工商界的上层人物，至于普通会员，因无资格和名誉限制，一般只是各行业的代表。特别是一般县镇商务分会的会员，由于富商巨贾和工业巨子微乎其微，所缴会费之多少并无定额，有的规定"其愿捐本会经费，每年酌量捐输"，"不愿捐者听"①。因此，即使是家产微薄者，也可跻身于商会会员之列。无论是就经济实力还是政治影响，他们都不可能划入民族资产阶级上层，充其量也只能算做中下层，但其大多数同样也兼有各种品级的职衔或功名。

事实表明，在晚清独特的社会环境下，绅与商融合，形成所谓兼有功名职衔的"绅商"，是近代中国资产阶级形成的一种历史现象。从商人方面而言，致富在当时乃是得官衔功名之捷径，而官衔功名又是进一步赢利梯荣之权舆；就官绅而论，成名之余假手商业，则可更进一步致身尊荣，挥霍享受。所以，非但官僚和地主转化为资本家之后，仍旧保留着原有职衔，就是原来没有功名职衔的新兴工商业者，为了扩展实业，也千方百计地采取捐纳报效、交际酬酢等诸多手段，猎取各种虚衔功名。正是由于这两方面的原因，早期资产阶级各阶层中绝大部分人身拥功名职衔的现象屡见不鲜，只是在上层人物中更为普遍，职衔也更高一些。

其次，立宪派的政治主张也并非只是反映了民族资产阶级上层的要求和愿望，而不代表资产阶级中下层的利益。从近几年发掘的有关史料和研究成果看，史学界长期流行的所谓资产阶级上层支持立宪、反对革命，中下层支持革命、反对立宪的说法，很难谓之是从历史事实中得出的结论，本书上一章以及本章第二、三节也对此进行了某些说明。在武昌首义爆发前清朝统治尚未显示出即将土崩

---

① 《平望商务分会试办章程》，苏州商会档案，第5卷。

瓦解时，整个资产阶级各阶层中的绝大部分人，对革命不是疏远冷淡，就是表示反对，无论公开或暗地均未给予支持，而对立宪请愿则是趋之若鹜，众口一词地表示支持，而且在行动上积极敦促立宪的加速进行，将国会请愿运动视为本阶级的主要政治实践之一。

诚然，武昌首义前并非全无资本家同情甚至参加革命，但应该看到，这只不过是少数现象，而且在这少数人当中也不单是资产阶级的中下层。相反，从目前所见到的有关史料看，其中更多的是上层资本家。据有的学者研究考证，上海资产阶级上层人物李云书、王一亭、虞洽卿等，在辛亥起义前夕已秘密加入了同盟会①，而中下层资本家参加革命者则很少记载。

不论是资产阶级上层还是中下层，在武昌首义爆发前同情或参加革命者都毕竟是极少数，并不能表明其所属的整个阶级或阶层对待革命的态度。而资产阶级普遍支持立宪，参加请愿的行动，则体现了各个阶层总的政治态势。尽管其各阶层间的政治态度细分起来也不无微小差异，但就讳言革命、颂扬和支持立宪这一基本政治立场而言，他们相互间则绝无歧异。因此，我们认为，与其说立宪派的阶级基础是资产阶级上层，倒不如说是整个资产阶级更符合历史实际。

这里难免还要涉及另一个比较复杂的问题，如果说立宪派的阶级基础不是资产阶级上层，而是整个资产阶级，那么与立宪派政见不同的革命派之阶级基础又是什么呢？实际上这个问题并不难解答。辛亥革命时期的立宪派和革命派虽然政见有别，矛盾与论争颇为明显，但这只是同一阶级内部不同政治派别之间的分歧。两派论争的焦点，是实行民主立宪还是君主立宪。而这仅是政权组织形式，即所谓政体之争，非国体之争。由于议会制的共和国和议会制的君主国，均为资产阶级的国家形态，因此都符合资产阶级的利益。在主张合法斗争和暴力革命的争论中，虽有激进与温和的优劣之分和反封建是否彻底之别，但终究还是资产阶级政治代表在如何建立新社会问题上的方法手段之争，与创建资本主义制度这一宏旨并不相悖。正因为如此，两派才有走到同一条战壕的机缘，形成反

---

① 参见丁日初：《辛亥革命前的上海资本家阶级》，《纪念辛亥革命七十周年学术讨论会论文集》（上册），中华书局，1983 年。

清联合阵线。

上述表明，立宪派和革命派都是资产阶级的代言人，即资产阶级的政治代表。他们都呼号救亡图存，反对封建专制制度，宣传资产阶级民主思想，因此，在某种意义上完全可以说，立宪派和革命派的阶级基础基本上是一致的。不过，立宪派的许多成员都是在社会上有一定影响的绅商，他们主要是着眼于资产阶级的现实利益，直接反映资产阶级眼前的要求和愿望，因而提出不危害资产者身家财产的君主立宪改革方案；而革命派则主要由资产阶级和小资产阶级知识分子所组成，是资产阶级当中最先觉悟，革命性最强的一部分。他们更多的是通过自己的政治纲领反映资产阶级的根本利益，主张用暴力革命手段打碎束缚资本主义发展的锁链。从最终的根本目标看，这两个方案都反映了资产阶级的利益，只有眼前和长远利益之分，谈不上原则或本质的不同，因此在相异的历史条件下都会被资产阶级所接受。比较起来，革命的方案反封建更加彻底，也更符合中同的国情，立宪的方案则显得保守，但在实践当中却更易为具有极大妥协性的资产阶级所采纳，这正是导致辛亥革命悲剧的重要原因之一。

第五章　官商关系的发展演变与影响

近代中外的历史都证明，任何一个国家在早期现代化的发展过程中，官商关系如何，对于该国经济现代化的发展程度以及资产阶级的成长快慢，都有着极为重要的影响。因此，考察和比较近代中西方国家官商关系的发展演变，是探讨中国早期资产阶级和现代化的一个重要课题。这里所说的"商"，是一个广义的概念，并非单指商人，而是包括工商金融资本家在内的整个资产阶级。在近代中国，相当长时间内工商不分，工矿交通各个行业的资本家无不以"商"自称。另一方面，近代中国资产阶级也确实是以商人居主导地位。根据这一情况，我们也以"商"泛指资产阶级。为便于比较，我们首先对近代西欧一些主要国家及日本官商关系的发展及影响略作说明。

一　西欧与日本等国官商关系的特点

西欧许多国家很早就实施重商政策，官商之间由此建立了非常密切的联系，并促进了资本主义的孕育与生长。我们知道，西欧工商业城市迟至中世纪封建社会中晚期才逐渐兴起，其形成与中国有着明显不同，在此之前，西欧主要是星罗棋布、自给自足的封建庄园，封建领主分裂割据的局面长期存在。另外，西欧不少国家封建专制王权的建立，也不像中国是在封建社会初期，而是在封建社会晚期。专制王权出现之后，为了强化统治地位，对付四方割据的领主，在财政上需要商人的支持。后来欧洲各国互相争夺霸权，也需要本国商人作为经济上的后盾。所以，王权采取了扶持商人和有利于工商业发展的各项政策。这样，西欧国家的专制王权在建立之后的相当长一段时间里，大都并非作为商人和工场主的对立物，而是以保护和发展工商业的姿态出现的。商人和工场主则需要利用国家政权的保护政策发展自己的利益，因而也对其表示拥护与支持，并在财政上经常予以援助，从而确立了一种官商互相利用和合作的密切关系。这里，不能详细论述所有西欧国家经济政策和官商关系的具体情况，只能选取某些典型略作介绍。

英国的情况即颇具典型意义。15 世纪末叶，英国的都铎王朝就开始推行重商主义经济政策，采取各种措施保护商业和工场手工业的发展，维护商人和工场主的利益。都铎王朝首先是大力鼓励发展航运业，以扩大贸易。例如，它规定如有商人建造 100 吨以上的大商船，政府每吨发放补助金 5 先令，有的还可享受首次出海免税等优惠待遇。

其次是支持本国商人与外商竞争。当时，德国实力强大的汉萨同盟商人在英国进出口贸易中享有特殊的优势地位。因爱德华四世（1461—1483）在夺取王位过程中曾获汉萨同盟的财力资助，所以给予汉萨商人关税优惠以及不受司法裁判等诸多特权。英国本国商人力量壮大之后，对此颇为不满，与汉萨商人发生激烈冲突。都铎王朝的开创者亨利七世（1485—1509）在位期间，应本国商人之要求逐渐削减汉萨商人的特权。虽然汉萨商人的力量根深蒂固，难以在短时间内消除，英国在后来的对外战争中，也仍继续需要汉萨同盟的财力支援，但是一旦时机成熟，英国政府还是毅然扫除了这一妨碍本国商业发展的障碍。

1552 年，英国宣布取缔汉萨商人在英所享受的全部特权，扶植本国商人掌握贸易大权。政府的这一举动，进一步密切了官商关系，使英国商人得以独享贸易权益，获得可观的利润。同时，商人在财政上也对政府给予支持。1551 年—1553 年，英国发生财政危机，英镑贬值，加上对外战争耗费大量资金，其政府因此欠下安特卫普银行家巨额债款，商人即纷纷解囊相助，特别是经营呢绒出口贸易的"冒险商人开拓公司"，向政府提供了大量贷款，帮助政府渡过了危机。[①] 可见，英国专制王权统治下的官商之间保持着非常

---

① 参见陈曦文：《英国都铎王朝前期的对外贸易政策》，《世界历史》，1990年，第 4 期。

密切的关系。

英国政府还利用国家政治和外交手段，不失时机地与欧洲一些大陆国家缔结有利的商约，为本国商人扩大对外贸易创造条件。如亨利七世在1489年与西班牙签订英西商约，规定两国商人在对方国家均享受与该国公民同等的待遇，并降低关税。不少英国商人利用这一条约扩充贸易，成为腰缠万贯的富商，西班牙人则抱怨自己的黄金落入了英商的钱袋。1490年，英国又与丹麦签订商约，英国商人不仅获得在丹麦享受优惠待遇的特权，而且取消了禁止向冰岛航行的规定，使其得以在波罗的海重建据点，发展在北海和波罗的海的商业势力。①

英国政府的重商政策，促进了商业贸易的发展，产生了双重效应。一方面，使商人得利，由此赢得商人的支持，密切了商人同政府的关系。托马斯·威尔逊在其所写的《1600年的英格兰国家》一书中说，当时伦敦有许多富商的财产价值达10万镑，那些不足5万镑的商人尚不能算富，这表明当时伦敦商人已相当富有。另一方面，也充实了国库，增强了国力。仅关税收入一项就相当可观，亨利八世统治的初年，英国的关税收入为42 643镑，伊利莎白时的1562、1582、1590年和1595年，分别为58 813镑、75 313镑、108 158镑和120 593镑②，到1660年更增至400 000镑。③再加上商人的随时支持，使王权更加强大。所以，在整个16世纪，都铎王朝一直不遗余力地推行这种重商政策，与商人的关系愈来愈紧密。

法国的重商主义政策也有其历史渊源。16世纪初，法国王权统治者为对付残余的割据领主，扩充经济实力，即开始推行重商政策，向亚麻、皮革、丝绸、玻璃、肥皂等行业的工场主和商人授予经营特权和发放补助金。黎世留时代，政府广泛实施扶植资本主义发展的计划，许多行业的手工工场获得政府提供的特权和资助，众多对外贸易公司也在政府帮助下开始筹建。④ 17世纪路易十四时

---

① ［英］J·A·威廉森：《海上事业（1485—1558）》，牛津，1913年，第20页。

② ［英］迪茨：《伊利莎白统治期间的财务署》，1923年英文版，第81～87页。

③ ［美］吉列斯派：《1700年以前英国海外扩张的影响》，纽约，1974年，第159页。

④ 《柯尔柏和法国的重商主义时代》，卷1，哥伦比亚大学，1939年，第157～192页。

代，法国的重商主义政策发展到顶峰，长期担任财政总监的柯尔柏（1619—1683），是重商政策不遗余力的推行者。

在柯尔柏的主持下，政府实行了一系列扶植工商业的措施。

其一，废除部分封建关卡。在此之前，法国境内割据势力设有重重关卡，从巴黎运货至海峡地区，需在 16 个关卡缴纳通行税，从奥尔良到南达，需通过 28 个关卡。① 林立的关卡，极大地限制了商业贸易的发展。1661 年，法国政府首先宣布废除所有无法律依据的关卡，随后多次减少其余关卡以及征税率。②

其二，实施保护关税。为防止外国商品大量输入，保护本国工场手工业的发展，法国政府于 1664 年和 1667 年两次提高商品进口税，为法国对外贸易的扩展提供了便利条件。新关税实施后的两年，法国每年即获得上百万英镑的对英贸易顺差。③

其三，扶植商人建立垄断贸易公司，大力发展对外贸易。法国许多著名的贸易公司，都是由政府支持创办起来的，如西印度公司、北方公司、列万特公司等等。王国向这些公司提供了广泛的优惠权和大批资金，如西印度公司获得为期 40 年与西印度、美洲、西非的贸易垄断权，从法国运往西印度的货物，政府每吨给予 30 列佛的补贴，通过国境线减税或免税，此外政府还向公司提供无息贷款。这些措施不仅使商人大获其利，政府也获益匪浅。到 18 世纪，法国对外贸易收入已成为"王国最大的财源之一"。

其四，法国政府也利用外交方式，保护本国商人的利益。17 世纪法国通过谈判，与丹麦、瑞典、土耳其、英国等国签订了商约，使法国商人在海外经商时得以享受优惠待遇，如降低法国商品进入这些国家的关税、法国商人享受治外法权等等。

在上述重商政策推动厂，法国资本主义经济获得迅速发展。17 世纪后半期，法国出现了空前的投资热潮，资产阶级的力量在政府保护政策之下也不断壮大。

---

① ［美］威尔·杜兰：《路易十四与法国》，台湾幼狮文化事业公司，1980 年，第31 页。

② 《柯尔柏和法国的重商主义时代》，卷 1，哥伦比亚大学，1939 年，第 363～365 页。

③ 《柯尔柏和法国的重商主义时代》，卷 1，哥伦比亚大学，1939 年，第 432 页。

当然，西欧许多国家封建社会末期的王权统治者，也有压迫、盘剥商人的现象，官商之间同样存在着矛盾。王权重点扶植的对象，主要是那些大商人和大工场主，许多中小商人和普通工场主，则常常遭受压抑。但整个说来，其占主导地位的是重商政策。

另外，在西欧，英、法等国封建社会末期，官商之间维持了较长时期的密切合作关系之后，所存在的矛盾也逐渐趋于激化，发展到十分尖锐的地步。在英国，取代都铎王朝的斯图亚特王朝，加重税收，对内横征暴敛，规定日用消费品专卖；对外与当时英国商人在海外贸易竞争中的劲敌西班牙妥协联姻，严重阻碍了本国工商业的发展，激起商人乃至资产阶级化的新贵族的强烈不满。法国的王权统治者在18世纪资产阶级革命爆发之前，工商业政策也发生了变化。由于频繁的对外战争耗资甚巨，波旁王朝不仅开始向工商户课以重税，取消关税保护措施，而且还扶植落后的行会制度，大大损害了工商业者的切身经济利益。不过，此时的工商业者在以前长期的重商政策扶植下，经济实力已相当强大。他们奋起反抗王权封建统治，以革命的方式推翻封建政权，建立了资产阶级新政权。新政权建立后，大力推行发展工商业的政策措施，官商之间确立了更为密切的关系，资本主义的发展也更加迅速。

日本在1868年"明治维新"之后，官商之间开始建立密切联系，共同致力于发展本国的资本主义，并取得明显成效。起初，明治政府主要致力于发展官营军民用工业，没有充分意识到鼓励发展私人资本的重要意义。岩仓使团考察欧美各国以后，政府一些高级官员了解到官办不如民办，应大力扶植民营工业。不久，明治政府即以"厚殖民产，振励民业"作为殖产兴业的根本方针，将重点由保护官办工业转向鼓励发展民营工业和商业贸易。

明治政府扶植私人资本，发展民营工业和商业贸易的具体措施，主要包括以下几方面的内容。

第一，主动向民间工商业者发放贷款。对私人资本的资助，明治政府创立之初即开始进行，但数量较少，后来逐渐增大，不仅在国库基金中设立"个人贷"项目，而且增加"劝业资本贷款"。另外，各府县也曾陆续发放"劝业贷款"。私人企业获得这些资助，实力大大增强。

第二，将官营企业廉价出售甚至无偿转让给私人资本家。当时，官办企业除少数赢利外，多数收益甚少甚或亏损，加上 19 世纪 70 年代末，日本出现通货膨胀，于是有人提议将官办企业处理转让给私人。1880 年明治政府颁布《工厂处理概则》，规定数人合资或 1 人能付出所需的资金者，均可得到处理的官办企业。后又放宽条件，灵活处理，以极低的价格出售和转让。部分官办企业的处理情况详见下表：①

企业名称	官办时投资额（日元）	处理价格（日元）	处理结果
长崎造船厂	624 050	459 000	一次支付 91 017 日元，即归三菱所有
兵库造船厂	590 899	188 000	一次支付 59 000 日元，即归川崎正藏所有
阿仁铜矿	1 207 032	250 000	即付 10 万日元，余额自第 6 年起 24 年分期支付。库存 37 766 日元，10 年分期支付。归古河市兵卫所有
纹鳖制糖厂	258 492	994	一次支付，归伊达邦成所有
釜石铁矿	2 518 639	12 600	一次支付，归田中长兵卫所有
院内银矿	435 191	75 000	即付 2 500 日元，余额自第 6 年起 29 年分期支付。库存 33 977 日元，10 年分期支付。归古河市兵卫所有
深川水泥厂 深川砖瓦厂	79 636	水泥厂 61 741 砖瓦厂 12 121	25 年分期付款，归浅画惣（总）一郎所有。 25 年分期付款，归西村胜三所有
品川玻璃厂	332 924	79 950	自第 6 年起 55 年分期付款，归西村胜三、矶部荣一所有

从上表可知，私人资本家通过政府的廉价处理，得到很大优惠。长崎造船厂的价格仅为官办投资额的七分之一，兵库造船厂更只有十分之一。

第三，鼓励扶植商人发展对外贸易。除大力扶植生丝出口，逐

---

① 万峰：《日本资本主义发展史》，湖南人民出版社，1984 年，第 164 页。

步夺取中国生丝的国际市场外，明治政府还支持商人发展海运业，与外商争夺海运权。同时，经过多年努力，明治政府逐渐废除不平等条约，取消外商的优惠待遇，使本国商人摆脱了不利的地位。

在政府大力扶植民间工商业者使官商关系日趋密切的情况下，日本资产阶级迅速崛起，资本主义的发展进入了前所未有的新阶段。从1884年至1892年，民营企业的数量增加了一倍多，投资额增加到三四倍，详见下表：①

年份	企业兴建总数	工业		水陆交通运输业		金融业		商业	
	个	个	%	个	%	个	%	个	%
1884	2 395	379	(15.8)	204	(8.5)	1 097	(45.8)	654	(27.3)
1885	2 382	496	(20.8)	80	(3.4)	1 103	(46.3)	625	(26.2)
1886	2 761	1 097	(39.7)	158	(5.7)	1 106	(40.0)	315	(11.4)
1887	3 138	1 361	(43.4)	159	(5.0)	1 100	(35.0)	374	(11.9)
1888	3 654	1 694	(46.4)	150	(4.1)	1 061	(29.0)	545	(14.9)
1889	5 116	2 259	(44.2)	299	(5.8)	1 049	(20.5)	1 079	(21.0)
1890	5 351	2 284	(42.7)	346	(6.5)	1 055	(19.7)	1 201	(22.4)
1891	5 372	2 480	(46.2)	332	(6.0)	1 066	(19.8)	1 095	(20.4)
1892	5 592	2 746	(49.1)	319	(5.7)	1 085	(19.4)	1 081	(19.3)

日本的情况，突出表明官商关系机制如何运作，对于经济现代化的发展有着至关重要的影响。现在，我们再来看近代中国官商关系发展变化的情况及其影响。

二 洋务运动时期的官商关系

19世纪70至90年代，即洋务运动的中后期，近代中国的官与商之间第一次发生直接联系并相互合作。两者联系与合作的具体形式，是以"官督商办"和"官商合办"的方式，共同创办具有资本主义性质的近代民用企业。当时，官商合办的企业为数不多，兴起也较晚，更普遍的是官督商办。据我们所知，这种方式可以说是近代中国官商合作的特点之一，在西方资本主义国家很少见，在日本也只存在很短一段时间。

19世纪60年代，清朝统治集团中的一部分人，即后来人们所

---

① 万峰：《日本资本主义发展史》，湖南人民出版社，1984年，第214页。

称的洋务派，鉴于内忧外患日趋严重，其统治地位受到严重威胁，于是打出"自强"的旗帜，开始创办近代军用工业。十年之间，洋务派相继创办了江南制造局、福州船政局、金陵机器局、天津机器局等近十个大型近代军用企业，但紧接着即碰到一系列难以解决的困难。首先是资金不足。这些官办军用企业均属重工业，耗资甚巨，而当时的清政府由于对内兴兵镇压太平天国，对外偿付战争赔款，财政左支右绌，难以维持庞大军用企业所需经费。洋务派中有人意识到："开财源之道，当效西法，开煤矿、创铁路、兴商政。"① 也就是说，必须兴办近代民用企业。

其次，没有相应的燃料工业、矿冶工业和交通运输业相配合，军用企业也无法发展。洋务派代表人物李鸿章即认识到："船炮机器之用，非铁不成，非煤不济"②。于是，洋务派转而开始筹划创办近代民用企业，以图解决上述难题。

然而，在筹办近代民用企业的过程中，洋务派又遇到了更多的难题。清政府原本就财政竭蹶，怎能筹集款项创办新企业？此外，经营近代民用企业需要专门人才，而清政府官僚大都对管理近代民用工业一窍不通，根本无从下手。在此情况下，洋务派只得寻求与商人合作，一方面利用商人手中的资金解决经费困难，另一方面在商人中罗致经营管理人才，官督商办由此产生。

当时，不少商人手中已积累了一定的资金，他们通过从事商业贸易活动，较早接触西方资本主义生产方式，对投资新式企业获取利润的奥妙也有所了解。在洋务派创办的民用企业和私人工业企业诞生之前，许多商人已曾将自己的资金附股于外商在华企业，以获取股息。从19世纪50年代开始，即有华商附股外国洋行经营新式航运业。进入60年代以后，华商的附股日趋增多，包括保险、银行、码头、地产、铁路和工业等各部门的外资在华企业中，均有华商附股。在有些外资企业的资本中，华商的附股甚至占到了相当大的比重。可见，当时的商人已具备了投资近代企业的能力，因而洋务派寻求商人的支持，以向商人招股的办法解决资金不足的困难，是可以行得通的。

---

① 《洋务运动》，第2册，上海人民出版社，1961年，第569页。
② 《李文忠公全书》，奏稿，卷19，第49页。

商人起初虽对官督商办洋务企业存有一定疑虑，但在当时的情况下多数还是愿意投资入股的。私人近代企业在当时刚刚开始出现，为数不多。更重要的是，由于半殖民地半封建社会的恶劣社会环境，私人创办企业不仅要受到外国资本主义的排斥和倾轧，而且还要遭到封建守旧势力的阻挠；各级地方官吏豪绅的盘剥和捐税的苛扰，也使其难以负担和抵御。19世纪60年代，就曾数次有人拟发起集股创办新式航运业，结果均因封建势力的阻挠而未果。① 而由清政府洋务派大官僚出面创办近代企业，则可减少若干阻力，甚至取得某些优惠待遇。所以，商人希望通过这种"官督"方式，获得官方的庇荫，以便争取单纯依靠本身力量所难以获取的利益。

近代中国官与商的首次合作，就是基于上述原因而出现的。亲身参与官督商办洋务事业的郑观应，当时即曾对此作过论述。他指出："全恃官力，则巨资难筹；兼集商资，则众擎易举。然全归商办，则土棍或至阻挠，兼倚官威，则吏役又多需索。必官督商办，各有责成，商招股以兴工，不得存心隐漏，官稽查以征税，亦不得分外殊求。则上下相维，二弊俱去。"② 除上述官与商各自为解决自己所遇到的困难，抱着不同的目的而采取共同方式携手合作外，官商双方在当时的合作也有一定的相同动因，这就是抵御洋产，分洋商之利，求富以自强。

洋务派的一些代表人物已初步意识到利权旁落于外人的危险，主张"官合民办以收回利权"。李鸿章即指出，应自办近代企业"以敌洋产"，"稍分商之利"③。他还比较全面地论述了中国"必先富而后能强"的思想，认为"中国积弱，由于患贫。西洋方千里数百里之国，岁入财富动以数万万计，无非取资于煤、铁、五金之矿，铁路、电报、信局、丁口等税。酌度时势，若不早图变计，择其至要者逐渐仿行，以贫交富，以弱敌强，未有不终受敝者"④。民间商人也希望得到官方扶植，增强与洋商竞争的能力，以塞漏

---

① 参见张国辉：《洋务运动与中国近代企业》，中国社会科学出版社，1979年，第133～134页。

② 郑观应：《盛世危言》，卷5，开矿。

③ 《李文忠公全书》，奏稿，卷43，第43页。

④ 《试办上海织布局折》，《李文忠公全书》，奏稿，卷43。

后。例如李鸿章强调兴办轮船航运业，"庶使我内江外海之利，不致为洋人尽占。"[1] 反映商人意愿的郑观应同样认为，应使"长江商船之利，悉归中国独擅利权"[2]。对于洋布大量倾销，官商也深感忧虑。《上海机器织布局招商集股章程》阐明办厂原因时即指出："各国所出之布行销于中国者，每岁不下三千万两，财源日以外溢，有心世道者患之。"[3] 当然，这一相同的动因在促使官商合作的因素中并不占主导地位，只能说是次要因素。

近代中国官商首次合作创办近代企业的官督商办，与西方国家的重商主义政策和日本扶植民营工业的措施均有所不同。其具体办法是先由官方提供部分官款作为垫支资本，同时指定官僚或与官方有一定联系的商人出面承办，向民间商人招募资本，然后由企业以经营所得，陆续归还垫支的官款。稍后，有些商人、地主和中小官僚出资自办的中小企业，为了取得官方保护，在组织形式上也争取挂上官督商办名义。19 世纪 80 年代末 90 年代初，又出现了官商合办形式，其具体办法是由代表清政府利益的官僚与商人相互协议，订立合同，各认股份，按股份比例分配盈利或负担亏损。由于这种形式出现较晚，在洋务运动时期未曾广泛实行，所以官督商办实际上是比较普遍的一种形式。我们以下所论，也主要是针对官督商办而言的。

为了争取商人投资认股，洋务派官僚一再声明企业应"赖商为承办，赖官为维持"[4]。具体说就是"由官总其大纲，察其利病，而听该商等自立条议，悦服众商"[5]。还有的为改变"商人不乐与官交涉"的习惯，强调物色"熟悉商情、公廉明干之员，不必处以官位，绳以官法，但令与华商交接，有言必信，有利必让，使商人晓然知官场之不骗我也"[6]。

---

① 《李文忠公全书》，奏稿，卷 20，第 33 页。

② 郑观应：《易言》（上卷），第 12 页。

③ 引自胡滨：《论上海机器织布局》，《山东师大学报》，1986 年，第 6 期，第 3 页。

④ 《李文忠公全书》，奏稿，卷 30，第 31 页。

⑤ 《李文忠公全书》，译署函稿，卷 1，第 39 页。

⑥ 《总署收曾国藩函》，同治十一年（1872 年）正月二十八日，《海防档》福州船厂，第 325～326 页。

一些官督商办企业的招股章程也比较强调保护商股的利益。如《开平矿务局招商章程》阐明矿务局虽是"官督"，但煤、铁由商人按市场价格销售，一切照买卖常规进行，账目允许股东随时查核。该章程还保证大股东对矿山的管理权，认股 1 万两的大股东派代表 1 人到局司事，各厂的办事人员均须从商股中选定。[①]

　　然而，精打细算的商人大都是现实主义者，他们当中的许多人在亲眼看到官督商办企业获利之前，对于认股仍不无疑虑。轮船招商局是当时规模最大的官督商办企业，在筹建过程中招股就不太顺利。因商人的反应比较冷淡，招商局半年时间内实收股金还不到 20 万两，与预期的数字相差甚远。开平矿务局创办时拟招股 80 万两，但从 1877 年 9 月到 1878 年 10 月，在一年多时间中所招集到的股金也只有 20 余万两。

　　不过，商人的态度很快即发生了变化。由于洋务派官僚在兴办民用企业之初，确实是在很大程度上按照官督商办的原则，注意保护商股的利益，从而使商人的疑虑逐渐消除，其投资认股的积极性也随之高涨。如招商局起初经营不善，李鸿章接受他人建议，对招商局实行改组，邀请熟谙新式航运业的商人唐廷枢、徐润担任总办和会办，全盘负责所有集股和运输业务，另两名会办朱其昂、盛宣怀负责漕运和处理一切"官务"。同时，清政府向招商局提供了许多优惠待遇，加以扶持。改组后的招商局决定集资 100 万两，先 50 万两，分作 1 000 股，每股 500 两。消息公布后，认股情形"大异初创之时，上海银主多欲附入股份者"[②]，当年就招得 476 000 两。开平煤矿创办之后，产量不断提高，也赢得了商人的信任。该局增开林西煤矿时，计划招商股 30 万两，结果很快就在上海集得 50 万两。[③] 1881 年创办的天津电报总局，次年改为官督商办，并在上海集股创设分局，所售股票"不胫而走"，商人争相认购。在公开招股的一个月内，股票市价就出现了 15％的升水，"已挂号而

　　① 转引自严中平主编：《中国近代经济史》（下册），人民出版社，1989 年，第 1404 页。

　　② 《申报》，1873 年 7 月 29 日。

　　③ 《捷报》，1889 年 9 月 21 日。

不得票者"尚为数不少。①

不仅少数企业如此，当时的商界几乎可以说形成了一个投资认股的小小热潮。上海报刊纷纷报道："沪上股份风气大开，每一新公司起，千百人争购之，以得股为幸。"② 1882 年全年中，许多官督商办企业的股票，在上海股市的价格始终维持在票面额之上。据有人估计，洋务运动中期所招商股共达一千万元之上。

以往的有关著作论及官督商办企业中的官商关系时，大多认为商人的踊跃认股完全是上当受骗，官督商办根本名不副实，在这些企业中清政府指派的官方督办、会办一手把持经营用人大权，对企业不仅不加扶植，而且大肆勒索；商人则徒遭盘剥，损失惨重，未获得任何利益。也就是说，官商之间实际上没有建立合作关系，自始至终处于尖锐的矛盾对立状态。这种看法与当时的史实未必完全相符；至少在洋务运动中期，即 19 世纪 80 年代中叶以前，官督商办的有关章程基本上还是得到了实施。这一时期官商之间虽有矛盾斗争，但并未发展到尖锐激化的程度。

官督商办的前期和中期，就一般情况来说，不少企业并非由官僚一手把持，商人也不是无任何权利。上面曾经提到的轮船招商局，在 1873 年至 1885 年期间即基本上是由商人经营管理，任总办的唐廷枢和任会办的徐润，都是公认的粤商领袖。另两名会办中，朱其昂虽兼任浙江海运委员，但也是多年经营沙船业的商人，仅盛宣怀是其中唯一的官僚，而且在当时没有多大实权。他曾因不满于自己"挂名"会办的地位，多次向李鸿章进言诋毁唐廷枢和徐润，企图独揽招商局大权。李鸿章看到唐、徐经营有方，是招商局不可缺少的人才，当时对盛宣怀的谗言未予理睬。这一时期，在管理、用人、财务等各方而，都主要是由唐廷枢、徐润主持，因而有的学者认为这时的招商局名义上是官督商办，实际上是商办。③ 唐、徐二人还曾主持经办安徽贵池煤矿。电报局上海分局，也是由商人郑观应、经元善分别任总办和会办，开平矿务局后也一直由唐廷枢主

①　《申报》，1882 年 5 月 9 日。

②　《申报》，1882 年 8 月 12 日。

③　参见夏东元、杨晓敏：《论清季轮船招商局的性质》，《历史研究》，1980年，第 4 期。

持局务。他们虽系官府指派，但仍站在商股的立场上，维护商人的利益，应该是商股的代表。

洋务派官僚对官督商办企业，也确实给予了一定的扶植。李鸿章曾指出：创办民用企业是为"收回中国利权起见，事体重大，有裨国计民生，故须官为扶持并酌借官帑，以助商力之不足"①。一些大的官督商办企业，开办资本即多依靠垫借官款。如轮船招商局向户部借到制钱20万串，后继续得到官方贷款资助，至1880年已达190余万两。② 开平矿务局创办时，通过李鸿章得到招商局的很大挹注，1880年又向天津机器局和海防支应局贷借官款5万两，到1885年所借官款共计24万两。③ 漠河金矿开办资本预定20万两，由李鸿章周转得10万两，黑龙江官款接济了3万两。④ 上海机器织布局以及其他一些官督商办企业，开办后也经常获得官款资助。企业对这些官款一般是分年还本，往往缓缴利息，有的甚至免除息银。

免税减税是洋务官僚扶持官督商办企业的另一措施。免税减税本是官办企业享受的优待，但洋务官僚认识到，要"征外人之利而护本国之商"，对官督商办企业也应予以免税减税。经他们斡旋，一些官督商办企业也获得了这一优待。如开平煤税从每吨六钱七分二厘减至一钱，⑤ 招商局初创时，官府准允其轮船"所有报关装货一切事宜，悉照洋商章程办理"，⑥ 即凡由招商局轮船运输的货物，只需完纳5％的关税，其余落地、筹防等捐项一概免除；电报局在各地采购架线所需电杆木料免交厘金，向国外购进电器、电线免缴进口税。⑦ 除此之外，有些官督商办企业还取得了营业特权。招商局自创办之后即享有承运漕粮的特权，而且运费较高，成为招商局长期固定收入。开平矿务局创办之后，李鸿章批准"距唐山10里内不准他人开采"；为改善其运输条件，清政府同意将唐山至胥各

---

① 《李文忠公全书》，奏稿，卷36，第35页。
② 《李文忠公全书》，奏稿，卷30，第32页。
③ 日本东亚同文会编：《支那经济全书》，第10辑，第630～631页。
④ 《李文忠公全书》，奏稿，卷61，第46页。
⑤ 《李文忠公全书》，奏稿，卷40，第44页。
⑥ 《海防档》，购买船炮（三），第921页。
⑦ 《洋务运动》，第6册，第342页。

庄的铁路延长 65 里，后又以海军衙门名义展修至大沽。

上述各方面扶植措施，对于官督商办企业克服经营困难，在不利的环境下得到发展，是起了一定的作用的；同时，对于支持一些企业与外国资本竞争，也产生了某种积极影响。当然，官督商办企业大量垫借官款，接受官方提供的优惠待遇，也增强了对官方的依赖，为后来官僚控制企业创造了条件。

商人投资官督商办企业，也并非完全没有获利。一些发展比较顺利的企业，均按招股章程规定，向商股发付股息。如招商局创办之后的十余年中，每年都发放股息。1875 年在应发股息一分之外，增发余利五厘，其后各年的股息都维持在股金 10％的水平上。① 开平矿务局也是如此。天津电报局根据章程规定，商股在享受 10％的官利之外，还可分得优厚的股息。19 世纪 80 年代初电报局第一次增资时，旧股每百两连同未付官股利息，准换新股票 200 元，核算股息约在 30％以上，② 其后的十年中，每年股息也维持在 7％的水平。漠河金矿在开工投产两年后，开始正式发放股息。第一次发放股息时，对最初入股的股东给予特别优待，每股分利银 70 两，以后不再区分，均按章程规定发付股息。1892 年和 1894 年，还曾两次在股息之外另发余利，分别相当于股金的 20％和 17.6％。③

但是应该注意，以上事实并不足以说明官督商办时期官商之间通过这一方式进行了成功的合作，真正建立起了新的官商关系机制。19 世纪 80 年代中叶以后，洋务官僚加紧了对官督商办企业的控制，排斥和压抑商股，侵夺商权，官凌驾于商之上，使企业"商办"性质日见削弱，官商矛盾趋化，以致最后决裂。

官督商办实施之初，洋务官僚确定官商关系的原则为，官总其大纲，商自立条议，企业"所有盈余，全归商认，与官无涉"④。过了一段时间，即改变"盈余与官无涉"的原则，对官商关系作了新的规定："官商一体，商得若干之刊，官亦取若干之息。"⑤ 原因

---

① 严中平主编：《中国近代经济史》（下册），人民出版社，1989 年，第1518～1519 页。

② 《申报》，1883 年 1 月 7 日。

③ 《矿务档》，第 7 册，第 4561 页。

④ 《李文忠公全书》，奏稿，卷 20，第 33 页。

⑤ 《洋务运动》，第 6 册，第 15 页。

当然是官督商办企业在当时发展比较顺利，官也要分其利。80年代以后，洋务官僚为控制官督商办企业，进一步规定即使全部偿还垫借官款，企业的经营和用人仍须听从官方旨意，"并非一缴公帑，官即不复过问，听其漫无钤制"①。由此可以看出，洋务官僚对官督商办的态度逐渐发生了变化。

洋务运动后期官商关系的恶化，首先是因为洋务官僚改变了早期所说"商务应由商任之，不能由官任之"的承诺，②在官督商办企业中竭力排挤商股，侵夺商权。如盛宣怀早就蓄谋夺取招商局大权，挤垮唐廷枢和徐润。1884年招商局营业亏蚀，盛宣怀受命查核，乘机大肆攻击唐、徐，说招商局在唐、徐主持下"弊窦滋生，几难收拾"，不久徐润即被革职。接着，盛宣怀又多方活动，将唐廷枢从招商局调至开平矿务局。他自己当上了督办之后，规定"用人、理财悉听督办调度"，会办也由他"保荐"③，使招商局的经营管理大权完全落入官僚之手。唐、徐被排斥和盛宣怀的独断专行，使许多商人股东提款退出招商局，商股力量大幅度下降，官方的力量则大大加强。又如上海机器织布局，官方代表戴恒、龚寿图与商方代表经元善、郑观应之间，多次为企业经营管理权发生冲突，结果经元善被迫离局。漠河金矿于1890年由官僚袁大化充任总办后，重要职务大都改由其亲信担任，袁氏家族成员身任要职者即达16人之多。④

官商关系恶化的第二个原因，是清政府和洋务派官僚大肆盘剥商股，使商人遭受严重损失。如1887年龚寿图整顿上海机器织布局，强令老股东必须在3个月内每股（100两）加银30两，逾期不交，则3股并为1股。当时被迫如期加银的约有1600股，另有1300股因未加银而蒙受重大损失。1893年织布局被焚，盛宣怀奉命主持清理旧欠和规复新厂，以所剩地产、烬余物料等折价摊还旧股东。股东不仅多年未得股息，而且股本仅收回二成。⑤新厂建成

---

① 《洋务运动》，第6册，第61页。

② 《李文忠公全书》，奏稿，卷36，第35页。

③ 《交通史航政篇》，第1册，1931年，第156页。

④ 《矿务档》，第7册，第4608页。

⑤ 《申报》，1893年12月21日。

后，盛宣怀还将 26 万余两官款损失转嫁给新股东，命"每出纱一包，捐银一两"①。

除了经办官僚的操控外，清政府则经常强令企业报效，随意提取企业资金。招商局承担的军运，均不敷成本。赈捐、筹防捐动辄一二万两，慈禧太后做寿更强令报效 5 万余两。电报局在还清垫借官款之后，仍常年免费收发官电作为报效，以致赔累不堪，后经多方请求，才改为半价收费。漠河金矿从 1889 年开办到 1895 年，报效军饷累计达 85 万余两，有时甚至不得不动用企业的公积金。②

许多洋务官僚也利用职权擅自动用企业资金，如果说李鸿章经常提取某企业的资金尚大多是为了挹注其他企业，更多的官僚则是为谋取私利。如龚寿图利用冒领的 8 300 余两织布局公款，收买各处股票以投机渔利，后因银根吃紧股票价格下跌，他又以借押款的名目，将损失推归于企业，严重损害了商股的利益。经元善曾愤怒地说："移借局款，贩卖股票，龚道实躬自蹈之。"③ 袁大化主管漠河金矿，两年内仅以"花红"名义，就分取了盈利 72 000 两。

清政府和洋务官僚的盘剥侵吞，对商股是一种公开勒索，必然激起广大商人的强烈不满，两者关系的恶化势所必然。郑观应曾愤怒地指出："轮船电报开平矿，创自商人尽商股。……为有成效倏变更，官夺尚权难自主。……名为保商实剥商，官督商办势如虎，华商因此不及人，为丛驱爵成怨府。"④ 不能否认，官督商办前期官商之间的确进行过合作，商人也从中获得了一些经济利益，但最终的结果却令商人大失所望，许多官督商办企业或沦为官僚私产，或被外国资本兼并，或被收归官办。如一度办得很有起色的开平煤矿被英国吞并，电报局改归官办，招商局和织布局变相成为盛宣怀的私产，"致商民百万资本尽付东流"⑤。

这一时期，商人的力量仍较幼弱。他们虽然积累了一部分资金，但近代思想意识仍不成熟，阶级意识也尚未萌发，没有建立联

---

① 《新辑时务汇通》，卷 83，第 10 页。

② 《矿务档》，第 7 册，第 4610 页。

③ 《盛宣怀档案资料》，转引自《浙江学刊》，1982 年，第 3 期，第 38 页。

④ 郑观应：《商务叹》，《罗浮待鹤山人诗草》，卷 2，宣统元年（1909 年），上海著易堂印。

⑤ 《戊戌变法》，第 2 册，第 102 页。

结各业商人共同斗争的新式组织。商人之间缺乏统一行动的领导机构，处于分散孤立的状态。也就是说，当时的商人未能形成为一支独立的阶级队伍，政治能量和影响非常有限，以致对官的公开勒索和剥夺不能在行动上作出有力的反抗，至多只是在口头上表示愤怒和不满。当时的中国也无商律、商法从法律上保护商股的利益，官僚可上下其手，随意劫掠。正如郑观应所说的那样，"中国尚无商律，亦无商法，专利之下，各股东无如之何"①。到了清末，商人的反应即与此有所不同。

三　清末官商关系的发展变化

清末十年间官商关系的发展演变及其影响，是一个有待进一步探讨的课题。在前此近 30 余年的洋务运动中，不少商人曾经踌躇满志地竞相附股于官督商办洋务企业，希望借"官督"庇护发展资本主义，但最终不仅其良谟宏愿付诸东流，而且饱尝艰辛。从此，商人即视所谓"官督商办"为畏途。那么，在此之后官商间的关系，又是如何发展变化的呢？以往的有关著作论述较多的是官对商的盘剥压榨以及商对官的愤怒不满，似乎经过洋务运动之后官商之间即势成水火，处于完全对立的不相容状态。然而揆诸史实，可以发现在洋务运动后的 20 世纪初年，官与商虽然存在着严重的矛盾，但两者之间的联系却较之洋务运动时期更加密切，出现了有清一代前所未见的新型官商关系。不过，这一阶段官商之间主要不再是通过官督商办的方式发生联系，而是采取了多种新的途径和方法，所产生的影响也是多层次、多方面的。

历经数十年洋务运动的坎坷沧桑，商人们对官督商办确实栗栗危惧，有的甚至是深恶痛绝，但这并不意味着他们即因此而放弃了得到清政府保护的希求。事实上，对国家政权即所谓"官"的依赖性，究其根源也并非完全出自商人们的主观愿望，它是整个中国资产阶级所处的社会地位、经济实力以及自身心理特质等一系列特点所决定的。

在英、法等西欧国家，资产阶级不仅在政治上赢得了比较可观的

---

①　郑观应：《盛世危言后编》，卷 12，第 4 页。

自治权，而且在经济上已拥有相当雄厚的实力，成为封建王权解决财政经济困难的主要依靠力量。中国的商人则长期处于四民之末的卑微地位，毫无政治权力可言，经济实力也比较稚弱，大部分是中小商人，很少类似英、法那样的豪商巨贾。更重要的是终 19 世纪，中国工商业者亦未得到法律的正式承认和保护，始终受到封建势力的严密控制和任意摧残。社会地位的低贱和经济实力的软弱，迫使他们不得不依赖于官方的保护以求取生存发展。因此，在自身处境未得到改变和对清王朝的期望没有彻底破灭之前，资产阶级不可能放弃对官方的依赖和幻想。恰如其改良派代言人梁启超所说的那样："惟希望有善良之政府，实行保护产业之政策，庶几有所怙恃而获即安！"① 明乎此，也就不难理解为什么直至 20 世纪初，仍有一些商办企业主动地公开表示："本公司虽系商办，全赖官家维持保护。"②

在清末官商关系发生变化的过程中，商作为两者关系的因素之一，其态度和行动虽会产生相当的影响，但比较起来，更重要的却是清朝统治者对工商实业作用的认识发生了重大变化，并开始实行振兴商务、奖励实业等一系列的经济变革措施，与资产阶级在某些方面有了一定程度的利益交汇，从而为两者关系的密切提供了条件和基础。

中日甲午战争之后，清政府的经济政策即开始逐渐有所调整。面对战后外商纷纷在华设厂、洋行林立、洋货大肆侵入的局面，清廷拟订的政策是，"以筹饷练兵为急务，以恤商惠工为本源"③。清廷颁发的谕旨曾表示，对民用企业应"招商承办，方不致有名无实"，并指出此后招商承办，"一切仿照西例，商总其事，官为保护"④。1895 年，清朝决定在沿海各省会各设商务局一所，派提调一员驻局办事，会同各业商董就商况利病情形妥筹整顿办法。⑤

这些迹象表明，甲午战后清政府已经有了改变以往官商关系的意图。但是，当时清政府的主要注意力还不在振兴商务，而是"筹

---

① 梁启超：《为国会期限问题敬告国人》，《饮冰室文集》，第 23 卷，第 23 页。
② 汪敬虞编：《中国近代工业史资料》（下册），第 2 辑，科学出版社，1957年，第 1111 页。
③ 《东华续录》，光绪朝，卷 129。
④ 《清德宗实录》，卷 371，第 6～7 页。
⑤ 《东华续录》，光绪朝，卷 131。

饷练兵"。直到 1899 年，清廷仍告诫各省督抚："练兵为当今最要之务。"① 对振兴商务、改善官商关系则缺乏具体措施，未从法律上确认商人应有的社会地位，设立商务局也没有达到预期目的。因此，至 19 世纪末，官商关系并无明显的改变。

20 世纪初，清王朝的封建统治遭遇到更为严重的危机，特别是财政面临着崩溃趋势。清廷上谕即曾惊叹："现在国步艰虞，百废待举，而库储一空如洗，无米何能为炊？如不设法经营，大局日危。上下交困，后患何堪设想。"② 如何解救这种朝不保夕、危如累卵的窘困？时人称当时的情况是："问诸官而官亦无款可筹，问诸民而民更无力之可顾，其能凑集巨资，承办一切者，惟赖以商。"③

值此之际，工商业者及其代言人呼吁多年的重商口号更进一步引起清朝统治者的重视。洋务运动时期，只是一部分洋务官僚对兴办近代工矿和交通运输业比较关注，20 世纪初则不仅统治集团中更多的官僚，而且朝廷中的大员也对发展工商比较重视。首先是在一些高官大吏的条陈、奏折中，比较普遍地出现了诸如"商务实富之基"以及"扩充工艺、开辟商场"等发展工商实业的请求。④ 紧接着，朝廷也颁发谕旨，称"通商惠工，为古今经国之要政。自积习相沿，视工商为末务，国计民生，日益贫弱，未始不因乎此。亟应变通尽利，加意讲求"⑤。此谕的颁行，标志着清廷在一定程度上摒弃了"重本抑末"的传统陋规。

清朝统治者态度的进一步转变，可以说是促使此后官商关系日渐密切的一个重要前提。尽管当时官商两者的根本目的仍不无歧异，均有着自身利害的权衡，但就发展工商实业这一点而论，相互之间却具备了一定的趋同互动因素。与洋务运动相比较，此时的清统治者并非仅仅是利用工商业者手中的资金，而是希图通过发展工商业而振兴整个社会经济。

此外还应指出，清末官商关系的迅速变化，不仅因为清王朝具

---

① 《东华续录》，光绪朝，卷 155。

② 朱寿朋编：《光绪朝东华录》（五），中华书局，1958 年，第 5117 页。

③ 徐义生编：《中国近代外债史统计资料》，中华书局，1962 年，第 923 页。

④ 见《张文襄公全集》，卷 105，第 7 页；吕海寰等：《密陈要务五条》，《清德宗实录》，卷 518，第 3 页。

⑤ 朱寿朋编：《光绪朝东华录》（五），中华书局，1958 年，第 5013 页。

有振兴商务、奖励实业以借此维持其统治的迫切愿望，而且由于清朝统治者对传统官商关系机制的弊端恶果，也开始有了发自内心的反省。1901年清廷下旨命各大吏条陈变法见解，一些督抚将军在奏陈发展工商实业重要性的同时，即特别强调中国商业不振的主要原因，是由于"官尊商卑，上下隔阂，官视商为鱼肉，商畏官如虎狼"[1]。并进而提出要消除隔阂，"使官商一体，情意相通"[2]。朝廷上谕随后也公开承认："中国商民平日与官场隔阂，情谊未能遽孚，而不肖官吏或且牵掣抑勒，甚至报关完税多所需索，商船验放到处留难，遇有词讼，不能速为断结，办理不得其平，以致商情不通，诸多阻滞。"[3] 1903年商部设立之后，即表示要"使商与官息息相通，力除隔膜之弊"[4]。这些言论，不单是清朝统治者笼络资产阶级而粉饰门庭的官样文章，也是其身陷绝境之后作出的反思和自责。清廷曾经迭发上谕，谓"现在振兴商务，全在官商联络一气，以信相孚，内外合力维持"[5]。并严令各省督抚将军及文武各官、局卡委员，"一律认真恤商持平，力除留难延搁各项积弊，以顺商情而维财政。倘有不肖官吏，仍前需索留难，著即随时严查参办，勿稍徇纵"[6]。凡此种种，对长期遭受官府压抑的商人来说，无异于一副强烈的兴奋剂。

破除官商隔膜，早就是商人的迫切愿望。郑观应在此之前已曾提出通官商之情的具体办法。他吁请清政府在六部之外特设一商部，兼辖南北洋通商事宜；南北洋则分设商务局于各省水陆通衢，商人"凡有所求，力为保护"。商务局随时将有关商务诸事或咨禀于南北洋通商大臣，或迳达商部，商部统计盈虚，上达天听，从而做到"兴废当，谋划周，上下之情通，官商之势合，利无不兴，害无不革"[7]。但这在当时，仅仅只是商人一厢情愿的幻想。

---

① 《东抚袁复奏条陈变法折》，《皇朝经世文新编续集》，卷1，"通论"。
② 《东抚袁复奏条陈变法折》，《皇朝经世文新编续集》，卷1，"通论"。
③ 朱寿朋编：《光绪朝东华录》（五），中华书局，1958年，第5091页。
④ 《大清光绪新法令》，第16册，第35页。
⑤ 《大清光绪新法令》，第1册，第9页。
⑥ 《清德宗实录》，卷520，第16～17页。
⑦ 郑观应：《商务》（三），引自陈绍闻主编：《中国近代经济文选》，上海人民出版社，1984年，第422～423页。

而到 20 世纪初，清廷不仅设立了商部，还劝谕商人组织商会，并颁布了《商律》等一系列保护和奖励工商业的章程法规，其具体措施远远超出了郑观应以前的设想，这自然受到商人们的欢迎。反映资产阶级意愿的报纸杂志如《时报》、《东方杂志》等，在此前后即曾相继载文表达商人的感戴颂扬之情。《国风报》曾刊登一篇题为《中国最近五年间实业调查记》的文章，描述当时的情况说："我国比年鉴于世界大势，渐知实业为富强之本，朝野上下，汲汲以此为务。于是政府立农工商部，编纂商律，立奖励实业笼以爵衔之制，而人民亦群起而应之……不可谓非一时之盛也。"①

还应该指出，民族危机日趋加深的紧迫感和维护利权的共同利益要求，也是 20 世纪最初几年促使官商结盟的另一个重要因素。

《辛丑条约》签订之后，帝国主义列强采取了更为阴险诡谲的侵略手段，疯狂掠夺中国的利权，使得中国的铁路、矿产、通商及工业、金融等各方面与国计民生攸关的大量利权几乎丧失殆尽，亡国灭种的沉沉阴霾因此更严重地笼罩在中国上空。无数利权的旁落，不仅严重阻碍了民族资本主义的发展，引起资产阶级的焦虑和不安，同时，清朝统治者也为此而十分惶恐，竭力想扭转这种不利的严重局势。利权问题对于清统治者来说，不仅仅只是经济问题，而且也是极为严峻的政治问题。因为利权外溢的结果必然导致内帑空虚，加深民族危机，从而引起社会骚动和政局不稳，成为威胁其统治的危险因素。此外，清统治者既然已开始醒悟，希望以振兴民族工商业来维持自己的统治，自然也会认识到如果不改变利权丧失的局面，"日复一日，驯自利权坐失，听命外人，商业决无复振之望"②。

这样，对利权问题的关心和重视，也使官与商先后走到了同一条道路上。一方面，资产阶级要求收回利权的呼吁叠载报章，另一方面，许多督抚大臣屡上条陈奏折，提出"宜亟兴商务以保利权而厚民生"，"域中利权我自有之"，"定计于先，广为筹办，可杜他族之觊觎"等等。③ 朝廷颁发的谕旨中，同样不乏"力保利权"以及

---

① 《国风报》，第 1 年，第 1 号。

② 《愚斋存稿》，卷 7，第 36 页。

③ 《东抚袁奏复条陈变法折》，《皇朝经世文新编续集》，卷 1，"通论"；杨儒：《变法条议》，见《杨儒庚辛存稿》，《清朝续文献通考》，卷 387，实业十，第 11348 页。

"兴商务而挽回利权"，"兴工艺而挽回利权"的词句。为此，外报评论曾惊讶地述说："北京及各省，于外人所图之业，辄起而拒之，即所已允，亦欲决意收回。"①

　　1904年前后，一个由商吁请于下、官周旋于上的收回利权运动，即通过官商不自觉地携手合作而在全国广泛地开展起来。为了满足资产阶级自办铁路的要求，清政府首先于1903年底颁布了《铁路简明章程》，允许民间集股设立铁路公司，承办铁路，并规定华商凡有独立资本50万两以上，"查明路工实有成效者"，即由商部"专折请旨给予奖励"。该章程的颁布，实则为收回路权运动的兴起开了绿灯。紧接着，许多省份的商人提出集股自办铁路的要求，绝大部分都受到所在督抚和商部的热情支持，各省京官也无不主动联络，遥相呼应。在以往的一些有关论著中，谈到收回路权运动时都很少提及"官"所起的作用，这是不全面的。从有关记载可以看出，各省绅商筹办铁路的要求，大都是以督抚名义奏请朝廷批准的。而各省的商办铁路公司，也是经商部大力协助上奏朝廷谕允成立的。至于粤汉、广澳、津镇、京汉等铁路修筑权的赎回，同样应该看作是20世纪初年在官商关系趋于密切的历史条件下，由两者共同努力和斗争所取得的成果。时论有称："乙巳（1905年）张之洞、岑春煊首从鄂湘粤三省民意，以美金六百七十万元赎回粤汉铁路，归三省自办。我国收回利权之举，以此为嚆矢。"② 很显然，通过收回利权运动中的共同携手斗争，自然又进一步增强了商对官的好感，并进而由此加强了两者之间的联系。

　　正是由于以上原因，中国在20世纪初形成了前此不曾有过的新型官商关系。概括地说，它是在中国资本主义发展不充分、清朝财政严重亏空和帝国主义经济侵略急剧加深的情况下，官商双方为着某些共同的利益要求，带着各自不同的动机，在半自觉半自发状态中形成的一种新型关系机制，具有明显的外在强制性和内在互补性。

　　为了发展工商业，改善官商关系，清朝统治者采取了许多具体

---

① 《外交报》，第134期，转载东京《日日新闻》所刊《论中国时局》文。
② 《中国政治通览·实业篇》，《东方杂志》，第9年，第7期。

措施。清政府"实业之有政策，以设立商部始"①。前曾提到，19世纪末郑观应、陈炽等人已提出设立商部的要求，但因得不到朝廷大员支持而无法实现。20世纪初，统治集团内部不少人逐渐意识到，振兴工商非设立商部将难以奏效。1903年，著名侨商张振勋上奏，指出"农、工、路、矿诸政必须归并商部一部，否则事权不一，亦非商战之利"。其主张获得载振等皇族、贵族的支持。

同年9月，清廷谕令设立商部。其地位在清朝中央行政体制中仅次于外务部而居第二，可见清政府对振兴工商实业之重视。清政府还曾阐明，"设立商部之本意，要在保护开通，决不与商民争利，必痛除隔阂因循之习，始克尽整齐利导之方"②。出任商部尚书的载振系庆亲王长子，曾历赴欧美和日本考察工商实业，是振兴工商的积极推动者。商部左侍郎陈璧也热心实业与教育，右侍郎伍廷芳深谙法律，均属较为开明的官员。实际主持商部具体事务的唐文治、王清穆等人，对国内外工商业状况更加熟悉，有的还曾投资或经办过近代工业，带有明显的资产阶级倾向。

商部内分设四司：（一）保惠司，专司商部局、所、学堂、招商一切保奖事宜；（二）平均司，专司开垦、农务、蚕桑、山利、水利、树艺、畜牧一切生植之事；（三）通艺司，专司工艺、机器制造、铁路、街道、行轮、设电、开采矿务、聘请矿师、招工诸事；（四）会计司，专司税务、银行、货币、各业赛会、禁令、会审、词讼、考取律师、校正度量衡以及本部报销经费。另设律学、商报两馆。律学馆翻译外洋商律各书兼及路矿律、招工律、保险律、报律并各国条约，"参与中国律例"。后者随时报道"招商事宜、集股数目以及各埠土产赢绌、物价贵贱、工艺良楷"。为指导地方工商实业，商部于1904年11月奏定《议派各省商务议员章程》，由各省农工商务局总办兼任商部商务议员，接受商部和地方督抚的双重领导。其职责为考察农、工、路、矿，鼓励设立公司，提倡推广商会，调解商务诉讼，保护出洋归国华商。

商部设立后，奏准颁布了一系列有关工商实业的章程法令。其各项政策的制订，在相当程度上反映了资产阶级的愿望，对于推动

---

① 《中国政治通览·实业篇》，《东方杂志》，第9年，第7期。
② 《清朝续文献通考》，卷126，职官十二。

民族工商业发展，改善官商关系均起了积极作用。张振勋曾指出：
"商部设立以来，纲举目张，以保商为任，一切下情，可由督办
径达商部。凡督办所到之地，商部如在目前。地方不敢有掣肘之
虞，官商一气，内外一心。"[1]

论及商部设立后清王朝实行的保护工商实业发展和改善官商关
系的一系列措施，首先应该提到中国第一部商法——《商律》的颁
布施行。1903 年 4 月，清廷即命载振、袁世凯、伍廷芳等人着手
拟订商律。商部设立后，更抓紧从事此项工作。1904 年 1 月，《公
司律》告成，旋即颁布实施。《公司律》明确规定民间可以自由经
商，可自由集资创办合资公司、合资有限公司、股份公司和股份有
限公司等。"凡现已设立与后设立之公司及局厂行号店铺等，均可
向商部注册，以享一体保护之利益。"[2] 这实际上是承认官办、商
办和官商合办的各类公司均处于同等地位，也是清朝统治者第一次
以法律的形式承认工商业者的合法社会地位，并保护其合法权益。
如严格规定无论官办、商办、官商合办等各项公司均一律遵守《公
司律》，商人作为股东，有权查账、选举董事局以及按照股份多少
取得相应的议决权等。

接着，商部又奏准颁行《公司注册试办章程》和《商标注册试
办章程》，设立注册总局，办理注册，规定商标登记制度，保护专
利，以防奸商伪造。1906 年 5 月颁布《破产律》，规定了对亏蚀破
产和有心倒骗的不同处理方式。对于真正的"亏蚀倒闭"予以"维
持调护"，不牵扯破产商人的兄弟伯侄和妻子拥有的以及代人经营
的财产，而且在偿还各债前，要给破产商人留下"赡家之费，约敷
二年用度"。[3]

除此之外，商部还奏定了《矿务暂行章程》和《重订铁路简明
章程》。规定"集股开矿，总宜以华股占多为主"，注意保护矿权，
并指出"洋商如愿附股，即为甘认此项各款章程，一律遵守勿
越"[4]。1907 年修订的《大清矿务章程》，也对外商在中国开矿多有

① 朱寿朋编：《光绪朝东华录》（五），中华书局，1958 年，第 5253 页。

② 《商律》，《东方杂志》，第 1 年（1904 年），第 1 期。

③ 《大清光绪新法令》，第 10 类，实业，第 12～13 页。

④ 《奏定矿务章程》，第 7 页。

限制。铁路章程则向民间开放铁路修筑权，鼓励商办铁路。

为提高商人的社会地位，改变传统的贱商陋习，鼓励商人投资兴办实业，清王朝还实施了一些新的奖商和保商政策。1903 年底，商部即奏定《奖励华商公司章程》，表示"现在朝廷重视商政，亟宜破除成见"①，规定根据商人集股多少，分别授予不同品级的顶戴或顾问官、顾问议员等荣誉称号。1907 年修订章程，表明要力革"耻言贸易"的旧观念，破除"官商终多隔阂"的弊端②。修订的奖励章程，所定集资奖励标准较原章程降低了 60％以上。如获头等顾问官头衔加头品顶戴，原订须集股 2 000 万元，修改后定为800 万元；获头等议员头衔加五品衔，由原订须集股 300 万元改为100 万元。

1906 年，清政府另颁行《奖给商勋章程》，规定凡能制造轮船、火车、铁路桥、发电机及对探矿、冶炼、水利、垦植等有成绩者，奖励不同等级的商勋。同年又发布上谕，强调凡有能力办农工商矿，或独立经营，或集合公司确有成效者，"即各从优奖励"。1907 年，农工商部进一步颁布《华商办理农工商实业爵赏章程及奖牌章程》，规定凡独资、合资、附股者均可得爵赏，以"所办实业，能开辟利源，制造货品，扩充国民生计者为合格"。资本较少，但能"独出心裁，挽回利权"者，同样奖给商勋。③

上述章程的颁布，表明清朝统治者在很大程度上从抑商困商转变为奖商保商，这对长期遭受歧视、压迫的商人来说，的确是很大的鼓舞，也有利于扭转贱商的社会习俗。

商会的设立，是密切官商关系的一项重要具体措施。1896 年张謇即提出应设商会，由各省督抚予以保护。戊戌变法时期康有为作为新兴工商业者的代言人，也曾奏清光绪帝谕令创设商会，以使"上下通气，通同商办，庶几振兴"④。但由于"百日维新"很快失败，终 19 世纪商会都一直未能应运而出。进入 20 世纪之后，商人

---

① 《政艺通报》，光绪二十九年（1903 年），第 16 号，《政书通辑》，卷 7，第6 页。

② 《改订奖励公司章程》，《商务官报》，光绪三十三年（1907 年），第 19 期。

③ 《大清光绪新法令》，第 16 册，第 10 类，实业。

④ 《书税务司理财要略后》，《江南商务报》，第 2 期。

要求成立商会的呼声愈益强烈。有的指出："欲兴商务，必以各设商会，始行之有效，各商会再联一大商会，庶由点成线，由线成面，内可与政府通商人之情况，外可与各国持商务之交涉，非设商会不为功也。"有的则阐明，"无商会以维持其间，微论官与商既多隔阂，即商与商亦复纷歧"，"提纲挈领，保卫维持，俾商务日有进步者，实惟商会是赖。"①

20 世纪初，清朝统治者对商会通官商之邮和促进工商业发展的作用也有所认识。1902 年，盛宣怀奉命会同商约大臣吕海寰在上海与英、美各国修订商约，目睹各国政府谈判代表与在沪洋商会"日夕聚议，讨论研求"，而华商向无会议公所，涣散不群，"其势恒不能敌"，于是奏请朝廷准设上海商业会议公所，阐明商会可以"凡以通隔阂，剂虚盈，联上下之情，竭维持之力，用能以商战角胜，雄视五洲"；并且指出，中国工商之所以不振，"揣厥由来，实亦官府未得保护提倡之法，上下各不相谋所致。远规西法，近采舆论，商会之设，诚非缓图"②。

商部创设之后，也以倡办商会为急务，向朝廷上奏《劝办商会酌拟简明章程折》，说明"纵览东西诸国，交通互市，殆莫不以商战角胜，驯至富强。而揆厥由来，实皆得力于商会。……现在体察情形，力除隔阂，必先使各商有整齐划一之规，而后臣部可以尽保护维持之力，则今日当务之急，非设立商会不为功"③。朝廷对劝办商会也给予了高度重视，很快谕允颁行商部拟订的《商会简明章程》。接着，商部向各省颁发劝办商会谕帖，特别强调："商会一设，不特可以去商与商隔膜之弊，抑且可以去官与商隔膜之弊，为益商务，良非浅鲜。"并期望由此使"上下一心，官商一气，实力整顿，广辟利源"④。自此以后，创办商会即由下层民间人士的迭蹶呼吁，一变而为官商共同倡行。

商部奏定的《商会简明章程》规定：凡属商务繁富之区，不论系省垣或系城埠，均应设立商务总会。商务稍次之地则设商务分

---

① 苏州商会档案，第 391 卷，第 14 页。

② 《愚斋存稿》，卷 7，第 35 页。

③ 《商部奏劝办商会酌拟简明章程折》，《东方杂志》，第 1 年，第 1 期。

④ 《商部劝办商会谕帖》，《东方杂志》，第 1 年，第 2 期。

会。前此所设上海商业会议公所和天津商务公所，一体改名为商务总会。同时，商部还以北京为"首善之区"，促其"先行劝办商会，以为各省之倡"，并主动派员向当地声望素孚的行业帮董"剀切劝告"，促成京师商务总会于 1904 年成立。这样，中国最早的一批商会终于相继诞生。

对清政府由抑商转为劝办商会、联络工商的政策，商人中起初虽不乏怀疑观望者，但大多数表示："朝廷轸念时局，洞烛外情，特设商务专部。……大部又奏请特派参议大员驰赴行省，劝设商会，以期内外上下联成一气，实行保护商人、振兴实业政策，务俾商业进步，日有起功，以与各国争衡，驰逐于商战之中，庶国计因之而益巩固，此诚富强之至计焉。"[①] 故而其后数年，全国各地的商会如雨后春笋般相继成立。到 1911 年，除西藏等个别边远地区外，全国各省已有 50 余处成立了商务总会，880 余地设立了商务分会，此外还有为数更多的商务分所。

商会成立之后即成为官商联系的主要中介和纽带。商人（包括各公所和工商性质的会馆）凡有与官府交涉事项，一般都经由商会出面代为陈转，其内容包括禀请创建工矿企业、兴办市政公益事业、请免捐税、成立商团、创办实业学堂、涉讼纠纷等等。同时，官府有关工商实业的政策法令和具体事务，大都也经由商会转饬各业商人贯彻执行。例如商部创办《商务官报》，即札文各地商务总会，称"商会为枢纽之地，将来该报行销，全赖该总、协理等首先提倡……随时劝谕各商，广为购阅，俾该报得以风行，本部有厚望焉"[②]。1905 年商部为劝谕华商参加外国商品博览会，拟定了《出洋赛会章程》，也将该章程札发各地商会，要求商会广为劝导，以资提倡。在劝办实业学堂的过程中，商部同样在很大程度上依赖各地商会"实力经营，广为提倡，俾学堂林立，人才日出，庶几工业商业日有起色"[③]。至于倡导改良工艺、推广销场等直接与工商发展紧密相关的事项，商部更经常通过商会督促商人施行。例如中国所产蔗糖受英、美和日本糖厂倾挤，在国内外的销路日趋缩减，商

---

① 苏州商会档案，第 391 卷，第 15 页。
② 苏州商会档案，第 94 卷，第 5 页。
③ 苏州商会档案，第 43 卷，第 11 页。

部遂札文各产糖区的商会，请"转知各糖商，详细劝导，体察地方情形，设法改良……以图进步，而辟利源"①。为提高茶叶质量，保护在国外的市场，商部也曾多次转请各地商务总会"传知茶叶各董，认真整顿"，"以冀销场畅旺，挽回华茶利权"②。上海商务总会采取积极措施，劝导茶叶各商筹集资本，设立专营茶叶出口贸易的裕生华茶公司。商部接受上海商会的要求，札饬驻各国商务随员，俟该公司货到时代为照料。③

另一个明显的变化是，由于商会成立后工商业者的凝聚力增强，其气度和能量大为改观，因此在与地方官府衙门周旋时不再只是唯唯诺诺，忍气吞声。正如张謇所说："自各处设立商会，商人……即渐有不受留难需索于局卡之思想。一遇前害，辄鸣不平，不复如以前噤声忍受。"④ 1908 年，由工、商二部合并而成的农工商部明确札文指出，商会不受一般地方衙门的统辖控制，地方官对商会无"直接管理之权"，只有"提倡保护之责"；并规定总会致督抚之下各级衙署的公文用"移"和"照会"。⑤ 按清朝定例，只有平级衙门之间行文时才用这类字眼，由此可见商会的社会地位非同一般，能够与某些地方衙门相抗衡。例如清末许多商会设立理案议董和裁判所，受理商事诉讼，有的地方官认为此系"侵犯行政之权"，企图限制商会只能"协议和息"商界争端，"不得受理诉讼"⑥，结果立即遭到商会的抨击和驳斥。

江苏农工商务局在 1909 年曾要求苏州商务总会将理结的商家钱债诉讼，按月抄送"以资考核"，实则试图从中干预，苏商总会也当即回复照会，指出"商会性质与有司衙门之所统辖者，略有区别"，同"贵局统辖之地方官非可一律"，并声明如欲商会报送，"所有贵局讯结各案，亦请按月抄送一份，以资联络而备参考"。最

① 《商部札天津商务总会劝导糖商种蔗制糖设法改良文》，《北洋公牍类纂》，第 21 卷，商务二。
② 《农工商部札天津商务总会传知茶叶认真整顿文》，《北洋公牍类纂》，第 21 卷，商务二。
③ 《商务官报》，1906 年，第 6 期，"要批一览表"。
④ 《张季子九录·实业录》，第 3 卷，第 30 页。
⑤ 苏州市档案馆藏档：乙₂₋₁ 30/20。
⑥ 《华商联合报》，第 15 期，"海内外商会纪事"。

后农工商务局回文解释说:"此非有增长本局权力之见存于其中,当为贵会见谅。"① 农工商部对商会独立行使商事裁判权也不得不表示认可,并承认某些"纠讼于地方衙门经年未经讯结之案,一至该会评论之间,两造皆输情而遵理,功效所在,进步日臻"。②

商会的成立不仅增强了商抗衡官的能量,且在一定程度上改变了过去官任意盘剥商,而商无所保护的状况,同时也使商与官的联系,尤其是与中央政府商部、农工商部的联系日趋密切。《商会简明章程》指明:凡商务盛衰之故、进出口多寡之理以及有无新出种植制造各品,总会按年由总理列表汇报商部;其关系商业重要事宜,即随时禀陈;至尤为紧要者,则当即电禀。通过这种措施,商部、农工商部既可保持与各省商人的密切联系,又能比较深入地了解各地商情,及时制定应变策略。为了更进一步密切与商的联络,商部还设立商会处,拟定了《接见商会董事章程》,强调"商会处专为商会而设……冀通生气之路",以使"商与官息息相通,力除隔膜之弊";并指出举凡工商各业"何利可兴,何弊可去,若者宜办,若者宜停,均由商会处与商会筹议禀复";"各业中如有体面巨商,欲进谒本部堂宪,面陈议论者,可自行来署",衙役"不准稍有需索留难等事,倘有阻碍,该董事尽可直言指报,由商会处送交司务厅严办"③。商人直接与中央政府部门建立如此密切的联系,这在过去是不曾有过的。

建立这种直接联系之后,商人如遇冤抑各事,而地方官府保护不力时,即可通过商会禀请商部、农工商部解决。例如1906年底,江苏当局饬令牙贴税加征十倍,牙商不堪苦累,纷纷申诉于商会。苏州商务总会呈文抚院,要求酌减数成,结果遭横蛮拒绝,并被指令劝谕各镇牙商照定章输纳,"不得违抗"。碰壁之后,苏州商会坚持为商请命,于次年联合松江、常州、镇江和太仓州等二十余个商会禀告商部,吁请按牙户大小分等酌减五成;同时,发动下属各地牙商照此口径具呈说略,由商会代为转呈商部,造成广泛声势。在此情况下,商部通过《商务官报》刊布了商会和商人的要求,并照

---

① 苏州市档案馆藏档:乙₂₋₁ 67/23。
② 苏州市档案馆藏档:乙₂₋₁ 69/2。
③ 《商部接见商会董事章程》,《东方杂志》,第1年,第11期。

会苏省当局晓以利害。① 迫于上下两方面的压力，苏省当局最后不得不准如商人所请，同意从 1907 年起牙税仅加征五成。厘金是苛扰商人的一大弊政，1907 年各地商会相继禀告农工商部，请求保护。农工商部也将厘卡役吏勒索留难的情形公诸报端，予以揭露，同时札文各局卡，令秉公办理，勿循私情。② 这样虽不能从根本上消除厘金给商人带来的痛苦，但对那些恣意妄为的贪官污吏多少有一定的约束。

特别值得一提的是，在这一时期的官商合办企业中，两者之间的关系也相应发生了重要变化。洋务运动时期的"官督商办"和"官商合办"，实际上是以官为主宰，商为附庸。商希望求得官的庇护，而官却只是利用商人手中的资金，并对私人资本予以控制，因此官商之间缺乏合作基础，无法互利共存。20 世纪初清政府颁布商人通例和公司律，首先即摈弃了深为商人所忌讳的"官督商办"。商部章程第一条也曾明确表示："招商设立铁路、矿务、工艺、农务各项公司，先行试办。……所有商股获利或亏耗等事，臣部除奖励及饬追逋欠外，其余概不与闻，并不用官督商办名目，亦不派监督、总办等员，以防弊窦。"③ 这说明清统治者本身也意识到了"官督商办"的弊端，并力图避免重蹈覆辙。《商律》还进一步明确规定："附股人不论官之大小，或署己名，或以官阶署名，与无职之附股人均只认为股东，一律看待，其应得余利暨议决之权以及各项利益，与股东一体均沾，无稍立异。"④ 这样，就以法律的形式限制了官对商的压抑，提高了商的地位，使官商两者均处于平等的股东地位。一些企业有法可依，也理直气壮地宣称："公司一切事权，悉照商律办理，公家概不干预。"⑤ 所以，官商合办在当时仍然是受到商人欢迎的一种方式，即如北洋烟草公司议约所说："官办则靡费滋多，商办则事权不振，即官督商办亦多流弊，非官商合

① 《商务官报》，1907 年，第 10 期，"要批一览表"。
② 《商务官报》，1907 年，第 14 期，"要批一览表"。
③ 《清朝续文献通考》，第 126 卷，第 8861 页。
④ 《商律》，《东方杂志》，第 1 年，第 1 期。
⑤ 汪敬虞编：《中国近代工业史资料》（下册），第 2 辑，科学出版社，1957 年，第 1046 页。

办，设立公司难期收效。"①

不仅如此，在有些企业中还出现了官助商办这种过去很少有过的现象。例如，1905 年山东招远金矿入不敷出，向矿务局请求借资，定两年内偿还。该局督办"以东省矿产尽为外人侵夺，间有华商开办之矿，全在官家保护维持，庶足杜外人之觊觎，保我残剩之利源，特为详请抚帅，准拨万金，以保华商，而维矿权。"② 又如，1907 年河南商办中州煤矿公司拟招股扩大规模，但进展缓慢，后转而运动官府，藩司也以"本省利源所在，有关大局，亟应设法维持，因饬官银号备银十万，藩库筹备十万，共二十万，即入该公司股份，俾资经营"。同时还特别强调，该公司虽"有官股在内，但仍为商股商办，官长不得侵害商权"③。在天津，官助商办的企业为数不少。1904 年商务公所商董宁世福开办天津织染缝纫公司，招商股 5 万元，另得官办银钱局拨洋 15 000 元助充股本；同一年，商人宋则久创立天津造胰公司，向银钱局领洋 1 000 元；1907 年赵尔萃创办天津机器玻璃厂，直隶官府从茶捐项下拨银 5 000 两，以补招股之不足。当时，直隶官商共同致力于兴办现代企业的方针，即是"先用官款以植其基，继招商股以广其业。官任保护，商任经营"④。这在全国各地虽还不是非常普遍的现象，但却足以表明传统的官商关系确实发生了较大的变化。

这一时期，清政府虽未像日本明治政府那样将官办企业廉价处理给私人资本家，但也将一些官办和官督商办企业转变为商办。例如湖北官办织布、纺纱、缫丝、制麻四局，即在 1902 年以租赁的形式转归粤商韦应南"承接租办"，租期 20 年，由其自主经营企业。改租商办后，四局逐渐摆脱亏损，"生意甚盛"，1908 年决算获纯利 149 384 两。⑤ 李鸿章主持创办的上海华盛纺织厂原为官督商办，1906 年因经营不善，补救无方，"将该地基房屋机器等项，

---

① 《官商合办北洋烟草公司议约》，《北洋公牍类纂》，第 20 卷，商务一。

② 汪敬虞编：《中国近代工业史资料》（下册），第 2 辑，科学出版社，1957年，第 1049 页。

③ 《时报》，1907 年 6 月 23、28 日。

④ 《北洋公牍类纂》，第 21 卷，商务一，第 31 页。

⑤ 汪敬虞编：《中国近代工业史资料》（下册），第 2 辑，科学出版社，1957年，第 582 页。

| 136 | 辛亥革命与资产阶级

悉照价全盘售与集成公司"①。汉阳铁厂也经历了从官办、官督商办到商办的发展过程。

论及商会成立后官商共谋振兴实业之举，不能不提到 1910 年官商联合创办的南洋劝业会。这次劝业会是清末唯一的一次初具规模的全国商品博览会，也可以说是官商双方在平等互利和振兴中国实业的共同基础上所进行的一次更大范围的结盟合作尝试。代表商人出面参与筹备和主持这次盛会者，仍是上海、南京等地的商务总会。1909 年，江宁公园办事处道员陈琪等呈文时任两江总督兼南洋大臣的端方，提出就江宁公园处所举办劝业会。端方批曰："事关富强本计，自应由官实力提倡"，并期望"官商合力维持，共图公益"②。不久，端方会同苏抚陈启泰奏请朝廷谕允官商合办南洋劝业会，特别强调："应仿照各国通例，官任补助，不使商本受亏。……官商联络一气，摒除积习，和衷办理，以期于实业前途大有裨益。"③ 经朝廷谕允后，劝业会预算开办经费总共五十万元（后增至七十五万元），分别由官商各筹一半。在《南洋第一次劝业会简章》中，又明确规定："万一设有亏耗，议定在官股二十五万元中照数填补，作为补助，务使商股本利二项不至有亏，以昭信用。"④ 这样的合作，也可谓前无先例。劝业会开幕之前，清廷还准允凡商人送往赴赛物品，沿途一律免交厘金。⑤

上海、南京和苏州等商务总会除负责筹集资金，还派出专人担任劝业会董事和坐办，承担了具体筹备工作。为使这次造端宏大的盛会取得圆满成功，其余各地商会也积极响应配合。奉、直、豫、秦、湘、鄂、滇、蜀、粤等省的商会，都先期举办出品协会征求赛品，择其优者运往南京参赛。两江所属各府、州则分别举办了三十余次物产会，陈展和选拔当地土特产品。甚至连海外泗水、三宝垄、爪哇、巴达维亚、新加坡等地的中华商务总会，也都曾举办若

---

① 汪敬虞编：《中国近代工业史资料》（下册），第 2 辑，科学山版社，1957年，第 601 页。

② 苏州商会档案，第 87 卷，第 39 页。

③ 苏州市档案馆藏档：乙$_{2-1}$ 87 /33。

④ 苏州市档案馆藏档：乙$_{2-1}$ 87。

⑤ 度支部曾认为赴赛物品可以售卖，与寻常商货赴市无异，表示概免厘税碍难照准。后经端方一再奏请，清廷始准予豁免。

干出品协会。经过官商一年多的联合筹备，南洋劝业会于 1910 年 6 月正式开幕。会场占地七百余亩，共设有农业、医药、教育、工艺、武备、机械、美术等九个展览馆和一个劝工场；另设暨南馆一所，陈列南洋各地侨商之出品；参考馆三所，展出外国商品。此外还有三个特别馆。全部陈列物品计分二十四部，四十二类，其规模之大和种类之多，实属空前。展出期间，许多报刊竞相报道，参观者达二十余万人次，日本和美国也先后派出实业代表团赴会参观考察。

但是，由于动机和目标的不尽一致，这一时期的新型官商关系仍然不可能建立在稳固的基础之上，一开始就潜伏着矛盾和瓦解的趋向。随着清政府铁路政策的变化，官商之间的矛盾愈益尖锐，加上政治方面的原因，这些矛盾很快即发展到白热化的程度。

起初，清政府为消除官商隔膜而大力鼓励商人成立商会，但不久即担心商人通过商会滋长政治权力，危及封建专制统治，因而又对商会的活动和权限给予多方限制，禁止商会过问政治、外交等国家大事，力图将商会约束在其所设置的条条框框之内。而商人之所以组织商会，一方面是为了"联商情，开商智"，另一方面则正是为了"扩商权"①。他们期望通过商会进一步扩大资产阶级的政治权力和社会影响，更有效地维护自己的经济利益。于是，在这方面官商之间也就不可避免地存在着矛盾分歧。在 1905 年的抵制美货运动中，这一矛盾即有明显的反映。

抵制美货运动是商会突破清政府禁令，首次发起和领导的大规模政治运动。为抗议美国政府迫害华人和强迫清政府续订苛约，上海商务总会率先愤激而起，通电全国号召以抵制美货相抗争。各地商会群起响应，函电纷驰，集会迭起，斗争浪潮迅速发展到全国各省。对于商会领导的这场正义斗争，清王朝起初态度暧昧，继而公开施加压力，发布上谕称抵制美货"有碍邦交"，命各级地方官"从严查究，以弭隐患"。直隶总督兼北洋大臣袁世凯禁止天津商会出面组织抵制美货运动，不准登载拒约消息的《大公报》发行。两广总督岑春煊甚至借故逮捕拒约会成员，使广东的抵货运动遭受严重挫折。但在斗争过程中，上海商会领导人曾铸仍强烈要求："此

---

① 《余姚商务分会简章》，绍兴《商务杂志》，第 2 年，第 1 号。

次约本必须寄与沪商公阅，方能由部画押。"① 这既反映了商人要求在对外交涉中拥有发言权，也表现出其对清政府专制统治的不满。抵货运动受到破坏之后，体现商人意愿的《东方杂志》载文指出，"今日社会之性质，信官不如信商"，并提出依靠商人力量"实行永久之抵制"②。很显然，经过抵制美货运动之后，商对官所寄予的希望又开始发生动摇。

与此同时，虽然清王朝打出振兴商务、奖励实业的旗帜，并采取了一系列具体措施，但各地的贪官污吏，依旧巧立名目对工商业者敲诈勒索，使得奖励保护工商的政策在许多地区得不到切实的贯彻执行。此外，各种苛捐杂税也是有增无减，多如牛毛，商人不堪重负，纷纷抱怨："或督抚留难，或州县留难，或某局某委员留难；有衙门需索，有局员需索，更有幕府需索，官亲需索，不遂其欲，则加以谰言，或谓其资本不足，或谓其人品不正，或谓其章程不妥，或谓其于地方情形不合，甚或谓夺小民之利，夺官家之利。"③有的地方衙门为解决财政窘困，还强行将一些获利丰厚的商办企业收归官办，由此激起商人强烈的不满。例如1905年广东曲江商办煤矿，"为官场查知该矿之畅旺，勒令交出，改归官办。"④ 在此之后，江苏、直隶、广西等地都有这种官府盘剥、掠夺商人的事件发生。⑤ 湖南的官绅甚至公然声称："湘省财政万分支绌……惟有拓充矿产，得以藉资挹注而补亏折，是亦救穷之一法。……能一律提归官办，于湘省财政前途，大有裨补。"⑥ 这些事实说明，一些地方统治者的着眼点仍然仅仅在于缓解财政危机，依旧置商人的切身利益于不顾。因此，所谓新型官商关系也就谈不上持久地维持。

再则，清朝统治者在20世纪初提出了受到商人欢迎的"挽回

---

① 张存武：《光绪三十一年（1905年）中美工约风潮》，第243页。
② 《抵制美约余论》，《东方杂志》，第3年，第3期。
③ 汪敬虞编：《中国近代工业史资料》（下册），第2辑，科学山版社，1957年，第1126页。
④ 《东方杂志》，第2年，第9期，实业，第167页。
⑤ 汪敬虞编：《中国近代工业史资料》（下册），第2辑，科学出版社，1957年，第553、554、558页。
⑥ 汪敬虞编：《中国近代工业史资料》（下册），第2辑，科学出版社，1957年，第559页。

利权"口号，但由于其统治地位的维持在很大程度上离不开外国列强的扶持，因此它不可能真正有效地抵御帝国主义的经济侵略，也难以切实维护华商的利益。"新政"实施期间，中国的利权仍然继续大量外溢。当华商与外商发生矛盾纠葛、遭受凌辱时，清王朝及多数地方官员往往因害怕开罪列强，也不敢出面予以保护，有时甚至还向华商施加压力。例如1904年，汉口华商被礼和、瑞记两洋行强行勒索银数十万两，先后禀报厅、府、道和督抚等各级地方要员，请求代为申辩，但各级官吏不仅不为华商主持公道，反而拨调团勇保护洋行，弹压华商。《中外日报》为此发表评论说："近日政府日言保护商人，振兴商业，而卒无明效大验之可指。"《中华报》也载文抨击："皇皇商部，名曰保商，吾恐华商被洋人欺凌灭绝，而商部诸公尚高枕不知也。"[1] 由此可见，即使在清政府竭力标榜奖商保商，官商之间的关系较诸从前有所改善之际，官压抑商的现象仍时有发生。

尤其使商人感到愤慨的是，清朝中央政府对待商办铁路的态度，很快也由最初支持商人收回路权自建铁路，突变而为强迫商人接受外债，公开拍卖铁路主权。其转变的主要原因，同样是由于清朝中央和地方财政愈见左支右绌，难以为继，要取得大宗款项用以填补亏空，唯一的办法就是饮鸩止渴举借外债。历任总督等显要官职的满洲贵族锡良即曾公开表示："财政日窘，外祸日迫，唯有借债可为第一救亡政策。"[2] 以举借奴役性的外债为"第一救亡政策"，可谓滑天下之大稽。不言而喻，此时的清王朝只不过是借"救亡"之名借债，行苟延残喘之实。当时，中国所剩能够用作借债抵押的主要就是路权和矿权。因此，清王朝不惜出尔反尔，以种种借口剥夺商路，其结果必然与商人发生激烈的冲突。

例如清政府原曾支持江浙两省绅商成立铁路公司，集股修建本省铁路，但在1907年10月，清政府又与英国侵略者签订沪杭甬铁路借款合同，规定必须聘请英人为总工程师，由英方代购器材，以借款筑路的方式出卖了江浙路权。这样丧权辱国的一纸合同，非但使两省商人喘汗集股之劳绩以及借自建铁路振兴民族工商业的良谟

---

① 《中华报》，第157册，光绪三十一年（1905年）四月十七日。
② 《宣统政纪》，第40卷，第11页。

宏愿付诸东流，同时还将使帝国主义对中国经济命脉的控制进一步加深，因而激起两省商人的强烈反抗，保路运动也随之由初期的官商共同努力收回路权，转变为反对官府拍卖路权、拒借外债的斗争。在此过程中，商会发挥了重要的组织和领导作用。

沪杭甬铁路借款合同一公布，苏州、上海等地商会即刻致电外务部、农工商部，阐明"改借款官督，均乖商信"①，并表示了"不认商借商还，力拒外款"的决心②。接着，苏州商会多次举行集股保路大会，公开宣称："商会宗旨，在劝各绅以集股保路为第一义。"呼吁："不做则已，做则必求达其目的，誓死不回，以期终于有成。"③ 一些县镇的商务分会和商人也态度坚决地抵制借款。如江苏的江震、盛泽、平望商会和昆新商界，都曾致电农工商部、都察院，阐明"廷寄强迫苏杭甬借款……势将酿成大案"，强烈要求清廷"收回成命"④。可见，清统治者不顾商人反对而拍卖路权的卖国行径，已使官商之间的矛盾发展到了非常尖锐的程度。后因清政府被迫稍作让步，与英国侵略者重新商定将借款由"商借商还"改为"部借部还"，江浙铁路仍归商办，同时两省商人在斗争中也表现出某些妥协性和软弱性，官商关系才未最终彻底破裂。

然而不及数年，清政府顽固拒绝商人请开国会的强烈要求，更冒天下之大不韪抛出"铁道干路国有"政策，又使官商之间的矛盾激化至无以弥合的程度。在此之前，官商关系虽已日益呈现出摇摇欲坠的趋向，但由于清王朝表面上仍然打着振兴实业的旗帜，并应允实行预备立宪，在各省设咨议局，中央设资政院，同时又倡导地方自治，因此商人仍希望通过清王朝自上而下的政治改革，开创发展民族工商业的新局面。他们不仅热心于地方自治，而且积极参与咨议局的活动，竭力敦促清廷速开国会，仿行宪政。报载"自立宪明诏颁发后，各处商民无不欢欣鼓舞，开会庆祝"。许多商会致电农工商部，"请以翘盼之意代达天听"⑤。

---

① 墨悲编：《江浙铁路风潮》，第 1 册，"两省拒款函电"，第 5 页。
② 墨悲编：《江浙铁路风潮》，第 2 册，"两省拒款函电"，第 31 页。
③ 苏州市档案馆藏档：乙₂₋₁ 297/10。
④ 墨悲编：《江浙铁路风潮》，第 2 册，"两省拒款函电"，第 5、8 页。
⑤ 《商务官报》，1906 年，第 17 期，第 35 页。

1909 年立宪派发起第一次国会请愿运动时，直、苏、粤、鄂四省商会即拟通告各地商会派代表到汉口举行大会，然后由汉赴京，配合国会请愿代表团向清廷上书。1910 年第二次请愿开始之前，设在上海的华商联合会办事处向海内外商会发出联合请开国会书，各地商会和商人积极响应筹备。6 月，海内外商会代表齐集北京，由沈缦云、杭祖良、陆乃翔等人领衔，向都察院呈交三份请愿书，情词恳切地表示："某等承数十万商民之委托，不辞斧钺稽首君门，为求一线之生路，吁请速开国会。朝廷苟迟迟不与，则商情之涣，商业之衰，必视前此有一落千丈之势。"①

面对全国上下立宪呼声的日益强烈和革命浪潮的愈趋高涨，清王朝口头上虽承诺缩短预备立宪期限，但"皇族内阁"的成立表明清统治者丝毫没有为商人的竭诚馨哀所动，仍旧一意孤行地集权皇族，从而使商人乞求"一线之生路"的希望也化为泡影。紧接着，清廷又颁发铁路国有的上谕，与四国银行团签订借款合同，一举取缔了整个商办铁路，更进一步将商人的愤怒激至沸点。大规模的抵制斗争迅速兴起，各地商人或举行集会，或进行罢市，有些商会还联名发布通电，警告清政府如不废除卖国合同，路事风潮"万无或息之一日"。值此之际，勉强维持数年的新型官商关系已呈现出最后破裂的迹象。有些地区的商人开始转向革命，如上海商会的沈缦云、叶惠钧、虞洽卿等相继与革命党人建立了密切联系，秘密参加革命运动。

官商关系趋于彻底破裂，实际上是当时清朝统治已无法继续维持的征兆。数月之后，武昌起义爆发并迅速取得胜利，即敲响了清王朝寿终正寝的丧钟，成为推动更多商人走向清朝对立面，促使官商关系彻底瓦解的另一个重要因素。革命高潮来临之后，武汉、宜昌、上海、重庆、长沙等地的商会和商人在各方面支持革命党人光复举义，广东、江西、江苏等地的商会和商人则积极鼓动和平独立，脱离清王朝的反动统治。尽管在此过程中，资产阶级的软弱性和妥协性仍使得一些地区的商人对那些所谓开明的督抚大吏存在一定的幻想，但就总体而言，绝大部分商人已成为促使清朝覆亡的社会力量之一。从这个意义上可以说，官商关系由松懈的联盟朝着对立转化，也是加速清王朝分崩离析的原因之一。

---

① 《时报》，1910 年 7 月 22 日。

第六章　资产阶级社团的兴起

辛亥革命前夕资产阶级的力量明显壮大以及社会影响日渐突出，与其新式社团的诞生有着极为密切的关系。本书第二章曾指出，商会的成立是促使资产阶级发展成为一支独立阶级队伍的重要因素。当时，除商会外，资产阶级还组织了其他许多新式社团。本章拟对包括商会在内的各种资产阶级新式社团作一具体说明。

一　商　会

在清末民初林林总总的新式资产阶级社团中，商会诞生最早，而且最为普及，影响也最大，被誉为工商各行业的中枢组织。

关于商会何时正式诞生，目前学术界的意见尚不完全统一。多数学者认为，1902年成立的上海商业会议公所，即是中国最早的商会。1903年设立的天津商务公所，也属新式商会组织。但是，有的学者指出，商业会议公所和商务公所仍然是名实不尽相符的商人组织，只能"看作从商务局向商会的过渡"，"不是正规的资产阶级社会团体"。近代中国要求成立商会的呼声虽早已见诸维新派的书刊，但却是"从名实都不相符的商务局开始，历经名实不尽相符的商业会议公所，然后才是1904年以后粗具近代格局的商会的诞生"[①]。也就是说，中国的商会正式成立于1904年。

我们认为，既要肯定商业会议公所和商务公所与商会有比较密切的联系，但又不能将其与商会完全等同看待。从相互间的关系

---

① 章开沅：《辛亥革命与近代社会》，天津人民出版社，1985年，第105、181页。

看，可以说商业会议公所和商务公所是商会的前身。以上海商业会议公所为例，其不同于官办商务局之处显而易见。如其领导人均非在职官吏，而是商董。总理严信厚、副总理周晋镳，分别是源丰润银号主和通久源轧花厂的股东及经理人。组成商业会议公所董事会的五名总董，是汇业、茶叶、洋货业、四明公所、广肇公所等大商帮的商董。70余名议员，也是"就南北市各业各举商董二人组成"。上海商业会议公所成立后，参照上海洋商总会及各处商务局所规章，拟定暂行章程六条："明宗旨、通上下、联群情、陈利弊、定规则、追逋负。"① 强调"集思广益，讲求商务"，"不蹈官场积习"，"不侈纸上空谈"。从其成员构成、活动内容看，上海商业会议公所应该是商人组织。正因为如此，1904年商部颁行《商会简明章程》，即饬令上海商董以商业会议公所为基础组成商务总会。

天津商务公所的情况与上海商业会议公所相类似，主要也是由商董组成，"各行商大者公举董事二人，小者一人"。规定办事人员"不得稍染衙署局所习气"，"凡有于商业不便之事，应即设法改革"。每逢朔、望，邀集各帮商董赴所讨论有关事宜，其余商人也可自愿参加。公所实施"挽救各策，须以大众意见相同为准"②。

应该注意的是，上海商业会议公所和天津商务公所虽可看作商人组织或商会的前身，但与后来的商会仍有所区别。如上海商业会议公所的总理、副总理都不是由商人自行推举，而是由官府一手指派；天津商务公所甚至还以天津知府凌福彭为督办，其总董也"事事请命而行，恐负委任"③，仍带有半官方色彩。更重要的是，我们说1904年成立的商会是近代新式资产阶级社会团体，在于它规定了一整套民主选举制度，制定了完备细密的规章以及具有近代民主特征的议事制度，同时还对会员的义务和权利也作了明确规定。正是这些完全不同于传统会馆、公所等行会组织的特点，体现了商会的"新"之所在，而上海商业会议公所和天津商务公所却恰恰不具备这些特点，因此不加区别地将其与商会等同看待是欠妥的。1904年上海商业会议公所和天津商务公所分别改组成商务总会，

---

① 《上海县续志》，"建置志"，民国7年（1918年）刻本。
② 《天津商务公所暂行章程》，《大公报》，1903年6月2日。
③ 《商务公所禀请银行事》，《大公报》，1903年6月4日。

并非仅仅只是改变了名称，而是在组织制度等各方面注入了上述近代新式社团所必须具备的诸特点，比较两者章程的明显差异，对此即可一目了然。①

清末商会的组织体制，根据商部奏定的《商会简明章程》的规定，各省垣及通商大埠均设商务总会，府、厅、州、县等中小城镇设商务分会。1906 年，又定乡镇设商务分所。分所隶属分会，分会隶属总会，相互之间宗旨相同，规章一致，组成一个层层统属、紧密相联的有机整体。这样，商会不仅见于大商埠和中小城市，而且延伸普及到县、镇、集市等十分广阔的区域，成为近代中国各类资产阶级社团中为数最多的一种。至 1912 年，全国各地除西藏等个别偏远地区之外，都相继成立了商务总会、分会或分所。有的学者统计，到 1912 年全国已有 57 个商务总会，871 个商务分会。②另有学者统计的数字与此略有出入，认为 1912 年全国共成立了922 个商会，其中商务总会 49 个，商务分会 873 个。③ 可以肯定，至 1912 年，全国的商务总、分会已多达 900 余个，如果加上商务公所，为数当更多。

商会主要由工商业资本家组成，其中商业资本家居多数，这是与近代中国工业不发达、商业畸形发展的经济格局相关联的。据初步估算，从商会开始出现到 1906 年的三四年间，全国 30 个商务总会和 147 个商务分会中，会董数是 6 千多人，会员数多达 58 600人。至 1912 年，全国各商会总计拥有会员 20 万人以上，其中会董也有 23 800 人左右。④ 由于有些地区的商会缺乏会员数据，而且各书记载商会会董、会员数，有的是成立时的数字，有的则是成书时商会发展起来的数字，对历届商会改选后加入的新工商户会员数无

---

① 上海、天津两商会的章程，分别载《商务官报》光绪三十三年（1907 年），第 14 期和《天津商会档案汇编（1903—1911）》（上册），天津人民出版社，1989年。

② 徐鼎新：《旧中国商会溯源》，《中国社会经济史研究》，1983 年，第 1 期。

③ 王笛：《关于清末商会统计的商榷》，《中国近代经济史研究资料》，第 7 辑。

④ 徐鼎新：《旧中国商会溯源》，《中国社会经济史研究》，1983 年，第 1 期。

法了解，所以上述估算的 1912 年全国商会会员数字肯定少于实际数量。但由此仍可看出，商会是当时包容资本家最多的资产阶级新式社团。

清末商会除会员外，另还有会友和名誉会员。有的论者认为商务总会组织比较狭小，实际上忽略了会员之下还有为数更多的会友也属商会成员这一事实。会员大多是各帮各业的商董，"即各帮各业之领袖"，会友则是普通工商户。上海、苏州等商务总会规定，会员必须每年缴纳 300 元以上的会费，而会友则只须缴纳 12 元。江西商务总会还特别指明："凡省城内外大小商业店户，及外省、外府之在客驻省，愿尽扶助本会义务者，皆得入会，以期同享本会保护之公益，伸张个人之权利。"① 有的商务分会也规定："凡商家赞成入会者，即为本会会友。"②

会友在商会中的权利虽不及会员，但也享受商会的一应保护，"凡有公益，一律均沾"。③ 有的商会在章程中特别指出："本会会员、会友既入会，应一律相待，毋有歧视。"④ 会友拥有的权利包括：选举各该帮、该行会员；遇开特别大会及年会，均可入会与议；有关商务之事，可条陈意见，请公同评议，或代为登入会报；遇有不平及受屈抑之事，来会申诉，商会查察属实，可代为伸雪；可向会内查询一切关系商务之章程、法律；如有紧要关系重大事件，可由该行会员介绍到会，请开特别会议。

至于名誉会员，因规定必须独捐巨款，而且本人系当地的社会贤达，故在商会中人数少，有的也不是工商业者。

国外的部分学者曾有一种看法，认为清末商会并非商办的资产阶级社会团体。例如日本学者仓桥正直指出：清末商会"是在官府的坚强领导和大力庇护下设立起来的"，"由商部接受地方政府申请后上奏，然后朝廷颁发上谕裁可，并发给商务总会特别官印——关防"，所以它是"官办的组织"⑤。法国研究中国近代资产阶级的专

---

① 《增订江西商务总会章程》，苏州商会档案，第 66 卷。
② 《江震商务分会试办章程》，苏州商会档案，第 4 卷。
③ 《广东总商会简明章程》，《东方杂志》，第 1 年，第 12 期。
④ 《江西商务总会创办章程》，苏州商会档案，第 66 卷。
⑤ 《清末商会和资产阶级》，《中国近代经济史研究资料》，第 2 辑。

家白吉尔教授在其《中国资产阶级与辛亥革命》一书中也认为：
"资产阶级在形成的时候，开始并不是一个与满清帝国相对抗的阶级，从某些方面来看，他们的一些组织，尤其是商会，甚至可以被看作是帝国政府的下属机构。"①

国内有的学者以清末商会介于官商两者之间的特殊身份和关系，认为它是半官方性质的组织。如有的强调商会"受清政府商部（后为农工商部）和各地商务局的控制，经常被札饬承担封建性的差使和支应官场需索，带有半官方的性质"②。有的指出："各商会的总、协理及会长均受官府'札委'并颁发关防，俨然衙门"，是"半官方机构"③。

以上种种说法，都否认了清末商会是一个商办的资产阶级民间社会团体，涉及商会性质这一重要问题，实有辨明的必要。我们认为，清末商会确与官府有比较密切的联系，甚至可以说带有某种特定的"官督"色彩，但它并非官办组织，也不是半官方机构，而是商办资产阶级民间社会团体。

从表面上看，商会总、协理系由官府札委，但却与官办机构存在明显差异，应作具体分析。商务局是地道的官办机构，其主管人员概山清政府任命候补官员担任。商会的总理和协理，则系工商业者自己推举，并非官府事先委任。商部在札发各商会的公文中对此说得很清楚，"本部于各总、分会札派总理、协理，必由商家公举，始行委用"④。虽然商人自己选定的总、协理必须由商部下文"札委"，但这却是由下而上的报请批准，而不是从上而下的任命，可以说是履行备案的手续。由于是商人自己推选，并且规定当选者必须确系创办商业成效卓著的商董，因此所选总、协理都是当地工商界的头面人物。与此相应，实际控制商会领导权者当为资产阶级上层代表，而不可能是官府衙门的代表。

天津商务总会 1904 年 12 月正式成立，自 1905 年 1 月至 1911

---

① 《国外中国近代史研究》，第 4 辑，中国社会科学出版社，1983 年，第 55～56 页。

② 章开沅、林增平主编：《辛亥革命史》（中册），人民出版社，1980 年，第 399 页。

③ 邱捷：《辛亥革命时期的粤商自治会》，《近代史研究》，1982 年，第 3 期。

④ 苏州商会档案，第 44 卷，第 3 页。

年6月担任总理的王贤宾，是直隶著名的盐商，又是房山商运煤公司总理和华胜烛皂公司、北洋水火保险公司的主要股东。1905年1月至1911年6月担任协理，1911年6月至1912年5月接替王贤宾任总理的宁世福，系英商新泰兴银行买办，又是天津织染缝纫公司总董、天津考工厂总理和北洋水火保险公司重要股东，兼有买办和民族资本家双重身份。①

上海商务总会从1904年至1911年先后担任总、协理的共计11人，其中严信厚、严子钧父子相继经营纱厂、轧花厂、商号、票号、盐号等多种企业，属于亦工亦商的资本家。周晋镳、曾铸、孙荫庭等人投资经营多种工矿、航运企业，同时也开设了若干店号。陈润夫是山西票号巨商，朱葆三主要经营洋广五金商业，同时在大有榨油厂、同利机器纺织麻袋公司、大达轮步公司和浙江兴业银行等诸多企业中拥有数量不小的股份，并担任英商平和洋行买办，是民族商业资本家兼具买办身份的典型人物。徐润和贝润生分别是英商宝顺洋行、公平洋行的买办，同时兼营进出口贸易，亦属于买办兼民族资本家的代表人物。②

不仅总、协理基本上由当地知名的工商界人士担任，会董的情况也是如此。根据商部奏定的《商会简明章程》规定，充任会董必须具备以下资格：其一为才品，即"手创商业，卓著成效"；二为地位，必须是行号巨东或经理人，每年贸易往来为一方之巨擘；三是资格，须于该地设肆经商历五年以上，年届三旬；四是名望，即为各商推重居多数者。上述规定表明，如不直接经营实业，尽管地位或职衔十分显赫，也不能成为商会会董。

苏州商务总会第三、第四两届会董共34人，即分别是纱缎业、钱业、典业、珠宝业、米业、茶业等大行业的商董，无一在职官僚和旧绅士。另从《华商联合报》上我们还查到1909年改选的上海、杭州、江宁、九江、汉口、重庆、贵州、天津、吉林、黑龙江等10个商务总会334名会董的身份，这些会董分别是钱业、洋货业、丝业、典业、绸缎业、票号、衣业、布业、茶业、药业、纸业、木

---

① 见胡光明：《论早期天津商会的性质与作用》，《近代史研究》，1986年，第4期。

② 上海市档案馆藏：《上海总商会同会录》。

业、杂货业、头绳业、饮业、匹头业、油业、烟业、杂粮业、苏货业、南货业和米业等行业的商董。

各地商务分会的总理和会董，也基本上是各业商人。例如1907年选举的苏属昆新分会会董包括总理在内共9人，分别是绸缎业、典当业、南北货业、烟业、茶业、药材业、南货业和缏线业商人。[①] 同年改选的第二届江震分会，包括总理在内共有会董13人，其中米业3人，钱业1人，木业1人，农业1人，丝业2人，烛业、油业、花业各1人。[②] 1909年改选的福建建宁府商务分会，包括总理在内计有会董9人，其中绸业、茶栈业和药业商人各2名，钱业、典业和米业商人各1名。[③] 同年改选的吉林伊通州商务分会，包括总理在内共有会董10人，分别是4名典当商，3名绸缎商，2名钱商和1名杂货业商人。[④]

清末商会的商办性质，从其经费来源方面也可得到证实。天津商务公所曾每月由官府拨银百两给予津贴。其他个别社团，也曾得到官府资助，例如农会即是如此。农工商部奏定《农会简明章程》规定："农会经费应于本地公款中酌量拨助。"1909年福建农务总会创办之际，申请农工商务局拨助银140两。同年武昌农务总会成立时，请由官钱局拨助的开办费多达2000两。[⑤] 而商会的经费则完全源于会员所在行业和会友捐助的会费，官府并不给予资助。

因是自行决定，所以各商会相互之间会费数额的多少并不完全一致。商务总会所在的大都市工商业比较发达，不乏富商大贾，会员缴纳会费相应较高。前曾提到的上海商务总会，规定凡一帮一行"年捐会费300两以上者，得举会员1人，600两以上者2人，900两以上者3人。年捐会费12两以上，不足300两者，则列名为会友。"[⑥] 据有关记载，1905年上海商务总会有会员167人，以每人300两计，即达5万余两。[⑦] 继上海商务总会之后成立的苏州商务

① 苏州商会档案，第8卷，第37页。
② 苏州商会档案，第7卷，第6页。
③ 《华商联合报》，第15期。
④ 《华商联合报》，第13期。
⑤ 《商务官报》，宣统元年（1909年），第32期、35期，"公牍"。
⑥ 《上海商务总会公议详细章程》，《商务官报》，光绪三十三年（1907年），第14期。
⑦ 《支那经济全书》，第4辑，第70页。

总会，规定各行帮每年公捐会费 300 元以上，得举会员 1 人，依次递加，至举 3 人为限。一般会友岁捐会费 12 元。

广州商务总会所采取的办法是设立公科会份，每份洋银 11 元，各行各帮视规模大小和资本多寡，酌情领认，并无强制性的统一规定，只是提倡互相劝勉，踊跃输助，商会将此会份额发商生息，所得用于必要的开支。如日后某商要求出会，仍将其会份银奉还。① 也有一些商务总会的会员，只须缴纳数额很小的会费。例如保定商务总会规定："无论何项商业，凡允认常年会费六元以上者，均得入会，并发给门牌，悬挂该商门首，以便保护。"② 天津商务总会也规定："无论何项商业，凡允认常年会费四元以上者，均得入会。"③

商务分会一般位于中小城市和县镇，会员中富商不多，分会所从事的活动规模也较小，开支不大，因而规定所缴纳会费额较少。例如苏州商务总会下属的梅里分会规定：会员缴纳会费，多可至 12 元，少可至 2 元，采取了比较灵活的办法。溧阳分会根据会员店铺规模大小，"按月分三等缴费，一等二十角，二等十五角，三等十角"。还有的分会并不规定具体的会费数额，由入会商家自愿捐助。如江震分会规定："凡商家赞成入会者，即为本会会友，其愿捐本会经费，酌量输助"。平望商务分会也指明："其愿捐本会经费，每年酌量输助"，"不愿捐者听便"④。

各商会使用会员、会友所缴会费，一般都是"以众商之利，还为众商之用"。"任事诸君，除书记酌提薪水外，其他代表以下均尽义务，概不开支薪水"⑤。有的商会还表示，如经费充裕，遇有在会各商存货压本，需资周转，准该业会员、会友联名具结公保，商会可为其筹措贷款，待其营业有起色之后再行归还。此外，许多商会为了开商智，育商才，还自行创办报刊，兴办商业学堂。

从清末商会开展的各项具体活动，也可以清楚地看出其资产阶

---

① 《广东总商会简明章程》，《东方杂志》，第 1 年，第 12 期。
② 《保定商务总会试办便宜章程》，《北洋公牍类纂》，卷 21，商务二。
③ 《天津商务总会试办便宜章程》，《北洋公牍类纂》，卷 21，商务二。
④ 苏州商会档案，第 8 卷，第 43 页；第 4 卷，第 3、47 页。
⑤ 苏州商会档案，第 67 卷，第 30 页。

级社团的性质。下面略作具体说明。

（一）联络工商。各商会成立后，都无一例外地将联络工商列为自己义不容辞的职责。这主要是因为中国工商各业素来行帮壁垒，相互各立门户，畛域分明，以致商情涣散，"声气不易通，群力不能合"①，成为工商业发展的一大障碍。所以许多商会表示："事势所迫，岂容缓图"，"商会之设，为各业商人互相联络，互相维持，以期振兴商务，自保利权起见"。② 有的商会则直接"以保护商业，开通商智，联络商情为宗旨"③。

清末商会联络工商的方式多种多样，其中比较常见而固定的形式是，定期召开有各业会董和会员参加的会议，共同商讨各项有关兴利除弊的措施。"各会董既由各商公举，其于商情利弊，自必纤悉能详"，因而相互之间随时接洽，定期集议，即可保持密切的联络，从而改变公所、会馆等旧式行会组织互相隔阂的落后状态。

在商会召开的各种会议上，各业代表集思广益，开诚布公，尽可直抒己见，互通商情。举凡出品衰旺、工艺优劣、市情涨落、销场畅滞等等，皆于会上互相咨访。公议之事，"由书记摘叙简要事由，登报布告"，使各商周知。各行各业如有不便于商，公认亟应整顿改革的传统陋习，商会也集议讨论，指明利弊，并研究变通办法，为之联络更正。通过这种前所未有的会议，大大加强了各商帮之间的联系，故商人交口赞誉："盖自设立商会以来，商情联络，有事公商，悉持信义，向来攘伪攘利，争轧倾挤之风，为之一变。"④

除此之外，商会还通过创办商品陈列所、劝业会等活动，增强工商各业之间的相互联系和竞争意识，促进实业发展。同时，发起并领导抵制美货运动和收回利权运动，号召各业协调一心，共同抵御帝国主义的经济扩张，维护国权和利权，使商人的互相联结在各项社会实践活动中更形密切。

（二）调查商情。清末商会开展商情调查活动，主要是为了使

---

① 苏州商会档案，第68卷，第12页。
② 苏州商会档案，第259卷，第10页。
③ 《保定商务总会禀呈试办便宜章程》，《北洋公牍类纂》，卷21，商务二。
④ 苏州商会档案，第68卷，第43页。

工商业者对何地销行何物、行情涨落如何做到心中有数，进而明了商务盛衰之故和进出口多寡之理，最终目的仍在于促进工商业的发展。1906年，江宁商务总会总理刘世珩呈文商部，说明"欲实行保商之政，非将各行业详细调查，编订成册，不足以便稽查而周保护"①。商部认为切实可行，当即批示全国商会照此办法办理。次年，农工商部又札饬各省商务议员会同所在地区的商会，将"贸易之盈亏、制造之粗精、销场之迟速，以及一切关系公司利弊改良等事，调查呈报，以资考核"②。于是，许多地区的商会都开展了较大规模的商情调查活动。

有的商会定期调查各业情况，分门别类予以刊载，酌情在常会或特会上集议讨论，指陈利弊，谋求改进。每遇年会之际，也注意调查此前一年各业盛衰情况，尤其注重有无新出商品，有无出口货物。一些商务分会也积极配合从事调查，例如江苏常昭分会报送的物产调查表，种类繁多，内容详细。其中制造品分为竹木、服装、五金、锻冶、染织、染机等部类，每一项又标明其制造地点、规模构造、发展历史、原料及其产地、手工生产还是机器生产、产品用途、数量、价目、销路及近年改良情况等等；植物类分为水产、农业、蚕桑等几大部，各部详记产地、种植、肥料、产量和销售多方面情况；矿物类侧重调查产地、数量、开采、冶炼、销路、运输等内容。如此详细的调查，在中国工商业发展史上是前所未见的。

为了讨论和拟订商法草案，清末商会还开展了商事习俗调查活动。有关这方面的具体情况，在本书论述资产阶级发起拟订商法、争取立法权的专章中将集中说明。

（三）兴商学，开商智。"商业之发达，由于开商智；商智之开通，由于设商学"，③ 这是商会中的有识之士对商业与教育二者关系的认识。为适应时代发展的需要，商会在联络工商、调查商情的同时，还采取了种种措施，兴商学培养人才，办商报开拓商智。

---

① 苏州商会档案，第42卷，第55页。
② 苏州商会档案，第72卷，第5页。
③ 苏州商会档案，第43卷，第66页。

有的商会成立后，议定"先筹设商业研究讲习所，以开商智而涤旧染"①。有的商会决定创办讲习所，"凡有关商务报章、书籍，均购置会所"，供会员、会友阅读研究，"讨论采访，启发智识"②。还有许多商会先后兴办商业学堂、实业学校和其他初级小学堂。如天津商务总会创办中等商业学堂，苏州商务总会主办实业学堂，通崇海泰商务总会主办银行专科及教育学校，上海商务总会创办商业学校，江西商务总会创办商徒启智学校等等；常州商务分会曾兴办半日学堂，江苏的梅里商务分会和川沙商务分会，也曾举办初等商业学堂。

在商会的大力倡导和支持下，还有一些实力较为雄厚的行业也开始集资创办新式学堂。例如在苏州，1906年纱缎业商人即通过商会禀准商部创办初等实业学堂；1907年和1909年，经纬业和米业商人也相继兴办初等小学堂。商会及其所属行业直接创办新式学堂，是当时商人经济实力增强和思想观念发生重要变化的具体反映。

不仅如此，有些商会还自办报刊，以联络商界，启迪商智。目前所知的有：天津商务总会主办的《商报》、广州商务总会主办的《广州总商会报》、重庆商务总会创办的《重庆商会公报》、济南商务总会创办的《济南商会日报》。另外，发行于全国的《华商联合报》，也是在上海商务总会的直接赞助和支持之下创办起来的，后为适应筹建全国商会联合会的需要，该报改名为《华商联合会报》，成为联络海内外华商商会的重要刊物。

以上各种措施，对于增进工商界人士的文化科学知识，培养新型管理人才，都产生了积极影响。

（四）维持市面。市面的稳定或混乱，都直接影响社会经济生活和商人的切身利益，因而是广大商人最为关心和敏感的问题之一。为了保证商业发展，每遇市面危机，商会都尽力维持市场机制的正常运行，发挥了重要的调节作用。

清末，对整个市面冲击最大的是金融风潮。其原因在于："钱市为商界金融机关，金融贵于流通，若滞而不流，机关乏转动能

---

① 《苏州商务总会试办章程》，苏州商会档案，第3卷。
② 《江西商务总会创办简章》，苏州商会档案，第86卷。

力，商业即有恐慌现象。"1908 年前后，全国许多地区均由于官府漫无节制地滥铸铜元，致使铜元数量激增，充斥市面而日趋贬值。1902 年至 1903 年间，银一元约换铜元 80 枚，此时却换约 180 枚。"铜元一拥，洋价不得不涨；洋价日涨，物价不得不昂；物价昂贵，则民生度日维艰，而商务亦因之败坏矣。"[1] 为了缓解铜元危机，许多商会都积极采取了措施。例如苏州商务总会禀准抚院饬令各属"于各省运入铜元稍示限制，一面严禁私铸，并饬关卡严密盘查"。同时，"邀集各商，晓谕明白"，请继续收受铜元[2]。天津商务总会鉴于铜元大量积压，商人拒收，首先提出停铸铜元和限价措施，议定市场钱盘价格每银一元兑换铜元不得超过 130 枚。后又议决全津各业一律停止使用铜元，改为银元交易，使铜元危机稍显缓和。

1910 年至 1911 年，全国各地又发生了更为严重的金融风潮。上海正元、谦余、北康等在全国有影响的钱庄相继倒闭，紧接着源丰润票号、义善源银号歇业，风潮波及全国，一时间银根奇紧，市面上商业往来难以维持，一派萧条景象。如何帮助众商渡过这一难关，成为全国许多商会所面临的紧迫问题。上海、京师、天津等商务总会共同配合理结源丰润、义善源歇业后的债务、商务纠纷，请求官府拨款，由商会从中担保，发放商号以资周转。苏州商务总会出面借得现洋 20 万元接济市面，同时晓谕各商照收裕宁官钱局纸币。此后，又赶印流通票 20 万元，咨照各商此票只能用于流通，不得兑现，俟市面平靖，再行收回。通过商会的这一系列措施，市面上虽仍充满愁云惨雾，但终于勉强得以维持。

清末年间，天灾人祸接连不断，粮食欠收，市上米粮短缺，价格扶摇直上。乡村饥民遍野，为生计所迫纷纷铤而走险，抢米风潮接连发生。例如江苏"常、昭、昆、新各县，均因抢米风潮，商业为之罢市"。[3] 因此，粮食供不应求和价格急剧上涨，成为影响市面的另一个重要因素。米业商人只得呈文商会，呼吁："市价有增无减，若不设法补救，不特商民受困，且恐流氓土痞乘机扰夺，后

---

① 苏州商会档案，第 100 卷，第 23 页。
② 苏州商会档案，第 252 卷，第 125 页。
③ 苏州商会档案，第 301 卷，第 26 页。

患何堪设想!"① 为此，许多商会采取措施竭力维持米粮市场。

（五）受理商事纠纷，保护工商业者利益。清末商会这方面的活动，使广大商人摆脱涉讼纠纷只能诉诸官府并由此遭受盘剥的困苦，受到商人的广泛欢迎。为了更全面地了解商会受理商事纠纷的具体情况及其影响，我们拟专辟一章，以清末苏州商务总会为例作一个案考察，在后面进行详细论述，故此处从略，以免重复。

（六）推动民族工业发展。清末商会是以商人为主体组成的资产阶级社会团体，所从事的活动也偏重于商业方面。由于当时工业资本家社团为数甚少，故许多工厂主也以"商"的身份加入商会。同时，商人认识到："农、工、商三者实相表里，今商界风气渐开，农工尚少讲求。顾工与商尤有直接之关系，工以商为尾闾，商以工为源头也。"② 所以，许多地区的商会也承担了推动民族工业发展的历史使命。

有的商会特别注重联络工界人士。例如苏州商务总会在章程中指出："现虽无力专设工业会，然工界中也不乏读书知大义，讲公益，识团体之人，及时提倡，商界之责。如有前项工人，应准一体入会，以开风气。……他日工会之成立，或基于此。"③ 有的地区落后守旧势力顽固，"激励工艺，反为行规压制；制造新颖，指为攘夺；烟通机器，伐木开矿，毁为妨碍风水；工厂女工，诬为藏垢纳污；土货仿照洋式，捏为妨碍厘规"。凡遇有类似情况，商会即"无不尽力维持，禀请地方官迅速保护"④。

商会成立后，还承担了协助创设工矿、航运企业及组织各种股份公司的职责。根据商部有关规定，凡设有商务总会之处，商人如欲新创办企业、公司，均首先呈报商会，然后由商会报请官府批准注册立案，给示保护。有时遇到颇费周折之事，概由商会出面进行交涉，从而为商人提供了极大便利。例如 1906 年江苏长洲县商人欧阳元瑞等人筹设瑞丰轮船公司，因在常州修筑码头为当地官府所阻，无法顺利进行，后经苏州商务总会与各级衙署反复交涉，并呈

---

① 苏州商会档案，第 74 卷，第 52 页。
② 《苏州商务总会试办章程》，苏州商会档案，第 3 卷。
③ 《苏州商务总会试办章程》，苏州商会档案，第 3 卷。
④ 《广东总商会简明章程》，《东方杂志》，第 1 年，第 12 期。

文农工商部，要求"俯赐鉴核，照章保护"，才终于在1907年元月使该轮船公司正式开航。①

1909年间，阜本、华兴、中兴、裕顺等机器面粉厂联名致函上海商务总会，陈述近年来营业虽有较大发展，但因各自为谋，往往在麦区采购原料时互相倾轧，致使成本增加，影响产品销路，为此，拟联合成立"机粉厂办麦公会"。上海商务总会立即致函当地督抚衙门，说明此举"殊与内外商情两有裨益"，请予备案，并加以保护。以上种种事实表明，清末商会是由资产阶级上层人物领导，以推动工商业发展、保护工商业者利益为主旨的资产阶级社会团体。

认为商会受商部和商务局控制，是许多论者断定商会为官办组织或半官方机构的一个主要理由。但从实际情况考察，商部并非直接操纵和控制商会，仅仅只是扮演着类似于监察机构的角色。商部拟定的《接见商会董事章程》曾明确指出："商会者，并非本部强令各商联合，不过使各商自相为会，而由本部提倡之，保护之，使官与商息息相通，力除隔膜之弊。"② 此外，清政府在商会中并未派驻督办，各商会办商报、办学堂以及从事其他社会活动，商部也未从中插手干预。因此可以说，清末商会拥有相当的自治权利。

不容否认，商部确曾试图对商会的活动范围和权限予以控制，但却未能达到预期的目的。如规定商会不得过问商务之外的内政外交等政治事务，即所谓"会议之内凡所论断，一以商情利弊为宗旨，不得涉及商界以外之事"，而且三令五申，"一丝不容稍溢"，务须"恪遵定章，认真经理"③。然而，商会实际上并未受此清规戒律的限制束缚，在清末历次政治运动中都极为活跃。1905年，商会发起并领导了全国规模的抵制美货运动，随后又领导商人从事收回利权运动，反对清政府出卖铁路主权；1910年响应立宪派号召，派代表参加国会请愿运动，并向清政府递交数份请愿书，敦促清廷速开国会，施行宪政；武昌起义爆发后，许多商会更转向革命

---

① 苏州商会档案，第152卷，第51页。

② 《商部接见商会董事章程》，《东方杂志》，第1年，第11期。

③ 《商部为重申奏定章程有关条文札苏州商务总会文》，苏州商会档案，第38卷。

力量一边，脱离清朝反动统治。这些事实都说明，清末商会是具有独立性和自主权的商办民间社团，商部并不能真正左右商会的态度和行动。

至于地方商务局同商会之间，则更无所谓控制与被控制的隶属关系。当时，有些商务局也曾有过试图监督控制商会的举动，但都遭到商会的反对而未果。例如在江苏，1909年农工商务局增设所谓裁判员，理结商家钱债诉讼等事，规定日后商会受理的各项讼案，不仅要于年终上报农工商部，而且必须按月抄送农工商务局，"以资考核"，这实际上是要求商会接受其督察。苏州商务总会立即回复照会，表示"商会性质与有司衙门之所统辖者，略有区别"，同"贵局统辖之地方官非可一律，若贵局因裁判员考核之必要，而欲敝会将理结之件按月抄送，似无不可照办。惟是研究商法，要贵互换知识，所有贵局讯结各案，亦请按月抄送一份，以资联络而备参考，谅亦贵局所许可也"。从字里行间不难看出，商会显然是要求与商务局享有同等的地位。收到苏州商务总会这一措词强硬的照会，农工商务局马上回文解释："此次议设裁判课员，清理商界词讼，专为体恤商情，扫除官气，绝非有增长本局权力之见存于其中，当为贵会见谅。"同时，农工商务局还表示："来文拟令敝局讯结各案按月抄送一节，事关商民争讼，其纠葛情实，本局不若贵会见闻之真切，遇有疑准，尚须集思广益，随时咨请指示，以晰是非而判曲直。……来文所嘱，自当一体照办。"①

可见，并非商会受制于商务局，而是商务局向商会"咨请指示"。此即使为敷衍之词，也还是说明商会非但不受商务局控制，相反还在很大程度上能够对商务局施加影响。

同是1909年，农工商部鉴于各地商会日见增多，公牍往来十分繁杂，曾札文规定以后除有紧要事可迳行禀部外，其寻常事务均移请地方官核转。于是，有的官府据此视商会为其下属机构，令商会将每年收支数目和所举总、协理和会董姓名、履历等，照送一份以凭查考。对此，许多商会也给予了有力的驳斥。柳州商会首先通告全国各地商会，严词指责此举"实有统辖商会意图"，阐明"设

---

① 以上引文均见《督办苏省农工商务局致苏州商务总会文》，苏州商会档案，第67卷。

使事事奉行，立见有层层掣肘之日，将来不但商会与商部隔膜，即留难壅闭之弊，以及百端抑勒手段，必立施于我商会无疑"；同时还大力呼吁："此事若不争回权限，势必遇事抑压，办理不无束手。"①浙江各商会也联合抗议地方官府这种"摧残商权，压制商会"的行为，并由杭州商务总会主持召开全省商会联合会，拟定对付办法，坚决予以抵制②。在商会的群力合争之下，地方官府监督控制商会的企图也始终未能得逞。

不久农工商部颁布《商务总、分会与地方官衙门行文章程》，说明地方官对商会"无直接管理之权"，只有"提倡保护之责"；并规定商务总会对司、道及以下各级衙门的公文均用"移"，分会对府、厅、州、县等各级衙门的公文均用"牒"③。根据清朝定例，只有平行公文才用移、咨、牒之类的字眼。由此表明，商会和同级地方官府至少在名义上是平行的，一般地方官府也根本不可能控制商会。

总而言之，清末商会在创立后受到清政府的保护，这是事实。因为当时的清朝统治者正施行重商保商政策，有关情况在前面论述官商关系发展变化的一章中已有具体说明。但是，清末商会并未由此而接受清政府的所谓"坚强领导"，也没有完全受商部、商务局和其他地方官府的控制。因而称之为官办机构或半官方组织，均与历史事实不无出入。当然，我们强调清末商会是民间性质的资产阶级社会团体，也并非意味着它在各方面都丝毫不受清政府的限制，否则也将流入片面。近代中国资产阶级存在着较大的软弱性与依赖性，由其组织的商会必然相应带有这些局限，从而不可避免地在某些方面会受到官方限制。

二　商　团

20世纪初，随着民族危机的日趋加深，逐渐兴起一股军国民主义思想，主要是宣传讲求体育，养成国民尚武精神，号召救亡图存。这一思想最初只在知识分子尤其是留学生中传播，但随后很快扩散

---

① 《柳州商会照会苏州商务总会文》，苏州商会档案，第85卷。
② 《嘉府各商会对于劝业道之公愤》，《华商联合报》，第6期。
③ 苏州商会档案，第37卷，第12页。

发展，成为在当时具有一定社会影响的进步思潮之一。受此影响，商人尚武之风也日渐盛行，并成立了体育会和商团等新式社会团体。

上海工商界人士即是在"军国民教育"的感召下，意识到"国民躯体羸弱，致蒙'东亚病夫'之诟，欲图强国，必先强种"，于1905年"发起组织体育会，锻炼体魄，研习武课，冀成干城之选"。① 是年，相继成立者有沪学会体育部、商业体操会、商余学会、商业补习会、沪西士商体操会，在当时被称为"五体育会"，此即中国近代最早的新式商人体育组织。其成员以工商店东、职员为主，还包括一部分资产阶级知识分子，除经常进行徒手操、柔软体操、田径运动等体育锻炼外，并加入兵式操练内容，另还组织学习外文知识，"敦请社会名流演说各种致富图强之要旨"，鼓吹"非振作尚武精神，无以资自卫而谋富强"②。

"五体育会"成立之初，其准军事社团性质尚不很明显。1907年，革命党人在两广、安徽连续发动起义，长江中下游局势也动荡不安。上海地方官员奉命"禁绝烟馆"，但"深恐烟民暴动"，便经由上海商人地方自治团体——城厢内外总工程局领袖总董李平书、办事总董曾铸等工商界巨擘，商请"五体育会"出防维持地方秩序，"五团体乃组织临时商团，设司令部，分段出防，历三昼夜，得庆无事"。不久，为求事权集中，指挥自如，"五体育会"正式成立南市商团公会，李平书任第一届会长。此后，又因沪南一带时有"暴徒越货于途，名曰'采花灯'，行者咸有戒心"，官府复请商团公会派员武装巡防，并"揭示通衢，如有悍匪敢抗商团者，准予格杀弗论"。由于"商团一再不辞劳瘁，为地方服务，因以益获官厅信任"。沪道准拨枪支、弹药，商团公会遂发展成为上海资产阶级所掌握的一支准武装，"上海商团之基础于焉奠定"③。

南市商团公会创立后，上海各行业纷纷效法组织商团。"至辛亥春，已达一千余人，皆各业领袖遴选有志之士，训练成团"④。

---

① 《上海商团小史》，《辛亥革命》（七），第 86 页。
② 参见沈渭滨、杨立强：《上海商团与辛亥革命》，《历史研究》，1980 年，第 3 期。
③ 《上海商团小史》，《辛亥革命》（七），第 86 页。
④ 李平书：《且顽老人七十岁自叙》，卷 3，第 286 页。

1911年，各行业商团成立"全国商团联合会"，实际上是上海各业联合商团，由上海商人地方自治机构领导和控制。

从分散的各业体育会、商团，发展到建立"全国商团联合会"，也是因为民族危机加深的刺激。1910年英国占领云南片马，日本侵略朝鲜，都进一步激起上海商人的爱国热情。"全国商团联合会"会长李平书、副会长沈缦云、叶惠钧公告全国商界同胞云："我国至今日，警报飞传，边烽四起，半壁河山，风云如墨，若不广结团体，民自为兵，将使繁锦庄严之大陆，瓜分豆剖于从容樽俎之间。我商业为流通金融机关，设有不幸，必先首当其冲。不早为备，一发之动，牵及全身，诚吾不忍言者。国人等痛抱覆巢之惧，组织全国商团联合会于上海……宫廷大厦，非一木所能支持，挽救大局，亦非少数人所能济事，仍希诸公导之于先，各伙友赞助于后，人人入会，以演操为正当之事业，卫国为应尽之义务。"①

上海商团的成立，开近代中国商人创办准军事团体之先河。紧接着，其他一些地区的商人也踵相仿效，纷纷创立类似体育会、商团的组织。

毗邻上海的苏州，"为货殖繁衍之区，距沪仅五十余英里，轮轨既通，瞬息可达，风气灌输，如斯响应。"② 1906年夏秋间，苏州商董倪开鼎、洪毓麟、杭祖良等数十人，联名转请商务总会呈文商部和江苏抚院，禀请设立苏商体育会。其禀文称"近者上海北市有华商体操会，南市有商业体操会，皆急起直追，力图补救。苏州水陆交通，市廛阗溢，凡商界身家财产，奚啻亿兆，咸寄于此。亟宜振刷精神，固结团体，去畏葸之积习，弥隐患于无形。现经职等公同集议，拟于省垣适中之地，设苏商体育会，以健身、卫生为始事，以保护公益、秩序、治安为宗旨，办有成效，为将来商团之先声。"③

苏州商务总会认为，"语皆中理，事属可行"，当即呈文商部和苏抚，请准予存案，饬令妥为办理，"以卫商界，而收实效"④。

---

① 《时报》，1911年5月1日。
② 刘栋华辑：《苏商体育会过去历史》序，稿本，苏州市档案馆藏。
③ 《苏商体育会史料辑》，苏州市档案馆藏。
④ 《苏商体育会史料辑》，苏州市档案馆藏。

1906 年 10 月初，商部批示："系为保卫商业起见，事属可行。详核所拟章程，大致也亦妥洽，自应准予存案。"① 江苏巡抚此前也表示："该商等拟于省垣设立苏商体育会，藉以保护公益。察核送到章程，亦属妥善，应请准予立案。"② 于是，苏商体育会在 1906 年秋正式宣告成立。

从上述苏州的情况看，商人之所以组织体育会，直接目的是为了保护广大商号铺户的身家财产，这对资产者来说是理所当然的事情，并不足为奇。随着经济实力的增强和队伍的扩大，他们愈来愈明显地感受到，仅仅依赖官府的所谓保护并不能有所作为，必须依靠自己的力量。"四民职业虽殊，同处一方，安危与共，自卫莫如团练，合群赖有同人。"③

但是，还应进一步看到，苏州商人成立体育会，同样是为了"振起国民尚武之精神"④，而且也是与救亡和自强紧密联系在一起的。他们认为："自外人进中国，遂有以强制弱之势，是以吾人亟须讲求体育，以为自强之基。……商之同业，犹士之同学也，皆我之兄弟也。诸君须要一心一意，如兄之与弟，同心御外侮，则苏商之体育会，即各省之先河，他日杭、宁各处皆能组合而讲求，乃是中国大胜利之日也。"⑤ 苏商体育会成立之初还曾表示："今日商界如散泥始团，痿痹始起"，虽"必有多方困难起伏奔赴于后"，但决心"坚持定力，振刷精神"，达其目的。因此可以说，成立体育会也是当时的苏州商人在时代使命感驱使之下所采取的一项自强救亡措施。

有些地区商团的前身不叫体育会，而是称作保安会或保安社。例如在汉口，辛亥革命前的三四年间，商人即按街区行政地段组织了许多保安会。到 1911 年，正式成立的有堤口下段商防保安会、黄陂街上段商防保安会、四官殿中段商防保安会、四段保安会、仁义下段保安会、义成社商防保安会、平安社商防保安会等 20 余个

① "商部批示"（1906 年 10 月 5 日），苏州市档案馆藏。
② 《苏商体育会史料辑》，苏州市档案馆藏。
③ 《吴县志》，卷 54，兵防考二。
④ 《苏商体育会章程》，苏州市档案馆藏。
⑤ 《苏商体育会史料辑》，苏州市档案馆藏。

团体。各地段的保安会最初互不统属，至 1911 年 4 月，联合组成了汉口各团联合会，"为研究消防、联络感情之总机关"①。

不少商团的正式建立，是在 1911 年底，这一方面是辛亥革命爆发推动的结果，另一方面也是因为在此前后时局动荡，商人更感到亟需建立武装，保护自己的身家财产。

武汉三镇的商团，即是武昌起义胜利之后，在革命党人的帮助下以各团联合会为基础正式创立的。1911 年 10 月 12 日，汉口军分府都督詹大悲与汉口商务总会总理蔡辅卿等人经过商议，决定扩充保安会建立商团，"担任巡缉匪徒，保卫全市治安"之责。商会通知各商店每户出男丁一名，无丁者出钱募役，并将汉口市区划为十区，每区为一组，负本区巡查治安之责。汉阳方面，谘议局议员万昭度和商绅张仁芬等人，也于此时受革命形势的推动，"组织商团，维持秩序，借以辅助官力所不及"②。

在江西南昌，商会联合绅、学各界于 10 月 29 日共同发起成立保安会，"要求赣抚冯汝骙便宜从事，力保治安"③。赣州商会总理萧文循等人在武昌起义胜利后，与赣学社领导人"暗通消息，积极筹划响应，并以体育会为基础，借保卫地方治安之名，向警察局借步枪 80 支，筹办民警商团，日夜训练，充实武力"。④

在四川重庆，独立前夕革命党人朱之洪等与商会联络，提议举办商团，以协助党人举义和维持地方秩序。经讨论研究，决定由"商会谋办商团自卫，士绅亦致力团练，以保治安"⑤。

武昌起义的胜利，在全国范围形成有力的冲击波，推动革命高潮迅速到来。此时，清朝统治呈现出土崩瓦解之势，已无力维持地方秩序，商人更不得不组织商团以自卫。例如在直隶保定，"近来谣传日多，人心浮动，商界皆有自危之心，于是倡办商团，以谋自卫"⑥。京师虽属清朝都城所在地，但值此动荡之秋，京师商会也匆忙组织商团，认为"时间紧迫，不容稍缓，决议一星期内

---

① 《夏口县志》，卷 5，"建置志"。
② 《武昌起义档案资料选编》（上卷），湖北人民出版社，1981 年，第 243 页。
③ 《辛亥革命》（六），第 381 页。
④ 《辛亥革命回忆录》，第 4 集，第 374 页。
⑤ 《辛亥革命》（六），第 6～7 页。
⑥ 《大公报》，1911 年 11 月 6 日。

实行成立"①。天津"各铺商以鄂乱影响，人心惶惶，恐有土匪藉端抢掠，在商会集议分段编练铺勇，以资保护"②。

上述事实表明，近代中国最早出现的一批体育会和商团，是商人在军国民主义思潮传播影响下，所采取的一项致强自卫措施，其抵御外侮、挽救民族危机的政治意义十分突出。但稍后有些地区的商人成立商团，则主要是因为国内时局动荡、秩序混乱，其目的重在保护自己的经济利益，政治意义不是十分明显。出于保护商人身家财产的单纯目的，有的商团甚至在成立之后，帮助清统治者维持混乱不堪的反动秩序，防范革命运动，起了阻碍历史发展的消极作用。因此，分析不同时期、不同地区商团的诞生原因，还需要作具体的考察，不宜简单地统而论之。例如同是诞生在武昌起义之后，武汉、江西、重庆等地商人组织的商团，是为了配合革命党人进行起义斗争。此时建立的沪西商团，也是因为"沪西一带北连租界，西近旷野，设有事变……外人出而干预、主权攸关，岂非大危事哉，此沪西商团不得不亟亟成立者也"。在其章程中，仍然强调"养成壮健之体魄，以裕商战之人才"③。而天津等华北、东北地区的商人急急创立商团，却主要是严防因"鄂乱"引起的所谓"滋扰"，避免商家铺户遭受经济损失。

关于商团的组织特点，前曾提及，成立较早者大都经历了一个由最初健体强身性质的体育团体，逐渐发展为拥有枪支弹药的准军事团体的过程。上海"五体育会"从民间文化体育团体到政治性武装团体的简略情况，前已说明。1906 年苏商体育会成立之初，也不具有明显的军事性质，其宗旨为"讲求体育，力矫柔弱，以振起国民尚武之精神，而结成商界完全之团体，并望入会者讲求卫生"④。因此，其活动内容侧重于健身和讲求卫生，会员定期操练，习柔软体操，后同时练兵操。1907 年 4 月，体育会转请商会代呈抚院，说明"原体育会之组织，本为商团先声，现将力求实践，非有枪支，不足以完形式而振精神"。经交涉，向官府借得旧式"摩

---

① 《大公报》，1911 年 11 月 4 日。
② 《大公报》，1911 年 11 月 3 日。
③ 《神州日报》，1911 年 11 月 1 日。
④ 《苏商体育会章程》，苏州市档案馆藏。

提尼枪"42 支。12 月，又缴价领取子弹一千颗。1911 年夏秋之间，苏商体育会改组为商团，时拥四个支部，共 628 人。1912 年元月，又由商会禀请都督府立案，成立了商团公会，下有 19 个分部，并添置枪械，共有各种新式枪支近 700 支，其中毛瑟快枪 260 支，"林明敦枪"320 支。由此可见，苏商体育会成立之后经历了"由徒手而器械，由器械而练靶，则体育之能事毕，而商团名义亦于是乎实践"的发展过程。最后，成为一支半武装性质的商人准军事力量，其成员"平时各营本业，有警则戎服巡逻"①。

汉口各保安会初建时，主要负责地段消防事宜，随后逐渐扩展到负责商警和环境卫生，并成立了各团联合会。武昌起义后在革命党人的帮助下，由汉阳兵工厂拨给枪支武器，承担巡缉匪徒，保卫治安之任，成为名副其实的商团武装。

关于清末商团的成员构成，其中虽有少数社会各界人士，但主体是商人，领导人绝大部分也为工商界头面人物，因而它理应属于资产阶级社团。这一情况，在许多商团的初期即体育会阶段，就有明显反映。

例如苏商体育会"入会者不限于商"，但均"无乖乎商人之名义"。其章程所列第一条"定名"，也清楚地指出："本会系商界同人，以及有志保护商业者，组织而成，故名为苏商体育会。"凡加入该会，除由本人出具志愿书外，尚需殷实商号作保，注明年岁、职业、住址，合乎规定资格者方能入会。其资格有如下四条：一、具有热心，有志保商；二、年龄自 16 岁至 45 岁；三、品行端正、不染嗜好；四、年富力强，身无残疾。各区体育会支部在这方面的规定要稍松一些。如 1911 年成立的胥江商业体操会（属第二支部），规定凡有志研究体育者，经会员二人介绍，全体认可即为会员。

就实际情况考察，体育会参加者主要是商人。从保存下来的有关档案资料中，我们可以窥见苏州商团成员的具体构成。最早成立的第一届苏商体育会共有会员 145 人，名单俱在，但可惜只有 50 人注明了职业。这 50 人当中，学界仅有 3 人，余皆为各业店铺的商人，其中尤以纱缎业、钱业、典业、珠宝业最多。另从各方面分

---

① 《吴县志》，卷 30，公署三。

析，未注明职业者绝大多数也是各行业的商人。苏商体育会在宗旨中明确指出，其目的在于"结成商界完全之团体"，并专门说明："本会会员各有实业，恐未能日应二操"，遂定每日操演一个钟头。

　　稍后的苏商体育会第一支部（1911 年 7 月成立），留下了比较完整的记载，为我们弄清这一重要史实提供了宝贵资料。该支部试办章程规定，会员资格以"年满十六岁，身家清白，有实在职业，未犯刑章，热心公益者为合格"。会员共有 55 人，其中纱缎业 4人，木业 8 人，烟酒业 7 人，洋广货业 5 人，余下的分别为电灯业、药业、颜料业、皮货业、磁业、蛋业等店铺的商人，注明会馆庶务和车站票房职业者也各有 1 人。商界以外者，仅私塾教员 1人①。由此可以断定，苏商体育会几乎是一个纯粹的商人武装团体。

　　上海商团中，商人之外的各界人士稍多一些，但也以商界人士居主导地位。据有的文献记载，上海商团"名曰商团，实兼工商士界"②。考察上海独立前后的 20 个商团，可知其绝大部分都是由各个商业行业组织的，成员多是商人及其子弟，还有普通职员和店员，另有少数文化界、教育界和宗教界人士。所以，有的论者认为"上海商团主要应是上海商业资产阶级组织的政治性的武装团体"，因为"商"在其中居主要成分③。这种说法有比较充分的史实资料作依据，是能够站得住脚的。

　　汉口的保安会同样是以商人为主体组成的团体。以沈家庙的四段保安会为例，可以透视保安会成员社会身份的基本概况。该会有 67 人，会长刘承清是贸三盛药行老板，会计陈自道、杨秉泽分别是裕成钱庄老板和贸裕昌钱庄老板。其他 16 名职员均为该地段绸号、药行、钱庄的店东、经理和高级店员。47 名团员则系各店铺、行栈派出之店员、学徒等。因而有的论者据此明确指出："保安会是以商业资本家为主体的包括城市居民在内的民间治安组织。"④

---

① 《苏商体育会章则、名册和练习打靶卷》，苏州市档案馆藏。

② 《上海商团小史》，《辛亥革命》（七），第 87 页。

③ 沈渭滨、杨立强：《上海商团与辛亥革命》，《历史研究》，1980 年，第 3期，第 69 页。

④ 皮明庥：《武昌首义中的武汉商会、商团》，《纪念辛亥革命七十周年学术讨论会论文集》（上册），中华书局，1983 年，第 334 页。

至于芜湖、南昌、赣州、重庆等地的商团，都是由当地的商务总会或分会出面召集各业组成，当然也应该是商人团体。

如果说清未商团的一般成员中，尚有少数其他各界人士，那么，其领导人则基本上都是当地享有声望的工商界代表人物。首先，还是看苏州商团的情况。据查检苏州档案馆收藏的有关档案资料得知，曾任苏商体育会两届会长的洪玉麟，字少圃，是顺康钱庄经理，苏州商务总会会计议董；曾出任第二届会长、第三届副会长的邹宗淇，字椿如，是水裕纱缎庄经理，苏州商务总会会董；另一名副会长倪开鼎，字咏裳，倪源源珠宝店经理，苏州商务总会会董。其他担任苏商体育会议事员、会董的诸人，也都是各业著名的商董，并曾在苏州商务总会中出任重要职务。例如尤先甲五次担任商会总理；吴理杲四次担任协理；张履谦、倪开鼎也曾出任商会总理和协理，并连任商会历届会董；杭祖良是杭恒富纱缎庄经理，也是历届商会的会董。①

上海商团的情况与苏州商团基本相似。最初成立的"五体育会"，都是所属行业的商董担任领导人。如商余学会会长郁怀智，字屏翰，"幼肄业广方言馆，嗣以家贫，弃学就商。……中年以后，营业渐顺，因以起家"②。当时，他还担任了上海商务总会的会董。商学补习会会长苏本炎，字筠尚，年轻时随从上海工商界巨董曾铸习商，"铸器之，妻以女"。之后，苏本炎"提倡实业，踊跃投资"③，逐渐崛起而引人注目，进入上海商务总会担任会董。

"全国商团联合会"即上海各业联合商团成立之后，出任正会长的李钟珏，字平书，原曾任广东陆丰、新宁、遂溪知县，并当过张之洞的幕僚。20世纪初，他充任江南机器制造局提调和通商银行总董。与此同时，李平书积极投资于众多工商企业，并在其中担任重要职务，参与经营管理，如先后担任了华成保险公司经理、上海自来水厂商股总董等职。1906年，他与他人合办昆新垦牧公司，1909年创办闸北水电公司，逐渐从官僚转化为工商业资

---

① "苏州商务总会历届总、协理、会董、会员衔名表"，苏州市档案馆藏。
② 《民国上海县志》，卷15，"人物"下，第10～12页。
③ 《民国上海县志》，卷15，"人物"下，第29页。

本家。当时，他还是上海商人地方自治机构的领袖总董和沪南商务分会的会董①。担任"全国商团联合会"副会长之一的沈缦云，是信成商业储蓄银行协理，曾投资开办信昌碾米厂，另与他人合资创办立大和申大面粉公司，1909年和1910年两次当选上海商务总会会董。另一副会长叶惠钧，原是志成商团团长，该商团由杂货业组织，叶惠钧也是该业领袖总董。任"全国商团联合会"名誉会长的虞洽卿，同样是当时上海商界的著名人物。1908年，他与人筹办了四明商业储蓄银行，1909年投资五万元创办杨清肥皂公司，同年并担任宁绍轮船公司总经理。很显然，不论是分散的各业商团，还是联合组成的"全国商团联合会"，都是上海资产阶级上层控制和领导的武装性团体。

汉口商团的情况也是如此。担任汉口各团联合会会长的王琴甫，是公成匹头号大号东，武昌起义前任汉口商务总会会董，后又相继出任副会长和会长，是汉口商界的著名商董②。各团联合会长马刚侯，是书业商董，系开明书店经理。

在组织形式上，有的商团成立之始即是统一的一元化组织，有的则经历了从分散的各行业商团到联合起来组成各业统一商团的发展过程。

例如苏商体育会成立之前，苏州并无区域或行业性的类似组织，它一开始成立，就是一个包括许多行业和区域的商人在内的统一组织。1911年7月左右，因"金阊商铺繁庶，每以城厢阻隔，未能入会肄业，向隅为憾。渡僧桥四隅市民公社爰集同志，组织支部。……自后城厢内外支部踵起"③。但一些区域性的商团成立之后，并非独立分散机构，而是直接隶属于原苏商体育会，称苏商体育会的下属支部。如渡僧桥四隅市民公社率先成立的支部，"以商界同人组织，根本于苏商体育会而成，就区域之利便而分立；名为苏商体育会第一支部"④。该支部有其自订的章程，但"与体育会

---

① 李平书：《且顽老人七十岁自叙》，卷3。

② 《夏口县志》，卷12，商务志，第12～14页。

③ 《苏州商团概况报告》，苏州市档案馆藏。引文中的渡僧桥四隅市民公社，是苏州商人成立的基层地方自治组织，本章下节将作介绍。

④ 《苏商体育会第一支部试办章程》，苏州市档案馆藏。

禀定原章相符",宗旨一致,即"讲求体育,力矫柔弱,保卫身家,维持公安,结合商界完全之团体,养成立宪国民之资格"①。

1912 年 1 月,苏州商团扩充改组为商团公会,下设分部越来越多,据 1913 年的统计,苏州商团公会所属分部已达 19 个。但是,这些分部仍由商团公会统一领导指挥。经费上商团公会如有余款,量情贴助各支部。军械、操衣等件,商团公会也酌情拨助。遇商团公会经费拮据、周转不灵时,则各支部有尽力协助之义务。行动上各支部部长平时有命令该部防守梭巡之权,但公会有紧要命令时,则必须遵照命令统一行事。至于下达出防戒严命令,仅商团公会拥有此权,各部未得到指令不能自由行动。如该部所在地区遽遭匪徒惊扰不及通告者,部长也可以从权下令,但须事后追请公会认可。此外商团公会还规定:"各部得自定各项章程,惟不得与本会章程相抵触,及不能违背评议通过之条件。"② 因此,苏州商团自始至终都是一个一元化领导的社团组织。

上海商团的情况,与苏州商团有所不同。最早出现的商业体操会、商余学会、商学补习会等五个团体,都是各行业自己组织的,互不统辖。后五个分散的体育会因出防维持秩序的需要,组成临时商团,但仍无统一规章。紧接着,南市商团公会成立,由李平书任会长,归总工程局领导,使"五体会"真正成为统一的团体。不过,在此之后其他行业组织的商团,仍保持其独立性,不像苏商体育会那样直接隶属商团公会。据《上海市自治志》记载,包括商团公会在内,清末上海各业共组织了 20 个商团。1911 年 3 月,各业商团联合成立了"全国商团联合会",选出统一领导人,互相独立的格局才最后改变。

据有的学者考察,上海商团在组织上实现联合之后,少数商团的头领还一定程度地控制着本团的活动,保留着一定独立性。"作为许多单位联合体的商团总部,家长制的寡头政治倾向也十分明显。在组织上,它只有会长,其下没有总部机构,更没有派出机构或派出代表。"③ 尽管如此,遇有重大事项,均由各团长联席会议

---

① 《苏商体育会第一支部试办章程》,苏州市档案馆藏。

② 《苏州商团公会章程》,苏州市档案馆藏。

③ 沈渭滨、杨立强:《上海商团与辛亥革命》,《历史研究》,1980 年,第 3 期,第 72 页。

讨论决定，并统一实施行动，所以此时的上海商团，仍应看作是一个联合性的统一组织。

汉口商团的发展过程，与上海商团大体相似。芜湖、南昌、重庆等地的商团，不是由各行业或区域的商人所组成，而是商会出面发起成立的，所以同样是许多行业的联合性组织。

商团与清朝官府的关系，是值得重视的一个问题。在这方面，各地商团的情况不全然相同。有的与清政府关系比较密切，有的则是纯粹的商办民间组织，与官府并不发生密切关系。

上海商团的发展，即与官府的支持和扶植有比较密切的关系。"五体育会"发展成临时商团及至建立"南市商团公会"，其动因主要是上海地方官员要求体育会联合出防，保卫社会治安，随后官府又拨发枪支弹药，增强体育会的军事力量，"以补警力的不足"。此后，官府常常视上海商团为维持地方秩序的一支补充力量，有时甚至将其与"保卫乡里，镇压盗贼"的旧式团练等同看待，称之为"民团"。不过，从总体上看，上海商团只是间接接受官府的旨意，主要注重于维护资产阶级的利益，其主旨不同于旧式团练，而是新式资产阶级社会团体。其所用经费，"酌收各会员会费暨各董募资充之"①，并不依靠官府资助维持，因此也不能看作是清政府的武装。

苏州商团的情况，则明显相异于上海商团。苏商体育会成立时虽也必须报请官府同意，但仅仅是履行立案的手续而已。从其产生到逐步发展扩充，始终在商人的主持下进行。例如苏商体育会最初所用枪支，并非官府拨发，而是通过商会征得苏抚同意，向省垣军装局借用的旧式后膛枪，并事先议定日后由会中自行筹款，订购新枪，将借用之枪如数缴还。所用子弹虽也由军装局提供，但实际上是商会代体育会出资购买。1911年底，体育会扩充改称商团，禀请苏抚程德全批准，增添"林明敦枪"200支，也是由商团每支出银10两购买。另在保存下来的完整档案资料中，我们也未见苏州商团在清末有接受官府命令、出防维持治安的事例，而是由商团自己布置安排。在经费上，苏商体育会和后来的商团公会对官府均无任何依赖，其来源一是靠会员缴纳会费，二是商会予以资助。一般

---

① 《上海县续志》，卷13，"兵防"、"商团"。

情况下，会员按月缴纳常会费，特别会费则"由热心之人特别捐助，作为购地、筑场、建房、备物之用"。其来源之大宗，为商会资助的经费。至于苏州地方官府，则从未给予拨款。因此可以说，苏州商团没有任何官方色彩，而只是维护商业秩序、保护商人利益的资产阶级民间性武装团体。

汉口为数众多的保安会，均由各地段的商人所组织，在各方面也与地方官府无密切联系。1911年，分散的各地段保安会组成汉口各团联合会，并非受官府之命或者是源于协助官府维持地方秩序之需，而是为了"联络感情"，出于自身发展的需要。从有关情况看，汉口商团与苏州商团相似，也具有纯商纯民的性质。

武昌起义后建立的商团，如安徽、江西、重庆等地的商团，大多数是为了协助革命党人举义，致力于推翻清朝统治，因而更谈不上与清政府有什么联系或带有官方色彩。但北京、天津以及东北等地的商团，有许多则是秉承官府旨意建立的，成立之后也经常接受官府命令，协助维持清朝的反动统治秩序，其与官府的联系更为密切。所以，对这一问题同样应该具体分析，区别看待。

关于商团的活动内容，较诸商会而言，其范围要狭窄得多。一般情况下，商团的日常活动主要是组织会员操练，有的也注重启发新学新知，激励会员的爱国热情。遇有匪徒袭乱，治安混乱，商团即协助出防，维持地方秩序。除此之外，清末的一些商团还曾参与立宪活动，武昌起义后又投身于辛亥革命，发挥了令人瞩目的积极作用。

三　地方自治团体

20世纪初，为了改变中国积贫积弱的衰败状况，包括立宪派、革命派（主要是留日的革命学生）以及商人甚至清朝统治阶级在内，无不宣传和鼓吹地方自治，使之成为日趋兴盛的社会思潮之一，并最先开始由商人付诸实践。

立宪派和革命派都认为，地方自治就是要将"固有之君权，割出一部分以让之于下"，即"移诸于民"（梁启超语）。"国家以行政之一部委之公共团体"，使"人民有参与国家行政之权"[①]。1904年

---

① 《论地方自治》，《四川》，第2号。

秋冬东三省绅商筹办地方自治，即把上述理论变成了实际行动。通过创立东三省保卫公所，争取到一部分地方行政的自主权。上海资产阶级也较早开始从事地方自治活动。1900年，闸北绅商祝承桂等人，即曾禀准两江总督刘坤一，由上海、宝山两县地方绅商自行筹措款项，承建桥梁，修筑马路，开辟商场，阻遏租界的扩张。李平书当时也开始研究如何"仿行文明各国地方自治之制"，1905年他联合上海其他绅商，创办了比较完备的资产阶级地方自治团体——上海城厢内外总工程局。两年后李平书曾论述说："朝廷虽有立宪之意，尚未宣布，而上海一隅，隐然若逆其意，首创地方自治，为立宪之基础……今日之上海，为中国地方自治之起点，将由点而长之为线，由线而长之圆之为面，由面而高之厚之为体。……夫地方自治为目前救病之急药，救灾之急赈。"①

从有关的史料看，商人对于地方自治作用的认识，与立宪派和革命派有不少相似之处。例如，他们首先也是将地方自治作为自强御侮的一项重要措施来看待的。上海资产阶级开始从事地方自治活动。即是"惕于外权日张，主权浸落"，"内政不修，外侮日亟"，希望"以此整顿地方，振作精神"。② 他们认为："以地方之人兴地方之利，以地方之款行地方之政"，使"人人有自治之能力"，"人人有竞争之热心"，才能御外侮，保主权。正因为如此，有的论者指出："清末上海地方自治运动同时也是一场资产阶级的爱国运动"，这种爱国主义性质，"从其诞生伊始，便十分明显"。③

此外，商人也认为地方自治与立宪有着不可分割的联系，强调"中国今日之立宪，当以地方自治为基础"④。苏州商人说明其从事地方自治的目的，是"合无数小团体成一大团体，振兴市面，扩张权利，不惟增无量之幸福，更且助宪政之进行。"⑤

不过，资产阶级的地方自治思想也有其自身特点。作为实业

---

① 《上海县续志》，卷13，《杂记三》，第36页。
② 杨逸等：《上海市自治志》，《大事记》，第1页。
③ 吴桂龙：《清末上海地方自治运动述论》，《纪念辛亥革命七十周年青年学术讨论会论文选》（下册），中华书局，1983年，第443页。
④ 《论立宪当以地方自治为基础》，《东方杂志》，第2年，第12期。
⑤ 《苏州观前大街市民公社缘起》，《辛亥革命史丛刊》，第4辑，中华书局，1982年，第59页。

家，他们往往注重于眼前的现实经济利益，在从事地方自治活动的过程中，比较强调实业、教育和保护地方治安。较早着力兴办南通地方自治的张謇即曾指出："窃謇抱村落主义，经营地方自治，如实业、教育、水利、交通、慈善、公益诸端。"① 之所以强调实业，是由于"自治须有资本"，就此而言可称实业是地方自治的"根本"，但实业与教育又是相辅相成的，因而也不能忽视教育。张謇认为："举事必先智，启民智必由教育，而教育非空言所能达，乃先实业。实业、教育既相资有成，乃及慈善，乃及公益。"② 张謇的思想一定程度地反映了当时资产阶级对地方自治的理解和认识，用他的话来概括就是："国家之强，本于自治；自治之本，在实业、教育；而弥缝其不及者，惟赖慈善。"③ 不仅张謇在南通是按实业、教育、慈善三大内容苦心经营地方自治的，而且其他各地资产阶级从事地方自治的活动内容，大都也不外乎如此。当然，随着资产阶级实力的增强，他们也采取了各种措施进一步扩展自治权利。另外，这里所说的慈善事业，并不单是过去会馆、公所那种狭窄的布施活动，而是包括了社会公益事业等更广阔的范围。

资产阶级藉兴办地方自治保护自己经济利益的目的也十分明确。1903 年东三省绅商创立保卫公所，即表明"本公所宗旨，专为保卫商民之生命财产起见"。④ 1910 年苏州资产阶级创办基层地方自治团体时也曾说明："职商等实为地方公益、社会安宁起见，是以义务所在，责任必承。"⑤ 各市民公社的宗旨均趋于一致，即"联合团体，互相保卫，专办本区域自治范围以内一切公益之事"。

争取参政和议政，获取一部分地方行政权，是资产阶级热心从事地方自治的又一个主要目的。东三省绅商创立保卫公所后，即宣称："地方一切新政及寻常词讼，两造情愿由公所公断者，则概由公所董事秉公办结，地方官亦不得过问。"⑥ 其他一些地区的资产

---

① 《呈报南通地方自治第二十五年报告会筹备处成立文》，《张季子九录·自治录》。

② 《谢绝参观南通者之启事》，《张季子九录·自治录》。

③ 《拟领荒荡地为自治基本产请分期缴价呈》，《张季子九录·自治录》。

④ 《创立东三省保卫公所章程》，《东方杂志》，第 1 年，第 10 期。

⑤ 《辛亥革命史丛刊》，第 4 辑，中华书局，1982 年，第 92～93 页。

⑥ 《创立东三省保卫公所章程》，《东方杂志》，第 1 年，第 10 期。

阶级尽管向清政府表示，兴办地方自治旨在"辅佐官治"，"助官司之不及"，"一切宗旨、办法，均不出自治范围以外"等等，但其内心仍然是希望借地方自治争取参政、议政权。

还应该指出，清政府迫于社会舆论和资产阶级的呼吁，在推行"预备立宪"之后，也将地方自治作为其中的重要内容加以倡导，这对清末地方自治的兴盛和更多资产阶级自治团体的出现，也起了一定的促进作用。过去，许多论著都认为清政府的"预备立宪"是彻头彻尾的骗局，完全否认其在预备立宪期间所从事的具体活动产生过某些积极影响，这未免失之偏颇。

基于上述几方面原因，在清末的几年间各地资产阶级纷纷成立地方自治组织，积极从事有关活动，产生了显著的社会影响。因资料限制，无法对当时所有的资产阶级自治团体作详细叙述，我们只能选择少数几个史料记载比较完整、具有一定代表性的团体作典型分析。

首先看上海的情况。

上海资产阶级从事地方自治，起初完全是出自其主动的要求，发起之后经历了三个阶段。第一阶段的自治领导团体称为上海城厢内外总工程局，第二阶段是 1909 年初清政府颁发《城镇乡地方自治章程》之后，各地的地方自治运动开始不同程度地带有某种官办或半官办的色彩，上海城厢内外总工程局改组为自治公所，也进入了所谓遵旨兴办时期。不过从上海的情况看，无论是总工程局还是自治公所，都是以资产阶级为主体的自治团体，而不是官办机构。1911 年 11 月上海独立，成立沪军都督府，城厢自治公所改为上海市政厅，地方自治发展到第三阶段，直至 1914 年北洋政府明令停办。

总工程局正式成立于 1905 年 11 月，宗旨是："整顿地方一切之事，助官司之不及与民生之大利，分议事、办事两大纲，以立地方自治之基础。"① 局内设两大机构，按西方政治制度，"以议事会为代议机关，以参事会为执行机关"。主要负责人有办事总董 5 人，其中 1 人为领袖总董（兼任参事会议长），由李平书担任，常川驻局办事总董 2 人，常川到局办事总董 2 人，由莫锡纶、郁怀智、曾

① 《上海城厢内外总工程局简明章程》，《东方杂志》，第 3 年，第 1 期。

铸、朱佩珍4人担任，均属上海工商界的头面人物。另有议董33人，虽标明为"地方全体之代表"，实际上大多数也是工商界中有一定声望者。

在议事会、参事会两大机构之下，总工程局还设有户政、警政、工政三部（有的记载称"科"，负责人称科长），各部置部长一员，由常川驻局总董分任监督之责。户政部下又设户籍处、地产登记处、收捐处等；警政部下设巡警处、消防处、卫生处；工政部下设测绘处、路工处、路灯处。三部之外，又设有书记处、会计处、翻译处、采办处等具体办事机构。另还设有一个裁判所，类似于司法机构，负责审理有关违警事件及一般诉讼案，凡房屋地产交易、钱债生意等案，原告赴局申诉，即由裁判官问明案情，"或衡情酌断，或会商总董，转邀公正人，或该业董事理处，以息讼端"①；盗窃案、人命案暨一切重大案件，并涉刑名者，解送上海县衙。裁判所设正裁判官一员，副裁判官一员，综理有关事务。

为办事便利，总工程局将上海城厢内外分为七个区，各区分别选派区长、副区长各一员，由总董监督统辖，负责经办总局公议各事。同时，总工程局还根据需要选派临时或常设赞助一员，协助正、副区长办理各有关事项。

由上可知，上海城厢内外总工程局一成立，就是一个机构相当完备的资产阶级地方自治团体。1909年1月，清政府颁布《城镇乡地方自治章程》，饬令各地城镇乡分设自治公所。在此之前未成立商办自治团体的地区，纷纷遵饬设立自治公所，上海地方官吏也曾迭次照会总工程局，要求遵章筹办。由于总工程局已开办数年，且颇著成效，资产阶级通过掌握其领导权，赢得了相当一部分市政经营管理权，因此"召集会议，决定办法"，提出以工总程局为基础，改组为城厢内外自治公所，不另设自治公所。这一要求获沪道和两江总督批准，于是上海资产阶级的地方自治即从1909年7月由自办阶段进入所谓遵旨筹办时期。

《城镇乡地方自治章程》规定设立议事会和董事会，实际上总工程局原已设立。1909年正是总工程局原议事会和董事会四年任满改选之期，故只是改选新的议事会和董事会，将上海城厢内外重

---

① 《总工程局裁判所章程》，《东方杂志》，第3年，第1期。

新划分为五个区，即变成为自治公所。改选的议事会、董事会负责人，也没有什么大的变化，仍然以上海工商界要员居绝大多数。可以说，从总工程局到自治公所，仅仅只是名称变动而已，其资产阶级自治团体的阶级和社会属性并未改变。

城厢自治公所成立后，其权限得到进一步扩充。《城镇乡地方自治章程》规定，地方自治的范围包括学务、卫生、道路工程、农工商务、善举、公共营业、经费筹集以及其他本地向归绅董办理各事，这实际上是本地的一部分文教、卫生管理权、农工商务管理权、民政管理权、市政建设权、地方税收权和公用事业的管理权。总工程局时期，已经拥有上述多方面的管理权，但无农工商务和文教方面的权利，改组为城厢自治公所后即获得这两方面的管理权限。开办巡警和裁判所，在清政府规定的自治范围内未明确列入，但总工程局原已办理，而且清政府颁布的章程中说明"向归绅董办理，素无弊端之各事"，可酌情予以通融，允许由自治公所经办。上海城厢自治公所遂据此规定继续办理巡警和裁判所，仍拥有地方治安权和一部分司法权。

上海独立后，资产阶级地方自治又随之进入新的历史时期。由于城厢自治公所许多领导人兼任商团公会及各业商团的负责人，在光复上海的过程中商团又发挥了重要作用，所以独立后他们当中不少人在新成立的沪军都督府和县、市地方政府中担任了要职。都督府军事以外的地方官，几乎全部为原总工程局、城厢自治公所领导人的原班人马所担任。于是，过去只是民间自治团体领导人的在野商董，现在成为地方军政府中的正式行政官员，城厢自治公所也改名为上海市政厅，由拥有一部分地方行政权、受清朝地方官府监控的民间自治组织，一变而为正式的资产阶级政权的地方行政机关。原城厢自治公所的议事会和董事会，仍作为上海市政厅的议事机构和执行机构。

但是，在管辖范围上，市政厅却反而不如原城厢自治公所大。这主要是因为闸北地区原来是城厢自治公所管辖的范围，独立后不久闸北新成立了一个民政总局，由"全国商团联合会"名誉会长、上海商务总会会董虞洽卿任民政长。闸北民政总局不受市政厅统辖，也不受命于上海县政府，而是直接隶属于沪军都督府。上海市政厅管辖的范围只及城南地区，故当时报章有称其为沪南市政厅或南市市政厅的说法。

上海市政厅真正独立行使地方行政权的时间也非常短暂。1911年11月21日，江苏省成立了临时议会，通过了《江苏暂行市乡制》，1912年1月正式颁发施行。这个暂行章程实际上只是由清政府制定的《城镇乡地方自治章程》"稍加修改订定的"，据其规定："市乡专办地方公益事宜，受本省民政长及本管县知事之监督"，县知事有解散议事会或参事会、撤销议员和董事职务的权力。[①] 结果，上海市政厅不久又受到一定程度的监控。尽管如此，清末上海资产阶级的自治团体，在全国来说是成立比较早的，具有开风气之先的意义。

上海资产阶级自治团体的具体活动及权限范围，在总工程局时期主要包括户籍的编查管理、地产的注册转让、房屋的登记翻造、道路的开拓修建、河渠的填筑疏浚、路灯的维修添设、巡警的募训设置、地方捐税的收支以及违警事什的处理等等，从实际情况看，总工程局在四年实践当中，为改变上海市政面貌所作出的贡献也是比较突出的。据统计，总工程局共辟建、修筑道路60余条（段），修理、拆建桥梁50余座，新辟、改建城门3座，疏浚浜河9处，修筑驳岸7个，修造码头4座，设置巡警人员398名，每年裁决民刑讼案及违警事件1 700多起。[②] 此外，还招商创办了上海内地电灯有限公司，从外商手中收回自来水公司归为商办，派遣留学生赴日考察市政，创办政法讲习所。同时还负责管理税收，招商认包浦江船捐，征收地方月捐，筹贷地方公债，呈请拨借工程款等。社会公益方面，总工程局设立平粜局10处，"办理平粜，充济民食"，并领办平价官米，分设平价处，计城内1处，南市6处，北市4处。改建了勤生院，专为教养平民之所。[③]

总工程局还曾与租界内的帝国主义势力进行过斗争。例如1906年和1907年，法租界当局两次提出疏浚西门外方浜桥至小东

---

① 《江苏暂行市乡制》见1913年江苏内务司编：《江苏内务行政报告书》，上编。

② 《上海市自治志》，"工程成绩表"、"警务成绩表"。

③ 蒋慎吾：《上海市政的分治时期》，《上海通志馆期刊》，第2卷，第4期，第1127～1128页。

门一带护城河及卢家湾以西的肇嘉浜。这两条河浜与法租界毗连，主权归属中国，是阻挡法租界向南扩张的天然屏障。法租界当局企图侵占这两河浜的主权，扫除扩张渗透的障碍。总工程局严加驳斥，断然拒绝，使其阴谋始终未能得逞。

1909年总工程局改组为自治公所之后，活动内容在原有基础上进一步扩充。财政税收等方面，拨收南市码头捐，订定地方公债章程，处置地方公产，接收带征地丁漕粮捐，征收地方公益捐和广告税（中外商民均须照常缴纳）。此外，拟定洋商租地办法，规定凡公所区域之内，一律不准出租洋商，已出租者应声明前案。整理城根公地，所有城根公地租户直接向公所缴租，租款一律充作自治经费。

疏浚河道和筑路工程等方面的政绩，包括捞控肇嘉浜河，改筑小南门城门，修筑关外桥，开浚城濠，辟小东门城门；划定境内干路，捞浚通潮河，规定庙园路线等。据统计，城厢自治公所共辟建、修筑道路40多条（段），修理、拆建桥梁10余座，新辟和改建城门6座，建造驳岸3个，码头6个。

学务方面城厢自治公所制定了学务事宜五项办法，划定学区，规定每学区至少须设公立小学堂一所，设置学务专员管理其事。公共卫生方面自治公所也制定了一系列有关条令颁布施行，如禁止在道路、桥梁处停放棺柩，限制在城内添建殡房；改立公共医院和预防鼠疫等；另还清查吸烟并禁儿童吸食烟卷。

其他方面还有设立贫民习艺所，办理平价善后，续设裁判所等。另外值得一提的是接办官契事宜。1907年，乡董朱承鼎等人禀准代理上海知县王念祖，将官契改归绅办，于次年元月开办官契总局，不受总工程局管辖。城厢自治公所成立后，经过交涉，将原属官契总局办理的城厢自治区域内的官契事务归由自治公所管理。

在辛亥革命当中，城厢自治公所也发挥了积极的作用。革命党人确定"以联络商团，媾通士绅为上海起义工作之重心"，主要就是争取城厢自治公所的商董。在革命形势的敦促和革命党人的联络下，城厢自治公所的领导人均转向革命一边，组织商团参加了上海起义。独立之后，原城厢自治公所领导人又参与地方军政府，承担了管理城市社会生活的重任。

独立后成立的上海市政厅，也开展了一系列活动。在税收方面的活动及职权有：验发船照，规定原赴有关衙门挂号验照的停泊商船，改赴市政厅挂号，照章纳税，税款充地方公用；征收房捐，房捐原由行栈、庄号、店铺缴纳，独立后经商会集议改作地方税，由市政厅管理征收，归办月捐；清道、路灯工程及业户建筑，也由市政厅分区派员经营，有关捐税改为地方月捐，照各区捐章一律征收；管理船政，革除埠头、船甲名目，由市政厅市舶科派员专理；募集公债，原计划募集银 40 000 两，后得实数 2 000 两。

学务方面主要是规办学校，接收各小学堂，由学务专员规划整顿，分别支取经费，继续开办，其次是派遣留学生，由市政厅通告招考，经学务员考验录取，送美国哈佛大学学习医科，每人学费、膳宿费年年 250 元，由市政厅付给。

道路修建及工程建设方面，拆除了旧城墙，新修了马路，并修桥填浜，主要工程有修筑新闸桥，拆除十六铺桥，填平淤浜，设轨行车，在肇嘉浜南蒲黄河西至徐家汇、土山湾等处，分筑干支马路。另还建成贫民习艺所新屋和新普育堂，添建小学校校舍等。

在三年时间内，上海市政厅和闸北市政厅共设立和接办小学堂 19 所，在校学生达 5 000 余人，兴建、修筑道路 70 余条（段），修理、拆建桥梁 20 余座，修建公屋、校舍 10 多所，修筑驳岸 2 个。①

综上可知，上海资产阶级自治团体取得的成绩是十分令人瞩目的。它取得了相当一部分地方行政权，在某种程度上已具有类似于地方行政机关的职能。但是也要看到，它还不是一个能够完全独立行使全部职权的自治团体。总工程局时期，第一任领袖总董、办事总董均由苏松太道袁树勋指定，后虽由总工程局议事会自行公举，但仍须报官府审核批准。总工程局裁判所拥有的司法权力也是有限度的，重大案件都必须送交县衙审理。议事会虽具有一定的立法权，但所制定的规章多系"本局各项章程及规则"，仅有少数地方治安方面的条例，对于清政府上海地方当局则只有提出建议的权利。议事会所谓监督行政，也主要只是限于对总工程局的参事会，规定参事会不得独断擅行，随时接受议事会的监督和调查，对于上海地方政府，则无监督其行政之权，相反还要受官府的监控。1909

---

① 《上海市自治志》，"学校成绩表"、"工程成绩表"。

年清王朝推行地方自治，对资产阶级自治团体的监控仍十分严格。总工程局改为城厢自治公所后，受官府的监督即更为明显。例如议事会议决施行的事件，在总工程局时期可直接交由参事会执行，这时却必须送交地方官审核，经允准后才能移交参事会实施。

其次看苏州的情况。

苏州资产阶级的自治团体称为市民公社，与上海的总工程局不同，它是一种以街道为行政区划组成的基层自治团体。最早成立的市民公社，是诞生于1909年的观前大街市民公社。是年6月，洋货业商董、苏州商务总会会董施莹，呈文苏州商务总会、苏属地方自治筹办处和府、县地方衙门，提出组织观前大街市民公社。其呈文称："窃商等住居观前大街，经营商业，历有年所。第观前大街，分为观东、观西二名称，地居冲要，店铺林立。从前办理各事，虽有施行之效验，尚无联合之机关。商等目击情形，急思振作，爰拟组织公社……如关于卫生、保安等类，集思广益，实力试办，取名苏州观前大街市民公社。"①

当时，正值清政府推行地方自治，饬令各级地方官吏倡导实施，因而苏州商人创立市民公社从事地方自治的行动，得到地方官府的支持。官办苏属地方自治筹办处表示："该职商等热心实力，深堪嘉尚。……准如来禀迳报该管地方官立案，先行切实试办，以为地方自治之模范。"② 于是，观前公社很快正式成立。紧接着，其他街区的商人也踵相仿效。辛亥革命后，苏州市民公社仍与日俱增。据有关档案记载，到1928年苏州的市民公社总共多达27个。

苏州市民公社虽属基层街道地方自治团体，但组织机构却相当完备。各公社负责人有正（总）干事1人，副干事2人，由全体社员公举。民国之后成立的市民公社大多称负责人为社长、副社长，并曾统一实行委员制，一律称执行委员。在正、副干事以下，市民公社设有评议部、经济部（或称会计部）、庶务部、文牍部（或称书记部）、消防部（有的称作处）等具体机构，分工管理各项事务。

与商会一样，市民公社决定各项重要事务，都是集体讨论议

---

① 《苏州市民公社档案选辑》，《辛亥革命史丛刊》，第4辑，中华书局，1982年，第87页。下引苏州市民公社资料均出自该档案。

② 《辛亥革命史丛刊》，第4辑，中华书局，1982年，第88页。

决。为此，各公社均拟定了会议制度。其会议有常会、年会、特别会三种，常会按月举行一至二次，全体职员参加，主要内容是报告和研究社务，并借以加强联络职员间情谊；年会每年举行一次，一般是在职员任满重新选举时召开，全体社员参加，由各有关负责人报告一年社务，通告经费收支，最后改选职员；特别会即临时举行的会议，遇有特别紧要事件，随时由正、副干事邀集全体社员参加，社员有一定人数联名提出，也可要求公社召开特别会。

市民公社的经费来源，分为入社费、常年费、特别费3项，入社收费5角至5元，常年费月收2角至1元，特别费不拘数额。入社费和常年费不等，是根据社员所在店号资产多寡酌情决定的。特别费则是遇有特殊需要临时募集，如修桥筑路、救火冬防、夏季卫生所需之款，由会员和其他地方团体机构自愿认助。此外，市民公社还有一些其他的收入，如尿池坑厕租金、垃圾桶租金、消防队保证金等，但这些收入在整个市民公社的经费来源中只占很小一部分。

据查验有关文献，可知市民公社的经费支出有以下几个方面：首先是用于修桥铺路、疏浚河道、清洁卫生等项，其次是用于辖区内治安、消防、学校、义赈等项，再次是办事人员薪膳津贴及各种办公用费，另还有各种往来应酬费。就总体而言，市民公社的开支主要用之于辖区内商人各方面的需求，是合乎商人意愿的。

关于市民公社是否为商人团体，当时即有官府中人提出，公社"并无买卖经营之关系"，"非营业商人，但有社员介绍，年满25岁，住居本街范围者，均得为会员，故不能用商人名义而称市民"①。但从实际情况看，苏州市民公社由商人发起成立，负责人及其他职员基本上都是商人，一般社员中商人比例也占至90%以上，所以说它是商人团体当属无疑。

最早成立的观前大街市民公社，其发起人前已提及，系苏州商务总会会董、怡和祥洋货店经理。渡僧桥四隅市民公社的发起者近20人，均自称"职商"，禀文中也强调"商等住居渡僧桥一带，经营商业，历有年所"。金阊下塘东段市民公社的发起者是曹永暹等人，也自称为"职商"，在该处"经营商业，历有年所"②。道养市

---

① 《辛亥革命史丛刊》，第4辑，中华书局，1982年，第91页。
② 《辛亥革命史丛刊》，第4辑，中华书局，1982年，第92页。

民公社的发起人还阐明其缘由说："职商等实为地方公益、社会安宁起见"①。可见，各个市民公社的发起者显然都是商董。

担任市民公社正、副干事或社长的主要负责人，也都是较有影响的中上层商董。如观前大街市民公社 1909 年推举的第一届干事共两人，其中一人是发起者施莹，另一人是振源永绸缎业商董。1910 年推举的第二届正干事倪咏裳，系倪源源珠宝店经理，曾担任苏州商务总会会董和苏商体育会副会长。副干事二人，一人是沈鸿揆，为沈大兴铜锡商号经理；另一人是陶芸村，系瑞松堂纸业商董。

又如渡僧桥四隅市民公社 1910 年选举的第一届正干事是该公社的主要发起者，"职商"韩庆澜，副干事苏绍柄是霞章会馆的头面人物，该会馆乃是纱缎业的同业组织。1905 年抵制美货运动之后，苏绍柄曾受上海商务总会总理、抵制美货运动的领导者曾铸委托，编辑了有关抵制美货运动的史料集——《山钟集》，至今这部史料仍为研究者所经常征引。

金阊市民公社民国元年推举的社长洪玉麟，是顺康钱庄经理，苏州著名的钱业商董，曾两次出任苏商体育会会长，并曾担任苏州商务总会会计议董。同年齐溪市民公社公举的正社长薛鸿鼎，是德丰裕米行商董。两名副社长，邹大钧是邹水兴木行经理，徐福保系朱万成米行经理。根据档案文献记载统计，在清末民初苏州 15 个市民公社的 197 个正副干事、社长中，商人占 169 名。由此可以肯定，苏州市民公社是商人领导的社会团体。

不仅正副干事、社长由商董担任，苏州市民公社各部的职员基本上也都是商人。例如渡僧桥四隅市民公社第一届职员，评议员有 16 人，其中 15 人是各商号商人；会计员 2 人，均属商人；工筑员 6 人，调查员 6 人，收费员 8 人，同样都是商人；书记员 2 人，1 人属商号，另 1 人属自治筹办处；招待员 10 人，有 9 人标明来自店号。②

市民公社一般社员的情况，档案中未留下完整的记载，但从观前大街市民公社壬子年（1912 年）第四届社员选举人名单和职业

---

① 《辛亥革命史丛刊》，第 4 辑，中华书局，1982 年，第 93 页。

② 《辛亥革命史丛刊》，第 4 辑，中华书局，1982 年，第 114～115 页。

仍可略知梗概。根据该公社选举细则规定，"本社社员均有选举职员及被选举为职员之权"，可以断定其选举人名单就是社员名单。观前大街市民公社此届社员选举人总共 197 名，其中注明店号名称的商人即有 187 名，所占比例高达 95％。[1] 民国四年该社第七届社员选举人共 160 名，其中也有 152 人是商人，比例仍占 95％。《渡僧桥四隅市民公社第一届报告册》（铅印本）所载办社缘起时曾记载说："己酉夏，苏州城内元妙观前大街商民，援光绪三十三年十一月宪政编查馆、民政部会奏结社集会律，合众联结公会，因尽出自商民，故曰市民公社。"[2] 不难看出，苏州市民公社是由商人组成和领导的自治团体。

苏州市民公社所从事的自治活动，起初一般只限于清洁街道、凿井通沟、修桥筑路等公共卫生以及消防事业，其范围较诸上海的总工程局显然要狭窄得多。但是，苏州资产阶级创设市民公社，同样希望借此"组成一公共团体"，使之成为"独立社会之起点"。很显然，市民公社从事自治活动，也是将其与商人的政治经济利益紧密联系在一起的，其目标不仅是要"振兴市面，扩张权利"，而且要"助宪政之进行"。

为形成"完全之自治团体"，市民公社越来越不满足于卫生、消防等方面的管理权限，不断要求扩大自治活动范围。观前大街市民公社即曾宣称："夫言地方善举，宁啻救火一事；言道路工程，宁啻修街道，通沟渠；言卫生，宁啻清洁污秽；而言自治范围，亦宁啻善举、道路、卫生数端？"[3] 因此，市民公社的活动很快扩充到治安冬防，代行了一部分本来应该由军警执行的巡逻警务。民国初年，又逐渐发展到金融、税务、物价以至军需杂务等诸多方面，作为一种街区性的基层自治组织，其活动范围和职能已比较广泛。这一特点是当时其他一些地区的基层商人自治组织所无法比拟的。

正因为如此，苏州市民公社所开展的一系列自治活动，在当时产生了比较显著的积极影响。

首先，苏州资产阶级由此取得了前所未有的一部分市政建设和

---

① 《辛亥革命史丛刊》，第 4 辑，中华书局，1982 年，第 101～103 页。
② 《辛亥革命史丛刊》，第 4 辑，中华书局，1982 年，第 59 页。
③ 《辛亥革命史丛刊》，第 4 辑，中华书局，1982 年，第 57 页。

管理权，影响和势力随之进一步扩大增强，逐渐取代旧绅士成为参与管理城市社会生活的一支主导力量。通过市民公社这样一种基层自治组织，资产阶级得以将势力渗透到城市社会生活的基层领域，虽然其权限还很不完备，但已多少具有相对独立性。

其次，市民公社"克尽义务"，"凡清道、缮路、通沟、燃路灯，次第毕举，而尤注意者，弭盗防匪，预弥衅于无形。所有从前隐患，一扫而空，故在地铺商，咸觉平安无事"[1]。上述这些措施，对于促进苏州城市近代化的发展，维护社会治安，建立一个比较繁荣而稳定的市场，是产生了一定的积极作用的。因此有商人赞誉说："马路新筑，交通日盛，东西洋商，各省士绅富庶，俱集于此，观瞻所在，我苏省治象商情，关系岂浅鲜哉！"[2]

但是，苏州市民公社也有软弱的表现。它从一开始就自我告诫："一切宗旨、办法，均不出地方自治范围以外，期与官治无相抵触……以仰副自治筹办处殷殷图治之至意。"[3] 尽管辛亥革命前夕客观形势的发展，为市民公社进一步拓展自己的权限提供了有利条件，但市民公社始终因害怕招致侵夺官权以及与官治相抵触的嫌疑，不敢大胆越出清政府地方自治法规的雷池，所以其成就一直局限在有限的范围内，特别是在立法和监督地方行政方面的影响，可以说是微乎其微，远逊于上海的总工程局和城厢自治公所。苏州市民公社这种恭谨慎微的态度，仅仅只是换来了官府的认可和支持。如苏州巡警道即曾致函苏州商务总会，表示："惟值兹预备立宪，地方正议自治，如能多设市民公社，筹办清道、卫生、消防一切公益善举，实与自治前途大有补助。"[4] 而苏州封建统治者设计的所谓自治前途，只不过是"庶秩序不致紊淆，而期限得能迅集，上可以无背馆章，下可以勉符众望"[5]，即在维持原有统治秩序的前提下，使地方自治沿着清政府规定的轨道进行和发展。苏州市民公社不敢逾越这一规定，其建立"独立社会"的良谟宏愿也就始终无法

---

① 《辛亥革命史丛刊》，第4辑，中华书局，1982年，第59～60页。
② 《辛亥革命史丛刊》，第4辑，中华书局，1982年，第60页。
③ 《辛亥革命史丛刊》，第4辑，中华书局，1982年，第88页。
④ 《辛亥革命史丛刊》，第4辑，中华书局，1982年，第57页。
⑤ 《辛亥革命史丛刊》，第4辑，中华书局，1982年，第29页。

得以实现。

最后看广东的情况。

1907 年，广东商人为了"联合起来，共图于商业组织中有所进展"，并借以"组织力量，按步实现其拓财货、扩商权，进而参与新政、兴商富国之伟愿"[①]，成立了粤商自治会。该会会址设于广州西关华林寺内，曾参照天津自治会章程拟定了《粤商自治会章程第一次草稿》，指明："粤商自治会依广东省之区域为区域，凡居住于本省之中国人，遵章守例，负担义务，皆得享受权利。""凡有关本省地方自治事宜，得依程序自行议定，禀请本省总督批准，布告于众，由布告日起，30 日后一律遵守。"[②]

该章程草案还规定在自治会设议事会、董事会、干事会等机构，但据有关回忆录称，实际上后来并未真正设立，日常会务主要由会中骨干担任，其中绝大部分是商人，也有少数新型知识分子。例如陈惠普，系店工出身的银号商；李戒欺，原名鉴诚，商人，铁路公司股东。据载粤商自治会成立后，"办事纯以戒欺、惠普氏为主干"，此二人被称作自治会的"会长"。此外还有：陈基建，商人，有同知职衔，曾与人合办煤矿，粤商自治会成立初期，开会通电常由他领衔；黄景棠，字绍平，侨商之子；李蘅皋，知识分子；郭仙洲，珠宝商人；朱伯乾，烟丝业商人，南海大信银行股东；陈竹君，成药商，著名华侨资本家陈启沅之子；唐拾义，成药商兼医生；黄焕庭，航运业商人；谭民三，百货业商人。另还有卢辅宸、全西岩、关伯康、陈漳浦、梁蔚廷等一批商人。《羊城报》编辑谭荔垣、《七十二行商报》编辑罗少翱、《半星期报》总发起人莫梓羚等，也是粤商自治会的骨干人物。[③]

在组织上，粤商自治会显得比较松散。有的记载称其"无会籍、无会费"，成立时"只联同广州各大善堂全部董事为发起人，并无另招会员"。善堂是地方慈善机构，其资金主要由商人捐助，许多善堂的善董也由商人担任，当时广州有"九大善堂"之说。可

---

① 《粤商自治会与粤商维持公安会》，《广州文史资料》，第 7 辑，第 24 页。

② 《粤商自治会章程第一次草稿》，《广州文史资料》，第 7 辑，第 29 页。

③ 参见邱捷：《辛亥革命时期的粤商自治会》，《纪念辛亥革命七十周年青年学术讨论会论文选》（下辑），中华书局，1983 年，第 376 页。

以说，商务总会、粤商自治会、七十二行、九大善堂都是清末广州著名的商人组织。

粤商自治会自身组织虽比较松散，但成立之后也开展了一系列社会活动。如创办自治研究所，聘请留日攻读法政的毕业生为讲习，第一期即招收听讲员千余人，另还有校外生，以八个月为一期。在创办自治研究所的过程中，自治会曾请求官府拨款资助，但未获分文，只得自行筹措，勉力维持。作为商人团体，粤商自治会经常出面维护商人的利益。如1907年新安县新设厘卡，"任意重抽，商等以生意淡薄，又复重抽敲诈，血本多亏，相继裹足，不敢办货"，也"莫敢与较"，只有恳请自治会转禀督宪，将厘卡裁撤。粤商自治会随即据情转达，以申商困。① 1909年沙基店铺遭巡防营勇抢劫，粤商自治会也曾举行大会，要求当局惩办元凶。②

除此之外，粤商自治会还"时时开会，批评政府，极得社会好评"③。但是，这方面的活动却引起官府的忌恨。1909年两广总督在奏报中提到"绅民自设"的自治研究所，即认为"核其章程规则，既不合于部章，且失研究之义"。④ 清廷外务部也曾声称："查地方自治，应由公正员绅妥为筹办，未便准令平籍之徒妄行开会"，并要求"严查解散"粤商自治会⑤。由于自治会在商人乃至群众中拥有较大的号召力，"遇有拟办之事，动辄数千人"⑥，因此广东地方官府尚不敢轻易地强行予以解散，但也没有像其他许多地区的地方官吏那样，对商人自治团体予以支持。

粤商自治会影响更大的社会活动，是领导了数次反帝爱国斗争。其中规模较大的有：反对英国攫夺西江缉捕权的斗争、反对日本"二辰丸"号轮走私军火，并发起抵制日货运动、反对英轮"佛山"号水手踢毙华人乘客的斗争以及反对葡萄牙扩张澳门侵占地的斗争等。在领导上述一系列反帝斗争过程中，粤商自治会比较注意

① 《粤商自治会函件初编》，第5～6页。

② 《中华新报》，1909年9月11日。

③ 邹鲁：《回顾录》，第1册，第29页。

④ 《广东谘议局编查录》（上卷），第24页。

⑤ 转引自邱捷：《辛亥革命时期的粤商自治会》，《纪念辛亥革命七十周年青年学术讨论会论文选》（下册），中华书局，1983年，第387页。

⑥ 《广东〈七十二行商报〉二十五周年纪念刊》，第50页。

动员各界人士参加斗争，因而能够形成较大声势，取得一定的成效，这可以说是粤商自治会领导反帝斗争的一大特点。不过，在斗争中粤商自治会也表现出某些软弱性，害怕人民群众采取暴力行动，引起外国武装干涉。在维护西江缉捕权斗争中，粤商自治会即曾"迭经奉传宪谕，劝令各商民切勿暴动"[①]。

粤商自治会成立后，还曾参与了预备立宪活动，宣称"本会遵旨预备立宪，先与同胞谋自治，将以研究内政、外交之得失，发为议论，供朝廷采择；调查工商实业之利弊，力为整顿，以谋地方公益"。[②] 在广东谘议局中，粤商自治会的势力虽然十分微弱，但仍参加了一些活动。谘议局第一次会议上，粤商自治会即提出了《请订约束外人游猎议案》和《筹办简易识字贫儿院议案》。[③]

武昌起义爆发，清朝统治行将崩溃，粤商自治会的一些骨干人物又转为支持革命共和，推动广东独立，起了积极作用。在武昌起义胜利之后，广东官绅曾开会商讨对策，议决改良政治机关，不向乱事省份拨饷拨械等办法，以求自保，对革命共和则莫赞一辞。陈惠普、谭民三等粤商自治会的骨干则在善堂召集行商举行大会，提出"应即宣布粤省独立"[④]，决定由陈惠普等人出面要求两广总督张鸣岐宣布广东独立，脱离清廷统治。张鸣岐起初对商人赞助革命、主张独立的要求予以阻挠，但革命形势迅速发展，广东统治集团内部又发生了分化，已是自顾不暇。1911 年 11 月 9 日，广东终于实现了和平独立。

综上可知，粤商自治会在广东的社会生活中也比较活跃，其所从事的各方面活动，都不同程度地产生了积极作用。

除了上海、苏州、广东的商人自治团体之外，其他地区的商人也组织了许多名称不同的自治团体。如东三省绅商创立了为争取独立自治权力的东三省保卫公所，汉口商人建立了许多类似苏州市民公社的基层自治团体等。这些商人自治团体，对于增强商人的主体意识，加强商人的组织程度，发挥其对地方事务的参与和管理，起

---

① 《粤商自治会函件初编》，第 6 页。
② 《粤商自治会函件初编》，第 10 页。
③ 参见《广东谘议局第一次会议报告书》。
④ 《广东〈七十二行商报〉二十五周年纪念刊》，第 56 页。

了有力的推动作用。

四 资产阶级社团的影响

清末，随着资产阶级自身力量的增强，其组织程度也迅速提高。除了上述商会、商团、地方自治团体等资产阶级社团之外，还兴起了其他一些新式商办社团。例如文化教育类的学务公所、教育会；学术研究类的商学公会、工商研究会；风俗改良类的禁烟会、风俗改良会；以及商船公会、农会等等。

各种新式资产阶级社团的诞生，是近代中国资产阶级力量成长壮大的一个新的标志。它迅速改变了工商业者的社会形象，大大扩充了资产阶级的社会影响，使其从千百年来"四民之末"的卑贱地位，一跃成为城市社会生活中不可缺少的重要角色，也是影响当时政局风云变幻的一支不可忽视的社会力量。

例如商办地方自治社团成立之后，许多地区的工商业者实际上程度不同地控制了城市的市政建设和管理权。上海的城厢内外总工程局和城厢自治公所，即可堪称典型。在 1905 年商办总工程局成立之前，上海并无专门的市政机构，有关清道、路灯、筑桥、修路等市政事宜，主要由地方慈善机关同仁辅元堂经办。1862 年至 1865 年间，上海官府曾创办清道局，该局的职责主要只是办理清道修路，谈不上从事市政工程建设。1895 年成立的上海南市马路工程局，也主要只是为修建南市马路而设，由沪道黄祖络委任候补知县朱璜会同上海县知县黄承暄主办。1897 年马路建成，南市马路工程局改称工程善后总局，由两江总督刘坤一委派候补副将陈季同任总办。该局虽具有市政机构之雏型，但仍只主要负责修理道路，保卫地方，并未从事其他市政工程建设。1898 年和 1900 年，又曾先后创办吴淞开埠工程总局和闸北工程总局，其职能也有所扩充，并且逐渐有一些绅商参与其事。然而，它们基本上是上海道的下属衙门，仍称不上完备的市政机构。

直至 1905 年，上海资产阶级接收南市马路工程善后总局，改组为上海城厢内外总工程局，才使上海有了粗具规模的市政机构。城厢内外总工程局拟订了详细的规章，设置了各项机构，在原工程善后总局的基础上，大大扩充职权，承担了包括学务、卫生、治安、户籍管理、道路工程、农工商务、公共事业、善举、财政税收以及其他循例向归地方绅董办理的所有事宜，比较全面地掌握了市政建设与管理权。1909 年总工程局改为城厢自治公所，职权又进一步得到扩充，组织机构也日趋完备。在总工程局、城厢自治公所等商办组织的经营管理下，上海城市的面貌发生了较大变化，一条条马路被拓宽，一座座桥梁修复或兴建，各主要街道都安装了电灯，铺设了自来水管，接着又拆除了旧城墙，扩充城垣，修建马路，开驶电车。上海作为一个现代化的大都市，此时已初步显露出宏伟的气势。所有这一切，都与资产阶级自治社团的努力密不可分。

苏州的市民公社虽属基层商办自治组织，但在城市社会生活中也发挥了重要作用。各市民公社成立之初，活动范围及职责比较狭窄，然而不久即日益扩充，发展渗透到市政建设、交通、金融、冬防、防疫治病、税务、物价等诸多方面，举凡"自治范围以内所当为者也，而公社中人皆力为之"。连地方当局对市民公社的重要作用也颇为重视，希望商人能多建公社、合力相谋。

在维持社会治安方面，商团建立之后，成为一支重要的补充军事力量。清末，遇有特别情况，一些地区的地方官府常常依靠商团协力维持治安，以助警察之不及。武昌起义爆发后，革命党人也不得不借重于这支资产阶级武装。例如上海光复前夕，革命党人密谋起义，为弥补武装力量之不足，派人争取商团支持。在商团大力协助下，革命党起义一举成功。可以说，辛亥上海举义的胜利是商团和革命党人共同浴血奋战的结果。光复之后，商团又承担了维持社会治安的重任。

可见，无论哪一种政治力量，都将商团作为一支联络和依靠的补充军事力量。商团的这种地位和影响，足以表明资产阶级在当时所起的重要作用。

在其他许多方面，新式商办社团成立之后，资产阶级也成为地方官府不得不倚重的重要社会力量。例如苏州巡警总局为清理被占街道，整顿市容，拟定了专门条规，但屡禁不绝，无可奈何。后求助于在城市社会生活中颇具影响的商务总会，指出"清理街道为警政中要端，必须家喻户晓，切实奉行，尤赖各绅商首先提倡，为乡间表率，庶其余居民铺户易于观感遵循"。[①] 苏州商务总会出示劝

---

① 苏州商会档案，第 41 卷，第 11 页。

谕之后，马上即"成效甚著"。

有些地区的警政事务，甚至直接由资产阶级社团管理。如"汕头商务日盛，居民日繁，开办巡警，实为急务"。官府即"照请汕头商会会商绅董，实力兴办"。汕头商会经过集议，决定先设汕头巡警总局，委员专办，由各社绅协同经理①。福建建宁府巡警常有敲诈商家和百姓举动，引起公愤。地方官府迫于民情愤激，与商会商议决定，将巡警局划为商会兼理，以便整顿②。安徽芜湖警务公所则由商会派员经理警务财政，因"捐由商认最多，若商会不为经理，是警界与商界隔阂，收支不与商会知道，殊令助认者未能全信也"③。

商办教育社团的出现，则使资产阶级在发展新式教育的过程中，逐渐占据举足轻重的地位。例如在苏州，1905年商办学务公所设立之前，地方学务主要由清政府任命的学政使控制，服务于封建统治。学务公所成立后，即形成了官方和民间团体双重领导学务的格局，而且资产阶级的作用更为突出，因为办学经费已主要转向来源于商人。1906年以前，学务经费大部分来自田、房租和钱、典息款，后由于经费不敷，新增加路息（苏省铁路公司支付）纱捐和乐捐，均出自商人。1905年以后苏州出现的新式学堂，绝大部分也都是商董经办。兴办实业教育，资产阶级更是一支重要的主导力量，连商部也寄希望于各商会"实力经营，广为提倡，俾学堂林立，人才日出，庶儿工业商业日有起色"④。许多商会不仅主持创办各种实业学堂，还鼓励提倡各业商人集资兴办实业教育，有力地促进了近代中国实业教育的发展。

在经济生活中，商会等新式商办社团成立后，资产阶级显得更为活跃，影响也更加显著。

在清末短短的几年间，各地商人通过商会等社团主办的劝工会、工艺会、奖进会、品评会、商品陈列所、劝工博览会层见迭出，劝奖争竞之风日渐盛行。不少商人意识到"有比较然后有竞

---

① 《东方杂志》，第3年，第12期，"各省内务汇志"。
② 《福建建宁商会兼理警政》，《华商联合报》，第9期。
③ 《安徽芜湖商会经理警费》，《华商联合报》，第9期。
④ 苏州商会档案，第43卷，第11页。

争，有竞争然后存进步"，其与传统行会畏惧和限制竞争形成了鲜明对照。1911 年，初具全国规模的南洋劝业会在南京举行，将当时工商业者兴起的这股商品赛会热推向了高潮，对于促进中国民族资本主义的发展产生了深刻影响。

经新式商办社团的倡导和组织，中国商人还纷纷走向世界，积极参加各国举办的国际博览会。在 1911 年意大利都朗举行的国际博览会上，中国商人送展物品获奖多达 256 个，其中有 4 个卓越奖、58 个超等奖、79 个优等奖、65 个金牌奖、60 个银牌奖、17 个铜牌奖和 6 个纪念奖。[①] 对于资本主义发展相当落后，而且处于半殖民地半封建社会环境之下的中国商人来说，能取得这样的荣誉是来之不易的。

在此前后，雄心勃勃的资产阶级谋求向世界发展，还采取各种方式，通过商会加强了与其他国家资产阶级之间的国际联系。1910 年 5 月南洋劝业会开幕之前，为扩大国际影响，中国商会邀请日本实业家代表团前来参观考察。该代表团经沈阳、抚顺、大连、天津、北京、武汉，与各地商会广泛接触，最后抵达南京，考察了南洋劝业会展陈的物品，认为中国"国土广袤，人口众多，物产丰富，只要实业经营得法，不数年后成为工业国，当无可怀疑"[②]。这次活动首开中日两国实业家的民间国际交往，1911 年日本各商业会议所又联名邀京、津、汉、宁、苏、沪、杭、粤八大商会派代表赴日考察实业。4 月，京、汉、苏、杭等地商会代表到沪，组成赴东实业考察团。考察团在沪先后三次集议，表示："此次赴东游历，实为商民联合外交之发轫，尤宜格外慎重，以增华商之身价，而挥国体之光荣。如能因之得宜，则将来于外交上、商务上自得间接无穷之益。"[③] 为达此目的，考察团进行了周密准备，延期至 10 月启程，后又因武昌起义爆发而迟搁。尽管如此，仍然反映了资产阶级拓展国际影响的强烈愿望。

1910 年，中国商会还曾邀请美国太平洋沿岸联合商会代表团

① 《意大利会场之中国出品》，《东方杂志》，第 8 年，第 10 期。
② 《日本访华参观团团长近藤廉平归国报告》（原件系日文），苏州市档案馆藏。
③ 苏州商会档案，第 76 卷，第 24 页。

来华考察访问。在上海，中美双方商会代表进行了商务会谈，达成如下协议：成立中美商会联合会，附设中美商品陈列所，创办中美银行、中美轮船公司。中国资产阶级希望通过这些措施，使中国轮船"高悬龙旗，行驶欧美各国，为中国航业第一次发现于大西洋、太平洋、地中海、印度洋之创举"①。同时，以设立中美银行，"庶与在沪各外国银行伯仲，而吾国商界既同处于主人之列，则周转市面，酌盈利虚，实为振兴商务莫大之利"②。

为着切实了解资本主义十分发达的美国在政治经济诸方面的情况，巩固和加强两国资产阶级的国际经济交往，中国商会也组织代表团回访了美国。1911 年，上海等地的商务总会即开始酝酿报聘回访美团事宜，将此作为扩大中国资产阶级国际影响的极好机会，给予了高度重视，旋亦因辛亥革命爆发一度中止。至民国初年，随着振兴实业高潮的兴起，中华全国商务联合会成立，复以更大的热情筹备此事。1915 年，由 15 人组成的中国商会代表团对美国进行了四个多月的访问考察，到达 26 个城市，参观了两百多个工厂及商店、学校、农场。尽管在当时半殖民地半封建社会的国情条件下，中国商人希望同美商合作以振兴民族工商业的愿望不可能实现，但它毕竟扩大了中国资产阶级走向世界的新步幅，开始了与国际资产阶级的民间直接交往，使其影响随之与日俱增。同时，这又在一定程度上促进了中国对美贸易的发展。清末民初的 1908 年至 1915 年，中国对美贸易额直线上升，有些年份还出现了出超③，这对加速中国近代化的进程无疑起了积极作用。

在政治上比较令人瞩目的影响是，新式商办社团诞生后，资产阶级的政治能量明显高涨，开始通过自己的社团承担起领导反帝爱国运动的历史重任。同时，在国会请愿运动中也发挥了重要作用。有关具体情况，前面各章均有比较详细的论述，兹不赘述。

另一方面，新式商办社团也反映了资产阶级缺乏独立性，对封建统治者存在着一定的依赖性。

---

① 《航业发展之新纪元》，《时报》，1911 年 6 月 4 日。
② 《组织中美银行进行通告》，《时报》，1911 年 7 月 5 日。
③ 黄炎培、庞淞：《中国商战失败史》，第 196～197 页。

例如，绝大部分新式商办社团的创立，虽然首先系由商人提出，但如果得不到清朝统治者的支持，就难以正式诞生并获得社团"法人"的社会地位，受到保护。所以，资产阶级成立新式社团组织，也就不得不求助依赖于清王朝的谕允饬办或地方官府注册立案。成立商会的呼声，早在维新变法时期即见诸于资产阶级维新派的书刊，工商界代表张謇也提出了这一主张，但由于得不到清政府支持，一直未能实现。"百日维新"期间光绪皇帝一度采纳维新派的条陈，发布兴商学、办商报、设商会的谕令，又因遭到以慈禧太后为首的顽固派阻挠反对，商会仍无法应运而生。20 世纪初，成立商会的呼声愈益强烈，然而清政府未出面倡办，设立商会依旧只是停留于舆论呼吁阶段。直至 1904 年元月，清廷颁布《商会简明章程》，给予商会合法的社会地位，饬令各省地方官保护，商会才终于正式诞生，并很快在各地普及开来。如前所述，商船公会、商团、学务公所以及各地方自治社团，也是经官府给示保护，才得以正式成立。

　　由于各种资产阶级社团均不同程度地对清政府存在着依赖性，因此必然会在许多方面受到官府限制，有的甚至带有一定的"官督"色彩。这里所说的"官督"色彩，与洋务运动时期的"官督商办"企业并不相同，清政府不是在资产阶级社团中委派"督办"把持操纵，而是在许多方面加以限制。

　　商会、商船公会以及农会成立之前，清政府即通过商部、农工商部一手包办，拟定了《商会简明章程》、《商船公会章程》和《农会简明章程》，饬令各地工商业者照此章程施行。这些章程虽然反映了清统治者试图以设立新式商办社团联商情、兴商务的愿望，但也对商会、商船公会等社团领导成员的设置、任职资格及其权限作了原则性的强行规定。后来，有的商会曾提出修改商部奏定章程的要求。例如 1911 年，四川全省商会召开联合大会，与会代表一致认为若"仅以奏定商会简明章程为施行法，一遇事实之发现有非章程所规定者，辄疑畏不前，反贻放弃职权之诮"，[①] 于是联名呈文农工商部，要求重新修订而扩大商会权限，同时照会各省商务总

----

① 《四川商会联合会呈请农工商部修订奏定商会简明章程草案》，苏州商会档案，第 66 卷。

会，广泛征求修订意见。然而直接有损于封建专制权威的要求，清王朝一般是不会轻易接受的，加之不久又爆发武昌起义，濒临崩溃的清廷已是自命难保，因而四川商会联合会的这一愿望未能实现。

商部及后来工、商二部联合而成的农工商部，是清政府监督和限制各地商会与其他商办社团的直接机构，往往以顶头上司的姿态向商会发号施令。奏定商会章程第十四款虽然说明：商会为就地分设，"各处商情不同，各商会总理应就地与各会董议定便宜章程"，但同时又指定必须以"无背定章为断"。不论是商务总会还是商务分会，所订章程都要上报商部审核批准，商船公会和农会也概莫能外。查《商务官报》各期"要批一览表"，有关各地商会所订章程不合部章而被驳回的记载比比皆是，有的甚至来回折腾数次仍不得通过，其官督限制十分明显。

许多商办社团的正式成立，都有一套繁琐的审批手续，实则也是清政府为便利监督限制所定。对有些商办社团的经费收支，商部也要予以间接督查。如商会经费本纯属商捐商办，与官府无任何联系，但商部奏定商会章程却规定，各商务总会必须于每年底开列清册，将经费收支情况报商部查核，各分会则每年将办公经费报由总会汇呈商部。1906年，广东连州阴山商务分会在其所订试办章程中指明："本会经费商捐商办，请免造册报销。"最后也被商部勒令删改。①

就清朝统治者而言，其对新式商办社团监督限制最严者，主要是活动内容及权限范围。具体说即是力图按各类新式商办社团的性质约束其活动与权限。如将商会的活动及权限限制在商务范围内，商船公会仅限于航运有关范围，地方自治社团则限于《城镇乡地方自治章程》规定的条条框框之内，不允许商人社团干预地方政务和过问国家的内政外交。但是，清朝统治者在这方面的限制未能完全达到目的，许多资产阶级社团在实践中突破了这一清规戒律，体现出引人注目的政治能量。

最后应该说明，虽然由于清末绝大部分新式资产阶级社团是在

① 《商部批广东商务局详文》，《商务官报》，光绪三十二年（1906年），第17期。

官府谕允劝办形式下，始得以诞生并获得法律保障地位，以致不仅在人事、权限等方面不同程度地受到清政府的束缚，而且在活动内容和方式上也承受着来自清政府特别是商部的某些监督限制，具有一定的局限性，但看不到新式资产阶级社团的商办自治这一主导特征，过分夸大官府的实际控制程度，将某些商办社团说成是官办或半官办的组织，也失之片面。

第七章　资产阶级与反帝爱国运动

　　辛亥革命前，随着帝国主义列强侵略和渗透的日益加深，民族危机空前严重。大量利权旁落外人之手，亡国灭种的阴影笼罩在中国的上空。与此同时，中国人民的反帝爱国运动也一浪高过一浪，发展到了一个新的阶段，无论斗争方式还是斗争目标，都具有不同以往的时代特征。新兴的资产阶级一方面出于维护切身经济利益的目的，另一方面也受到汹涌高涨的民族主义和爱国主义的感召，力争维护国家主权，挽救民族危机，不仅积极参加了辛亥革命前的一系列大规模反帝爱国运动，而且在有些运动中一跃成为倡导者和领导者，发挥了十分重要的作用，产生了广泛的社会影响。

　　应该特别指出的是，资产阶级以其在反帝爱国运动中前所未有的积极表现和重要作用，引起社会各阶层人士的瞩目，其社会形象也随之大为改观。此外，反帝爱国运动也是资产阶级学习近代民族主义和爱国主义，使自身政治思想渐趋成熟的最好学校。从历次的反帝爱国运动中，我们还可以比较清晰地看到资产阶级不断成长壮大的发展进程。因此，考察资产阶级在历次反帝爱国运动中的表现和作用，对于资产阶级研究有着重要意义。

　　辛亥革命前规模较大的反帝爱国运动，主要有拒俄运动、抵制美货运动和收回利权运动，下面即分别论述资产阶级在这三次运动中的表现。

一　拒俄运动的积极参与者

　　1900 年八国联军侵华之际，沙俄乘机出兵侵占我国东北。次年 2 月沙俄提出侵略条款 13 条，企图长期霸占东北，激起了中国人民的愤怒。1902 年 4 年，中俄双方议定沙俄军队于次年分批撤出中国领土。但规定之期届临时，沙俄仍然拒不撤兵，由此引发中国人民的更大愤怒，一场轰轰烈烈的拒俄运动勃然兴起。

从拒俄运动的全过程看，资产阶级的态度是比较鲜明的，行动也比较积极。早在 1901 年 3 月 15 日，爱国志士在上海张园举行第一次集议，即有不少工商业者参加。会上拟定电文，要求清政府"力拒俄约，以保危局"。会后，还有不少商人"以不得与闻为憾，纷纷投函，欲签名与列者不下数十起"①。紧接着，上海绅商又公发一电，呼吁各省督抚力拒俄约。在给江、鄂两督的呈文中，他们甚至表示："俄约不废，中国必亡，坚拒俄约，究其终极，不过出于战而已。"呈文还从"我直而俄屈"、"人心可战"等四个方面，论述了与俄开战之不可惧，阐明"兵败可复胜，地割可复得，主权一失，不可复返"②。类似的言论，反映了资产阶级拒俄的决心与勇气。

1903 年拒俄运动全面展开，资产阶级与爱国知识分子携手合作，成为此次运动的一支重要力量。4 月 27 日，寓沪各省绅商志士千余人再次在张园集会，数十人发表了演说。与前几次相比较，这次集会者的拒俄态度表现得更为激进。在给清朝外务部和各国外务部的电文中，他们明确地表示："即使政府承允，我全国人民万不承认。"③ 为了"固团体，强势力"，使拒俄运动更为深入广泛地进行，在 4 月 30 日举行的集议大会上与会者一致商定将四民总会改为国民总会，并设立议事厅，为日后随时集会之所。

拒俄运动是资产阶级参加的第一次反帝爱国运动。在这次运动中，他们不仅行动上较为积极，而且政治思想也开始发生变化，在许多方面都体现出近代资产阶级意识。

首先，是民族主义思想的初步萌发。整个 19 世纪，资产阶级一直处于分散状态，谈不上具有明确的近代资产阶级意识，因此在戊戌变法运动中，理应成为时代中心的资产阶级却在言论和行动上均无所作为，领时代风骚者是新兴知识分子阶层。拒俄运动中，此

---

① 《中外日报》，1901 年 3 月 17、18 日。
② 《中外日报》，1901 年 3 月 23、24 日。
③ 《苏报》，1903 年 4 月 28 日。

种情况即发生了变化，可以说资产阶级的民族主义思想已开始抽萌。他们不仅意识到迫在眉睫的民族危机，并将自身利益与民族危亡紧密地联系在一起。例如1901年的张园集会上，他们就曾指出："俄约若成，各国援例，纷纷得地。现英已备军需，志图长江，法、日、德诸国踵起，中国立亡。"① 这些事实表明，当时的资产阶级对中国严峻局势的认识已比较深刻，开始改变过去那种不问国家和民族大事，一心谋取利润的狭隘观念。尤为可贵的是，这一时期的资产阶级不仅在思想上意识到民族危亡在即，同时在行动上表现出过去所没有的强烈爱国热情，急切希望能够挽救处于存亡绝续危机之中的中华民族。1903年4月30日的《苏报》刊登一篇《中国四民总会知启》，其附言特别强调说："上海一埠，为通商最盛之地，商家住居最繁。以各国由多数举代表人之例言之，凡我商人，宜发爱国之热忱，本爱国之天良，届期多来聚议办法，勿失商家体面为要。"由上可知，拒俄运动是资产阶级学习民族主义，投身反帝爱国运动的第一次实践。

其次，是近代国家、国民和主权观念明显增强。沙俄举兵侵占东北，而拒俄运动的中心却在千里之外的上海，其原因正如四民总会的知启所说："发爱国之血诚，视国事如家事，爱国土如家产，勿任他人妄割取一寸之土，妄侵窃我一毫之权。"这种认识，说明当时的工商业者已渐具国家观念。国家观念之初步形成，必然会相应抽萌近代国民职责和义务思想。改四民总会为国民总会，虽只一字之差，但却是近代国民观念萌发产生的具体表现。除此之外，拒俄运动期间的上海资产阶级与进步知识分子还曾表示："国民者，人人各有国家之一分，而当尽其责任。"② 所谓责任者，实即维护国家领土和主权。当时的报刊评论国民总会时，也称其"国家之观念，锲之而愈深，恢之而弥广"③。

再次，是自治自立思想初步产生。中国民族资产阶级由于经济实力比较稚弱，因而自治自立精神较诸其西欧前辈软弱得多。在经济上不得不托庇于封建势力和外商，在政治上长期处于四民之末的

---

① 《中外日报》，1901年3月25日。
② 《中外日报》，1901年3月18日。
③ 《苏报》，1903年5月3日。

卑微地位，无权与闻国家事务。通过参加拒俄运动，资产阶级增强了政治意识，自治自立的思想萌芽也随之产生。他们初步认识到，维护国家领土和主权，主要应该依靠国民的力量。上海的某些爱国工商业者和进步知识分子，还渴望使张园享有类似美国"费城独立厅"的历史荣誉，专门设一议事厅，作为各省民间地方议事厅之先声，并申明"有与各国直接交涉之希望"，"凡关系于中国之事，本会例得干预之"①。很显然，他们已经不满于听任清政府随意摆布的被奴役地位，试图对国家外交施加影响，故时论有称"此吾中国之独立钟声也"。

以上各方面情况表明，拒俄运动既不同于封建士大夫的救亡活动，也有别于旧式农民反帝斗争，是一种新形态的资产阶级民族运动。

参加拒俄运动的资产阶级，总的来说态度鲜明，行动积极，但他们仅仅是运动的参加者，并未承担领导重任而成为主导力量。之所以如此，与当时资产阶级组织程度不高有着密切的联系。

任何一个阶级，如果不组织起来，成立自己的中枢领导机构，就不能有效地发挥本阶级的政治能量，更难以承担领导较大规模政治运动的重任。正因为如此，拒俄运动中的资产阶级只是充当了配角，能量和影响都比较有限，发挥领导作用的仍然是资产阶级知识分子阶层。

为了对此有更清晰的认识，我们不妨将其与 1905 年的抵制美货运动作一比较。1901 年商会成立后，打破工商各业帮派和地域的限制，组成了统一联合各行各业商人的社会团体。从此，资产阶级不再以个人或落后的行帮形象出现，而是以近代新式社团的姿态登上政治舞台。于是，在抵制美货运动中，商会"登高一呼，众商皆应"。资产阶级的政治能量和社会影响随之大为改观，并首次通过商会承担了领导反帝爱国运动的历史使命。在抵制美货运动中，上海商会不仅成为发起者，而且是联络和组织者，被公认为全国反美运动的中心，引起社会各阶层的广泛瞩目。由此可见，资产阶级组织程度如何，对其在政治运动中的作用与地位有着重要影响。

还需指出，由于拒俄运动时期商会尚未成立，资产阶级缺乏协

---

① 《苏报》，1903 年 4 月 30 日。

调其行动的领导机构，所以参加拒俄运动的只是部分爱国热情较高的商人，没有成为整个资产阶级的历史行动。从全国范围看，积极响应这一运动的商人，似乎只限于杭州等少数地区。杭州的部分工商业者意识到，"沪上虽为各省士商总会之地，若各省竟无人继起，尚不足见四百兆人同此义愤"①，因而期望"普告天下，俾各省闻风响应"②。但是，各省响应者在学生和知识界中尚不乏其人，而工商界却仍为数不多。

即使是在上海，也有一部分商人置身于拒俄运动之外。上海资本家的喉舌之一《申报》，在全国颇具影响，其对拒俄运动不仅"噤若寒蝉，不发一言"，而且还含沙射影地指责拒俄之举是"不俟朝旨，独断专行，勾结匪人，擅与友邦开衅"③。拒俄运动兴起之初，曾有人提议"宜先联合本埠各业商董"，然后"由本埠而他埠，递次函告电诚"④。这一主张，无疑有利于促进整个资产阶级采取一致行动，但却一直没有得到各业商人的积极响应。不难看出，作为一个整体来说，上海资产阶级对拒俄运动的态度是很不一致的。

而在1905年的抵制美货运动中，资产阶级的表现则明显不同。上海商会在发起抵制美货时，首先即召集各业商董举行特别大会，提出"如美国不允将苛例删改而强我续约，则我华人当合全国誓不运销美货以为抵制"，"在座绅商无一人不举手赞成"。于是，上海七八十个行业的商人旋即一致行动起来。会议之后，上海商会又通电全国各地商会，"祈传谕各商知之"。各地商会密切配合，遥相呼应，在其组织和联络之下，运动很快就从上海扩展至全国。这样，抵制美货运动随即发展成为整个资产阶级第一次主动的政治行动，其高涨声势和普及程度均为拒俄运动所远远不及。

由于拒俄运动时期的资产阶级尚未完全发展成为一支独立的阶级力量，其斗争方式也与两年后的抵制美货有所差别。在拒俄运动中，资产阶级主要是采取集会抗议的形式，并未实施具体的抵抗方法。尽管他们在思想上一定程度地意识到应该依靠国民的力量，但

---

① 《中外日报》，1901年4月1日。
② 《中外日报》，1901年4月1日。
③ 《申报》，1901年3月28日。
④ 《中外日报》，1901年3月28日。

在实际行动中却仍寄希望于各省督抚，曾先后向一些督抚大员刊发近 20 封电文，"求其力拒俄约，庶我国犹有亡而复存，死而复生之望"①。还有人则期望得到列强的调停，幼稚地认为"各国欲保全其商务，亦必出而调停"②。运动发展到高潮时，留学生组织了拒俄义勇队、学生军，决心"养成尚武精神，实行爱国主义"。国内激进的知识分子也表示"欲得枪炮，效死疆场，以御外侮"。而在运动之初曾表示不惜与俄开战的商人，此时却无实际支持行动。

不过，拒俄运动中的资产阶级尽管存在着这样或那样的缺陷，但参加拒俄运动本身仍然是其渐趋成熟的一个重要进程。通过参加拒俄运动，资产阶级不仅逐步增长了民族主义思想和近代国家、民族观念，而且有了朦胧的阶级意识。他们认识到："中国之人号称四万万，而心志不齐，其气涣，其力弱，受困外人，亦即由此。凡同志之士，务各知中国受病之原，合心协力，团结一气，须有以御外侮而贞内力合群之起点，我同志务共勉之。"③ 这种合群合力思想的萌发增长，对于一年后上海商会的成立无疑会产生一定影响。历史的发展有其内在联系，一个阶级的成长壮大也必然是陈陈相因。如果没有拒俄运动揭开资产阶级积极参加反帝爱国政治运动的帷幕，紧接着也就很难有资产阶级在抵制美货运动中担任倡导、联络和领导者这种重要角色的杰出表演。

二　抵制美货运动的发起者与领导者

如果说，在拒俄运动中，踊跃参加的主要还只限于上海地区的工商业者，那么到 1905 年抵制美货运动爆发以后，资产阶级却已经在全国范围投入了反帝爱国运动，并且成为倡导者和领导者。

众所周知，抵制美货运动是近代中国资产阶级首次整个阶级的主动历史行动。更确切地说，应是由以商业资产阶级为主体的商会倡议、联络和领导的一场以抵制美货为主要斗争手段，反对美国蓄意迫害华工、维护国家和民族利益的政治活动。这一运动之所以由以商会为代表的商业资产阶级发起并领导，绝非偶然，有其深刻的

---

① 《中外日报》，1901 年 3 月 1 日。
② 《中外日报》，1901 年 3 月 23、24 日。
③ 《中外日报》，1901 年 3 月 25 日。

经济根源和阶级根源。

二十世纪初，民族资本主义工商业较之以前有了长足的发展，资产阶级力量逐渐壮大，政治觉悟也相应有了较大的提高。但由于中国近代半殖民地半封建社会的特殊历史环境所致，民族资本主义工商业走上了一条畸形发展的道路。商业的发展速度远远超过工业，因而商业资本和商业资产阶级的数量较诸产业资本和工业资产阶级要多得多。

近代工商业资本的构成和阶级结构的这一特点，从清末各类社团的数字上也可以明显地看出来。据台湾学者张玉法统计，清末成立的各类社团总共有 668 个，其中商业类即占 265 个，远远超过了教育、政治、学术、外交各类的总数①。不仅如此，诸如商学会、商业研究会和教育会等学术、教育类团体，都与商会有极为密切的联系。它们虽然独立于商会之外，但其领导人不少为商会总理、协理或会董兼任，相互之间在组织上存在着血缘关系，在行动上则多方配合，互为照应。可以说，它们当中有些就是商会的外围组织或姐妹团体，同样为商业资产阶级所控制。

清末的商业资产阶级不仅在数量上超过工业资产阶级，而且蕴藏着较大的政治能量，这主要是因为商业资本经营的方式对于社会的联系更为直接和广泛，资本经营内容的变化更为灵活，因而对于资产阶级各种社会政治要求的反应也就更为敏捷。尽管他们有时候趋于保守，对社会秩序稳定尤为关切，但由于人数多、分布广，仍不失为一支非常活跃的政治力量。清末，商业资产阶级主要是通过商会和与商会相联系的其他社团，把势力和影响渗透到政治、经济、文化等社会生活的各个领域。在上海、苏州、广州等城市，商业资产阶级还通过工程局、自治公所、自治会和市民公社等组织机构，逐步控制了市政的建设和管理权。正因为商业资产阶级数量多、能量大，故而为其发起并领导全国规模的政治运动在客观上创造了条件。在清末的历次政治运动中，都可以明显地感受到商业资产阶级的影响。1905 年发动和领导抵制美货运动，只不过是其登上历史舞台的第一次出色表演。

另一方面，由商会首发倡议并领导抵制美货运动，也是商业资

---

① 张玉法：《清季的立宪团体》，第 144 页。

产阶级同美帝国主义的矛盾愈演愈烈的结果。美国是后起的，但也是最为贪婪的帝国主义国家，它打着"门户开放"的旗号，疯狂地对华进行商品倾销，几乎全部垄断了当时中国的面粉市场。此外，美国运往中国的煤油、棉花和棉纱，在输入中国的外国商品中也占有相当大的比重。据不完全统计，1900 年中美贸易总额即达 4 200 万美元，日俄战争期间更高至 8 100 万美元，严重威胁着中国民族资产阶级的经济利益①。早在 1898 年，美帝国主义还用卑鄙的手段，强迫清政府订立了 4 000 万美元的借款合同，攫得粤汉铁路的修筑权。1904 年，收回利权运动开始兴起，首开其端者即为湘、鄂、粤三省以商业资产阶级为主的各阶层人民展开的收回粤汉铁路主权的斗争。美国侵略者采取种种手段拒绝中国人民的正义要求，因而斗争相当激烈，中国资产阶级同美帝国主义的矛盾也日益尖锐。二十世纪初，美帝国主义又将长期奉行的排华政策加以升级，由排斥华工扩展为迫害华商及学生，使得"不论那样中国人，要入美国的境界，总没有一人不受他苛待"②。1904 年 12 月，美国政府同清政府签订的迫害华工条约期满。美帝国主义不顾中国人民的强烈反对，顽固坚持在新订条约中继续保留虐待华人的条款，更激起了中国人民无法遏止的愤怒，终于导致反美爱国运动的爆发。

应该指出的是，当时如果没有商会这一组织进行广泛的号召和联络，商业资产阶级一时也难以胜任运动的领导重任，至少是不可能在短期内使运动达到如此普及和空前规模的程度。因为任何一个阶级，只有组织起来才能从事最起码的社会活动。商会诞生之前，工商业者虽然拥有传统的会馆、公所和手工业行会等组织，但都是按行业和地域的划分组织起来的，远不能适应资产阶级从事大规模政治运动的需要。商会是中国有史以来第一个联结工商各行各业的统一机构，也是中国近代以商业资产阶级为主体的最为普遍的资产阶级社团。各省垣及通商大埠成立有商务总会，府州县设有商务分会，商务较为发达的集镇则设立商务分所。各总、分会及商务分所互相呼应，协商行动，这样，通过商会就使全国各地的商业资产阶

---

① 史学周刊社编：《美帝国主义经济侵华史论丛》，1953 年，第 12 页。

② 《同胞受虐记》，转引自和作辑：《一九〇五年抵制美货运动》，见《近代史资料》，1956 年，第 1 期。

级联成了一个相对统一的整体，从而得以产生"登高一呼，众山皆应之势"①，使抵制美货运动犹如不可阻挡的波涛一泻千里，迅速在全国范围内达到前所未有的高涨声势和普及程度。

抵制美货运动中，上海商务总会起了倡议、联络和推动的重要作用。

1905年5月10日，上海商会召集各帮商董举行特别大会，曾铸在会上慷慨陈词，提出"以两月为期，如美国不允将苛例删改而强我续约，则我华人当合全国誓不运销美货以为抵制"，"在座绅商无一人不举手赞成"②。会上还公议电稿，以曾铸的名义致电外务部、商部。电云："美例虐待华旅，由工及商。梁使不肯签约，闻美直向大部交涉。事关国体民生，吁恳峻拒画押，以伸国权而保商利，并告以舆情不服，众商拟相戒不用美货暗相抵制。"③ 与此同时，上海商会还通电全国二十一个商埠的商会，号召抵制美货，"祈传谕各商知之"④。

5月14日，上海商会福建帮商董又召开会议，曾铸在会上提出五条具体抵制办法：一、美来各货（包括机器在内）一概不用；二、各埠一律不为美船装载；三、华人子弟不入美人所设学堂读书；四、美人所设之行，华人不应聘为作买办及翻译等事；五、美人住宅所雇一切佣工劝令停歇⑤。会后，也将所议办法通电二十一埠商会以协同行动。

上海商会倡议抵制美货的正义行动，使美国侵略者极为惶恐不安。5月16日，美国驻沪总领事致函上海道袁树勋，要求参加商会召开的抵制美约集会，企图从中加以破坏。17日，美国新任驻华公使柔克义又专程抵沪，次日即邀商会商董举行谈判，提出请允以六月为限，如"六月之后，美不改约，则听中国抵制"。曾铸回答："只能限两个月，至六月十八日止"⑥。

7月20日，两月的期限届临。美领事再次找曾铸谈判，以图

---

① 《人公报》，1905年7月2日。

② 苏绍柄辑：《山钟集》，第11页。

③ 苏绍柄辑：《山钟集》，第27页。

④ 苏绍柄辑：《山钟集》，第28页。

⑤ 《中国抵制禁约记》，第13页。

⑥ 《中国抵制禁约记》，第13、14页。

阻止抵制美货运动的正式进行。曾铸当即正气凛然地回答："不用美货，人各有权，不特贵国不能干预，即敝国政府亦不能勉强，所谓人人自有权也。"① 同一天，上海商会召开特别大会。会上虽然出现了争论，但最后仍一致同意即日起正式实行抵制美货。著名商董机器业祝大椿、火油业丁钦斋、五金业朱葆三、洋布业邹琴涛和苏葆笙、面粉业林纯翁等均当场签允不定美货。会后签押者又有钟表、航运、裁缝、印刷、磁器等七十多个行业。

上海商会抵制美货的号召发出以后，全国各地商会闻风积极响应。5 月份，天津、南京、南昌、汉口、长沙、汕头等地，有的已正式成立了商会，有的尚在筹设试办之中，均回电表示"坚决照办"。6 月，杭州、镇江、常州、济南、烟台、开封、沙市、重庆、营口等几十个地区函电纷驰，一致表示"全体赞成"②。

汉口商董接到上海通电之后，立即动员全市工商业者筹划抵制美货，并劝告武汉各界亟起响应。7 月，数次召开大会，与会者情绪高昂，争先恐后登台讲演，一致同意"凡向办美货者，一律停办；其本不销美货者，一律不购用美货"③。

在天津，商会各帮商董不顾直隶总督袁世凯的阻挠破坏，于 6 月 18 日举行集会，到会者二百余人。商会协理宁星普在会上发言，号召"吾绅商尤当始终无懈，分途布告，切实举行不购美货"，得到"阖座同声公认"。经讨论决定"凡数日购买美货者，均画允从此不买美货"，"并议定法规，如有违者认罚银五万元"④。

在湖南，华兴会会员禹之谟通过商会于 8 月间发起召开"湖南全省绅商抵制美货禁约会"，到会者达数千人。大会决定，以商会为主正式成立"湖南办理抵制美货事务公所"，作为运动的具体领导机构⑤。会后，还以"湘省同人"的名义，刊刻了多种传单和宣传画，用通俗易懂的白话文向广大群众宣传说："美国虽然是个强国，万无逼我买货的道理。这个不买的权柄，全操在我们百姓的手

① 《中国抵制禁约记》，第 14 页。
② 苏绍柄辑：《山钟集》，第 44～45 页。
③ 《时报》，1905 年 8 月 7 日。
④ 《大公报》，1905 年 6 月 20 日。
⑤ 《湖南省志》（第二次修订本），第 1 卷，第 237 页。

里，就是我们的官长，也不能勉强我们的。"①

在广东，刚成立不久的总商会联合七十二行及九大善堂等商人团体，组织拒约会作为指导和联络全省各地抵制美货运动的领导机关。不久，拒约会易名"广东筹抵苛待华工总公所"，所有事宜仍"概由商界主持"②。

在杭州，以商业资本家为主体的资产阶级在商会的号召和组织之下，于7月20日和27日先后两次举行集会。布业、绸业等五十多个行业的商家一致决定，"从十八日起，所有美货一律不进，一概不用"；决心"坚持到底，其伸义愤"③。杭州商会还刊发抵制传单，分送省垣附近各铺号，并邮寄各属之有商会处，传知一律照行④。

在苏州各商帮举行的集会上，与会者一律签名，决议誓绝美货。烟业商董吴讷士不仅表示要停销美烟，而且当众宣布将店内所存美货于次日公开焚毁，以尽实行不用美货之义务⑤。在此之后，苏州商会还规定洋广货、纱布、烟纸、洋油各业商人，除立愿不用美货者外，凡存储美货之店，暂且不入商会。如已入会而有影戳洋商不顾名誉者，查明立予出会，以昭公义⑥。

除此之外，江西商务总会也曾召开特别大会，公议实行停办美货，并分函各分会一律办理⑦。在河南，由于商会的广泛号召，抵制美货"旬日之间，风行乡曲"⑧。在厦门，商会举行演讲会，与会商家达三四百人。演说者演讲"娓娓动听，闻者咸为感动"⑨。北京商会还将《京华日报》抵制美禁华工演说印出一万张，分送京城九门内外各商号，以共筹实力抵制⑩。

---

① 杨世骥：《辛亥革命前后湖南史事》，第107页。

② 《岭东日报》，1905年9月14日。

③ 苏绍柄辑：《山钟集》，第39页。

④ 苏绍柄辑：《山钟集》，第195页。

⑤ 《时报》，1905年8月2日。

⑥ 《时报》，1906年2月2日。

⑦ 苏绍柄辑：《山钟集》，第253页。

⑧ 苏绍柄辑：《山钟集》，第154页。

⑨ 《大公报》，1905年7月2日。

⑩ 《大公报》，1905年6月19日。

一些中小城镇的商务分会和商务分所也踊跃投入了这场斗争，使运动在某些较为偏僻的城镇蓬勃兴起。

由上可见，商会发动抵制美货运动，并未完全局限于资产者的眼前利益，这是资产阶级在政治上趋向成熟的表现。他们一再强调"事关国体民生"，意在说明这场斗争与反对列强压迫、力争国家主权密切相关。正因为如此，斗争得到了各阶层人民群众的积极支持和热烈拥护，迅速发展成为一场群众性的反帝爱国运动。当时报载，"自抵制美约之问题出现以来，民气之发达光芒万丈，烜耀全球……各省各业，无不各自聚会，实行抵制"①。据不完全统计，一百六十多个城市相继成立了"拒约会"、"争约处"或"抵制美货公所"等团体。从 4 月开始到 6 月，各地工、商、学、妇女各界大小集会有九十八次之多。7 月以后运动发展更加迅速，从 7 月到 10月，各种集会即达两百余次。②

在帝国主义和清朝统治者的镇压之下，抵制美货运动中途失败了。关于这场斗争失败的原因，以往的论者常用资产阶级的两面性加以解释，所述固然无可非议，但由于分析中忽略了运动的主导者商会，因而难免失之笼统。笔者以为，只有具体考察清末商会的特点，方能深入探究其中的奥妙所在。

清末商会虽是资产阶级社团，与帝国主义和封建势力有很大矛盾，但同时又与二者存在着密切的联系。从商会的领导成员来看，绝大部分是由地主、官僚或买办转化而成的资本家，有的还尚未完成这种转化，仍然是一身二任。他们不仅翎顶辉煌，甚至还兼营封建地租和高利贷剥削。据我们在整理选编苏州商会档案的过程中发现，苏州地区无论是商务总会还是商务分会，包括上层和一般会员在内几乎全都兼有各种不同品级的功名职衔。上海、武汉、广州、天津等地的商会，其情形也与此大体相似。商会成员之所以身兼或虚或实的功名职衔，原因比较复杂，不能简单地据此否定其资产阶级属性，但却可以由此侧面看出他们对封建势力仍然存在着一定的幻想和依赖。此外，《奏定商会简明章程》规定，必须是确系"行

---

① 《大公报》，1905 年 8 月 11 日。
② 据苏绍柄：《1905 年反美运动各地开会日表》统计，见《近代史资料》，1954 年，第 1 期。

号巨董或经理人，每年贸易为一方巨擘者"，才有资格当选为商会会董。这样，商会的领导权一般都落到家拥巨资的富商大贾手中，家产微薄的中小工商业者实难问津。因此，商会对待某一政治事件的态度，有时并不能完全代表整个资产阶级的要求，更多地则是反映了商业资产阶级上层的意愿。

一般情况下，身拥巨产、与封建官僚往来频仍的商业资产阶级上层，在经济上与封建生产方式的联系更为密切，在政治上则更趋保守，不可能同封建统治者进行彻底的决裂。在抵制美货运动中，他们一开始就强调实行"文明抵制"，力图使运动在合法的范围内进行。上海商会起初拟定的五条抵制办法，后来仅剩不用美货一条。其所以如此，目的在"内以纾政府牵动交涉之忧，外以杜美人借端恫吓之口"①。又如天津商会的领导人初尚于行动上积极支持抵制美货，但不久即在袁世凯的高压政策威逼下趋于妥协，公开发出通告说："缘不购美货，已购者停滞难销，已定而未出者亦不能临时退回，种种为难，于天津市面殊多未便。窃思我津商人当此创巨痛深之后，实不能再受此扰累，为此公议传单知会各行，凡有天津生意，一切照常交易，万勿为浮言所动，以期保全市面大局"②。天津士商对商会的这一举动颇为不满，纷纷指责其有负"保商、联络商情之责，并为他埠之所耻笑"；要求"商会总理以次诸公，当此美约有关全国商民生计，甚为紧要，万勿……暂停会议"③。虽然如此，最终仍不能改变商会的行动。

此外，当时的人们还没有完全把买办和民族工商业者分为两个不同的资本家集团，因而买办同样可以加入商会。加之买办的资本一般较为雄厚，其在商会领导层中也占据了一定比例。由于买办的发家致富与帝国主义密不可分，其在商会领导层中又占有一定比例，必然会对商会的政治动向产生一定的影响，致使商会领导反对帝国主义的斗争常是靡不有初，鲜克有终。抵制美货运动中，上海商会的一部分领导人，其中尤为突出的是与外商关系密切的宁波籍巨商态度非常暧昧。曾铸在内外各种压力之下，即曾表示"为今之

---

① 《时报》，1905 年 7 月 30 日。
② 《大公报》，1905 年 6 月 22 日。
③ 《大公报》，1905 年 6 月 28 日。

计，先修朝廷与美敦睦之谊，后尽华商与美交易之情，婉曲告知寓沪美商，此次华商与美停交，实出万不得已，请其电达政府挽回定例"①。当美国驻华公使两次与沪商谈判之后，曾铸在公开的行动上虽仍坚持抵制主张，但同时又暗地向人表示："美官既推诚许我改良，若不收篷转舵，窃恐蹈为之已甚之诮。"② 言语之中，明显地反映了商会领导人在坚持斗争的同时，存在着较大的妥协性。

清末商会的一般成员主要是商业资本家。同工业资产阶级相比，近代中国的商业资产阶级与帝国主义的联系更加密切。这是因为中国近代商业的许多行业，并非基于中国民族资本的生产关系而出现，而是受帝国主义对华殖民地贸易的刺激产生的，所以同外国资本有着直接而密切的依赖关系。如广州辟为商埠不久，"开设洋货店者，纷纷不绝"，仅回文街等处即达两百余家。③ 在上海，20世纪前后以外国洋行为中心发展起来的商业有二十多个行业。④ 此外，有的地区原本是经营民族工业产品的商人，为了赚取更多的利润，也相继兼营或改营外国商品。如开埠后的汉口，许多经营土布的布店改营洋纱、洋布，经营湖南土钢、土铁的铁号改营洋铁、洋钢，经营全国各地丝线、鞋帽和杂货的商号则改营洋帽、洋针、洋靛和其他洋货。据老年商人回忆，1910 年汉口五十多家百货店所经营的商品中，洋货大约占 80%，土货只占 20%。武昌经营丝线的百余家商店，据说也有近九十家改营或兼营洋货。⑤ 民族商业资本同外国资本之间如此密切的联系，决定了以商会为代表的商业资产阶级必然对帝国主义存在着较大的依赖性，不可能将反帝斗争进行到底。

此外，对美货的抵制给民族工业的发展创造了一定的有利条件，但却使经营美货的商人遭受了较大的损失。因此他们当中的部分人颇有"倾家荡产之虞"⑥，一开始就对坚持抵制不感兴趣，甚至从中作梗。5 月 10 日上海商会提出"相戒不用美货"的口号后，

---

① 苏绍柄辑：《山钟集》，第 12 页。
② 苏绍柄辑：《山钟集》，第 35 页。
③ 《历史研究》，1962 年，第 2 期，第 41 页。
④ 《旧中国的资本主义生产关系》，人民出版社，1977 年，第 38 页。
⑤ 《江汉学报》，1961 年，第 4 期，第 47 页。
⑥ 《中外日报》，1905 年 8 月 15 日。

有的商号趁两个月的宽限期加定美货，个别人甚至"定至明年十月"①。两月期限到后，又有人提出将不用美货之限期再展缓几个月，庶已定之美货得已销行，避免商家损失。经营美货的大丰、鸿录、咸记等十家商号后来甚至还暗地联名致电袁世凯，求其"设法疏通，以恤商困，而救倒悬"②。

另一个不容忽视的因素是，当时的资产阶级刚刚初具独立阶级队伍的规模，在政治上和组织上都比较稚弱，商会也只是处在初创阶段，还很不完善，因而对这场斗争的领导不是十分得力。运动发起之后，上海成为领导全国各地斗争的中心，但上海商会由于内部领导人之间的行动不一致，实际上并未很好地承担起领导中心的职能，仅靠年过七旬的曾铸同各地保持着函电往来联系。任何一场大规模的政治运动，在缺乏统一的组织系统和有力的领导机构的情况下，根本无法持久地坚持下去，其中途夭折的结局也就在所难免。

抵制美货运动虽然失败了，但它仍然产生了较为深远的影响，在近代中国人民可歌可泣的斗争史册上写下了令人瞩目的一页。关于这次运动在经济上的作用，已有诸多文章论及，本书仅从政治上略加说明。

1905年的抵制美货斗争，是一场维护民族利益和国家主权的大规模反帝爱国运动，它开创了中国人民在以后的反帝运动中屡次沿用的抵制外货这一斗争手段，同时也是资产阶级联合起来共同反对清政府专制独断、丧权辱国等罪恶行径的发端。诚如苏州商会会员黄雄驾所言："此次抵制禁约，是我四百兆同胞干预外交第一起点。"③ 曾铸在给外务部的禀文中也曾态度强硬地指出："此次约本必须寄与沪商公阅，方能由部画押。"④ 商会要求在对外交涉中拥有发言权，这显然是资产阶级在政治上进一步觉醒的表现。

在此前后，清王朝一方面为笼络资产阶级，给商会以合法的社会地位，另一方面又唯恐资产阶级通过商会滋长对政治权利的追

① 《时报》，1905年8月12日。
② 张存武：《光绪三十一年（1905年）中美工约风潮》，第154页。
③ 苏州市档案馆藏，"苏州商会档案"，第295卷。
④ 张存武：《光绪三十一年（1905年）中美工约风潮》，第243页。

求，危及封建专制统治，曾不厌其烦地三令五申，对商会的权限及活动范围予以严格限制。而资产阶级恰恰是期望通过商会"联商情、开商智"、"扩商权"，因此，他们力图打破清政府对商会的束缚，使商会成为独立自治的社团。从某种意义上说，商会发起和领导反美爱国运动，乃是其突破清政府所设清规戒律而走向自治自立的第一个行动步骤。他们在运动中公开声称："天下只有自立，决无依赖他人之道。"① 并声明抵制美货"亦一无形之战也"，"但使人同一心，万无不成之理"，"不必依赖政府"，而应"专恃民气"，以国民"自力抵制之"②。类似的言论表明，由清政府提倡并批准立案的商会，诞生不久即开始走上摆脱帝国主义和封建势力束缚的道路，在政治上和组织上渐趋成熟。

此外，在抵制美货的斗争中，各地商会广泛宣传反帝爱国思想，使各阶层人民对帝国主义的侵略阴谋和清朝统治者奴颜媚骨的反动本质有了更为深刻的认识，不少人由此走上了革命的道路。这样，就为反帝反封建革命运动的发展提供了较为广阔的群众基础，资产阶级革命派的队伍也因之进一步壮大起来。可以这样说，先有了1905年的反美爱国运动作为前导，才会有以后席卷全国的收回利权运动和保路运动。而保路运动使广大群众同清王朝的矛盾更加激化，立宪派同清政府的关系也终于决裂。因此，从某种意义上甚至还可以说，抵制美货运动对辛亥革命也起了某些先驱的作用。

三 收回利权运动的积极推动者

辛亥革命前的收回利权运动，包括收回矿权和路权两个方面的内容，是近代中国人民反帝反封建斗争中的一个重要组成部分。过去虽已有许多著作对收回利权运动作了比较详细的论述，但对资产阶级在运动中的表现和作用仍重视不够，而且多数著作都是强调资产阶级软弱妥协的表现有余，切合实际的肯定则不足，因此有必要作进一步探讨。

19世纪末20世纪初，帝国主义采取种种手段，大规模掠夺中国的铁路修筑权和矿山开采权，不仅加深了中国的民族危机，而且

---

① 天津《大公报》，1905年7月27日。
② 丁又辑：《1905年广东反美运动》，《近代史资料》，1958年，第5期。

严重损害了资产阶级的切身利益。所以，当爱国志士愤激呼吁收回矿权和路权时，资产阶级马上群起响应，成为推动收回利权运动勃然兴起的一支主要社会力量。下面先看资产阶级在收回矿权斗争中的积极表现与作用。

山西的争矿运动，是当时产生较大影响的斗争之一。还在1898年，英国福公司即贿赂清朝官吏，以借款给山西商务局为诱饵，签订承办晋矿合同，攫取了山西孟县、平定、潞安、泽州、平阳等州县煤、铁和石油诸矿的开采权，期限60年。但合同虽订，福公司一直没有勘查开采。义和团运动后，山西资产阶级中即有绅商与福公司交涉，试图收回已失矿权，屡遭拒绝。1905年，收回利权的社会舆论日见高涨，山西商人乘势集资购买矿地，自行开采。英国侵略者闻讯，立即横蛮地照会清政府外务部，声称非经福公司允许，"无论华洋何人何公司，皆不准在该处开采煤矿"①；同时，还径自到处插旗勘探，无理要求山西商务局封闭各地已开之矿。

面对英国侵略者的威逼，山西各界人士坚持斗争，决心废除合同，将矿权收回。斗争当中，资产阶级也毫不犹豫地表达了同样的决心②。清廷外务部却迫于英国侵略者的威胁，向山西资产阶级施加压力，说什么："查晋矿由福公司承办，迭经奏准，便成铁案。晋省绅商于订立合同数年后，始议拒绝，徒以不准开办为阻止之计，断难有济。"③但山西资产阶级不仅不妥协，反而联合各界人士将斗争进一步推向深入。1906年，以资产阶级为主体发起组织"保晋矿务公司"，一面与福公司交涉收回矿权，一面集股筹备开采。1907年，公司正式立案成立，原票号巨商，1902年开始投资创办双福火柴公司等山西最早一批新式工业企业的渠本翘，被推举为第一任总理。在此之前的1906年12月，潞安府属各州县的工商业者也筹集商股，发起成立"潞安矿产公会"，订立章程八条，拟定收买矿地自行开采，"永远不准私售外人"。④

---

① 《矿务档》，第 1470～1471 页。
② 《山西矿务档》，第 47～49 页。
③ 《山西矿务档》，第 85 页。
④ 《东方杂志》，第 3 年，第 10 期，"实业"。

在山西各界数年的坚决抵制与全国各地爱国者的声援下，英国福公司意识到，如果当地人民联合一致拒卖矿地和拒当矿工，即使强行开矿也无利可图，遂转而寻求转圜之计。1908年1月，福公司不得不同山西商务局订立《赎回英商福公司开矿合同》，同意其所占矿产由山西绅商用银275万两赎回自办。虽然付出了代价，但山西资产阶级终于取得了收回矿权的胜利。

在收回安徽铜官山矿权的斗争中，资产阶级也发挥了积极的作用。

1902年，安徽巡抚聂辑椝与英国伦华公司签订合同，出卖歙县、铜陵、大通、宁国、广德等州县的煤铁矿开采权。报纸披露此消息后，安徽工商界和留日学生一致表示反对，安徽籍京官也呼吁争矿废约。经过力争，于1904年使伦华公司的矿区仅限于铜陵县400平方公里的铜官山一处。但该公司仍屡次逾限，自违约期，并仗势欺压中国民众，致群情愤激。1905年，安徽资产阶级发起组织矿务公所，宣布原订合同作废，决心自办矿务。

英商伦华公司当时并无充足资金开矿，又不甘放弃已夺取的矿权，阴谋与日商勾结合办铜官山矿，并蛮横迫令清廷外务部承认。这一行径受到安徽资产阶级和各界人士的强烈抵制。1908年"路矿工会"成立，提出"坚持废约自办"的主张，推举代表赴京交涉。1909年，斗争愈益高涨，各种集会层见迭出。4月由路矿工会主持召开大会，旅居南京、上海、江西、芜湖等地的皖籍工商业者也派代表参加。大会致电清廷外务部，表示"皖人均抱废约自办为唯一宗旨"，以"上保主权，下卫民生"①。5月，芜湖商务总会也召开大会，坚决要求废约。可以说，收回铜官山矿权在清末成为安徽工商资产阶级最重要的一次斗争。

直至1910年2月，英国伦华公司见安徽工商业者和各界人士群情激昂，众怒难犯，只得在勒索52 000镑"赔偿费"的条件下，承认中国赎回铜官山矿权。

四川资产阶级推动收回江北厅矿权的斗争，同样值得肯定。

1904年，开辟川江航路的英国侵略分子立德，与四川矿务总局订立《江北厅煤铁矿务合同》，夺取了江北厅煤铁矿的开采权及

---

① 《东方杂志》，第6年，第6期，"纪事"。

运煤短程铁路的修筑权，于次年设立"华英煤铁有限公司"，接着大肆扩占土地。四川资产阶级为了抵制英国侵略者的扩张，以杨朝述为首的江北、巴县绅商筹设江合矿务公司，展开收回矿权的斗争。川汉铁路公司也予江合公司以积极支持，允在公司股本内拨银10万两作为江合公司的股金。

江合公司利用华英公司与矿务总局所订合同第五条"所指之地如有华商开办，该公司不必重指"[1] 的规定，"将英商未经指定各地，设法购归自办"，抢先以银300两买下石牛沟矿山，派人"星夜驰往石牛沟加工开凿门硐"[2]。立德在四川不能得逞，转赴北京外务部又未如愿，"料难遂进取初心，爰渐萌退让主义"[3]。经过长年谈判，英国侵略者索取银22万两，在《江北厅矿收回合同》上签了字。可见，江北和巴县等地工商业者积极收回利权的斗争，有效地遏止了英国侵略者的经济渗透。

浙江资产阶级在收回矿权斗争中，也有积极表现。衢州、严州、温州及处州等四府是浙江省的重要矿区，1903年意大利惠工公司通过其买办高尔伊，以蒙骗手段窃取了上述四府煤铁各矿的开采权，激起浙江人民义愤。浙籍留日学生率先号召保卫矿权，浙江资产阶级接着在杭州西湖集会，坚决要求收回矿权。上海的浙籍资本家也联名发表《为杭绅高尔伊盗卖四府矿产事敬告全浙绅民启》，揭露高尔伊"既非四府绅民所委托，又不商诸全浙之绅商，擅盗公产，借肥其私，而不顾民业之丧于外人，权利之失于外人"；公启呼吁："吾浙同胞，激发公愤，阻其成约，同谋保全利权之法。"[4]

1905年，高尔伊悍然不顾浙江各界的反对，与惠工公司正式签订借款合同，激起浙江人民更大愤怒。工商业者在斜桥商务局召开抵制大会，一致谴责高尔伊出卖矿权。杭州、上海等地报纸纷纷发表文章，支持浙江人民的反抗斗争。在强大社会舆论的压力下，清廷外务部未敢批准新订借款合同，并以前奏办矿期限已逾两年，

---

① 《东方杂志》，第2年，第7期，"实业"。

② 《江北县志初稿》，转引自隗瀛涛主编：《四川近代史稿》，四川人民出版社，1990年，第431页。

③ 汪敬虞编：《中国近代工业史资料》（下册），第2辑，科学出版社，1957年，第755页。

④ 《辛亥革命浙江史料选辑》，浙江人民出版社，1981年，第291~292页。

撤销原订合同。收回四府矿权准予商办。

除上述各地收回矿权斗争取得胜利外，福建人民收回建宁、邵武、汀州三府矿权，河南人民收回怀庆府及黄河以北诸矿，云南人民收回澂江、福安、开化等七府矿权，山东人民收回铁路沿线和峄县中兴煤矿及茅山等五处矿权的斗争，也不同程度地达到了目的。在这些斗争中，资产阶级都发挥了不可忽视的积极作用。限于篇幅，本章不一一叙述。

收回路权的斗争，较诸收回矿权的斗争更为激烈，资产阶级在其中的地位与影响也更为突出。

较早发端的是 1904 年至 1905 年收回粤汉铁路主权的斗争。1898 年，美商合兴公司与清廷签订《粤汉铁路借款草合同》，不仅夺取了粤汉铁路"让与权"，并连带攫得沿线矿产的开采权。根据合同规定，合兴公司应在五年内将全路修成，修筑权不得转让他国。但该公司因资本有限一再拖延，到 1904 年才修筑了粤汉路南端广州至佛山的数十里支线。不久该公司将股票的三分之二转卖给比利时商人，由比商承担建造粤汉路北段。这种延宕路工、暗售股票的违背合同作法，激起湘、鄂、粤三省人民的强烈不满，并由此触发三省的"废约争路"斗争。

1904 年，湖北资本家即上书张之洞，阐明"美商违约，全楚受害，众愤莫遏，公恳挽回，以泯巨患"[1]。湖南绅商也联名驳斥美商的狡赖，"力请废约，归湘自行承办"[2]。三省留日学生更是大力声援，组成"铁路联合会"，提出"路存与存，路亡与亡"的口号。美商为阻挠中国人民收回路权的斗争，又从比利时商人手中购回股票，声称不允中国废除合同。面对侵略者的横蛮无理，三省人民更为愤怒，纷纷表示"万众一心，有进无退"。湖广总督张之洞对三省的收回路权斗争，给予了一定支持，但提出改废约为赎路。1905 年抵制美货运动爆发后，全国反美情绪更加高涨。8 月，美商不得不应允中国的赎路要求。

粤汉铁路修筑权虽然赎回，但若不抓紧自建，仍有再度复失的危险。三省资产阶级对此不无认识，踊跃集股成立商办铁路公司。

---

① 宓汝成编：《中国近代铁路史资料》，第 2 册，第 759 页。
② 宓汝成编：《中国近代铁路史资料》，第 2 册，第 758 页。

广东总商会、七十二行和九大善堂等资产阶级团体，积极劝募广大工商业者和社会各阶层认股，率先成立商办广东粤汉铁路有限总公司，掌握了商办铁路权。两湖地区商办铁路公司成立较晚，并一度遭遇某些挫折。1908 年，张之洞调任军机大臣兼粤汉铁路督办大臣。英国侵略者提出"商借"贷款修筑粤汉路，德、法、美等国也乘机锲入。次年 3 月，签订湖广铁路借款合同。三省人民坚决反对借款筑路，特别是两湖各界人士，一边抵制奴役性贷款，一边加紧筹股成立商办铁路公司。湖北的工商业者在商会领导下多次集会，痛斥借款筑路之种种危害，并联合学界、军界成立铁路协会，派代表赴京陈述商办铁路要求，主张不借外债、不招洋股，设立湖北商办粤汉、川汉铁路股份有限公司。资产阶级的要求得到社会各阶层积极支持，"军、学、绅、商各界，认股者异常踊跃"①，在短时期即筹得数目可观的款项。湖北资产阶级和各界的坚决斗争，终于迫使清政府于 1910 年 3 月准允湖北成立商办铁路公司，集股自办本省铁路。

湖南资产阶级的斗争也十分坚决，而且兴起更早。1905 年粤汉铁路收回时，湖南的工商业者即已开始积极筹款商办。1906 年 5 月，新成立的商务总会作为组织者，发起召开集股大会，与会者达千余之众。商会协理陈文玮倡议集股 2 000 万元，设立商办湖南全省铁路公司，会上即由商、学两界认股 200 万元。会后，又由陈文玮等 36 人联名具文，呈请商部代奏立案，但清政府只批准官督商办。1908 年张之洞与英、法、德等国签订湖广铁路借款合同的消息传出，湖南资产阶级再次掀起拒款保路运动，首先发起召开"湘路股东共济会"筹备会议，设立事务所，作为领导保路运动的临时组织机构，接着刊行《湘路新志》，由工商界代表人物龙璋任主编。湖南咨议局设立后，也很快成为保路运动的领导核心。

集股筹款是湖南资产阶级为达到完全商办目的而采取的一项具体措施。商会等工商团体设立集股分会，经办招股、换票、发息等事宜，"数日之内，集股已多"②。在集股保路的号召下，湖南出现了前所未有的集股高潮，不仅商界、学界和军界积极认股，而且

① 《趣报》，宣统元年（1909 年）十二月二十九日。
② 《湘路新志》，第 1 年，第 9 期。

"农夫、焦煤夫、泥木匠作、红白喜事杠行、洋货担，铣刀磨剪、果粟摊担、舆马帮佣，亦莫不争先入股以为荣"①。1909 年 8 月，以商股为主导的湘路公司正式动工修建长株段铁路，工程进展顺利，一年后全线修通。接着，南段株郴线和北段长岳线也于 1911 年 1 月破土兴建。

广东商办铁路公司前此已经成立，为使其站稳脚跟，"粤省商民，筹集路股，众情踊跃"②，也表现出高度的爱国热情。

由上可知，湘、鄂、粤三省收回路权运动前后持续数年，并取得一定成效，是与资产阶级的努力分不开的，对此我们应该给予充分的肯定。

江浙两省争取商办苏杭甬铁路的斗争，是收回利权运动史上卓有成效的篇章，资产阶级在其中的作用也尤为突出。

苏杭甬铁路的修筑权，系由怡和洋行代表英国银行公司于 1898 年诱使清朝铁路总办盛宣怀订立草约而攫取的。但是，该公司并未按照规定的期限勘测路线。1903 年，浙江绅商即酝酿设立商办铁路公司，呈请清廷批准，因遭怡和洋行干预而未果。盛宣怀曾于是年催促英公司即行勘路，并声明如六个月内再不勘路，前议草约即作废。然而直到 1905 年，英方仍未着手进行，亦未签正约。

同年 7 月，浙江资产阶级看到江西、安徽等省绅商筹设铁路公司的申请先后得到批准，再次在上海集议商办全省铁路事宜，要求废止苏杭甬铁路草合同。会上议决成立浙江铁路公司，公举汤寿潜和刘锦藻为正、副总理。清政府迫于当时全国方兴未艾的收回利权舆论，准允浙路公司成立。

紧随其后，江苏资产阶级也要求援例设立苏省商办铁路公司。当时，英国侵略者眼见江浙两省商办铁路的潮流日趋高涨，不甘到手的权益丧失，由其驻华公使向清政府施加压力，逼迫订立苏杭甬铁路正约。清政府未敢遽然应允，令盛宣怀、汪大燮等人与英方磋商。在此关键时刻，江苏资产阶级群起反对签约。苏州商务总会举行特别大会，一致表示如订此合同，"其窒碍情形不言而喻"③，万

① 《湘路新志》，第 1 年，第 4 期。
② 宓汝成编：《中国近代铁路史资料》，第 3 册，第 1206 页。
③ 苏州档案馆藏，苏州商会档案，第 297 卷，第 6 页。

不可行。江苏巡抚也应资产阶级的要求，"咨请外务部咨商督办铁路大臣盛，查照速将草约作废，以顺舆情而维大局"①。与此同时，江苏资产阶级加紧集股筹设商办铁路公司。广大工商业者积极响应，很快获得30万元底股。1906年5月，苏省商办铁路公司也正式立案成立。

1907年，江浙两省商办铁路相继开工，先修苏杭甬路苏杭段。英国侵略者闻讯恼羞成怒，向清政府大兴交涉，横蛮要求清政府下令江浙两省停工。10月，清朝统治者煞费苦心地设计了一个借款与筑路"分为两事"的计划，与英国订立借款合同。合同规定：以邮传部名义向英国借款150万英镑，然后再转借给江、浙两公司，由公司负担各项折扣利息；同时规定两省修路要任用英国总工程师，并由英方代购器材。此后，清政府即强行谕令江、浙两公司接受贷款。

这个计划实际上是将直接拍卖路权变为间接出卖，因此它一出笼即遭到江浙两省资产阶级的反对。江苏铁路公司全体股东联名通电，说明"勒借指抵，贻害实巨。路权即国权，商办早经奏准有案，一失民心，谁与图存？"② 苏州商务总会接连举行特别大会，表示"商会宗旨，在劝各绅以集股保路为第一义"③，同时致电清廷农工商部和外务部，声明"不认商借商还，力拒外款"④。浙路公司股东也一致通电表示，"宁死不借外债"，并指出"路之存亡，即浙之存亡，亦国之存亡"⑤。

江浙两省资产阶级抵制英国强行借款以控制路权的行动，得到社会各阶层的大力支持。在浙江，"商贾则议停贸易，佣役则相约辞工，杭城铺户且有停缴捐款之议。商市动摇，人心震骇"⑥。全国各地乃至海外广大华侨也纷纷予以声援，保路斗争从废约自办发展为拒借洋款、反侵略的群众性爱国运动。清政府迫于民愤，于1908年同英国再次洽谈，议定"部借部还"办法，用邮传部名义

① 苏州商会档案，第297卷，第7页。
② 《江浙铁路风潮》，第1册，"两省拒款函电"，第7页。
③ 苏州商会档案，第297卷，第35页。
④ 《江浙铁路风潮》，第2册，"两省拒款函电"，第31页。
⑤ 《汇报》，1907年11月9日。
⑥ 宓汝成编：《中国近代铁路史资料》，第2册，第876页。

向英国借款，再转借两路公司，不以苏杭甬路为抵押，路归商办，但仍聘英国人为总工程师，并以津奉路作抵，因而江浙两铁路公司依然加以抵制，相约不用部拨借款，不让英国工程师过问路事，清政府对此也无可奈何。

1910年8月，清政府借机将浙路公司总理汤寿潜革职，"不准干预政事"，又一次激起了铁路风潮。浙路全体股东召开特别会议，坚决反对清廷革斥汤寿潜的诏文，并经由巡抚增韫代奏，为汤寿潜作全面申辩，表示清廷无权撤销铁路公司总理。宁波数万人齐拥至道署，"声言若不收回成命，必暴动云"①。1911年2月，苏路公司"先斩后奏"，呈报邮传部辞退所雇英国总工程师，同时声明公司因邮传部强迫借款之影响，致使停工蒙受损失，故将前领部款作为赔偿费用。一个星期之后，浙路公司也如法效仿。清政府鉴于江浙绅商拒款斗争十分坚决，只得与英方协议，将苏杭甬路款转移作开封、徐州铁路借款。至此，持续六七年之久的江浙铁路风潮始告平息。

四川资产阶级为防止川省铁路修筑权落入外人之手，力争商办铁路，也进行了多年斗争。1903年，四川总督锡良奏请设立官办川汉铁路公司。公司成立之后，为官僚豪绅所把持，毫无成效。有鉴于此，一部分工商业者号召"我川人同心协力，以实行不买股票，不纳租捐之策"，以"破坏野蛮官立之旧公司，建设文明商办之新公司"②。锡良为缓和资产阶级对官办公司的指责，于1905年奏准改官办为官商合办，但公司实权仍操在官僚集团手中，腐败现象依然如旧，因此川省资产阶级仍要求川路公司实行商办，社会舆论也多方给予支持。1907年，由于资产阶级和各界的努力，川路公司终于改为商办。至1909年，川路集股总额多达1 170余万两，在宜昌至秭归300里间同时兴工，从而堵绝了帝国主义对川省铁路的觊觎。

在此前后，其他许多省区的资产阶级都曾开展争取商办铁路斗争，并成立了商办铁路公司。据统计，从1903年至1910年，全国

---

① 宓汝成编：《中国近代铁路史资料》，第2册，第866页。

② 《建立川汉铁路商办公司建议书》，转引自章开沅、林增平主编：《辛亥革命史》中册，人民出版社，1980年，第473页。

各地先后有潮汕、湖南、江西、新宁、安徽、浙江、福建、滇蜀、同蒲、江苏、广东、广西、四川、河南、西潼、湖北等铁路公司成立。有些省份虽未成立铁路公司，但也有要求自办铁路的组织出现，例如1908年成立的吉林公民保路会、1909年成立的山东烟维路招股公司等。在这些铁路公司或组织中，资产阶级无疑是主导力量。

1911年，正当许多省区收回路权运动取得明显成效，相继动工兴建之际，清政府抛出了所谓"铁路国有"政策，宣布"从前批准干路各案，一律取消"，由此剥夺了各省商办铁路的权利。清政府将铁路修筑权收归国有，主要是为了出卖路权，换取帝国主义的贷款。时人即已看出，"以路抵款，是政府全力夺自百姓而送与外人"①。不到半月，清廷即与英、法、德、美四国银行团签订有关粤汉、川汉两大干线的借款合同，将两湖境内粤汉、汉川路的修筑权出卖给帝国主义。因此，"铁路国有"政策及借款合同宣布后，激起了资产阶级更为强烈的反抗。

湖南资产阶级以铁路公司、咨议局为核心，奋起保路，坚决要求巡抚杨文鼎"请命朝廷，明降上谕，收回成命，仍遵历次谕旨，准与商办"。湖北的资产阶级也在咨议局领导下，多次召开大会，坚决反对铁路国有政策，并推举咨议局议长汤化龙赴京，向清政府痛陈铁路商办不可取消。

四川的保路斗争声势最为浩大，也最激烈。起初，川路公司召开股东大会，集议联合各工商团体，群力争路，同时要求川督代奏，吁请清廷收回成命，结果遭到朝廷训斥。不久，四国银行团借款合同寄到四川，川省资产阶级异常愤怒，反抗清政府的态度也由温和变为日趋激进。6月，川路公司联合工商各业开会，筹商抵制之策，"到会者数千人"，一致认为朝廷"收路为他国所有，川人死不能从"②。同时还指出，"决非从前和平态度的文字争辩所能生效"，必须"另采扩大急进手段"③。经磋商，决定成立保路同志

---

① 《四川保路同志会报告》，第21期，著录。

② 三余书社主人编《四川血》，转引自隗瀛涛主编《四川近代史稿》，第608页。

③ 《辛亥革命回忆录》（三），中华书局，1961年，第46页。

会，作为"保路破约"的领导机构，会址设在铁路公司内。此后，四川保路运动迅速高涨，"全蜀响应，风潮尤为剧烈"。本小利微的小商人纷纷组织"一钱会"，"每日每人慨捐制钱一文，以助同志会经费"①。

在清政府一再压制之下，四川保路运动愈演愈烈。至 8 月 24 日，成都商人率先罢市。第二天，罢市浪潮很快波击全川。地方官府"劝解无效，防止无从"②。清廷三令五申命四川店铺"照常营业"，也无济于事。川督赵尔丰不得不向清廷奏称："此次罢市、罢课，人心坚固。"③

8 月 31 日，四川各商会联名发布通电，说明"今日人心既失，祸机已伏，警告政府，欲挽大局，宜从根本上解决"，否则，"路事风潮万无或息之一日"④。9 月 1 日，川汉铁路公司股东会议决不纳粮税，通告全省施行，公开向清朝统治者挑战。随后，抗粮抗捐也在各地普遍开展起来。很显然，四川资产阶级与清朝封建统治者的矛盾，已发展到白热化程度。

综上所述，可以看出资产阶级在各地的收回利权运动中，都占有重要地位并发挥了令人瞩目的作用。有些地区的资产阶级，成为运动的首倡者和主导者，有的则是积极参加者和推动者。无论哪一种形式，都表明资产阶级是收回利权运动中极为活跃的社会力量，体现了高度的爱国热情。

还需要说明的是，收回利权运动的开展，对于资产阶级的成长壮大也产生了重要影响。

首先，随着运动的逐步深入，资产阶级的爱国激情更趋高涨，思想也更趋成熟。他们深刻地意识到，自己的切身利益与国家民族的兴衰和国家主权的完整紧密相关，只有维护国家和民族利益，才能使自己的利益不受侵犯，因而在收回利权运动中态度坚决，行动积极。苏州资产阶级即意识到，"成就全省路政，关系诚非细故"⑤，并表示

---

① 《四川保路同志会报告》，第 26 号，纪事。
② 戴执礼编：《四川保路运动史料》，第 244 页。
③ 戴执礼编：《四川保路运动史料》，第 277 页。
④ 《辛亥革命前后—盛宣怀档案资料选辑之一》，第 137～138 页。
⑤ 苏州商会档案，第 297 卷，第 36 页。

"不做则已，做则必求达其目的，誓死不回，以期终于有成"①。

其次，收回利权运动还加剧了资产阶级与清朝统治者的矛盾，使其朝着反封建的道路迈出了重要一步。运动兴起之初，主要斗争目标是从帝国主义手中收回被其攫取的铁路和矿山主权，清朝各级官府包括中央的商部、农工商部和一些地方督抚大员，曾对此给予了一定的支持。但不久清政府的态度发生变化，顽固推行借款卖路的倒行逆施政策，使资产阶级与清朝统治者的矛盾日益加剧。于是，收回利权运动发展成为抵制清政府出卖路权和帝国主义奴役性贷款的反帝反封建斗争。资产阶级认识到清王朝的腐败反动本质，对其幻想逐步破灭，不仅坚决反对清王朝的卖国政策，而且在辛亥革命爆发后，有相当一部分很快转向支持革命，成为孤立和推翻清王朝的重要力量。

再次，收回利权运动还推动了中国资本主义的发展，进一步扩大了资产阶级的力量。例如在收回矿权斗争的刺激下，中国近代的采矿业有了较大发展。在安徽，绅商呈请开办矿务者接踵而起，"一年之间，商人承办者二十余处"②。一些著名的商办近代煤矿，如山西阳泉保晋煤矿公司、山东中兴煤矿公司、安徽泾铜矿务公司、四川江合公司等，都是在收回矿权运动中集资创办的。收回路权运动既一定程度地遏止了帝国主义大肆掠夺中国铁路权的阴谋，也促进了中国商办铁路的发展。1903 年至 1911 年，全国成立了 16 个商办铁路公司，集股达 5 977 万元，兴筑铁路 422 公里。③ 虽然已修铁路仍很有限，但毕竟开创了中国资产阶级自修铁路的先河，因而具有重要意义。商办铁路还带动了一些与路工有关的民族工业的创办。例如为筹备铁路器材，浙路公司等在汉口发起创办扬子机器制造厂，张謇等人在通州扩建了资生铁厂，苏浙皖赣四省铁路公司在上海合办了轿车厂。

总之，资产阶级在收回利权运动中不仅有值得肯定的积极表现，同时也在这次持续多年的爱国政治运动中经受了锻炼，扩大了影响，在其成长壮大的历程中又向前迈进了一步。

---

① 苏州商会档案，第 297 卷，第 10 页。
② 《皖矿始末通告书》，第 2 页。
③ 宓汝成编：《中国近代铁路史资料》，第 3 册，第 1149~1150 页。

第八章　资产阶级争取立法权的首次尝试

　　1907 年，上海资产阶级向全国各地商会发出拟订商法的号召，随之很快发展成为一场有领导、有组织、有明确宗旨的全国规模的民间商业立法活动。这次活动持续数年之久，全国众多商会的代表曾两度齐集上海举行讨论商法草案大会，是辛亥革命前夕令人瞩目的一个重要历史事件。目前，尚无专文论述这次商业立法活动，对其来龙去脉也不甚了解。本章依据各方面史料，拟对这次活动略作述评。

一　拟订商法活动的发起

　　公开向全国各商会发出拟订商法号召的是上海商务总会。《申报》曾在醒目版面的广告栏连日刊登上海商会告海内外各商会书，阐明此次活动的意义及其紧迫性。从苏州和其他商会的档案资料中，还可查到上海商会直接寄至全国各商务总会的召开讨论商法草案大会的邀请书。但是，最早提出此项动议的并非上海商务总会，而是当时在全国颇有影响的立宪团体——上海预备立宪公会。过去，有关论著大多只注意到预备立宪公会在全国立宪请愿运动中的倡导和宣传作用，对其发起拟订商法活动则知之甚少或者是忽略未论。事实上，在这次商业立法活动中，预备立宪公会也起了相当重要的作用。上海商务总会在致各地商会讨论商法草案书中即曾说明："近者预备立宪公会致书于敝会及商学公会，极言商法必须商人协办，亟宜讨论。敝会与商学公会意见相合，因即日会议，询谋金同。均愿担任经费，协同商议。"① 由此可知，此次拟订商法活动最初系由预备立宪公会提出动议，随后由上海商务总会、预备立宪公会和上海商学公会联合领导进行。

预备立宪公会为什么热衷于发起这次拟订商法活动？其机关刊物《预备立宪公会报》曾发表不少有关论述，从各方面对此进行了说明。综要言之，原因有三：其一，预备立宪公会认为，商业立法活动是立宪运动不可分割的重要组成部分。因为"民、商法典，为宪政成立之一大关键"。只有预先拟订民法、商法等各项法典，才能"无误宪政成立之期"。② 其二，保护商人利益，促进中国民族资本主义商业发展。预备立宪公会强调，中国商人无法律保护，"动受洋商之欺抑"。"商法草案之发起，实鉴于商人无法律保护之可危，而欲合通国商民共同挽救"。③ 在其看来，商法的拟订与中国商业的发展振兴密切相联，"社会经济困穷，由于商业不振，商业不振，由于法律不备"④。只有有了完备的商法，商人才可受到保护，商业也必将得到长足发展。其三，商法草案应经由商人讨论拟订，不能由政府中的少数人一手操办。对于 1904 年初清政府颁布的《商律》，预备立宪公会虽肯定其"椎轮筚路，厥功至巨"，但指出"有保护而无监督，亦易偏失，不足以曲尽情伪而持天下之平"⑤，因而应由商人予以修改酌增。同时还阐明，"政府颁布商事法令，每不与商人协议，致多拂逆商情之处。是非徒不足以资保护，而且转多窒碍"⑥，只有商人自己讨论拟订的商法，才能真正反映商人的切身利益，起到保护商人的作用。

除上述三个方面的原因外，预备立宪公会中的董事和会员，有

---

① 《上海商务总会致天津商会讨论商法草案书》，《北洋公牍类纂》卷 21，商务二。

② 《商法调查案叙例汇录》，《预备立宪公会报》，宣统元年（1909 年），第五期。

③ 《天津商会档案汇编（1903—1911）》（上册），天津人民出版社，1989 年，第 284 页。

④ 《本会纪事》，《预备立宪公会报》，光绪三十四年（1908 年），第二十期。

⑤ 《商法调查案理由书叙例》，《预备立宪公会报》，宣统元年（1909 年），第五期。

⑥ 《天津商会档案汇编（1903—1911）》（上册），天津人民出版社，1989 年，第 284 页。

不少本身就是工商业者。资本主义的发展与其自身经济利益密切相关，他们也希望得到法律的保护。因此，他们对拟订商法、推动资本主义发展十分关注。

预备立宪公会不仅提出了拟订商法草案的动议，而且承担了编纂商法草案的重任，并表示将竭尽全力促成此事，其结果"无论能满意与否，总之能令中国商法早几日颁行，则本会之效力于社会，亦复不少"①。为尽量使商法草案臻于完善，预备立宪公会选派秦瑞玠、汤一鹗、邵羲、张镇家、孟森等五人专门组成商法草案编辑部，议定一边翻译各国商法正文及其学说作为参考，一边拟订公司法，随后依次编订契约法、破产法、商行为法、海商法等。至宣统元年（1909 年）初，公司法草案拟订完毕，总计 334 条，较诸清政府商部所订《商律》中 131 条的《公司律》完备得多。预备立宪公会在此次商业立法活动中的作用，由此更可窥见一斑。

预备立宪公会强调商法必须由商人讨论认可，才能付诸实施。但是怎样组织全国的商人进行讨论呢？中国向来商情涣散，商人之间缺乏沟通和联络，"不特彼业与此业不相联合，即同业之中亦何尝联合"；至于省与省之间的商人，更是畛域分明，壁垒森严。1904 年以后，出现了商会、商团等为数甚多的新式商人社会团体。在这些商人社团中，商会起着轴心作用。这不仅因为商会成立的时间比较早，在全国各地最为普遍，更由于它是连接工商各业的中枢机构，即所谓"众商业之代表人"。当时，各行各业的商人都表示，商会"综握商务机关，凡我商民均隶属之"②。于是，商会的成立，将分散的商人凝聚成为一个统一的整体，从而改变了商人之间互不联系的孤立涣散状况。全国各地的商务总会在许多大规模的社会活动中，也往往遥相呼应，密切配合而协调行动。这样，新成立的商会在商人中间即具有"登高一呼，众商皆应"的号召力。正因为如此，预备立宪公会于光绪三十三年（1907 年）四月决定发起拟订商法活动后，旋即与上海商务总会商议，希望上海商会出面联络全国各地的商会，组织全国性的讨论商法草案活动。预备立宪公会对

---

① 《预备立宪公会开会纪事》，《申报》，1909 年 12 月 28 日。
② 《苏州市民公社档案选辑》，《辛亥革命史丛刊》，第 4 辑，中华书局，1982年，第 92 页。

此曾予以解释说："法律为保护人民而设，其保护之结果可行否，必经人民之公认而后定。商法所以保护商人，则必经商人之公认可知也。各国商业会议所，皆有提出意见，请求政府修正法律之权。彼之商业会议所，即我之商会也。夫惟能使商会提出意见于先，故易得众商之承认于后。"① 这显然是向商会说明，讨论和拟定商法乃商会所应享有的权利。

上海商务总会原本即与预备立宪公会存在着联系，相互之间在人事上还有某些交叉。例如李云书、李平书、周舜卿、周金箴、王一亭等人，既是上海商务总会中的活跃人物，又是预备立宪公会中的董事。同时，新成立的商会，其宗旨就是"联商情，开商智，以扩商权也"②。"扩商权"的具体内容，当然包括"提出意见，请求政府修正法律之权"。因此，上海商务总会对预备立宪公会提出拟订商法草案一事，极表赞成，认为预备立宪公会所言皆"洞悉商况，发人深省"。"爱与商学公会、预备立宪公会商定，拟联合全国商民编成商法草案，要求政府奏准施行"。③ 上海商会还曾专门召开会议商议具体办法，提议"函邀各省商会，各举代表来沪，合力研究，以求进步。当经全体赞成"④。后又与商学公会和预备立宪公会订定，于光绪三十三年（1907 年）十月十四、十五两日，在上海愚园召开全国各省商会代表讨论商法草案大会。旋由上海商务总会出面，向全国各商会发出了讨论商法草案邀请书。

另还应说明，对于中国商人无法律保护之种种危害，上海商会也有比较深刻的认识。其在致各埠商会拟开大会讨论商法草案书中指出："我中国商人沈沈冥冥为无法之商也久矣！中国法律之疏阔，不独商事为然，商人与外国人贸易，外国商人有法律，中国商人无法律，尤直接受影响。相形之下，情见势绌。因是以失败者，不知凡几。无法之害，视他社会为尤烈，此可为我商界同声一哭者也。"对于此次拟订商法活动的紧迫性，上海商会作了如下阐述："政府

---

① 孟昭常：《商法调查案问答》，《预备立宪公会报》，宣统元年（1909 年），第十期。

② 《余姚商务分会简章》，绍兴《商务杂志》，第 2 年，第 1 号。

③ 《天津商会档案汇编（1903—1911）》（上册），天津人民出版社，1989 年，第 284 页。

④ 《中国新闻》，《农工商报》，第 9 期。

一定公司律，再定破产律，虽奉文施行，而皆未有效力。卒之信用不立，道德有时而穷。规则荡然，事业何由而盛？长此颓废，吾商业其终不竞乎!"此外，上海商会还特别说明之所以必须邀请各地商会公举代表赴沪讨论商法草案，在于中国商事习惯千头万绪，决非上海一埠所能言尽。侨商有外洋各埠之别，通商口岸有沿江沿海之差，即就普通商情而言，也有内地各省府、厅、州、县之不同。只有各地商会公举代表齐集协议讨论，才能使所拟商法合乎中国实际，以免失之偏颇，真正起到保护华商的作用。上海商会还希望借此次全国商会代表汇聚沪上的机会，不仅讨论商法草案，进而包括"一切商情之利弊、商业之盛衰、公司之联合、航轨之交通、并现今商事政策之得失，应如何改良之处，皆可合力研究，以求进步。"① 同时，也希望通过这项活动使全国各商会保持更为密切的经常性联系。为此，上海商会提出，各商会在商法讨论会后或请代表驻沪，随时商办，或嘱寓沪绅商代陈意见，或由上海商会特设通信机关，函询各商会发抒意见，以资参考。

不难看出，上海商务总会在辛亥革命前的这场拟订商法活动中发挥了十分突出的作用。具体说来，预备立宪公会提出了动议，承担编纂商法草案，而起联络和组织作用，将这次活动扩展为全国规模者，则主要是上海商务总会。在清末全国林林总总的商会中，影响最大者当属上海商务总会。1905 年，上海商务总会即以发起和领导全国规模的抵制美货运动为契机，初步奠定了在全国商会中领袖群伦的重要地位。所以，上海商务总会致各埠商会拟开大会讨论商法草案书发出之后，很快得到全国各地商会的积极响应。海外南洋各埠侨商组织中华商务总会也函电纷驰，表示将公举代表参加此次盛会。

参与发起拟订商法活动的另一个组织上海商学公会，也是由上海商人组成的新式资产阶级社会团体，其宗旨为研究商学，维持商律、商规，以冀商业之发达。关于商学公会参与发起此项活动的意旨，其副会长周金箴在第一次商法讨论会上曾专门阐述说："本会名为商学公会，本以研究商学为主，而商法亦商学中之一部分。只

---

① 此段引文均见《上海商务总会致各埠商会拟开大会讨论商法草案书》，《申报》，1907 年 9 月 10 日。

以自维浅薄，未敢轻易发起。幸承预备立宪公会允任编辑之事，商务总会启请海内外同志莅会协助，合成斯举，自乐赞从。惟以公共团体谋公共利益，既于宪政之预备，商务之振兴，可一举两得，自彼此无轩轾。故当日同居发起之列，其一切经费，亦即由三会平均分任。并议定商务总会与本会各举评议员数人，调查一切商情，与编辑诸君随时协议。"① 作为此次活动的发起者之一，并分任一部分经费，上海商学公会毫无疑问也起了一定的作用，但较诸上海商务总会和预备立宪公会显然处于次要地位。

综合上述预备立宪公会、上海商务总会和上海商学公会三团体的有关论述，可知其发起拟订商法活动的目的，主要是为了保护商人利益，推动中国民族资本主义发展；同时也是为立宪奠创基础，并借此加强全国各商会之间的联系。因而这次活动既是资产阶级促进资本主义发展的一项重要经济措施，又可看作其反对封建君主专制统治，争取政治权利的一次尝试。

二　商法讨论会的召开

为拟订和讨论商法草案，上海商务总会于 1907 年和 1909 年先后两次邀请海内外商会推举代表赴沪举行特别大会。第一次大会于 1907 年 11 月 19 日召开，会期两天。应邀派代表到上海参加这次大会的，有新加坡、三宝垅、长崎、海参威华商总会，吉林、烟台、营口、广州、汕头、福州、厦门、建门、湖南、正阳关、芜湖、庐州、徽州、歙县、绩溪、江宁、清江浦、淮安、六合、泰兴、镇江、泰州、宿迁、宝应、苏州、松江、常州、通崇海、崇明外沙、常昭、盛泽、平望、溧阳、东灞、川沙、青浦、浏河、昆新、奉贤、洒泾、南翔、丹阳、朱泾、周浦、杜行、如皋、金坛、丰利、梅里、金山松隐、吴江震泽、嘉定、宜荆、锡金、莘庄、昆山菉溪、罗店、河南、杭州、拱宸桥、湖州旅杭商学公会、嘉兴、湖州、湖州孝丰、衢州、宁波、镇海、诸暨、余姚、定海、慈谿、山会、石门、瑞安、湖州、武康、乍浦、峡石、奉化、江西、抚州等商务总会、分会和分所。"远近各埠商会代表到会者，以分立之

---

① 《天津商会档案汇编（1903—1911）》（上册），天津人民出版社，1989 年，第 285 页。

团体计，则有八十余商会；以所涉之省分计，则有一十四行省；以远来之道里区域计，则有东南两洋华商侨寓之三大埠。是诚创举，亦盛举也。"① 除此之外，还有以书信形式与议者，如黑龙江、保定、梧州、扬州等商务总会和分会，也达 30 余埠。如此大规模的聚会，确实盛况空前。

第一次大会举行时，商法草案尚未拟出，主要是讨论如何确定商法大纲，调查各地商业习惯，创办华商联合会及此后联络办法等问题。11 月 19 日的大会上，上海商务总会会长李云书、预备立宪公会会长郑孝胥和上海商学公会副会长周金箴，分别向与会代表说明了发起召开此会的缘由及意义。预备立宪公会驻办员孟昭常代表该会商法草案编辑部，阐明了拟订商法的具体办法与次序。随后由各埠商会代表发言或提出议案。上海南市商务分会会长王一亭提出，此事是否应先行禀知农工商部？"众议应禀，但可从缓"。从草拟和讨论商法草案的全过程看，此项活动始终是"自下而上，非自上而下"，其民间立法的性质特点十分鲜明。嘉兴商会代表张右企（他也是预备立宪公会的董事）提出三项议案：一、由此次到会之80 余处商会公同发起成立华商联合会，通知各埠，二、商法事关全国商民利益，应归入华商联合会作为公共事务。一切经费由全国各商会分别酌认协助，不宜专仰成于上海三大会；三、创办华商联合报，以为各商会交通之邮。以上三项，与会代表讨论之后均表赞成。

次日大会议定了商法草案提纲，并确定将来商法草案由各埠商会讨论通过之后，再行禀告农工商部。关于创办华商联合会，会上印发了意见书，决定由上海商务总会和上海商学公会委托有关人员起草章程，具体筹备工作国内由上海商务总会负责，海外由新加坡中华商务总会经办。会议还确定了通信联络方式和时限，不论远近之商务总会或商务分会，均各推举商法草案评议员一人。由于华商联合会一时难以正式成立，商法草案仍由"预备立宪公会主讨论编纂之任"。此次会上，还曾讨论组建中国华商银行，仿行钞票，以增加流通资本，各商会宜自设商业裁判所，免与官吏交涉等有关问题。②

---

① 《天津商会档案汇编（1903—1911）》（上册），天津人民出版社，1989 年，第 283 页。

② 有关第一次大会的具体情况，见《天津商会档案汇编（1903—1911）》（上册），天津人民出版社，1989 年，第 283～286 页；《申报》，1907 年 11 月 21 日。

第一次大会之后，预备立宪公会加紧拟订商法调查案（即商法草案）。由于原定五人中的邵羲、孟森1908年下半年因筹办咨议局而辞职，专职商法编辑员较少，预备立宪公会本拟续聘一二人，但能够胜任的合适人选临时难以寻觅，遂由秦瑞玠、汤一鹗、张镇家三人终其事。孟昭常也"始终在事，料理一切"。他并不因此事而另外支取薪水，"辛苦经营，实亦并匪浅鲜"①。编辑人员不多，但工作量却相当大，仅翻译各国商法及有关说明资料即达30余万字。"不独各国法制当细较异同，精研得失，且各地商情民俗，亦应调查参酌，期于折衷至当，始可起稿"②。因此，到宣统元年（1909年）闰二月，商法草案第一编公司法始告完成。

公司法编成之后，即由上海商务总会寄予各地商会征求意见。为使商人更好理解有关内容和便于讨论，预备立宪公会又专门编辑印行一本《商法调查案浅说》，并在宣统元年（1909年）第十期的《预备立宪公会报》上刊登《商法调查案问答》，广泛搜罗商人的各项见解，对商法草案加以修改。配合讨论修改商法草案，许多商会也开展了商事习惯调查活动。有的商会还专门拟订了研究商事习惯问题简章，指明："商法所包者广，凡属商人，无论营业之大小，于法律范围皆有关系。不问何项商人，曾入商会否，苟有利害切已，应行保护者，其营业之习惯与旧有之条规，可作成意见书，投交本会或邮寄本会共同研究。"③ 1909年，清朝宪政馆也奏准将编订商法作为当年筹备事宜，派法律馆纂修朱汝珍调查各省商事习惯。尽管此时清政府着手编订商法，但预备立宪公会、上海商务总会等仍按计划照商人意愿自行拟订商法草案，在各商会代表讨论通过之前并未向清政府法律馆和农工商部禀报。

上海商务总会与预备立宪公会及商学公会原本议定于宣统元年（1909年）八月间在上海召开第二次商法讨论会，逐条讨论并通过商法草案第一编公司法，俟大会公决通过之后，再联名呈请法律馆大臣审定。但因当时各地均忙于成立咨议局，上海商务总会和预备

---

① 《预备立宪公会开会纪事》，《申报》，1909年12月28日。
② 《天津商会档案汇编（1903—1911）》（上册），天津人民出版社，1989年，第285页。
③ 苏州市档案馆藏，苏州商会档案，第5卷，第55页。

立宪公会的主要成员大都被推举为咨议局议员，八月又时逢咨议局会期，故无暇兼筹商法讨论会事宜。后由三团体共同商议，通告海内外商会，改在当年十一月初七日（12 月 19 日）举行。各地商会仍踊跃响应，会前"通函赞成者，已有七十余处"①。初定此次大会主要讨论商法草案第一编公司法，至会前预备立宪公会赶拟出第二编商法总则，遂决定一并提交讨论。

在第一天的大会上，周金箴（时任上海商务总会总理）代表上海商务总会和商学公会首先发言，阐明大会宗旨一为"联络气谊。藉此筹商我商业上改良进步之策"；二为讨论通过商法草案，呈送农工商部、法律馆核定。接着郑孝胥代表预备立宪公会说明商法草案起草经过，请与会代表对"所编各稿，公同讨论，取一同意"；要求大家"有认可者则认可之，有应驳改者则驳改之"；"盖我商人既得同意，则我政府自无故拂舆情之理"。②随后，大会即对商法调查案进行了热烈的讨论。代表们发言十分踊跃，有时甚至出现争论，不得不请主席裁决。次日大会除继续进行讨论外，并议定由预备立宪公会编辑商法的以后各编；会上还修改了呈农工商部、法律馆文稿，公推秦瑞玠、孟昭常二人赴京向农工商部、法律馆呈递讨论通过的商法。因时间所限，商法总则部分未及在会上充分讨论，决定由各商会分别研究之后，在 40 天之内将意见书速寄预备立宪公会商法编辑部。③

以上我们简略叙述了两次商法讨论会的基本情况。应该特别指出，辛亥革命前资产阶级举行的这两次商法讨论大会，在近代中国资产阶级发展史上可以说是前所未有的盛举。即如上海商务总会会长李云书在第一次讨论会开幕式上所言："吾中国商情，向称涣散，从未有邀集各省府、厅、州、县及海外侨寓之同胞欢聚一堂，藉巩团体而谋公益者，有之自本日会议始"。④两次商法讨论会的召开，也引起了社会舆论的关注。会议前后，一些报刊均将其作为重要内

---

①　《申报》，1909 年 12 月 20 日。

②　《申报》，1909 年 12 月 20 日。

③　第二次商法讨论会的有关具体情况，见《商法讨论案议事录》，《申报》，1909 年 12 月 21 日；《商法讨论会第二日会场纪事》，《申报》，1909 年 12 月 22 日。

④　《天津商会档案汇编（1903—1911）》（上册），天津人民出版社，1989 年，第 283 页。

容进行报道。在全国颇有影响的《申报》等大型报纸，还详细记述了两次会议讨论的具体情况。

三　拟订商法活动的影响

下面，我们着重考察和分析此次资产阶级拟订商法活动的成果及各种影响。

拟订商法活动最直接的成果是制定并讨论通过了商法第一编公司法，第二编商法总则也已拟订，各商会以通信方式交流了讨论意见。公司法 400 余条，是有清一代最为详尽的商法文件。目前，笔者尚未查到其全文。商法总则因当时未曾公开印行或在刊物上登载，现也不易查阅，但从保存下来的卷帙浩繁的苏州商会档案中，我们发现了这篇珍贵的文献。商法总则共 7 章，84 条，大约 8 千字。第一章从 15 个方面对何项营业者为商人加以界定，有利于解决近代中国长期工商不分，凡经营工矿、交通、商业者均统称为商人的概念混乱状况。第二章为"商人能力"，指明充任商人的条件，只要年满 18 岁，"不论何人，凡有订结契约而独立负担义务之能力者，均得为商人而营商业"。特别需要说明的是关于女子经商问题，1904 年商部奏准颁行的《商律》规定，只有在经商者本人病废，且上无父兄、子弟幼弱尚未成丁的情况下，其妻或成年之女方能为商。这实际上仍然是限制女子不得自由经商。而资产阶级拟订的商法总则，则强调不论男女，凡有能力者均可自营商业，从一个侧面反映出资产阶级男女平等的近代民主自由观念。第六章"商业雇用人"也值得特别重视。该章第 57 条规定商业主人与商业雇用人必须签订契约，而且"应注意保护商业雇用人之生命与身体，并维持善良之风习，酌定执务时间"。第 62 条指明雇主有权将雇员解雇，被雇者如不堪虐待，亦可自行辞职。① 根据这些规定，店员一般都只是出卖自己的劳动力，与雇主无人身依附关系，明显有别于封建性质的超经济强制剥削，体现了资本主义性质的劳动雇佣关系。

总之，由资产阶级拟订的商法草案，是中国历史上第一部比较

---

① 见苏州市档案馆藏档，全宗号乙₂₋₁，案卷号 754。

完整的近代资本主义性质的经济法规文献，也是第一次民间商业立法，因而它不仅在中国资本主义发展史上应该受到重视，而且在中国近代法制史上也具有重要意义。1910 年，清廷农工商部根据这一由资产阶级编成的商法草案，修订成《大清商律草案》。可以说，资产阶级发起此次民间商业立法活动，已达到了其预定的直接初步目标。

拟订商法活动的长远目标，是促进中国民族资本主义的发展，这一作用在短时期内不可能得到直接和明显的反映。当时阻碍中国民族资本主义迅速发展的最主要障碍是帝国主义和封建主义的双重压迫，在政治制度未进行根本变革，封建专制统治继续存在以及国家未能收回主权而保持真正独立的情况下，任何推动中国资本主义发展的经济措施都会受到限制，难以发挥应有的作用。所以，资产阶级试图通过自订商法而使中国民族资本主义腾飞的良谟宏愿在当时是无法实现的。

但是，这并不意味着清末资产阶级的商业立法活动，在推动中国民族资本主义发展方面完全没有产生积极影响。商法草案编成并获讨论通过，而且在很大程度上为清政府所接受，这对资产阶级是一个极大鼓舞，使其进一步看到了自己的力量，增强了发展中国民族资本主义的信心和决心。《农工商报》曾发表评论指出。长期以来，中国"订定法律，其权操于政府，而东西各立宪国，其订定法律，权操于国民，订定商法，权操于商民，政府只有认可宣布之权耳。故其商法随时改良变通，绝无阻碍，而商务得以发达。此次上海商务总会合全国之商民，讨论全国之商法，实为商务盛衰之枢纽"①。当时，全国工商界翘盼商法早日问世，对此次拟订商法活动极为关注。故而它的成功必然会对广大资产阶级产生积极影响。

此外，为配合拟订商法而进行的商事习惯调查，是中国有史以来商人第一次有目的地大规模检讨传统商业条规及习俗的调查活动，此对中国民族资本主义发展也有一定的积极作用。众所周知，会馆、公所等行会性质的传统工商组织在清末仍十分普遍，各行各业都有自己的商事习惯及所订规章，其中相当一部分继续沿袭中世纪封建行会的传统，成为妨碍资本主义增长的惰性因素之一。通过

---

① 《中国新闻》，《农工商报》，第 9 期。

开展商事习惯调查，许多商会组织各业商人对种种商事习惯和旧条规详加审查，指陈利弊，考辨优劣，使广大商人意识到沿袭传统的陈规陋俗，无以立足于竞争日趋激烈的世界商业战场。在此前后，不少会馆、公所发生了变化，旧的封建传统日见削弱，新的近代因素逐渐增长，在组织形式和职能诸方面都较诸以往封闭狭隘的特征明显不同。这种变化无疑有利于中国资本主义发展，在当时已引起人们重视，有的将其概括地表述为："会馆有时行公议裁判等事，俨如外国领事馆，公所为各业之机关，俨如商业会议所。其始不过曰联乡谊、营慈善而已，浸假而诉讼冤抑之事为之处理矣，浸假而度量衡归其制定矣，浸假而厘金归其承办矣，浸假而交通运输之规则归其议决矣。"①

考察此次商业立法活动时还应看到，它反映了资产阶级成长壮大和争取政治权利的要求，进一步增强了全国资产阶级的联合，扩大了资产阶级的社会影响。

作为资产阶级新兴社会团体的商会，是通过清政府谕允与劝办的形式得以成立的，曾获官府的鼓励和保护。但清政府唯恐资产阶级通过商会滋长对政治权力的追求而危及自己的统治，又采取各种办法限制商会的活动及权限范围。商部奏准颁行的《商会简明章程》对此已有明确规定，后又三令五申告诫商会不得逾越所定权限，务须"恪遵定章，认真经理"②。然而，商会诞生之后，资产阶级有了自己统一的合法社会团体，改变了过去个人或行帮的落后形象，气度和能量也随之大为改观，力图突破清政府所设清规戒律，争取更为广泛的政治权利。如果说，1905 年商会发起和领导抵制美货运动，是资产阶级走向自治自立，要求在对外交涉中拥有发言权的第一个行动步骤，那么，1907 年发起自订商法活动，则是资产阶级学习其西欧前辈，进一步争取立法权的首次尝试。

西欧英、法等国与中国在社会结构、政治体制等许多方面存在着明显不同，城市也具有相异的传统与特点。加上资本主义发展道路和资产阶级经济实力大小的不尽一致，使得中西方资产阶级所拥

①　杨荫杭：《上海商帮贸易之大势》，《商务官报》，光绪三十二年（1906 年），第 12 期。

②　苏州市档案馆藏，苏州商会档案，第 38 卷，第 35 页。

有的政治权利也判然有别。例如英、法等西欧国家专制王权的建立是在封建社会晚期，其权力集中的程度远不如中国，与之并存的有国会或是三级会议机构，征税、立法一般都须经过国会或三级会议通过，国王才能签署实施，这种情况在中国是不曾有过的。中国自秦朝建立的封建专制集权，历经千百年不断发展完善，其体制之完整严密、皇权之高度集中，都堪称世界封建社会政治史上的典型。西欧诸国的城市，大都也兴起于封建社会后期。城市中的工商业者通过武装斗争或金钱赎买的方式摆脱封建领主控制，取得了自治权，形成城市与农村对立并重的二元化结构，因而资产阶级拥有比较广阔的活动地盘。中国的城市自古以来既是工商荟萃的经济中心，又是封建统治的政治重心，为封建势力所牢牢控制。这种经济政治一元化的社会结构，大大限制了中国资产阶级从事各种活动的社会空间，迫使其不得不周旋于旧势力的层层夹缝之中，其政治权利也远不及英、法等国的资产阶级。例如英国伦敦商会"在议院亦颇占势力，凡派伦敦港员，实此会操纵而左右之"。利物浦和曼彻斯特商会，"于英政府经营西非政策，殊有绝大影响，如管领保护地、建筑大铁路、订立总税则……皆此会左之功右之力也"①。清末的中国没有议会或类似三级会议的机构，资产阶级不可能在国家立法部门渗入自己的势力，也就无法取得如同英国等西方国家商会所拥有的一部分立法和监督行政权。但是，随着商会的成立与实力的增长壮大，中国资产阶级仍在不利的客观社会环境下，采取民间立法的方式，力图争取立法权，这无疑是值得肯定的进步活动。

关于拟订商法活动增强资产阶级联合的积极作用，集中表现在推动了全国性资产阶级社会团体华商联合会的酝酿筹备。1904年之后各省府、州、县纷纷成立了商务总会和分会，至1907年已达两百余所。各省商会的成立，改变了本地区商人互不联系的分散孤立状况，在许多方面都发挥了不可忽视的作用。但全国各地的商会互不统属，也无全国性的商会联合会，不利于更好地统一全国资产阶级的行动。这种状况当时已为商界许多有识之士所认识，故而在1907年第一次商法讨论会上，设立华商联合会即成为各商会代表

---

① 章乃炜：《述英国商会》，《商务官报》，光绪三十三年（1907年），第21期。

多次商议的一项重要内容。会上颁发了《拟组织华商联合会意见书》，决定由到会的 80 余处商会共同发起创办。意见书阐明："商法者，商业一部分之事也。今试问与会诸公，舍商法外，吾商人所应注意所应研究者，殆别无一事可言乎？又试问诸公，自今日大会以往，将遂仍前涣散，从此不相闻问已乎？抑年一莅会，仆仆道途，仅商法一事而已足乎？诸公远来之目的，上海商界发起是会之本意，当不如是也。商与商集合而成商会，其在今日明效大验，诸公既知之稔矣。若会与会联合而成大会，效力之大，必有十百于今日商会者。"因此，"宜乘今日组织——华商联合会，为海内外各埠商会总机关，为我全体华商谋极大幸福"①。显而易见，资产阶级成立全国性社会团体动议的提出，与拟订商法活动尤其是商法讨论会的召开有着密切的关系。

第一次商法讨论会上，还草拟并讨论了华商联合会简章，确定宗旨为："甲、为各埠商会交通总机关；乙、谋各埠商会办法之统一；丙、谋华商公共利益并去其阻碍。"② 简章规定：凡经商部认可成立的海内外各埠商务总会和商务分会，均可入会。总会举代表 2 人，分会举代表 1 人，各大公司、银行有法人资格者，亦可入会。此次会后，华商联合会并未宣告成立，由上海商务总会和新加坡华商总会分别负责筹备事宜。1909 年 3 月，上海商务总会根据第一次商法讨论会上海内外商会代表的提议，创办了《华商联合报》，以"联合商界，振兴实业"为宗旨③，争取华商联合会早日成立。同年举行的第二次商法讨论会，再次商议了组织华商联合会有关事宜，决定"以此事责诸华商联合报馆办理"，馆内附设"华商联合会办事处"，报名相应改称《华商联合会报》。

尽管由于种种原因，全国商会联合会到 1912 年才正式宣告成立，但考察其发轫与筹备过程，不能不追溯至清末 1907 年开始进行的商业立法活动。在筹备成立联合会过程中，全国资产阶级的联

---

① 《天津商会档案汇编（1905—1911）》（上册），天津人民出版社，1989 年，第 292 页。

② 《天津商会档案汇编（1903—1911）》（上册），天津人民出版社，1989 年，第 292 页。

③ 陈颐寿：《华商联合报序目》，《华商联合报》，第 1 期。

系已进一步加强。"华商联合会办事处"的设立，使全国各地的商会乃至海外的中华商会有了一个正式的联络机构，由此推进了商界的联合。《华商联合报》和《华商联合会报》的创办，则使资产阶级有了完全属于自己的全国性舆论宣传阵地。此后的要求币制改革、抵制各国强迫华侨入籍、收回铜官山矿权、抗议九江英捕击毙华人、成立"筹还国债公会"、抵制列强"监理中国财政"和立宪请愿等一系列斗争，都是在华商联合会办事处和《华商联合会报》的联络动员之下，形成为不同规模的全国工商界的联合行动的。通过这一系列斗争，资产阶级的凝聚力更加增强，社会影响也更为突出。

拟订商法活动的进行，还加强了上海以及全国资产阶级与立宪派之间的直接联系，对于随后资产阶级积极参与立宪请愿运动，成为立宪派的政治追随者也有着重要影响。立宪派团体与资本家团体直接携手合作，而且是预备立宪公会和上海商务总会这两个在全国影响最大的立宪派团体和资本家团体联合发起并领导类似拟订商法这样大规模的社会活动，前此尚无先例。通过召开商法讨论会，立宪派认识到商会巨大的号召力和资产阶级的深远社会影响，表示"今日国会请愿之事，尤应以联络商界为中坚"。第二次商法讨论会召开期间，直隶宪政研究会"函请联合请愿国会事，当经众议，印送各商会代表，并分寄未到会之各商会"[1]。直、苏、粤、鄂四省商会曾拟通告各地商会派代表到汉口举行大会，然后由汉赴京配合国会请愿代表团向清廷上书，因第一次请愿很快失败而未果。

此后，立宪派发出《敬告各省商会请联合请愿书》，并派人四处联络，广为宣传。华商联合会办事处在立宪派动员之下承担发起海内外商界参加请愿运动之责，于1910年初在《华商联合会报》刊登《为国会事公告海内外华商联合请求书》，阐明商界对立宪请愿责无旁贷。各地商会马上积极响应，"或即开会，或拟上书，或任运动同志，或拟公举代表，造成国会请愿运动的广泛声势"[2]。6月，海内外商会代表齐集北京，推举沈缦云、陆乃翔等人领衔，以全国数十万商人名义向清廷递交了三份敦促速开国会请愿书。资

---

① 《申报》，1909 年 12 月 23 日。
② 《记国会请愿代表进行之状况》，《东方杂志》，第 7 年，第 2 期。

产阶级的积极参加，使第二次立宪请愿运动的声势明显壮大，立宪派有了广大资产阶级作为自己的社会基础和阶级基础，则"益无孤立之惧"。由此可知，辛亥革命爆发前资产阶级追随立宪派，疏远甚至反对革命党人，根本原因虽由其经济根源和阶级根源所决定，但也与拟订商法活动进行之后立宪派与资产阶级联系加强，通过各种方式宣传"立宪与商人有特别之关系"，并争取资产阶级参与立宪请愿运动有着直接关系。

综上所述，辛亥革命前资产阶级所从事的这次商业立法活动，在当时的政治、经济以及资产阶级自身阶级力量的发展壮大等诸方面，都不同程度地产生了直接或间接的影响。以往的有关论著大都很少谈到甚或完全不曾提及此次资产阶级立法活动，确实是一大缺陷。本章的简略评述说明，不论是研究中国近代经济史还是辛亥革命史，都应对资产阶级的这一大规模社会活动给予应有的重视。

第九章　资产阶级与"二次革命"

本书第三章在论述资产阶级与革命派的关系时，曾在末尾简略地提到"二次革命"爆发之后，资产阶级以各种方式表示抵制和反对，乃至帮助袁世凯镇压"二次革命"。本章将详细分析资产阶级反对"二次革命"的原因及具体表现。

一　袁世凯对资产阶级的笼络

袁世凯利用资产阶级嗷嗷望治的迫切心理和发展资本主义的急切愿望，在"二次革命"前对资产阶级多方进行笼络，使资产阶级对他充满了热情和希望，而对以孙中山为首的革命党人则越来越疏远。

工于心计的袁世凯，看到武昌起义爆发后各地新旧政权更替期间，治安秩序比较混乱，危及工商业者的身家财产，引起资产阶级的普遍忧虑，因而，首先表示将尽快稳定秩序，保护资产阶级的切身利益。他在窃取中华民国临时大总统宝座之后，即在各种场合声称："现共和已达目的，中外欢欣。吾国既以民国为名，自以保安人民为前提。"并保证将"同心协力，规复秩序，务使市廛田野早安生业"①。同时，袁世凯还颁布训勉军人令，宣称"现在政府成立，全国统一。……自今以后，破坏之局既终，建设之事方始"，要求军队务必"服从统一命令，保持地方秩序，以巩固民国之丕基"，不得"违犯纪律，扰乱治安，或假借名义，动摇国体"②。对

---

①　《申报》，1912 年 2 月 23 日。

②　白蕉：《袁世凯与中华民国》，第 29 页。引自荣孟源、章伯锋主编：《近代稗海》，第 3 辑，四川人民出版社，1985 年，第 30 页。

于破坏秩序和地方治安者，袁世凯表示定将从严惩处，决不姑息。他曾为此专门发布通告说："倘有不逞之徒藉端生事，扰乱治安者，定当按法惩治，以维大局。"①

通过这些笼络人心的通告、训令，袁世凯将自己打扮成维护统一和秩序，保护资产阶级利益的贤明大总统，从而赢得了资产阶级的拥戴和推崇。"二次革命"爆发前夕，袁世凯更是竭力把自己装扮成资产阶级的保护人，通令要求各地官员务须保护商民，"如有匪徒借端扰乱，损害商人，惟该都督、民政长是问。本大总统誓将牺牲一切，以捍卫我无罪之良民也"②。资产阶级队伍中的不少人，就是因为受此迷惑而落入了袁世凯的圈套。

在其他许多方面，袁世凯当上临时大总统之后，也曾向资产阶级许下美妙动听的诺言。例如承认南京临时政府与上海资本家之间的债务，应允尽快归还借款，还答应及早解决各公司以赊欠形式向江苏民军所提供的粮食和军需等问题。上海广肇公所向南京临时政府提供的四十万两白银借款，袁世凯也作出了保证，一旦向外国借款的合同签定，立即将此大宗款项偿还。"阳夏战争"期间，袁世凯手下将领冯国璋统率北洋军攻占汉口时，曾纵火将繁华的十里商业区焚毁殆尽，使商人蒙受重大损失，对此袁世凯也答应给予补偿。1912 年 11 月，袁世凯政府宣布准备向汉口商人拨款 1 000 万元，交由当地商会分发。③ 这样就使得资产阶级对袁世凯充满感戴之情。北京、天津等地的商人在袁世凯玩弄的"北京政变"中也损失惨重，京津商会提出抚恤要求，袁世凯表示："一俟公款稍有转机，自必亟为酌量筹济，由该两会协商妥善办法，以资挽救，决不置之度外也。""众商感佩德音，即困苦颠连，莫不忍死以待。"④

资产阶级盼望秩序稳定，目的在于为发展工商实业提供安定的环境，袁世凯对此十分清楚，因而将促进工商业发展也作为笼络资

---

① 《辛亥革命》(中国近代史资料丛刊)，第 8 册，上海人民出版社，1957 年，第 188 页。

② 徐有朋编：《袁大总统书牍汇编》，卷 1，5 月 3 日通令，上海广益书局，民国 3 年 (1915 年)。

③ 《字林周报》，1912 年 11 月 9 日。

④ 中国第二历史档案馆编：《中华民国史档案资料汇编》，第 2 辑，第 101、102 页。

产阶级的主要措施。他曾反复表示："民国成立，宜以实业为先务"，许诺将马上设农林、工商两部，并"更改矿章，务从便民，力主宽大，以利通行"，并允诺妥速订定商律与度量衡等。① 这些对当时的资产阶级来说，都是很有吸引力的。为使资产阶级"深信之，赞助之"，袁世凯还曾亲自签发《通饬重农保商文》，要求各省都督"保护市面，使农勤于野，商悦于途"②。同时，他还先后任用革命党人陈其美、刘揆一和工商界的南北巨擘张謇、周学熙为北洋政府的工商（农商）总长。

由于袁世凯政府面临着严重的财政困难，需要以发展工商业、增加税收的办法缓解危机，所以，应该说袁世凯的许诺并非全都是谎言。1912 年 5 月，袁世凯饬令工商部"从速调查中国开矿办法及商事习惯，参考各国矿章、商法，草拟民国矿律、商律，并挈比古今中外度量权衡制度，筹订划一办法"③。同年 8 月刘揆一出任工商总长，以北洋政府的名义拟订颁布"工商政策"，确定提倡实业教育，设立工科、商科大学及中等专业学校，培养实业人才；兴办模范企业，设立工业试验所、劝工陈列所、中央制炼厂和各种模范工场；统一度量衡，裁并内地关卡和厘金，俾便商品流通；奖励发明，保护产业，完备实业结构，以利工商之进行，如设立商业银行和各种经营机关、交易所、物品展览会、商品出口检查局、矿山监督局等；发展交通事业，以谋工商之发达。上述工商政策虽由于多方面原因未能完全付诸实施，但有些还是产生了一定的效果，受到资产阶级欢迎。

民国元年（1912 年）十二月，北洋政府工商部又颁布了《暂行工艺品奖励章程》，鼓励改良工业产品。该章程规定："凡关于工艺上之物品及方法，首先发明及改良者"，均可享受三年至五年的专利。这一规定既保护奖励了发明创造，有利于促进工艺改良，又打破了清末施行的数十年内不准其他同类企业在同一地区甚至全国开办的垄断性与专利权，为合法的自由竞争创造了条件。对于冒名

---

① 白蕉：《袁世凯与中华民国》，荣孟源、章伯锋主编：《近代稗海》，第 3 辑，四川人民出版社，1985 年，第 38 页。

② 《袁大总统文牍类编》。

③ 农商部编：《农商法规》，北京和济印书局，1925 年。

冒牌，侵犯正当专利权的行为，该章规则明确规定予以打击。1913年5月，北洋政府又实施《公司注册暂行章程》，对五万元以下资本的企业减收注册费。

不仅中央政府颁布了一些保商和恤商法令，许多地方政府这一时期也采取了某些扶持工商的措施。例如江苏、浙江、山东、云南诸省都制订了发展实业的具体计划，兴办了各种试验场、劝业场、陈列所和模范工厂。湖南、福建、安徽、江苏等省还设立了"实业"、"劝业"、"矿业"等银行，大量向工商企业放款。1912年7月创立的湖南实业银行，其营业专以"实业投资为主"①。广东的实业银行，"计划集股三千万元，以五百万元兴办实业"②。有的省政府并对一些企业加以补贴，如湖南醴陵瓷业公司因经营不善而亏损负债，省政府即令财政司拨洋25万元予以资助③。还有的则帮助商办厂矿推销产品。如云南各铜矿"销路滞塞，各处积铜至一百五十六万斤之多"，省实业司"函托中外各埠巨商广为筹销，并呈都督府电达中央政府，转知各省都督，销售滇铜"，使其销路大开④。

1912年11月，北洋政府还召开首届全国工商代表大会，各省160多名工商界头面人物出席了这次盛会。会议期间，官商合谋共筹振兴实业之大政方针，代表们向政府提出了多项建议，决议提案57起，请政府速订工商法规，鼓励工商人士自由营业和结社，实行减税和保护政策，等等。这些建议，特别是速订工商法规的提议，受到北洋政府重视。随后，北洋政府即陆续颁布一系列有关的章程条例。在裁减税收方面，北洋政府也有所表示，袁世凯曾下令撤除崇文门、张家口厘局，一时"商民大悦"⑤。

资产阶级原即对袁世凯抱有很大希望，加上袁世凯政府成立后的一段时间内，多方表示将保护工商业发展，并颁行了一些工商政策法令，更使资产阶级感到兴奋。据有的学者统计，从1911年至1913年间，全国共成立实业团体72个，几乎遍及各个省区⑥。影

---

① 《中国实业志》，湖南省，第9编，"金融机关"。
② 《民立报》，1912年5月11日。
③ 《申报》，1912年10月12日。
④ 《申报》，1912年9月3日。
⑤ 《申报》，1913年7月22日。
⑥ 张玉法：《民初政党的调查与分析》，《中国现代史论集》，第14辑。

响较大的有中华民国实业协会、中华民国工业建设会、中华实业团、中华民国铁道协会、工商勇进党、民生团、经济协会、西北实业协会、中华女子实业进行会等。资产阶级认为,在袁世凯政府的统治下,工商业将获得迅速发展,因而投资创办实业的热情十分高涨。

1913 年前后,受辛亥革命推动,加上欧战爆发后帝国主义列强暂时放松了对中国的经济侵略以及袁世凯政府为笼络资产阶级而一定程度地施行保护工商业政策,民族资本主义在这一时期确实出现了由萧条转向复苏的迹象。例如棉纺织业和缫丝工业在 1913 年即获得较快发展。1911 年全国棉纺织业纺锭总数是 806 828 枚,织机总数是 5 480 台。到 1913 年,纺锭增加到 836 828 枚,织机增加到 5 980 台。1914 年纺锭又增加到 855 196 枚,织机也增加到 6 430 台。[①] 缫纺业"自民国以后,中国蚕丝厂设立渐多。民国三年后,因欧战爆发,促成中国民族工业之急速发展。故自民国元年至民国十年,为中国蚕丝业一路发达之时期"[②]。面粉工业也有较大程度的增长,从 1912 年到 1913 年增设了 13 个新厂,资本总额增加 800 万元以上。1914 年以后发展更快,而且使中国迅速由面粉入口国家变成出口国家,故而有人指出,面粉工业"由辛亥革命至欧洲大战,为勃兴时代"[③]。火柴业在"民国建元后,除苏、浙、鄂、川、粤、滇、冀、吉等省已原有火柴厂外,黑、辽、鲁、晋、甘、陕、豫、皖、赣、闽、桂、黔等省,殆无不有新厂之创设。欧战爆发后,舶来品锐减,我国火柴工业之发展更为焕发"[④]。其他如造纸、制革、碾米、纸烟、酿酒等工业,也都在 1912 年以后有所发展[⑤]。

[①] 陈真、姚洛编:《中国近代工业史资料》,第 4 辑,三联书店,1961 年,第 122、132 页。

[②] 陈真、姚洛编:《中国近代工业史资料》,第 4 辑,三联书店,1961 年,第 180 页。

[③] 陈真、姚洛编:《中国近代工业史资料》,第 4 辑,三联书店,1961 年,第 380~381、392~393 页。资本总额的增长数字,系根据该书资料推算。

[④] 陈真、姚洛编:《中国近代工业史资料》,第 4 辑,三联书店,1961 年,第 659 页。

[⑤] 参见汪敬虞编:《中国近代工业史资料》(下册),第 2 辑,科学出版社,1957 年,第 847~860 页。

1913 年前后民族资本主义从萧条转向复苏，正是资产阶级求之不得的局面。他们希望这种局面能够得到进一步发展，特别是商业资产阶级盼望市面更为迅速地恢复并走向繁荣。所以，当时的资产阶级对任何危及所谓"和平"、"秩序"和实业发展的政治活动都表示反感。当革命党人举起讨袁旗帜，发动"二次革命"之后，资产阶级唯恐造成新的时局动荡，影响工商业的复苏与发展，因而不仅不予以支持，而且表示反对。

　　为了取得资产阶级的信任和支持，袁世凯在政治上也曾对资产阶级加以笼络。1912 年底第一届国会选举，资产阶级对参议院制定的国会议员选举法普遍表示不满，尤其反对有关众议员选举人财产资格的规定。选举法第四条规定，众议员选举人必须具备下列资格之一："（一）年纳直接税二元以上者；（二）有值五百元以上不动产者，但于蒙藏青海得就动产计算；（三）在小学校以上毕业者；（四）有与小学校以上毕业相当之资格者。"[1] 资产阶级之所以对以上规定不满，是因为当时的中国尚未实行所得税和营业税，所谓直接税只有田赋一项。工商业者缴纳了大量关税、厘税等间接税，却不具备选举人资格。另外，拥有 500 元以上不动产的规定虽不算高，但限于房产、田产，而不少资本家用以经营企业的地皮与房屋都是租赁或典借的。参议院讨论选举人财产资格规定时，曾有个别议员提出这一问题，认为"商人资本已全注重于营业，而营业商店所在之房屋大抵均租赁而来，未必自筑房屋。即甚大之商店，亦大多赁屋而居者"。如汉口"商民所纳之商捐甚多，即令所开之商号虽甚大，然如各银行等，多半都是租赁他人房屋开办"[2]。如果规定不动产权限于田产和房产。那么商人尽管拥有数万、数十万动产，却不及拥有区区 500 元以上之不动产者。这些特定情况，使相当多的资本家特别是商业资本家失去了众议员的选举权。各省议会议员选举人资格与众议员选举法的规定完全相同，而且参议员系按照规定由各省议会选出，其结果使得许多资本家丧失了选举国会和省议会两级议员的权利。

---

　　① 《申报》，1912 年 8 月 13 日。

　　② 《参议院会议速记录》（第 35、92 次会议），转引自张亦工：《第一届国会的建立及阶级结构》，《历史研究》，1984 年，第 6 期，第 114 页。

既然许多资本家没有议员选举权，那么资产阶级当中能够当选为议员的人数必然相应很少，实际上也就限制了资产阶级参与中央和地方立法与监督行政的权利。资产阶级对此当然深为不满，因而议员选举法颁布后，"全国工商界大形反对。谓直接国税指地丁漕粮，是分明剥夺工商之选举（权）。商人纳税多为关厘等间接税，然所得税、营业税参议院不先规定，是商人无法纳直接国税，非不愿尽义务也。况厘金未裁，关税繁重，加以地方捐税烦苛，商工对于国家负担已多，而何以享权利最少？""以彼所定五百元而论，略有田宅者合计即可便得选举人之资格"，"而商人有动产数万、数十万、数百万反不得与五百元者享同等之权利，尤为不公"①。尽管资产阶级啧有烦言，甚至以拒不纳税相威胁，但临时参议院对"商人之选举权"仍不予重视。

袁世凯则似乎对资产阶级的政治权利十分关心。1912 年 9 月，袁世凯政府在各地工商资产阶级要求之下，咨请临时参议院重新解释直接税和不动产权的含义及其范围，并提出凡纳税者由本人名义直接向官府纳税，而官府给印票为据在二元以上者，即谓之年纳直接税二元以上者，不动产也应包括所有权、典当权、租贷权等。但临时参议院依然坚持原议，否决了政府提出的上述各项建议，并强调"直接税以地丁钱粮为限"，仅仅只同意将船舶列入"不动产"②。

此后袁世凯又曾向临时参议院提出修改众议院议员选举法施行法草案，请求参议院讨论通过。该草案规定，直接税不仅指地丁漕粮，还包括"其他税之含有地租性质者"、"含有营业税性质者"和"含有所得税性质者"。同时又指明第一届国会议员之选举按照各省现办捐税名目划分种类，以不与选举法相抵触为限。袁世凯试图通过这种变通办法，在不修改选举法有关条文的前提下，一定程度地满足资产阶级的要求，但这一提案仍遭临时参议院否决。

1912 年 10 月下旬，袁世凯又一次咨请参议院复议他提出的议员选举施行法草案，并表示："无论如何困难，非再行提案复议实无以对我国民。或者不察，谓政府之一再提议，乃欲见好商民，然

① 《申报》，1912 年 11 月 4 日。
② 《申报》，1912 年 9 月 16 日。

为人民幸福计，为国家利益计，惟求于事有济，局外之批评所不足恤，亦不敢避也。"① 虽然提议又遭否决，国会选举法始终没有按照资产阶级的要求进行修改，以致最后资本家在第一届国会中所占席位极少，但袁世凯在这一重要问题的交涉中，多次为资产阶级说话，由此进一步获得了资产阶级的好感。资产阶级对国会的不满以及对袁世凯的好感，使其在此后袁世凯与国会的一系列矛盾冲突中，一再帮助袁世凯抗御和打击国会，直到最终摧毁国会。

以上我们从经济、政治等方面考察了袁世凯就任临时大总统之后与资产阶级的密切关系，以及 1913 年前后中国民族资本主义从萧条转向复苏的发展趋势，说明了"二次革命"爆发后资产阶级支持袁世凯，反对革命党人的多种原因。下面，再来看一看"宋案"发生后至"二次革命"爆发前资产阶级的政治态度。

二 "二次革命"爆发前资产阶级的政治态度

清朝封建专制统治被推翻之后，尽管革命胜利的果实被袁世凯所窃取，但包括孙中山在内的革命领袖大多对袁的真实面目认识不清，认为革命已经成功，民族主义和民权主义的目的均已达到，因而一度很少过问政治，专心致力于民生主义。但以宋教仁为首的一部分革命党人，比较注意维护资产阶级共和制度，对袁世凯的野心和阴谋有所警觉。民国初年，宋教仁竭尽全力从事"政党政治"，其目标是夺取议会多数议席，进而出组责任内阁以掌握国家政权。为了实现这个目的，他以同盟会为基干，联合原由部分同盟会员和立宪党人组织的统一共和党、国民共进会、国民公党、共和实进会等几个小党，组织了庞大的国民党，其宗旨为"巩固共和，实行平民政治"。

1912 年底到 1913 年初，参、众两院议员初选完成。据全国 19 个省的统计，500 名众议员中，隶属国民党籍者多达 338 人，居绝对优势。1913 年 2 月第一届国会召开，虽然袁世凯利用金钱和权势竭力支持他操纵的御用党，但选举结果国民党仍然取得压倒多数的胜利。宋教仁踌躇满志，充满信心地表示："国民党在全国的选

① 《申报》，1912 年 10 月 31 日。

举都已胜利，已占国会的绝大多数，大局已定，政党责任内阁一定可以成功。"① 国民党的胜利对袁世凯的统治形成了极大威胁，他将宋教仁视为眼中钉、肉中刺，必欲置之死地而后快。1913 年 3 月 20 日晚，袁世凯密令其心腹派人将宋教仁刺杀于上海车站。

"宋案"发生后，全国舆论大哗。袁世凯起初装出一副悲天悯人的姿态，假惺惺地表示惋惜之情，并电饬江苏都督程德全和民政长应德闳"穷究主名"，"按法严办"，以图蒙人耳目。穷究的结果，不仅抓获了刺宋的凶手武士英及同谋犯应夔丞，而且抄获了应犯与袁世凯心腹、国务总理赵秉钧往来的大量密电和函件，证实刺宋的幕后主持人就是袁世凯自己。

真相大白之后，孙中山等革命领袖认清了袁世凯的反动本质，旋即筹备武力讨袁。袁世凯也加紧密谋筹划，扩充反革命武装，准备镇压革命力量。一时间，内战的阴云又弥漫于中国的上空。

在宋教仁被刺、全国舆论一片谴责声中，少数资本家也曾表示愤慨。例如上海的叶惠钧在集会上公开发表演说："今宋先生不死于革命未成立时，而死于共和成立之后，其中情形令人难以索解。今日诸公见宋君死事之惨，莫不伤心痛哭，但深望诸君出此医院大门，万勿忘宋君惨死之苦，须人人担负获凶职任，俾死者得雪沉冤。"② 另一位上海资本家沈缦云，也曾在追悼宋教仁大会上发言指出："政府杀人，其罪恶较盗贼万倍。"③ 他还呼吁严惩凶手，表示"今杀吾民之大奸不杀，论私谊何以对朋友，论公理何以对同胞！"④

但更多的资本家面临日趋高涨的讨袁声浪，担心因此而"破坏和平"，后果"不堪设想"。他们害怕政局再起动荡，影响工商业发展。上海钱业、纱业、金业、洋货业、洋布业的公会或公所，联名致函上海总商会，请总商会转电袁世凯，速将宋案了结。这封信函称："宋案发生，南北猜疑，谣言蜂起，人心惶惑，几同大乱即在

---

① 仇鳌：《辛亥革命前后杂忆》，《辛亥革命回忆录》（一），中华书局，1961 年，第 451 页。

② 《新闻报》，1913 年 3 月 23 日。

③ 朱宗震、杨光辉编：《民初政争与二次革命》（中华民国史资料丛稿），上编，上海人民出版社，1983 年 6 月，第 286 页。

④ 《时报》，1913 年 4 月 18 日。

目前。杯蛇市虎，影响于商业者甚大。本埠各业无不滞销，而尤以钱业、纱业、金业、洋货业、洋布业受害为最甚。……兹经五业公请上海总商会电请袁大总统饬下司法部转致程都督等，速将此案早日讯结，以靖浮言，而维商务。"①

　　1913年4月下旬，袁世凯为筹集军费扩充反动武装，不经国会同意，即用所谓办理善后为名，与英、法、德、俄、日五国银行团签订《善后借款合同》，借款总额多达2 500万英镑。以革命党人为主组织的国民党当时尚在国会中占优势，遂以借款合同未经国会通过，属于非法，不予承认。以进步党人为主的拥袁派议员，则百般为袁世凯辩护，于是在国会中围绕着善后大借款展开了激烈的斗争。

　　在善后大借款的问题上，资产阶级明显偏向于支持袁世凯。他们幻想借款可以用于改善金融，振兴实业，纷纷表示赞成袁世凯政府签订借款合同，指责国民党议员从中阻挠。5月中旬，上海纱业公所、镇江商会、北京总商会及各行帮商会、广东总商会和七十二行等先后致电、致函国会，要求国会不要阻挠借款。北京商界还曾举行所谓支持签订大借款合同的万人大会。

　　另据《申报》报道："自大借款风潮发生后，各省商界观此情形，深虑足以扰乱大局，决计组织商会联合会，派举代表来京，与各方面接洽，以冀收调和之效。""群以民国成立，金融停滞，元气凋残，当今之要着在维持大借款之成立。"② 后由全国商会联合会直隶事务所发起，全国16个省份的商会派代表于5月底到达北京，"调停国民、进步两党之争"，"欲大借款不致破坏"。各省商会代表在京与国民党及进步党代表举行了三次会谈，同时通过各种渠道宣传其主张：一是无条件地赞同政府签订大借款合同，甚至主张政府向外国举借更多的外债，以补金融、工商发展的资金之不足；二是主张"维持和平"、"维持现状"，反对"暴民专制"，实际上是反对国民党人对袁世凯的专制违法行为进行坚决抗争。所以，各省资产阶级代表此次北京之行，表面上声称是"调停党争"，真实目的却是直接向国民党议员施加压力，要求革命派放弃反对袁世凯违法借

---

① 《新闻报》，1913年4月24日。
② 《申报》，1913年6月30日。

款。一些商会代表自己也透露其调停原因说："欲大借款不致破坏，须先调停党见。"①

随着革命党人加速部署武力讨袁，资产阶级反对再兴革命的政治态度也越来越明朗化。上海洋货业、绸业、洋布业、钱业、五金业、纱业、花业各公会、公所联名致函上海总商会，将"市面不宁、危机迭见、金融阻滞、商业萧条"归咎于部署讨袁的革命党人，请求总商会"通电各当道，遍告全国，一面登报声明，众商断不附和其间，自取焚如，不使蓄心扰乱之徒，托名号召，利用无知，再呈乱象也"②。上海总商会的态度与此相似，在举行特别会议之后发布的通电中，将革命党人反袁的舆论宣传称为"谣诼朋兴，谗说讻言"，并视其为造成"人心静而复一动，国家安而复危"的根源，祈求袁世凯"以保卫商民、维持秩序为宗旨，无使我商民喘息余生，再罹惨祸"③。紧接着，上海又有出口皮毛杂货商业公会、商业联合会、皮商公会等18个工商团体联名致电袁世凯，请求制止革命派的舆论宣传，并表示绝不附和革命派的主张。电文中说什么"近自宋案、借款两问题发生，上海少数之人，权利私见，托名全国公民，开会鼓吹，措词激烈，有意破坏大局。于是人心摇动，谣诼蜂起，全国商业大为牵动。惟上海商界人民各团体均未敢随声附和，自取灭亡，特此声明。乞严饬各省禁止讻言，始终维持"④。

上海当时是革命党人的重镇所在，而且上海资产阶级在经济上实力相对最为雄厚，政治上在全国资产阶级中间具有重大影响。因此，上海资产阶级的这种政治态度给革命派造成了很大的压力，对袁世凯则是莫大的支持。

当然，革命派并没有因资产阶级的反对而停止武力讨袁的部署。尽管革命派内部有一部分人主张通过法律解决"宋案"和借款问题，但孙中山等多数革命领袖坚持以武力推翻袁世凯的反动统

---

① 《申报》，1913 年 6 月 26 日。

② 《上海总商会办事报告》，1913 年 5 月 7 日。

③ 《上海总商会要求保卫商民维持秩序通电》，朱宗震、杨光辉编：《民初政争与二次革命》，上编，第 333 页。

④ 《申报》，1913 年 5 月 10 日

治。袁世凯咄咄逼人的嚣张气焰及其大兵压境的危急局面，也迫使革命派不得不以武力还击。各方面形势的发展表明，讨伐袁世凯的战争已不可避免。此时的资产阶级更加恐慌，力图扑灭即将燃起的"二次革命"烈火。

1913 年 6 月，全国商会联合会总事务所致函孙中山、黄兴、陈其美等革命派领导人，要求他们"通电各省，表明素志，其有谋为不轨者，一体严拿，尽法惩治，并恳电至北京贵党本部，以国家为前提，一至进行。庶几诸公爱国之心乃大白于天下，彼造谣生事之匪徒，自知计穷力竭，不复敢公然倡乱，俾大局日就平静，而我商界亦得忍痛须臾，力求恢复"①。资产阶级的用意很明显，其目的在于逼迫革命派反袁领导人放弃二次革命，让袁世凯以镇压倡乱匪徒之名，合法地绞杀讨袁革命力量。孙中山与黄兴、陈其美联名复函，拒绝通电各省及国民党北京本部，表示"共和时代与专制不同，人人当以国家为前提，即人人有拥护共和之责任"。指出所谓"谋为不轨者"，就是"破坏共和者"，"众当弃之，断不宜姑息养奸，自贻伊戚"②。复函措词虽较委婉，但仍表明了坚决讨袁的决心。

"二次革命"爆发前夕，不仅仅是上海的资产阶级对革命派发动武力讨袁表示反对，其他许多地区的资产阶级也持同样的态度。例如广东资产阶级对积极准备讨袁的广东都督、革命党人胡汉民大加攻击，"惧其终为祸乱，无不望其早离广东"。1913 年 5 月，胡汉民曾派人赴广州总商会，劝导总商会中的资产阶级上层人物支持反袁，"演说至三小时之久，各商家极力反对"。革命党人愤怒地表示："各商民已以中央政府为可靠，对于胡督此举为不然，不助军费，嗣后尚有变动，各商家之生命财产，官厅断难拥护，唯有人各自保而已。"③ 在此前后，胡汉民还曾派人赴港、澳筹集军费，也因遭各富商大贾之冷遇，空手而归。

---

① 《全国商会联合会请孙中山黄兴陈其美通电表明素志函》，朱宗震、杨光辉编：《民初政争与二次革命》，上编，第 380 页。《申报》和《新闻报》1913 年 6 月 5 日均曾刊登此函。

② 《孙中山黄兴陈其美复上海全国商会联合会函》，朱宗震、杨光辉编：《民初政争与二次革命》，上编，第 381 页。

③ 《广东政情》，《亚细亚日报》，1913 年 5 月 25 日。

三 "二次革命"爆发后资产阶级的政治表现

袁世凯通过签订善后借款合同,在财政上获得了帝国主义的支持,军事力量也大大扩充。同时,在舆论上又得到当时被视作"四民之首"的工商界的拥护。因此,袁世凯有恃无恐,在1913年6月就开始将南方诸省担任都督的革命党人撤职。6月9日,江西都督李烈钧被免职。14日,又免胡汉民广东都督职。30日,安徽都督柏文蔚也遭免职。

革命党掌握的几省军政大权相继被剥夺,不得不加紧讨袁部署。1913年7月12日,李烈钧接受孙中山指令,从上海回到江西湖口,召集原来部属,成立讨袁军总司令部,宣布江西独立。同一天,讨袁军在德安一带与袁军李纯部开始交战,"二次革命"正式爆发。继江西首倡独立,江苏、安徽、上海、广东、福建、湖南、重庆等地,也先后举旗响应,宣告独立。

"二次革命"爆发后,南方独立各省的资产阶级均拒绝予以支持,有的表示"中立",有的则明确表示反对。他们最为担心的是战事会危及其身家财产,使其遭受经济损失。浙江因"赣事发生,战云复起,全省恐怖,金融停滞,商民各团体深恐地方有变,纷纷呈请维持秩序,保卫安宁"[1]。上海总商会致函孙中山、黄兴和陈其美,声称"宋案发生以来,商团已达极点,何堪再起衅端?况上海为通商要埠,毗连租界,设再兵力从事,不独阖市遭殃,且恐外人干涉。本日各业代表来会,声请转恳执事为商民计,为大局计,万祈设法保全"[2]。湖南独立前夕,"商界以生命财产所关,全体反对"。商会召开特别会议,讨论有关事宜,会后"电知各处不愿独立"[3]。

辛亥年各省独立时,大多数省份的资产阶级均不同程度地表示支持,特别是在财政上向革命党人提供了宝贵的援助。有些省区如武汉、上海等地资产阶级的商团,还与革命军协同作战,抗击清

---

① 《辛亥革命浙江史料选辑》,浙江人民出版社,1981年,第575页。

② 《申报》,1913年7月20日。

③ 卓仁机:《辛亥革命的几个片断回忆》,《辛亥革命回忆录》,第4集,中华书局,1962年,第366页。

军。"二次革命"期间，资产阶级的表现则与此相反，只有个别地区的资产阶级，在讨袁军武力逼迫下被迫提供了少量经费；有的则以提供经费为诱饵，要求革命党人妥协退让。例如南昌总商会为避免战火造成损失，提出以八万元送与李烈钧，条件是李下台离赣。① 南京独立以后，讨袁军派代表请商会"劝令商界助饷"，在武装压力下"商界虽未反对，惟无辛亥助饷之热心耳"。后来，南京商会主动表示"愿付巨款"，但前提是讨袁军撤出南京。②

"二次革命"爆发后，袁世凯政府曾要求商会劝导各商拒收"叛军"所发军用钞票，扣留革命党往来储汇各款，"用遏乱源"③。北京总商会、中国保商会、全国商务联合会也遥相呼应，通电全国各埠商会，大肆攻击革命党人举兵讨袁是"破坏约法、破坏国会、破坏民国之罪"，公然声称"李烈钧举兵湖口，黄兴等称叛南京，私通外人，散布死党，僭窃土地，布告独立，同种相残，断绝人道，纸片革命，扰乱治安。中央为统一国家、整饬纲纪计，不能不大张挞伐，诛绝叛徒"。同时还表示将"断绝一切与叛党之经济关系"，以"速平祸乱"④。其对革命党人的咒骂诽谤，与袁世凯的口吻并无二致。

陈炯明在广东宣布独立以后，粤港商人群起反对，各业纷纷致电袁世凯，请求袁军南下镇压讨袁军。绸缎行电文称："孙、黄蓄谋作乱，不自今始，现陈又在粤独立，非奸渠魁，无以谢天下。"药行电文曰："赣乱未已，粤复独立，陈罪难逃，群仰政府率师讨贼，万勿再误事机，陷民水火。"面粉行也致电告以"陈炯明在粤叛乱，民怨沸腾，乞速痛剿，以维大局"。而广东商民以同人名义所发一电，则向袁世凯表白说，对于广东独立，"全粤港澳商民反对，怒不敢言"，同时也乞求袁世凯"速派兵到粤，以救危局"⑤。从这些电文不难看出，资产阶级希望尽快绞杀"二次革命"的迫切

① 介北逸叟：《癸丑祸乱纪略》，转引自章开沅、林增平主编：《辛亥革命史》（下册），人民出版社，1980年，第465页。

② 介北逸叟：《癸丑祸乱纪略》，转引自章开沅、林增平主编：《辛亥革命史》（下册），人民出版社，1980年，第465页。

③ 苏州市档案馆藏，苏州商会档案，第675卷，第20页。

④ 《申报》，1913年9月3日。

⑤ 以上引文均见《申报》，1913年8月29日。

心情也并不亚于袁世凯。

重庆宣告独立，商界惊恐万分，"屡曾恳请取消"。商会总理带人向讨袁军"哭诉数日，以渝城为通商巨埠，华洋杂处，万不能作为战场"，并声称"如不得请，即率全城父老子弟死于军前"①。

1913年8月19日的《民强报》曾刊载一篇报道，称南京"下关商会以二次革命既已发现，商业受其损害，实非浅鲜。然推原祸始，袁实难逃其罪，拟联合团体，迫袁退位"。这是"二次革命"爆发后少见的一则商会表示反袁的记载。但为时不久下关商会即致函《民强报》，声称并无此议，同时还在《申报》上说明："商会以联络群情、研究商业为主体，凡关于政治问题、国家问题，均未敢越俎代庖。如《民强报》所云，敝会既无此意，亦无此能力。"②就目前所接触到的有关史料看，"二次革命"爆发后，不论是在宣告独立还是未独立的省区，作为资产阶级中枢领导机构的商会，几乎都未曾公开表示过支持革命党人武力讨袁，而其反对"二次革命"的态度却非常鲜明。

上海的资产阶级在"二次革命"爆发后，曾有为数很少的资本家一度表示支持，商会则唯恐上海成为战区，在南北双方间竭力调停，对独立之事不敢公开谈及。上海宣告独立之前，袁世凯已派兵进驻江南制造局，以协同驻沪海军镇压革命党。李烈钧在江西独立后，陈其美即在上海策动响应，组织讨袁军。7月17日，陈其美宣布上海独立。在此过程中，沈缦云、叶惠钧、王一亭等资本家曾参与策划有关事宜。李平书也在沈、叶、王等人的劝说之下，出任上海保卫团团长。在陈其美宣告上海独立的当日晚，李平书也"亲临闸北警察厅，宣布独立"③。次日，李平书和王一亭前往劝告袁军退出江南制造局北撤。据有关记载称，李、王劝袁军"将局让出，以三万金赆送北归。……并云北军兵单孤立，南军四路合围，将及万人。再不见机，祸害随之。且有许多恐吓语。北军领袖郑中将闻之，勃然大怒"④。此次交涉无结果，第二天李、王又邀请袁

---

① 湖北图书馆藏，《宜昌商务会报告书》，第38页。
② 《申报》，1913年9月15日。
③ 《时报》，1913年7月19日。
④ 介北逸叟：《癸丑祸乱纪略》（上卷），第51页。

军重要将领参加茶话会，再次要求袁军退出制造局。尽管其态度十分软弱，并不惜许以重金，但与那些要求讨袁军让城别走的人相比较，李、王等人的表现尚属脱颖而出之举。

作为上海工商界最高领导机构的上海总商会，却对王一亭、沈缦云的表现不以为然。独立之前，总商会协理贝润生要求沈缦云转告陈其美，"幸勿逼迫北军，免致冲突。南北不冲突，地方治安，商业即不至被害，此为沪上商界所要求者也。"① 上海独立后李平书、王一亭等人敦劝袁军退出制造局无结果，陈其美准备派兵进攻。上海总商会召开特别会议讨论是否赞成独立，其议案录记载了这次会议的情况。议董夏粹芳在会上提出："今日之事，必须先定宗旨，究竟南北众商于此次独立是否赞成，抑系反对，请即宣布，再议办法。"总理周金箴提议："如不赞同此次乱事者，请举手起立。"最后的结果是，"全体举手起立"。会议同时还议决："即照此意分函南北两军军统，请其约束麾下，幸勿轻启战衅，一面通电北京国务院、参众两院及各省商会，声明此次乱事沪上商界均不赞成。"

实际上，此次会上对是否赞成独立曾有过一番争论，只是赞成独立者人数太少，反对独立的意见占据了上风。会后，《申报》曾有如下报道："自上海布告独立之后，即有王一亭、沈缦云至上海总商会召集领袖议董集议。当由沈缦云宣布独立意见，并请总商会劝告商界赞成独立。其词未毕，当有贝润生君厉声答之曰：吾侪商人，自前年光复时所受之艰危，至今犹能记忆，然当时情形，乃全国一心，故宁受艰危。今日之情形如何？王一亭、沈缦云汝纵杀我，决不能使我赞成独立，且商会亦决不能以独立通告商界。又有议董严渔三君亦极端反对，几致决裂。旋由旁人劝解，王、沈又请预议各商董举手表决，赞成独立者举手。当时的二十余人中只有王一亭、沈缦云、杨信之、顾馨一四人举手，遂以少数不能通过而罢。"②

对于这篇说明总商会曾经讨论过是否赞成独立问题的报道，总商会的一些头面人物也甚感惶恐，担心外界误会总商会参与独立之

---

① 《上海总商会议案录》，1913 年 7 月 17 日。
② 《申报》，1913 年 7 月 22 日。

事。报道刊出的第二天，总商会立即登报发表声明，否认曾经讨论过是否赞成独立问题①。议董苏筠尚还在报上为总商会辩解说："查当日只议劝南北军勿开战端，并未议及他事，此系传闻之误。"② 杨信之看到工商界中绝大多数人反对独立，感到压力很大。他开设的泰康祥号向长盛庄拆用银两，该庄居然说什么"贵号东乃赞成独立之人，我这里无独立银子，请向独立庄家去拆罢"③。在各方面压力下，杨信之也见风使舵登报声明，否认曾赞成上海独立④。真正赞成独立的极少数资本家，此时显得十分孤立，几乎在工商界难以立足。不久，王一亭也登报告退。他当时是国民党党员、上海总商会协理，在工商界声望素孚，但因支持独立引起众商非议，不得不出而表白："鄙人生长沪上，与商界诸君子游历有年。……自宋案、借款事发生，南方谣诼纷兴，商业停滞。鄙人忝为总商会协理，有维持市面之责，日随周总理、贝协理之后，力任调和。数月以来，谣言渐息。乃赣省事起，宁、沪相继独立……在鄙人之所主张者，总以两军不战，免害商业为唯一之宗旨。"⑤ 接着，王一亭又致函国民党和总商会，声明退出国民党，辞去总商会协理职务。函曰："旬日以来，竭力调停，苦口哀求，惟冀消弭祸端，虽牺牲名誉，伤失感情，四面受谤，皆所不惜。……至昨日求告既穷，目击大祸，自忖恨无以对党员，无以对商界，惟有脱离国民党籍，告退商会协理，自引愆尤，不敢再赞一辞。"⑥ 在此情况下，李平书也很快妥协，认为"今年之事，地方不赞成。非上年可比。……今慎无轻举妄动，使之反德为怨，致以后无从办事"⑦。此后，上海资产阶级中再无人表示支持"二次革命"。

由上可知，上海总商会的态度，对上海资产阶级在"二次革命"中的表现产生了重大影响。当时，革命党人曾对上海总商会的

---

① 《申报》，1913 年 7 月 23 日。

② 《申报》，1915 年 7 月 23 日。

③ 《申报》，1913 年 7 月 23 日。

④ 《申报》，1913 年 7 月 23 日。

⑤ 《申报》，1913 年 7 月 23 日。

⑥ 《申报》，1913 年 7 月 29 日。

⑦ 姚文枏：《温敏先生行状》（稿本）。转引自章开沅、林增平主编：《辛亥革命史》（下册），人民出版社，1980 年，第 465 页。

这种态度进行了激烈的批评。《民立报》发表题为《告商会》的短评，批驳上海总商会的通电说："宋案起而市面凋敝，北军南下而金融停滞。请商会诸君想想，到底商家吃谁的苦来。不许上海有兵事，竭力调停可也，乃打电北京，竟称为此次扰乱，全体不赞成，这是什么意思，什么口气？请商会诸君，不要藏头露尾，说个明白来。"[1]

7月23日，陈其美派讨袁军进攻制造局，激战5小时仍未能攻克。连日数次进攻，也因袁军有海军炮火助战，讨袁军屡屡受挫，而且损失惨重。辛亥上海起义时，在攻打制造局的过程中，商团曾义无反顾地协同民军进攻，发挥了不可低估的重要作用。"癸丑之役，陈其美第二次攻制造局，商团、商会和地方上的人都不参加。"[2]

不仅如此，资产阶级为保全身家财产安全，还邀请租界内的外国军队到闸北帮助维持秩序。7月24日，驻沪讨袁军司令部由南市中华银行迁至闸北南海会馆。上海总商会当晚举行会议，强调"此时以保全居民身家生命为重"，拟由闸北市政厅、市民公会和商团出面，"具函邀请万国商团至闸北，帮同中国商团、警察保卫华洋居民"。25日，上海总商会再次举行会议商讨应付办法，议决以不干预警察权、不干涉商团机关、事后退兵作为三项条件，如工部局应允这三项条件，即请其派兵保护。在此之前，总商会曾派人要求陈其美将部队撤离闸北，遭陈拒绝，现议决请工部局外国军队进驻闸北，实际上也是借以驱逐讨袁军。因有人提出此事由团体出面会引起非议，后推举祝兰舫、夏粹芳、周舜卿等6人为代表，赴工部局谈判。同时，闸北15家丝商也公举丁汝霖、吴子敬为代表，前往工部局请求派兵保护。

工部局的外国侵略者早就企图染指华界，扩大势力，上海总商会的请求正中其下怀，因而工部局满口应允，只是提出外国商团在闸北开支的费用，由闸北业主负担。7月26日，工部局发表租界、闸北及苏州河严守中立宣言，声称："租界及其北部（即闸北）不

---

① 《民立报》，1918年7月22日。

② 《辛亥上海光复前后》，《辛亥革命回忆录》，第4集，中华书局，1962年，第18页。

得用为作战根据，亦不得用为图谋不轨之中心。为避免军事行动碍及和平之各国人民起见，中国任何方面之军队均须撤退北郊，任何方面之军事长官须离去北郊，否则严拿不贷！"① 这完全是对中国主权的肆意干涉。当时在闸北的军队主要是讨袁军，帝国主义分子实际上就是勒令讨袁军撤离。

7 月 27 日晨，公共租界总巡捕房即派兵"前往闸北，将驻扎该处之讨袁军总司令部及兵士二百零七名尽行驱逐，遂至市政厅驻防"②。讨袁军司令部的所有子弹、步枪及机关炮，也均被扣留于南海会馆。次日，驻沪讨袁军司令部被迫又迁往吴淞。8 月中旬，外国军队虽自闸北撤回租界，但却造成了恶劣的后果。帝国主义分子乘机要挟扩充租界，"闸北已决议开放租界，法要泥城，日本要南市至制造局止"。③ 而资产阶级却满足于身家财产未受损失，对帝国主义的所谓"保护"感激不尽。丝蚕公所与闸北 15 家丝厂曾致函工部局，称颂帝国主义出兵闸北"功绩伟隆"，并派代表前往工部局"面递申谢之书，敬致万抑之忱。即表贵局援救之隆情，并颂商团保卫之厚意。深盼从兹以往，与列国商界交谊益敦，相得益彰"④。上述举动不仅激起革命党人的极大愤怒，一部分曾经参加过辛亥上海起义的闸北商团团员也深为不满，严词指责夏粹芳等人"以少数人之私见，而断送完全主权。其淆乱安宁，实属丧心病狂"⑤。

"二次革命"爆发后为时仅仅两个月就很快失败了，其原因当然是多方面的，但资产阶级非但不支持而且多方反对，甚至从中阻挠破坏，无疑是一个十分重要的因素。黎元洪在《致政府国会请褒嘉商会》一函中即说："窃维此次变乱，酝酿经年，牵掣至六七省，耗损几数千万，乃时未两月，以次扑平。……至于抵拒邪谋，主持正论，则尤以各处商会察情从违之准的。查该党倡乱，亦何偿不以拥护共和为徽帜。……各省商团，预烛其奸，动色相戒。沪粤两

① 《上海公共租界史稿》，上海人民出版社，1980 年，第 487 页。
② 介北逸叟：《癸丑祸乱纪略》（下卷），第 27 页。
③ 《钦其宝时事笔录》，癸丑七月二十七日。转引自《辛亥革命与近代中国》，湖北人民出版社，1991 年，第 168 页。
④ 《申报》，1913 年 8 月 26 日。
⑤ 《时报》，1913 年 7 月 28 日。

埠，通海最早，程度较优，故抗拒残暴亦最力。赣浔宁皖，商力较薄，曲从不甘，显拒不纳，卒因默示反对，使该党筹款无着，失其后盾。至如湘谋独立，亦因不获商会之赞同，故宣布最迟，取消亦最速。是知戡乱之师，所至克捷，滔天之祸，转瞬清夷，则我商民之大有造于民国也。因念前年鄂军起义，武汉商会首表欢迎，此次厉阶潜生，各属商团，全体反对。在该党冀援昔以例今，乃商民忽转向而为背，足见顺逆之理，辨之甚明。"① 黎元洪的这段文字，已将资产阶级在"二次革命"中所起的作用及恶劣影响描述得十分清楚。

许多地区的独立取消后，资产阶级如同欢庆辛亥光复胜利一样，庆祝"二次革命"被镇压。时隔不到两年，资产阶级政治态度的变化如此之大，实在令人感到惊讶。《时报》报道广东取消独立后商人欣喜若狂的情形说："自取消独立消息传出，各商民举欣之然，喜色相告。及见苏师长告示后，遂纷放爆竹，不约而同声声相应，与前年反正时一样，亦奇事也。"② 广东总商会还议决推举袁军统帅为临时大都督，以恢复秩序。程德全宣布江苏取消独立后，南京商会专程派人赴沪请其回宁，并主动向驻守南京的袁军献上现洋 2 万元，以示酬谢③。上海资产阶级也将袁军视为替他们平定"乱党"，使其得以重新安居乐业的"仁义之师"，置办丰盛的酒席犒劳袁军。

直接攻击"二次革命"最猖獗的京师资产阶级，则企图将革命党人一网打尽，斩草除根。"二次革命"失败后，革命党人纷纷逃亡日本。全国商会联合会京师事务所密电各埠总商会，告以"严防乱党东窜"，并声称将"以中华全国商会名义，电达东京、横滨、神户、京都、大阪五处商业会议所"，劝告日本政府及民间人士，将流亡日本的革命党人"悉予驱逐"④。

对于资产阶级在"二次革命"期间的这些表现，袁世凯当然十分满意。他曾亲自发出《通令查明各省商会拒乱有功人员呈请奖励

① 《黎大总统文牍类编》，上海会文堂印，1923 年，第 150～151 页。
② 《时报》，1913 年 9 月 15 日。
③ 《申报》，1913 年 9 月 3 日。
④ 介北逸叟：《癸丑祸乱纪略》（下卷），第 47 页。

文》，称赞"各商界烛其奸邪，绝其资助，遂使逆谋无由大逞，乱事得以速平。曲突徙薪，功匪鲜浅。……各省商会，同心拒逆，实多深明大义之人，应由各该都督、民政长确切查明，分别呈请奖给勋章匾额"①。上海总商会受到袁世凯政府的嘉奖，其中反对"二次革命"最力的协理贝润生，即获四等勋章。

革命党人则对资产阶级局限于眼前经济利益的这种政治上的短视，提出了痛切的批评。流亡海外的朱执信在 1914 年曾经指出："方革命之未起也，其奔走呼号，以革命召瓜分恐吓国人者，所谓商人也。然当满政府势力既尽，则率先迫地方官使与革命党言和者，亦商人也。……然而幡然归向革命者，以为瓜分是革命以后的事，革命而战争，是现在事，现在而无战祸者虽无几何时而亡国，亦复甘之。其在第二次革命时，亦若是而已。彼于北军、南军，将何所择，而竭力将迎于总统者，亦无徒有望于战争之息，而不惮牺牲将来，以求曲全现在乎？"②

本章所列的有关史实说明，资产阶级在"二次革命"中扮演了极不光彩的角色。如果说，资产阶级大多数在辛亥年各地起义中曾不同程度地支持革命，起了积极作用，那么在"二次革命"中资产阶级的作用正好相反，成为袁世凯镇压"二次革命"的帮凶，在整个近代中国资产阶级发展史上留下了不光彩的一页。

---

① 徐有朋编：《袁大总统书牍汇编》，卷 2，第 70 页。
② 广东省哲学社会科学研究所编：《朱执信集》（上卷），中华书局，1979 年，第 140～150 页。

第十章　资产阶级与护国运动

1915 年 12 月至 1916 年 6 月的护国运动，是反对袁世凯复辟帝制、维护民主共和制度的正义斗争。资产阶级各派政治力量都参与了这场斗争，其主体也因对袁世凯的各种倒行逆施深为不满，在舆论上和经费上对这场斗争给予了很大支持。资产阶级从拥袁走向反袁，主要是袁世凯镇压"二次革命"之后不久，经济上实行盘剥工商政策，外交上大肆出卖国家主权和利权，政治上肆意践踏民主共和制，甚至不顾各界舆论反对一意孤行复辟帝制，激起了资产阶级的强烈愤怒，最后不得不加入反袁斗争队伍。

一　资产阶级与袁世凯之间的裂痕

"二次革命"被镇压之后，资产阶级起初尚对袁世凯充满感恩戴德之情，将其视作维护"统一"、稳定秩序和避免工商业者遭受损失的保护伞，以为"从此当获安谧"，"商务流通，地方元气可收桑榆之效用"①。正因为如此，在袁世凯急于登上正式大总统宝座时，资产阶级均表示支持。1913 年 9 月下旬，国会准备选举正式大总统。此时，原在国会占据优势的国民党，随着"二次革命"的失败受到重创，许多国民党议员遭受通缉，另有不少意志不坚定的国民党议员转而倒向了袁世凯，但仍有一部分对选举袁世凯为正式大总统持反对态度。而资产阶级却充当了选举袁世凯为正式大总统的吹鼓手，早在同年 5 月筹议正式大总统选举事宜时，广东商界就

---

① 湖北省图书馆藏：《宜昌商务会报告书》，第 39 页。

曾致电国会，要求选举袁为正式大总统。10 月，北京、江西等地的商会，也分别向国会提出同样的要求。

看到国会中拥袁派势力已占上风，袁当选总统已成意料中事，全国商会联合会又公开提出延长总统任期的要求。国会投票选举总统的前两天，该会公开发表了一篇通告，主张"今后与其频更总统而多造劫，勿宁久任总统而暂谋安"，"如能定总统十年以上之较长期间幸甚"[①]。这种完全违背民主政治的要求，连袁世凯自己也不敢直接和盘托出，而资产阶级却为求得一时的安宁，不惜放弃了民主政治的原则。袁世凯通过非法手段当选为正式大总统之后，各地资产阶级纷纷致电祝贺，欢呼"大总统万岁"。

然而，资产阶级拥戴袁世凯，并未得到其所迫切期待的那种"政府以保商恤商为根本"的美好结局。袁世凯对资产阶级只是笼络和利用，一旦其统治地位巩固之后，他就开始对工商业者敲诈勒索，致使官商之间不久即出现严重的裂痕，矛盾日趋加深。

就在资产阶级急切盼望休养生息、置产兴业的 1914 年，袁世凯不仅恢复了清末的苛捐杂税，而且另外增加了名目繁多的新捐税。他亲自签发规复旧税文，命令各地"将旧税速速恢复，新税一一进行"。工商业者开始"对于政府以施行不当，颇有责备之言"[②]。他们抱怨政府"税重病商"，认为工商阻滞的原因有二："一由于外货输入，而土货亦操纵外人之手；一由于政府不能奖励保护而恶税尚留于今日。"[③]

但袁世凯对资产阶级的意见与要求已不再留意，而是一味地将其作为主要的勒索对象。"裁厘加税"是当时工商界盼望最殷、呼声最高的要求之一。1914 年 3 月，全国商会联合会在上海举行第一次全国代表大会。修改税则与裁厘问题，是会上重点讨论的内容，最后通过了议案，要求政府修改不合理的海关税则，增加洋货进口税，减轻土货出口税；尽快裁撤厘金，整顿和改进国家税和地方税的税目、税则；同时，要求政府在按约与列强修订海关税则时，必须事先征得商界的同意。但是袁世凯政府对全国商会联合会

---

① 《申报》，1913 年 10 月 5 日。
② 《申报》，1914 年 3 月 26 日。
③ 《申报》，1914 年 2 月 10 日。

郑重提出的这项议案，不仅未予认真研究和着手实施，反而在当年颁行的《征收厘税考成条例》中规定，"对厘金征收官按其征收或短收之成绩进行奖惩"①，实际上是公开鼓励厘卡官吏加紧搜刮。此外，袁世凯政府还明令征收常关税，其他国家税和地方税也与日俱增，严重损害了资产阶级的切身经济利益。

资产阶级对袁世凯的不满，此时已明显见诸反映资产阶级意愿的报刊。在全国颇有影响的《申报》，即不断载文批评袁世凯及其政府盘剥工商的行径，甚至还公开质问袁世凯："中国所以弱而致此失败之结果者，其罪果尽由于党人之捣乱否？此后谋中国所以强而挽此失败之耻辱者，其道果尽在于惩治党人否？"② 显而易见，资产阶级已逐渐把矛头转向了袁世凯。这一时期，各地商人为抗捐而罢市的也明显增加，这是资产阶级不满于袁世凯统治而在行动上的具体反映。

在政治上，袁世凯不仅未给予资产阶级应有的权利，而且还多方加以限制。全国商会联合会在 1912 年即已获准成立，1914 年正式召开第一次全国代表大会，有的地方官员对商联会"干预税务"十分恼火，建议袁世凯政府"取消（商会）联合会，并严重监督各商会"。这个建议正合袁世凯当时的口味，袁政府遂决定采纳，引起了资产阶级的强烈愤慨。而 1914 年 9 月颁布的《商会法》，仍不顾资产阶级的一再呼吁，拒不承认全国商会联合会的合法地位。深感失望和不满的资产阶级据理力争，1915 年 3 月全国商会联合会为争取合法地位，专门举行特别大会，一致要求袁世凯政府修改《商会法》。袁政府后虽在资产阶级反复要求之下，于 1915 年下半年颁布修订后的《商会法》，承认了全国商会联合会的合法地位，但资产阶级对袁世凯及其政府的信任感已经丧失，不满情绪有增无减。

在外交上，袁世凯为求得帝国主义更多的支持，不惜大量出卖国家利权，也损害了资产阶级的利益，加深了资产阶级对袁世凯的不满。当时的社会舆论称袁世凯"日不暇给者，惟卖路、卖矿、借

---

① 王振先：《中国厘金问题》，商务印书馆，1917 年，第 8～16 页。

② 参见徐宗勉：《关于资产阶级从拥袁走向反袁的历史考察》，《社会科学研究》，1986 年，第 5 期，第 91 页。

款数事"。① 尤其是 1915 年 1 月，日本政府提出灭亡中国的"二十一条"，袁世凯也准备接受。民族安危和自身利益交织在一起，促使资产阶级进行了强烈的反抗，仅 1 月末和 2 月初的几天当中，各地商会就发出反对"二十一条"的通电 500 余件。同时，各地商人还掀起了抵制日货的斗争。3 月中旬，上海总商会组织了"劝用国货会"，在张园举行近 4 万人参加的国民大会，会议通过了提倡国货、设立公民捐输处等项决议。全国各地商民纷纷响应，形成拒卖日货、倡用国货的高潮。4 月，上海总商会又倡议救国储金，成立了"中华救国储金团"，以"国民协力保卫国家"为宗旨，向各地商会发出通电，号召"人人爱国，人人输金"，计划在 6 个月内征集储金 5 000 万元，用于建造兵工厂、添募陆军、整顿海军及提倡实业。② 各省城镇商民也积极响应，1 个月之间成立了储金分事务所 250 余处，不到 10 天承办储金的中国银行即收款 20 余万元。

反对"二十一条"的爱国斗争虽将矛头集中指向日本帝国主义，但资产阶级与袁世凯政府的矛盾也愈见尖锐。日本方面将中国抵制日货乃至救国储金活动均视为"排日"之举，要求袁世凯加以制止。卖国的袁政府遂多次下令禁止抵制日货，并强行解散一些爱国团体，这进一步激起了资产阶级及其他各阶层的更大愤怒。对于救国储金活动，袁世凯政府虽找不到任何借口加以禁止，但也试图转移视线，多次提出要把"救国储金"改为"爱国储金"，把"救国储金团"改为"财政后援会"。对此行径，上海资产阶级公开予以抵制，表示："国民之爱国，谁人不宜，谁时不宜，惟此时非急起救国不可。"③ 同时一致决定仍用"救"字，以使世人触目惊心，奋起救国。救国储金活动作为抵制日本帝国主义吞并中国阴谋的一项具体措施，有着巨大的号召力，它的广泛开展使袁政府摊派的公债大受影响，"民皆以所有作为储金，再无余款来购公债票"④。

5 月，袁世凯不顾资产阶级和其他社会各阶层的强烈反对，悍然与日本签订"中日条约"和"换文"，除个别条款外，原"二十

---

① 《中华民国之新体制》，《甲寅杂志》，第 1 卷，第 2 号。
② 《申报》，1915 年 4 月 14 日。
③ 《申报》，1915 年 4 月 7 日。
④ 《大公报》，1915 年 8 月 23 日。

一条"的内容均包括在所签订的条约和换文中。袁世凯这种甘冒天下之大不韪而出卖国家和民族利益的倒行逆施，使资产阶级群情更加愤激。各城镇商民不仅相戒不卖日货，不用日货，有的还焚毁日货，汉口商人甚至参与捣毁日人开设的商店；长沙总商会及湖南各属商会，通电要求废约主战，并表示"如政府能俯允所请，废约宣战，则湘省商会当认解第一批军饷五十万元，以后仍当续筹，以尽国民之责任"①。

对此鼎沸群情，袁世凯却采取高压手段，发布通令诬指爱国民众为"倡乱之徒"，命"各省文武各官认真查禁，勿得稍涉大意，致扰治安。倘各该地方遇有匪徒借故暴动，以及散发传单，煽惑生事，立即严拿惩办"②。同时还再次申令禁止抵制日货，并以"取缔排斥日货不力"的罪名，将湖南巡按使撤职。袁世凯的这一系列媚外举动，进一步扩大了其与资产阶级的裂痕。

但是，在袁世凯复辟帝制之前，其与资产阶级的关系尚未达到完全决裂的程度。资产阶级虽对袁世凯推行的政治、经济与外交政策颇为不满，却并未表露出推翻其统治的要求。他们只是希望袁世凯改弦更张，保商恤商，并表示"当竭吾人能力之所能至，扶助中央政府，以整顿吾国"③。另外，袁世凯镇压"二次革命"后，平息了内战的枪声，使资产阶级得到了暂时的"安定"局面，尽管这一局面不如资产阶级事先所设想的那么美好，他们仍力图维持现状。第一次世界大战爆发后，中国民族资本主义从萧条转向复苏的趋向更为明显，成为资本家赢利增财的极好机会，他们当然不希望中国再发生动荡，丧失这个机会。资产阶级常常主要依据眼前现实利益的得失决定自己的行动，不到万不得已，他们一般不会轻易冒着身家性命的危险与政府完全决裂和对抗。辛亥前夕资产阶级与清政府之间官商关系的发展变化如此，从"二次革命"到"洪宪帝制"，资产阶级与袁世凯的关系发展变化的过程同样如此。

---

① 李希泌等编：《护国运动资料选编》（上册），中华书局，1984年，第27页。

② 《申报》，1915年5月28日。

③ 《申报》，1915年5月10日。

二　资产阶级与袁世凯的决裂

1915 年底，袁世凯密锣紧鼓复辟帝制，对工商业者的勒索摧残也达到无以复加的地步，使资产阶级维持现状的愿望完全落空，并最终逼使其走上了与袁政府决裂的道路。

为袁世凯鼓吹复辟帝制的筹安会成立之后，商人就惊恐地意识到帝制复辟将破坏和平与秩序，引起动乱。辛亥、癸丑时的动荡情景尚记忆犹存，新的动荡又露端倪，这使得资产阶级不寒而栗，如临深渊，很快即引起连锁反映。北京商人畏惧兵变重演，"最忧戚者为大商贾"，一般商家亦怕"结果不良，酿成变乱"①。南方商人的反映更为明显，"上海华界之商业一落千丈，年内已难恢复"。"南京为惊弓之鸟，闻声而惧，惴惴于治安不能保持，金融因之紧缩，商务因之停滞，业已两月。"华中贸易重镇武汉，也是"金融奇紧，商民恐慌，为近数年来未有"②。

"二次革命"期间，资产阶级为了维持秩序与安宁，避免自身遭受损失，反对革命党人武力讨袁。如今，为着同样的目的，资产阶级又不得不起来反抗袁世凯复辟帝制。至于维护共和，在资产阶级心目中显然处于次要位置。对广大工商业者来说，最重要的是避免动乱，保持和平与秩序。1915 年 8 月 24 日《申报》所载题为《告朔之饩羊》的时评即反映了当时商人比较普遍的心理："今日之共和以国家多难，所存者仅告朔之饩羊而已。告朔之饩羊，去之有何足惜？然而尚有人期期以为不可者，恐授人以口实，而内乱缘以发生也。盖今日大多数之理想，共和其二，而民生之困苦其第一也。"5 日之后《申报》又登载一封来函，更明确指明安危与政体在商人心目中的位置："夫避危思安"，"全国人民之感想也"；"今吾人之所重，在安与危，而不在君主与民主"。这是典型的商人政治哲学的具体反映。

既然袁世凯复辟帝制破坏了资产阶级所渴望的安宁与秩序，将引起商人最为恐惧的内乱，他们当然会群起反对。因此，许多商会不仅坚决拒绝参与筹安会发起的帝制请愿活动，而且对其大加抨

---

① 《申报》，1915 年 8 月 27 日。
② 《申报》，1915 年 12 月 28 日、10 月 18 日、9 月 28 日。

击。甚至连海外侨商组织的商会也对筹安会鼓吹帝制予以痛斥，如泗水中华商务总会即发布通电，指责筹安会"主张变更国体，易民主而为君主"，"邪说流传，人心因之淆乱，国本因之动摇矣。浸假而狡谲之吏运动清帝，要求复辟，何以解于前清？浸假而东邻虎视眈眈，再提五号五项日后协商之条件，强肆要求，何以解于东邻？浸假而欧战解决，各国蜂拥而来，群起要求，何以解于各国？内审国情，外度邦交，在在皆为险象，苟不亟为匡救，中国立见危亡"。该电还要求诛杀鼓吹帝制之首要者，"解散筹安会，以定国事，而安人心"①。

国内资产阶级反对袁世凯复辟帝制的要求更是十分强烈。袁世凯的英籍顾问莫理循在访问南方各地后写的一份报告中指出，南京、上海、广州等地，无论是人力车夫还是富有的商人，都极其反对袁世凯的统治，愿意出钱、出人，阻止袁在损害他们的情况下当皇帝。② 为表示对复辟帝制的反抗，上海、武汉等地的商人不顾袁世凯政府停止庆贺国庆的命令，照常举行中华民国国庆日的庆祝活动。《申报》为此发表杂评说："观商界情形，似未减往年兴致。吾于是觇国民心理，尚不负年年此日也。"③

袁世凯没有料到资产阶级对他蓄谋已久的复辟帝制之举会产生如此强烈的反抗情绪，不得不施以权宜之计，对资产阶级特别是上海资产阶级的上层人物加以笼络，以图缓和舆论对他的非议。10月间，他任命上海总商会总理周金箴为沪海道尹，接着又任命商董莫子经为代理工巡捐局长。12月，特谕缓加为商民所坚决反对的江苏丁漕，不久还以部令免征江苏酒捐和洋货落地税，摆出一副保商恤商的伪善面孔。袁世凯的这些笼络手段，确曾一度产生某些效果。少数资产阶级上层人物盗用商会名义，通电拥戴袁世凯称帝。北京总商会总理冯麟霈甚至还曾领衔劝进表，发起庆祝会。1915年11月全国商会联合会举行的大会上，也有人提出，"商人之所以

---

① 《中华新报》，1915 年 9 月 24 日。引自李希泌等编：《护国运动资料选编》（上册），中华书局，1984 年，第 36 页。

② 参见徐宗勉：《关于资产阶级从拥袁走向反袁的历史考察》，《社会科学研究》，1986 年，第 5 期，第 92 页。

③ 《申报》，1915 年 10 月 11 日。

不甚赞成帝制者，以税重之故，能将苛税豁免，自必当于拥戴"①。这说明当时的资产阶级中间仍有少数人对袁世凯存在着幻想，企图以政治上的退让换取经济上的实惠。

但是，即使是这样的利益交换袁世凯也不可能做到。筹备帝制需要巨额资金，袁世凯政府的财政早就异常窘困，向列强筹借新的贷款又遭冷遇。在这种情况下，唯一的办法就是巧立名目，向工商业者增加捐税，从而将资产阶级推入绝境。随着复辟帝制的加紧进行，苛捐杂税的征收和各色债券的摊派越来越多，也越来越重。1916 年与 1913 年相比，印花税增加了 8 倍，烟酒税增加了 3 倍，统捐统税增加了 60 倍。②"洪宪帝制"尚未正式施行，"文官加衔，武官加爵，商民加税"③，已被时论称为袁世凯推行帝制所惠施的"恩典"。袁世凯对工商业者的敲骨吸髓，使资产阶级最终完全绝望。上海总商会一则愤懑悲怆的通电，即表达了当时工商业者的绝望心态："旧税未除，新税垒增，苛捐巧取，层出不穷，脂膏已竭，何堪再剥？""政府欲置商民于死地，商民有何能力，惟辍业待毙而已！"④ 资产阶级与袁世凯的矛盾，由此更为激化。

资产阶级不能容忍的另一件事情，是袁世凯将商人集资的救国储金，也作为掠取的对象。救国储金存于袁世凯政府控制下的中国银行和交通银行，在袁氏看来这不啻送到嘴边的肥肉，正好可以用于解帝制活动需款甚殷之急。资产阶级和其他社会各阶层对此已有警觉，自筹安会成立后，"储者不愿以血汗之资，供君主制之政府用之"⑤，因此救国储金活动后来逐渐冷落。到 1915 年 9 月，全国报储数为 800 余万元，实收购约 400 万元。虽然数额不多，但由于广大中下层商民和各界群众储金一二元者不少，故涉及面仍很宽。袁世凯公然掠取救国储金用于复辟帝制，直接触犯了广大商人和各界民众的利益，亵渎了他们的救国热情，其结果是可想而知的。

---

① 《申报》，1915 年 11 月 28 日。

② 参见谢本书等著：《护国运动史》，贵州人民出版社，1984 年，第 71 页。

③ 《申报》，1916 年 1 月 3 日。

④ 《申报》，1916 年 1 月 3 日。

⑤ 《申报》，1915 年 9 月 1 日。

9 月下旬，天津《日日新闻报》载文披露，"筹安会借用储金二百万"，一时民怨沸腾，斥责之声四起。正在召开的中华救国诸金团全国联合会致电北京诘问，虽然冯麟霈把持下的北京储金团复电称查无此事，但人们普遍认为无风不起浪，纷纷要求收回储金。救国储金团上海总事务所顶住帝制派施加的各种压力，仍同意发还储金。于是，成千上万的商人市民前往认领，第一日即领回 3 万元。紧接着，汉口、广州、烟台、哈尔滨等地的储金团也仿照上海之例发还储金。气急败坏的袁世凯政府马上下令中国银行和交通银行停付储金，到 12 月云南护国起义爆发时，北京近百万救国储金已被袁政府全部挪用，使资产阶级感到极为愤慨。

上述表明，导致资产阶级与袁世凯决裂的主要原因，完全是袁世凯推行一系列损害国家、民族和资产阶级切身利益的政策，将自己置于资产阶级以及全中国人民的对立面，失尽民心而成为了独夫民贼。如同当时一位外国人所说："商人厌于满清失德，当辛亥之变，力助革党，其结果遂推翻朝廷。及癸丑之役，商民望治心殷，援助袁氏，故不数月而事变全定。总言之，则商界者，乃忍耐爱治之民也。然以商民忍耐力之富，今犹不克忍而诋诽袁世凯之压制者随地而然，则袁之不得民心，从何想矣。"[①] 资产阶级确实是在忍无可忍的情况下，被逼至绝境之后才与袁世凯决裂的。恰在资产阶级对袁世凯的不满与愤恨达到顶点时，护国起义的枪声在云南打响，接着全国各地纷起响应，资产阶级自然站在反袁力量一边，支持护国起义。

"二次革命"爆发时，资产阶级错误地认为革命党人挑起内乱，破坏统一和秩序，危及到他们的身家财产，因而对革命党人发起武力讨袁持反对态度。护国战争虽也使时局陷入动荡，商业备受影响，但资产阶级清楚地看到，是袁世凯复辟帝制的倒行逆施，破坏了他们所企求的安宁和秩序。所以，即使蒙受一些损失，资产阶级也对护国运动予以支持。这可以说是素以"厌乱"著称的商人，在护国起义爆发后也甘"从乱"的重要原因。

尽管资产阶级主要出于维护自身经济利益的目的而走上反袁的道路，但他们也在某种程度上自觉或不自觉地把自身利益和民族安

---

① 《护国军纪事》，上海中华新报馆，1916 年编印，第 516 页。

危乃至维护民主共和制度连结在一起。所谓"论私则利害切身，论大局则生死存亡"①，使资产阶级敢于理直气壮地支持护国运动。对于民主共和制度，资产阶级始终缺乏足够而深入的了解，辛亥革命后建立的民主共和制，也未给资产阶级带来更多的实际利益，因而维护民主共和在他们反袁的过程中并不是主要目的。尽管如此，他们也需要以维护民主共和作为反袁的旗帜和口号，使自己的"从乱"行为具有正义性。同时，从清末民初的切身体会中，资产阶级多少感受到有无"共和"的招牌毕竟不一样，只有在民主共和制度下他们才有可能获得参政的机会。虽然这种机会仍然很小，但较诸封建君主专制制度而言，却前进了一大步。所以，在反抗袁世凯独裁统治的斗争中，资产阶级提出了恢复1914年被袁世凯强行解散的国会和地方议会的要求。1915年6月，广西绅商即以全省教育会和公民的名义，率先通电主张恢复国会和省、县议会②。11月，三宝垅华侨总商会等团体也公开呈文，要求速立民意机关，切实施行共和立宪制③。京、津、沪等通都大邑的资产阶级，也都曾提出类似的要求。

三　支持护国反袁斗争

1915年12月12日，袁世凯在全国一片反对声中发布申令，宣告称帝。次日，在居仁堂接受百官朝贺。接着宣布于1916年元旦废除民国纪元，改为洪宪元年，"洪宪帝制"的丑剧正式开场。与此同时，反对袁世凯复辟帝制的护国运动也发展到高潮。原云南都督蔡锷、江西都督李烈钧等人，联络云南督军唐继尧，于12月25日在云南通电反袁，宣布云南独立，成立护国军，护国战争爆发。

云南义师一起，资产阶级即表示支持。当时，从军事力量的对比看，袁军尚居明显优势，护国军则处于劣势。尽管敌强我弱，结局未卜，但资产阶级仍义无反顾地支援护国军。云南总商会率先向各省商会发出函电，号召各省商民一致护国讨袁。在致武昌商会的

---

① 《申报》，1916年5月13日。
② 《申报》，1915年6月8日。
③ 《申报》，1915年11月22日。

公函中，云南总商会表示，云南首举义旗，"吾滇全省商民，无不馨香顶祝，协力赞助，期早成大功，庶几刷新政治，浃洽商情"；同时希望武汉商界同人劝告"鄂省军民长官，及早决心，发布与滇省一致进行。鄂省为共和首义之地，攘臂一呼，群响斯应，铲除帝制，还我民国。维护商务，又安民生"。① 贵州绅商与各界代表1700 余人举行集会，签名宣布响应云南护国讨袁。其宣言书称："滇省首倡大义，举兵反对，堂堂正正，薄海同心，义声所传，咸思奋袂。……本省各界，开会公决，为身家计，为地方计，为国家前途计，皆非先由本省亟谋自立不可。群众一致，询谋金同。公推我公（刘显世）为贵州军都督，与各省联合一致，乘方兴之民气，振必胜之军威，驱彼北军，御之境外。"② 此时，贵州尚未宣布独立，但贵州护军使刘显世曾复电云南，表示"赞成独立"，只因阻力较大，未正式举旗响应。在资产阶级与各界人士的敦促之下，刘应允"愿与父老昆季共生死，虽成败利钝不可预卜，但有一弹一刀，决不使其存在"。③ 1916 年 1 月 27 日，刘显世即宣布贵州响应云南独立。

3 月 15 日，陆荣廷宣布广西独立。梧州商人得知独立消息之后，欢忭异常，全城商民店铺悬旗挂灯以示庆贺，鞭炮声经久不绝。工商业者与各界人士召开大会，均表示愿全力赞助独立。英文《京报》为此发表评论说："梧州商人态度之消息至为重要，足见南方人心之趋向。梧州处于粤桂边界，苟粤桂战祸一开，则梧州首当其冲。彼梧州人民未尝不知其命运之危险，然犹宁愿独立，不愿中立，商人于此尤抱热心。"④

广东商人也再次仿效辛亥年敦促省城独立而脱离清廷之举，积极推动龙济光响应云、贵宣布独立。护国战争爆发后，龙济光曾奉袁世凯之命，派军进滇镇压护国军，但遭到失败。广州总商会总理陈兔畬等商董代表全体商民，数次要求龙济光维持广东和平，勿与

---

① 《护国军纪事》，第 18～19 页。

② 李希泌等编：《护国运动资料选编》（下册），中华书局，1984 年，第 341 页。

③ 李希泌等编：《护国运动资料选编》（下册），中华书局，1984 年，第 340 页。

④ 引自《申报》，1916 年 4 月 3 日。

广西护国军开战，并拒北方袁军来粤。另有许多商人则联名上书，要求宣布独立。与此同时，潮州、汕头等地宣布独立，革命党人多次派兵袭击广州，闻袁军将来粤，商人愤而准备罢市停业。在各方面压力之下，4月6日龙济光不得不颁发布告，称："据广东绅商学各界全体公呈……近来各省多已反袁氏，宣布独立。……此系拥护共和天经地义，请即刚断执行等情。本都督身任地方，自以维持治安为前提，刻经通电各省、各机关、各团体，及本省各属地方文武，即日宣布独立。"[①] 由此可知，资产阶级的态度是促使广东独立的重要因素。

上海资产阶级也以各种形式，开展反对"洪宪帝制"的斗争。沪上各省商人分别在本省会馆、公所集议，讨论对付帝制的办法。闽帮商人"全体一致主张拥护民国，当场拟电，拍致福建护军使及巡按使，要求宣布独立，会后全场三呼中华民国万岁而散"。[②] 浙商各团体领导人也密议分函各县有势力和影响的士绅，提出拒纳当年应缴的上忙钱粮及各种捐税，以断绝袁军饷源而促其自乱自毙。[③]

"二次革命"期间，轮船招商局曾多次致电袁政府交通部，表示"效忠政府，服从命令"，听任袁世凯调船运兵镇压讨袁军。[④] 护国运动爆发后，宁绍、怡和、太古三家轮船公司均应商人的要求，表示拒不装载北方袁军南下。招商局驻局董事王子展曾一度应允秉承袁世凯政府旨意派船北上运兵，上海商人闻讯表示坚决反对，粤商1千余人在广肇公所举行紧急会议，议定一方面通电声明，"对于北兵运粤之举，抵死万难承认"，另一方面公开致函招商局，要求拒运北军，并宣布在沪广东商人中如有不肖者敢为北军购轮运粤即视为人所唾弃的国贼。会后广肇公所领袖唐绍仪、温宗尧等人还亲赴招商局，严词诘问局董。与此同时，招商局全体股东联名登报发表声明，表示招商局轮船从此不再运兵。招商局董事会在

---

① 李希泌等编：《护国运动资料选编》（下册），中华书局，1984年，第592页。

② 《大公报》，1916年4月4日。

③ 《大公报》，1916年4月14日。

④ 《辛亥革命前后——盛宣怀档案资料选辑之一》，第300页。

全体股东的要求下，也同意中断津沪航，以防止袁政府强行扣轮。结果，进驻上海的北军无法公开乘商轮南下，只得改扮苦力蒙混上船。商人察觉后，又要求招商局宣布凡往厦门、香港各埠者，必须持有潮州会馆所发凭证才准上船。上海资产阶级的这一系列斗争，打乱了袁世凯政府镇压护国运动的军事部署，有力地支援了护国军。

在经济上，资产阶级也对护国运动提供了一定支持。

云南护国军首倡义旗之后，该省商人立即慷慨解囊捐款筹饷。据当时报载：云南由于"民贫地瘠，每届年底，完纳粮税，甚属迟延。近因军兴之故，省内外各县人民输纳粮税，异常踊跃"[1]。滇蜀铁路公司股东会将现存的随粮附加铁路股额100多万元，"全数提充军饷"。省城总商会慨助护国军现银20余万。护国军至昭通，该地商会捐银2万两；其先锋队抵达老鸦滩时，该地商会也捐银3万两。[2] 昆明群舞、云华两戏园经理、司事以及全体坤伶和男伶为筹饷举办义演，他们表示："滇省地处边僻，军饷甚绌。筹饷之源，端赖国民。毁家纾难，正斯时也。商民等亦系国民一分子，自当为尽绵薄，为他人倡。拟由群舞、云华两园各演义务戏午夜三日，所售之款，涓滴归公，以助军饷。"[3]

贵州工商界人士与绅、学各界发起组织征兵抚恤会，担负劝捐军饷之责。4月3日征兵抚恤会在贵阳公园举行公民大会，发表演说："袁逆谋叛，致起兵端，出征之军，异常辛苦，盖为保护共和，舍死忘身，吾民应尽抚恤之责，以致其功，是以有征兵抚恤会之设。"[4] 大会持续四个小时，散会时"收款处输捐者尚络绎不绝"。紫竹县绅、商、学各界也积极助饷，议将以前救国储金团改为护国筹饷团，"以为义军后盾"。[5]

慰劳护国军将士，鼓舞义军士气，是资产阶级协同各界人士支持护国运动的另一项具体行动。每当云南护国军出征，工商各界均

---

① 《民国日报》，1916年3月5日。
② 《护国军纪事》，第24～25页。
③ 《护国文献》，第125页。
④ 《铎报》，1916年4月5、6、7日。
⑤ 《贵州公报》，1916年2月19日。

第十章　资产阶级与护国运动 | **271** |

热烈欢送。蔡锷率护国第一军总部从昆明出发时，"绅商各界和青年学生两三千人，集中在状元楼热烈欢送。……在行军途中，群众纷纷向部队送茶送水"①。到达川南永宁时，欢迎义军的情景也十分感人："官绅商民悬旗结彩，夹道欢呼。附近各属亦派代表前来接洽，群称我军之神勇慈惠，情愿编入戎籍，共效前驱。"② 戴戡率部分云南护国军抵贵阳，绅、商、学、工各界千余人在原省议会举行欢迎大会，表示义军回黔"不仅为黔人治安欢迎，且为中华民国之国家欢迎"③。

不仅如此，贵州征兵抚恤会还曾备置牛酒，派员赍送川南、湘西各地劳军，称赞护国军："图存宗邦，头颅拼碎。天鉴精神，连歼丑类。既固民国，兼保社会。社会中人，敢志斯忠？无以酬功，扪心抱愧。远献牛酒。聊供一醉。"④ 云南劳军代表出发前，总商会召集商界会议，号召各商量力捐资，以购备劳军物品，送赠浴血奋战的将士。会后又广发启示，大力宣传，"一时认捐者异常踊跃，多者数十元，少者亦拾数元"⑤。劳军物品运抵战地，全军将士备受鼓舞，莫不感奋。

远在海外的华侨资产阶级，也曾以极大的热情纷纷捐献巨款，协助筹措军费，支持护国运动。云南起义后，南洋侨商即踊跃认捐，百余万的捐款很快汇到昆明。美洲、澳洲各界华侨认捐更多，"闻数在二百万左右"。据有关统计，护国运动爆发后的几个月时间里，包括侨商在内的海外爱国华侨，捐款数额总计多达1400余万。⑥

广大资本家支持护国运动的态度，更进一步表明了人心的向背，使袁世凯陷入四面楚歌的困境。不仅袁氏党羽纷纷见风转舵，不再死心塌地效忠已是孤家寡人的袁世凯，而且连帝国主义也看到

---

① 杨如轩：《我知道的云南护国起义经过》，《云南文史资料选辑》，第10辑，第52页。

② 曾业英编：《蔡松坡集》，上海人民出版社，1984年，第904页。

③ 李希泌等编：《护国运动资料选编》（下册），中华书局，1984年，第342～343页。

④ 《民国日报》，1916年6月2日。

⑤ 《民国日报》，1916年4月21日。

⑥ 《护国纪事》，第2期，"财政"。

被举国上下唾弃的袁世凯威信已荡然无存，难以再为其控制中国效力，故也落井下石，拒绝扶植这一无用的走狗。袁世凯自知黄袍加身最终只能是南柯一梦，慌忙在 1916 年 3 月 21 日宣布取消帝制。

帝制虽然取消，但袁世凯仍企图赖在大总统的宝座上。因此，资产阶级反对袁世凯的斗争并未以帝制取消宣告结束，而是转而以新的形式出现，即逼使袁世凯下台。

袁世凯以为他宣布取消帝制之后，依然可居总统高位。不料几天之后唐绍仪即公开致电，要求袁世凯立即退位。① 3 月 28 日，川商晏宇澄、粤商梁栋如、湘商罗瑞闿、鄂商汪伯云、闽商林大和等人也联名发表"敬告全国商界书"，指出："吾商人之所以阢陧不安，皆以袁氏一人之故。袁一日不退位，商务一日无起色。"同时呼吁广大商人"今日宜认明时势，群起逼迫袁氏退位，还我共和"。② 上海工商界领袖人物李平书也致函时任国务卿兼外长的陆征祥等人，要求袁退位。此函历数袁世凯的种种罪恶说："专权违法，尚诈逞威，信实俱漓，廉耻尽丧，风俗之坏，贤者疾心，而又横征妄杀，崇酷奖贪，天怒人怨，灾害并至，重以外交失败，国耻痛心。在职四年，成绩若此。积薪厝火，由来渐矣。"③ 很显然，此时的资产阶级已清楚地认识到袁世凯反动腐朽的真面目，决心将其赶下台。

财政极端窘困，使当时的袁世凯政府难以为继。袁世凯向列强乞求贷款，屡遭拒绝。美国波士顿银行企图乘机渔利，怀着不可告人的目的应允向袁贷款。报纸披露有关消息之后，资产阶级坚决反对。沪上浙、粤商人纷纷以个人或团体名义发表声明："此番战祸，袁氏以私意称帝，肇起衅端，使我商民受无穷之损失。美人借款与彼，不啻赠屠夫以刀以刲我商民之腹。"并指出"吾国民不惟不任偿还，且恐群情愤激，致国际商务有碍"④。上海商人还要求总商

<hr>

① 李希泌等编：《护国运动资料选编》（下册），中华书局，1984 年，第 638~639 页。
② 《民国日报》，1916 年 3 月 28 日。
③ 《致陆征祥等劝袁退位书》，《再造共和新文牍》，第 65 页。
④ 《大公报》，1916 年 4 月 19 日。

会出面与美国驻沪总领事交涉，撤销这笔非法贷款。美国银行团看到袁世凯已处于天怒人怨，万民诛讨的孤立境地，不得不中止向袁提供贷款。

上海总商会在广大商人反袁的呼声之下，也公开表明要求袁世凯退位的态度。5月21日，上海总商会通电国务院及各省军政长官，以讥讽的语气说：既然"元首夙誓牺牲个人地位救国救民"，"务愿诸公以元首所愿牺牲者而敦促之，并愿诸公将意见权利而亦牺牲之"①。上海总商会的态度在当时产生了较大影响，引起舆论的关注。第二天的《申报》即以《商会之表示》为题发表杂评说：自国事扰攘以来，"商界受害虽巨，仅偶一陈诉战祸之苦况，而未敢公然表示其意见，今则忍无可忍，不得不有所表示矣"。《民国日报》也在时评中说："南京会议大唱留袁之声，而总商会忽有此电，大势所趋，必非武人所能抗。"

袁世凯政府搜刮无着，贷款也无门，只好挪用中国银行和交通银行的储备基金，并通过两行滥发纸币以苟延残喘。各派反袁力量相应采取措施，断绝袁政府这唯一财源。云南护国军政府发布文告，宣布中、交两行在云南起义后发行的纸币以及尚未兑付的存款和债务，均系"袁世凯个人之交涉行为"，一概不予承认。②香港商人林道怀、陆明等人则在上海印制传单，分寄津京商界，揭露中、交两行将滥发纸币2500万元，以挪出现银，供袁氏之用。《民国日报》、《中华新报》也接连发表评论和来函，号召商人向中、交两行提取存款，兑换纸币。对袁世凯备感绝望和厌弃的商人，马上竞相涌往中、交两行，要求兑换纸币，形成席卷全国的挤兑风潮。5月10日和11日仅两天，天津中、交两行兑换额即达130万元。11日晚，北京全城的48处兑换所，两个小时之内就兑换10余万元。③

5月12日，袁世凯政府垂死挣扎，下令中、交两行一律停止兑付已发行之纸币和应付的款项，导致物价暴涨，工商停滞，更加剧了商人的不满和愤怒。受此影响，中、交两行的股东也群起抵制

---

① 《申报》，1915年5月22日。
② 《云南政府对于中、交两行之布告》，《护国军纪事》，第2期。
③ 《护国军纪事》，第5期，"财政"。

袁政府的旨令，策动"银行独立"。尤其是中国银行上海分行，以经理宋汉章、副经理张嘉璈为首秘密联络各省股东，采取措施防止袁政府挪用现银，保护商股利益。袁世凯政府下达停兑令的次日，中国银行股东联合会宣布，仿照辛亥年大清银行瓦解时上海股东维护沪行之例，由股东联合会主持中国银行上海分行的全部业务。

中国银行原本是服务于袁世凯政府的国家银行，官股在其中占很大比重，大权主要由袁政府财政部控制。商股力量未占主导地位，平日多受官府压迫，此次决心乘护国运动反袁达到高潮，争取银行独立。上海分行股东联合会拒不执行袁政府的停兑令，大胆采取了两项行动，其一是照常兑付上海分行发行的纸币和到期存款，其二是停付政府支取的各种款项，给处在风雨飘摇之中的袁政府致命一击。14日，股东联合会又发布通电，公开斥责停兑令"无异宣告政府破产，银行倒闭，直接间接宰割天下同胞，丧尽国家元气"，同时号召中国银行各分行抵制停兑令，照常兑钞付存，"为人民留一线生机"。① 于是，继江苏之后，安徽、山西、江西、浙江、湖南、福建等省的中国银行分行，均对停兑令进行了抵制，照常兑现。同时，一些地方的交通银行分行也参与了抵制行列。

中国银行抵制袁世凯的态度及照常兑现，很快即使其在社会上恢复了信誉，平息了挤兑风潮。不到一个星期，中国银行上海分行的门前已是风平浪静，不再见有要求兑现和提取存款的人群。而执行停兑令的京、津、热河、广州等少数分行处境越来越艰难，受到各界猛烈抨击。后来，除北京分行外，余皆恢复兑现。因北京直接在北洋政府控制之下，北京分行不得不执行停兑令。尽管如此，北京总商会也公开喊出若不取消停兑令，"我朝野上下，行将同归于尽"的悲愤呼声②。

中国银行各行的抵制，使袁世凯搬起石头砸了自己的脚。他原以为通过颁布停兑令，可将中、交两行库存现银挪作战争经费，但银行不仅不执行停兑令，反而冻结了政府支取的所有款项，阻截其接济前线军队的饷银，使袁政府陷入了财政总崩溃的绝境。同时，停兑令严重危害了国计民生，激起全社会的强烈反对。如同时人所

---

① 《民国日报》，1916年5月16日。

② 《申报》，1916年6月6日。

称:"此次停止兑付令,全国哗然,其违反民意,惹起恐慌而为国人所痛恶者,不下于帝制问题。"①

　　1916年6月6日,千夫所指的袁世凯在全国人民一片斥责中死去。袁世凯的反动统治之所以能够被推翻,是各派反袁进步力量共同斗争的结果。那些站在反袁斗争风顶浪尖上叱咤风云的将军大吏,当然在护国运动中发挥了决定性的作用;但是,资产阶级在这场斗争中的影响与作用也不容忽视。虽然他们并未荷枪实弹奔赴反袁的战场,但却与担负领导反袁重任的本阶级政治代表保持了一致行动。这种资产阶级主体与自己的政治代表保持一致而团结对敌的现象,在整个中国旧民主主义革命时期是不多见的,因而有着重要意义。如果说资产阶级革命派和改良派携手在讨袁前线配合作战,那么,广大资产阶级则是在反袁的第二条战线奋起斗争。其所发挥的作用也应予以肯定。

---

　　① 《申报》,1916年5月17日。

第十一章　苏州商会的产生与特点
——个案分析之一

　　清朝的最后 10 年间，全国各地成立了为数众多的商会。就总体而言，其性质大致相同，所从事的社会活动也基本相似。但细加比较仍可发现，一些商会往往同中存异，各有其独具的特点。本章拟通过与上海、天津、广州等几个重要商会相互参照比较，对清末苏州商会的特点略作初步探讨。

一　抵制美货运动——苏州商会诞生的催化剂

　　20 世纪初资产阶级力量的壮大和清政府的倡导保护，是促使商会在清末短时期内接踵诞生的两个主要原因。具体就某些商会来说，除这两个相同的因素外，还有各自不同的偶然性催发因素。

　　例如上海商务总会的前身——上海商业会议公所，之所以在 1902 年诞生，即缘于是年会办商约大臣盛宣怀奉命到上海与英、美各国修订商约一事。盛宣怀看到上海"洋商总会如林，日夕聚议，讨论研求，不遗余力，而华商向无会议公所，虽有各帮董事，互分畛域，涣散不群，每与洋商交易往来，其势恒不能相敌"，深感"远规西法，近采舆论，商会之设，诚非缓图"。此外，在谈判改约的过程中，各国代表均以设在上海的"万国商会"（由各国在沪商人联合组成）为咨询机关，"凡商税、行船诸事……平日既考求明白，临时又咨访精详"。盛宣怀作为清政府的谈判代表，却既无商会可资垂询，也没有成文商法引为依据，常处被动地位，由此更感成立商会迫在眉睫。遂饬令江海关道袁树勋会同上海通商银行总董严信厚，"传集各帮首领，议立总会"。这样，上海商业会议公所即在清朝修订商约这一偶然因素的直接推动下，通过盛宣怀奏准于 1902 年 9 月至 10 月间仓促成立，目的在于改变"从前壅闭隔膜"，使今后"遇有交涉关于商业者，我若抗争婉辩，确有见地，亦必较易转圜"。[①] 1904 年 1 月，商部奏准颁行《商会简明章程》，上海商业会议公所随即遵饬改称上海商务总会。

天津商务总会的前身——天津商务公所，则是直隶官府与商人为扭转八国联军空前洗劫后的市面混乱局面，在新上任的直隶总督兼北洋大臣袁世凯支持下成立的。

素称"统五大商路之枢机"的天津，经庚子一役的毁灭性打击，百业凋敝，市面上充满了愁云惨雾。最为严重的是现银奇缺，商业往来无以维持，几乎濒临绝境。商人迫切期望尽速恢复正常的商业贸易，挽回所遭受的巨大损失，官府也唯恐"天津市面败坏，牵动京城"。于是，双方都希望设立一个新的商务机构，从中斡旋。天津绅商首先提出"挽救市面，非设公所、派董事，无下手之处"，要求"准设商务公所，藉资联络，以顺商情而济时艰"。[②] 袁世凯督直伊始，就确定了以"首先维持市面为要务"的施政方针[③]，选饬司道暨地方官与各业商董聚议开办银行、设立商务公所等要事。1903 年 5 月，天津商务公所即由袁世凯委派董事，正式宣告成立，1904 年改名为天津商务总会。很显然，天津商务公所成立的直接动因不同于上海商业会议公所，可以说是直隶官商力图恢复和维持市面的产物，其暂行章程第一条即开宗明义宣称："商务公所原为市面窒塞而设，所有办法以'疏通'二字为主义。"[④]

1905 年成立的苏州商务总会，其催化剂既不同于上海商业会议公所，也有别于天津商务公所，而是当年爆发的抵制美货运动。运动兴起之初，苏州绅商就曾向商部提出设立商务总会的要求，从其呈述的理由看，显然是受到了帝国主义侵略渗透日趋加深的刺激和方兴未艾的抵制美货运动的影响。在呈商部的第一份说帖中，他

① 盛宣怀：《请设上海商业会议公所折》（光绪二十八年九月），《愚斋存稿》，第 7 卷。

② 《大公报》，1903 年 5 月 19 日。

③ 《大公报》，1902 年 9 月 3 日。

④ 《大公报》，1903 年 6 月 2 日。

们即明确阐明："自洋货侵贯内地，土货销路日绌，加以银市日紧，捐输繁重，商情涣散，视各埠为尤甚，亟应联合各业设立商会，方足以振兴工业，齐一商志。"[1] 在另一份呈文中，苏州绅商又以上海等地商会在抵制美货运动中的影响为例，说明"计自设会以来，小而驳斥词讼违章，大而抵制美国工约，皆得收众志成城之效，内地要区，闻风踵起"。[2] 可见，先此成立的各地商会在抵制美货运动中发挥的重要作用，成为推动苏州绅商仿设商会的主要动因之一。

苏州绅商提出创办商会后，并未即刻获准正式成立。尽管如此，苏州商人仍积极投身于抵制美货运动，表现出高度的爱国热情。7月，苏州商界在元妙观集议抵制美货事宜，与会"绅商赞成签押者，多至八百余人"[3]。苏属各县镇的商人也纷纷召开拒约大会，如昆新洋布业商人"数次开会，集众演说"，吴江县同里镇商人还成立了拒约社。[4]

但是，随着运动向纵深发展，苏州商人无商会协调和领导的局限性显得十分突出。在已经成立商会的地区，抵制美货运动一般都是由商会统一领导，很大程度上克服了公所、会馆互不相属以致分散活动的弊端，各行各业均能协调一致，共动同行，形成了"登高一呼，众商皆应"的前所未有的斗争声势。苏州商人则由于缺乏商会这一中枢机构加以领导和组织，各行帮、公所大都单独行动，仍表现出较大的分散性，与外省商人的联系也颇为不便。

于是，在抵制美货运动深入发展的推动下，创立商会更进一步成为摆在苏州商人面前的紧迫课题。斗争过程中，苏州商人意识到："惟苏地并无商会，以致敝处集议之所，外间尚未周知。"作为全国抵制美货运动领导中心的上海商会"前来尊电"，亦"均未收到"，故创设苏州商会刻不容缓。[5]《时报》登载的《敬告我苏州商业家》一文，也针对苏州的情况阐明："虽举国与共而抵制美货，

---

① 苏州市档案馆藏，苏州商会档案，第391卷，第14页。
② 苏州商会档案，第391卷，第15页。
③ 苏绍柄辑：《山钟集》，第74、103页。
④ 苏绍柄辑：《山钟集》，第74、103页。
⑤ 苏绍柄辑：《山钟集》，第139页。

则商家为首当其冲，而商家之方策，又必赖商会为之机关也。"①受此内外舆论的敦促，苏州工商界的一些头面人物加紧筹划，终于使苏州商务总会在 1905 年 10 月得以正式成立。诚如时论所称："商会之利虽不止于争约，而于争约固有密切之关系也。故争约者怂恿商会之立成，亦所以为抵制之预备。"②

正因为苏州商会系由抵制美货运动催生而出，所以在它成立之后从事的第一个大的政治活动，就是领导苏州已近后期的抵货运动。靴鞋业商董黄驾雄曾致函苏州商会总理尤先甲云："昨于吴氏义庄得获钧范，面陈不用美货，抵制华工禁约，务求仁翁及商会全体会员妥善办理，以尽抵制之实际。仰荷许以二十六日在商会先行会议，鄙人及同志等二十六人领悉□□，莫名钦佩，尤幸我中国苏州有仁翁其人也。"③ 不难看出，通过领导抵制美货运动，刚刚诞生的苏州商会赢得了最初的政治声誉，受到苏州商人的欢迎。在商会的组织和领导下，苏州地区抵制美货运动较诸一般省份持续的时间也更长，一直延续到 1906 年初。有关具体情况，本章第四部分将集中叙述。

清末其他许多商会成立之初的活动与作用，也受到促使其诞生的具体因素的影响。例如上海商业会议公所系受命急就而成，制度不完备，组织比较涣散，行动也不尽一致，因而在成立后的一年多时间里往往流于空谈，"泄泄沓沓，不知悚惕"。④1904 年改组为上海商务总会，这种现象即有明显改变。天津商务公所为恢复市面而设，成立之后的首要活动是创立银行，发放官钱票，千方百计地缓解金融危机，但也收效不大。开办半年，市面"窒塞如故，倒闭如故"，以致众商"群向公所责问"⑤。显而易见，考察各商会诞生的直接原因，对于剖析其活动与影响不无意义。

---

① 《时报》，1905 年 7 月 19 日。

② 《时报》，1905 年 7 月 19 日。

③ 苏州商会档案，第 295 卷，第 14 页。

④ 徐鼎新：《清末上海若干行会的演变和商会的早期形态》（提交 1986 年商会与资产阶级学术讨论会的论文）。

⑤ 参见胡光明：《论早期天津商会的性质与作用》，《近代史研究》，1986 年，第 4 期，第 185 页。

二 独具特色的组织系统

单从自身主体组织系统看，清末苏州商会与其他商会并无不同，也是由总会、分会和分所构成。总会设在省垣苏州，下设8个分会，分会之下又有15个商务分所。关于总会和分会之间的关系，商部强调："总、分会之实质，在联络，不在统辖，非地方隶属政体可比。"① 但就具体情况而言，总会对分会和分所仍维持着实际上的统辖关系。各分会、分所遇有与官府交涉事项，或是内部纠纷难以决断，多报告总会咨请指示。这在当时全国各地的商会中，也是比较普遍的现象。

清末苏州商会组织系统别具一格的特点，主要体现于其直接领导着苏商体育会和市民公社这两个下属外围组织，同时还与其他一些商人社团有着密切的组织联系。

苏商体育会是苏州商团的前身，创立于1906年秋，其宗旨为："讲求体育，力矫柔弱，以振起国民尚武之精神，而结成商界完全之团体。"② 成员主要是"商界同人以及有志保护商业者"，虽未严格规定非商人不得加入，但要求"无乖乎商人之名义"。1911年夏秋之间，体育会改组为商团，拥有4个支部，共628人。苏州独立之后，又成立商团公会，下设15个分部，并添置枪械，扩充成员，"平时各营本业，有警则戎服巡逻"③，逐步发展成为一支令人瞩目的准武装力量。

成立商团是苏州资产阶级在当时取得的一项重要成就，但首开其端者并非苏州商人，而是上海的资产阶级。至辛亥革命前，武汉、杭州、宁波、无锡、江西、安徽等地，也先后出现了类似商团的商人武装。从性质上看，各地商团大致相同。但与所在地区商会的关系，苏州商团则明显反映出其相异于他省商团的特点。例如上海商团虽与上海商务总会有一定联系，个别领导人同时也在商会中兼任职务，但它并不接受商会领导，而是由商办地方自治机构城厢内外总工程局（后改为自治公所）控制。

---

① 苏州商会档案，第259卷，第48页。
② 《苏商体育会章程》，苏州市档案馆：《苏州商团档案汇编》，未刊。
③ 《民国吴县志》，卷三〇，公署三。

苏州商团则不同，它自始至终与商会联为一体，是从属于商会的外围组织之一。有关文献明确记载："苏商体育会自光绪三十二年丙午秋，由商务总会发起集款创办"。① 1912 年 1 月改组为商团公会，也是经商会出面报经都督府批准。在经费上，苏商体育会及后来的商团公会都依赖于商会拨款。如体育会创立之际，商会提供 2900 元作为其开办费用，嗣后每年拨助 600 元，成为体育会最主要的经费来源。据 1910 年体育会收支清册记载，是年其各项收款总共约 800 元，除商会拨助的 600 元外，会员所缴会费仅 87 元，特别捐也只 60 元。

在其他许多具体问题上，苏商体育会也多求助于商会解决。如领取枪支、弹药，即是由商会禀准抚院同意，与军装局、度支公所、巡警局等衙门反复磋商，最后才如愿以偿。所领子弹每百发值库平银 1 两，首次提取的 1000 发也系由商会缴银 10 两。1910 年，体育会操员日减，军事教员意欲辞职，其全体职员同样致函商会请求协助整顿。函称"贵会总握商纲，鼓励提倡之用，尤非寻常可比……伏求俯赐提议，以提倡而增进之，则苏商幸甚。"② 如此殷殷情词，表明苏州商会与体育会的关系确非一般。

在人事上，苏商体育会与商会的联系更为密切，其领导人基本上由商会骨干兼任。如第一、三两届会长洪毓麟，第一届副会长、第二届会长倪开鼎，第四届会长邹宗淇，都是苏州商会的会董。又如体育会的四名议事员，一人是苏州商会总理尤先甲，另二人是商会会董杭祖良、彭福孙，还有一人则是商会名誉会员蒋炳章。

以上各方面情况表明，苏商体育会实际上隶属于苏州商会的外围组织系统之中，正因为如此，不论是出防维持社会治安，还是促使苏州和平独立，体育会都唯商会马首是瞻。

除苏商体育会外，市民公社也是接受苏州商会指导的商人组织。苏州市民公社以街道为行政区划，是一种基层自治机构，直接主持其日常事务者多系该区域内的一些头面商人，宗旨为"联合团

---

① 《苏商体育会缘起》，苏州市档案馆编：《苏州商团档案汇编》。

② 《商团公会全体职员致苏州商会函》，苏州市档案馆编：《苏州商团档案汇编》。

体，互相保卫，专办本街公益之事"。① 所从事的具体活动初为清洁街道、凿井、沟通、添置路灯及有关消防事宜，范围比较狭窄，但不久即逐渐扩充，拓展到金融、税务、物价以至军需杂务诸方面，举凡"自治范围以内所当为者，而公社中人皆力为之"。②

关于市民公社与苏州商会的关系，在1910年金阊下塘东段市民公社致苏州商会的一份呈文中讲得很清楚：商会"综掌商务机关，凡我商民均隶属之"。③ 就实际情况看，市民公社也应被视为苏州商会外围系统的社团组织。与苏商体育会一样，各街区的商人成立市民公社，也是首先禀告商会，再由商会出面移文官府衙门请准立案创办。其经费虽系自筹，不像体育会那样主要依赖商会资助，但在从事各项活动的过程中，也同样多向商会征询方策。遇有与地方官府交涉事项，即由商会代为陈转。各市民公社选举职员时，还请商会派员到场监选，并将选举结果呈报商会备案。有的市民公社则直接由商会成员出任领导人，如1909年率先成立的观前大街市民公社，即由施莹、倪开鼎、黄驾雄等商会会董会员兼任干事部、评议部和调查部负责人。

对于商会统辖市民公社，官办自治筹办处曾一度有所猜忌，认为"地方自治所以辅官治之不及，即应受监督于该管地方官"④。然而，市民公社却坚持商会是自己的直接领导机关，商会也当仁不让，结果自治筹办处不得不默认业已形成的现状。其他官府衙门在致苏州商会的照会中也承认："贵会综掌商务机关，登高一呼，众山皆应。"并希望商会"广为提倡"，"鼎言劝谕"，组织更多的市民公社。⑤

---

① 《观前大街市民公社简章》，《辛亥革命史丛刊》，第4辑，中华书局，1982年，第58页。

② 《观前大街市民公社简章》，《辛亥革命史丛刊》，第4辑，中华书局，1982年，第61页。

③ 《金阊下塘东段市民公社致苏州商务总会呈略》，《辛亥革命史丛刊》，第4辑，中华书局，1982年，第92页。

④ 《江苏苏属地方自治筹办处复苏州商务总会照会》，《辛亥革命史丛刊》，第4辑，中华书局，1982年，第31页。

⑤ 《苏州巡警道汪致苏州商务总会片》，《辛亥革命史丛刊》，第4辑，中华书局，1982年，第57页。

应该说明，其他一些地区当时也曾有商人自治组织成立，但却较少类似苏州市民公社这样的街区基层机构，而且也不隶属于商会。例如上海的商办城厢内外总工程局和自治公所，与上海商务总会虽保持着一定的联系，但完全独立于商会之外，不受商会影响和统辖。广州的粤商自治会于1907年成立后，则"无形中与省总商会分道扬镳"①。

苏州的市民公社隶属于商会，是因为苏州商人地方自治运动的兴起晚于上海、广州等地，直至1909年清政府颁发《城镇乡地方自治章程》之后才正式发端。当时，地方官吏秉承朝廷旨意也设立了官办性质的自治机构。如苏属自治筹办处即先于市民公社成立，由布政使、提学使亲任总办、会办，力图使地方自治按清政府所设计的方案进行，"庶秩序不致紊淆"。因在此之前苏州没有设立商办自治领导机构，只有商务总会是唯一联结工商各业的中枢组织，新创办的市民公社不愿受官办自治筹办处控驭，也就理所当然地视商会为顶头上司。而苏州商会通过市民公社这一外围基层组织，得以将势力和影响渗透到城市社会生活更广阔的领域，也乐于将其纳入自己的从属组织系统之内。

除拥有体育会和市民公社这两个直接从属机构，清末苏州商会还出面呈准创立了救火社和治安龙社等商办消防组织。宣统二年十月，经纬业商董陶镕等人上书商务总会，说明："吾苏夙号繁庶，廛宇栉比，加以官道被占，檐牙相接，火患猝发，每有不可收拾之虞……爰就长邑享三图古市巷西口处，先集同志倡捐，设立既济水龙火社。"② 商会经过集议，旋即致函巡警道及苏州府，请予"批示立案"，"札约保护"，不久获当局批准。该社拟定了详细的规章，设有正、副社长和评议员、书记员、会计员、庶务员，附设消防队，是苏州第一支近似专职的民间新式消防力量，也是隶属苏州商会的又一个新型商办社团。同一年，丝业商人援例禀请设立治安龙社。次年，钱业、绸缎、洋货等行业也联名通过商会呈准创办了永义龙社。

在组织上，苏州商会还与当地的一些文化教育团体有着密切的

---

① 《广州文史资料》，第7辑，第25页。
② 苏州商会档案，第38卷，第8页。

联系。清末苏州的新式民间教育组织，不仅大都系商会头面人物呈请创办，而且也由其主持日常事务。例如1905年至1906年间，苏州商会的王同愈及另几名重要领导人呈请创办了民间学务管理机构——长元吴三邑学务公所，设总理、协理各1名，议董20余名。其中总理由商会会董彭福孙兼任，协理吴本善虽未列名商会，但也是与商会过往甚密的绅商。两名会计议董，一为商会总理尤先甲，一为商会理事蒋寿祖。另还有王同愈、张履谦、潘祖谦等商会骨干，兼任学务公所议董。由此可知，学务公所虽独立于商会之外，但实际上仍然以商会要员在其中起主导作用。不久，清廷饬令设立官办学务公所，商办学务公所被改为学务总汇处，归官办公所管辖，失去原有商办性质。但到1907年，苏州又出现了一个新的民间教育组织——长元吴教育会。在这个组织的领导成员中，有不少同样也是商会的活跃人物。其主要经办人之一的蒋炳章，系历届苏州商会名誉会员，并曾担任首届商会的书记长。他如尤先甲、彭福孙等人，也仍然是教育会中的重要领导成员。

上述清末苏州商会独具特色的组织系统，相应使其社会职能和所起的作用较诸其他许多商会更为广泛和突出。它不仅侧重于联商情、开商智、扩商权，促进资本主义工商业的发展，而且通过其所领导的体育会、商团、市民公社、治安龙社等下属外围组织，以及与学务公所、教育会等文化教育组织的人事交叉渗透，不同程度地掌握了当地社会治安、市政建设、卫生消防、文化教育和其他公益事业的管理权。因此，考察清末苏州商会的作用不能仅仅局限于其管理商务这一单一范围，还应该对此范围以外多方面的职责和影响给予充分重视。

三 别具一格的成员构成

一般来说，清末各地的商会都是以工商业者为主体组成，但少数商会的成员构成仍有其特点。例如在一些通商口岸城市的商会中，或多或少都有一部分买办，有的甚至还由买办出任总理、协理。苏州虽然在甲午战后也被辟为通商口岸，但苏州商会中却无一买办，这可以说是苏州商会成员构成特点的表现之一。

在清末，上海、天津、汉口等地的商会中买办都占有一定比例。例如1905年的第二届上海商会，买办占会员总数的13.7%，同一年的天津商会，买办占会董总数 14.2％。汉口商会从第一届至第八届，有 239 人次担任会董，其中买办 15 人，占总数 6.2％。[①] 上述商会的总理、协理有时也由买办担任。如上海商会第一届协理徐润，系英商宝顺洋行买办；第七届协理贝润生，系英商公平洋行买办。天津商会中，英商新泰兴洋行买办宁世福从 1905 年至 1911 年一直出任协理，并于 1911 年一度接任总理，同时还由日商正金银行买办吴连元担任协理。

清末苏州商会的历届总理、协理则无一人系买办。从 1905 年第一届至 1911 年第六届，苏州商会先后有 5 人出任总理、协理，分别是绸缎业、钱业、典业和珠宝业商董。历届会董、会员中，同样无一买办。有的同志将曾经列名苏州商会会员的著名资本家祝大椿，看作苏州商会中买办势力的代表，这是很值得商榷的。祝大椿兼有英商怡和洋行买办职务，因在苏州创办振兴电灯公司而参加了苏州商会，但他长期居住上海，实际上并未参加苏州商会的活动，只是挂名而已。其经济和政治活动的重心始终是在上海，所以在清末历届上海商会中都当选为会董。更重要的是，祝大椿在 1900 年前后出任买办之前即已创办源昌缫丝厂和碾米厂，成为民族资本家。后虽以民族资本家身份兼任买办职务，但仍继续创办或投资于华兴面粉公司、公益机器纺织公司等许多民族资本企业，就其阶级属性的主导面而言，显然依旧属于民族资本家的范畴，不应视为买办。

清末苏州商会的另一名会员施莹，因在 1909 年曾试图租借房屋供美孚洋行设栈开店，也被有的论者当作苏州商会成员中的买办代表。此说同样难以成立。因为单以租借房屋并不足以断定施莹是买办，还要看其是否受雇于美孚洋行，而对此我们却不得而知。另在苏州商人的强烈呼吁下，商会出面受理施莹身份一案，施莹本人在商会当众具约表示："现既同业反对，已经辞绝，我决不做。"[②] 事实上，施莹最后连房屋也不曾租借，更谈不上已转化成为买办。

---

① 上海商会据东亚同文会编：《支那经济全书》，第 4 辑；天津商会据姜铎：《旧中国民族资本史料集锦》，《近代史研究》，1983 年，第 2 期；汉口商会据《夏口县志》，"商务志"。

② 苏州商会档案，第 296 卷，第 16 页。

过去，一些论著还将经营洋货和进出口贸易的华商定性为买办或买办商人，这种结论也不切实际。正如近年来许多论者所说，这批商人并不等同于买办和买办商人，而应属于民族商业资本家的范畴。他们虽然依靠批发外国商品的进销差价或销售洋货获取利润，但其资本的循环周转过程并未与外国资本完全结为一体，他们也不受聘于某一家外国洋行，而是以华商的名义自由地与各个洋行交易。因此，清末苏州商会和其他商会中的洋货业代表，都不能看作是买办。

清末的苏州同样是通商口岸，但其商会中何以又没有买办？此与苏州地区买办势力的微弱有着密切关系。具体来说，一方面是因为苏州不像处于交通孔道的上海、天津、武汉等地那样，较早即被迫作为商埠向外商开放，致使洋行林立，外资工厂繁多，买办势力较大。据有关资料统计，甲午战后才辟为商埠的苏州，仅在1900年建有中德合资经营的延昌永缫丝厂，及至1913年未见再有外商在苏创办工厂。[①] 另从其他史料看，外商也不曾在苏州设立银行，商行同样为数甚少，市面上销售的外国商品主要是苏州商人到上海进货。另一方面，或许是因为苏州与上海近在咫尺，水陆交通便利，外商设洋行于上海，即可使洋货畅销于苏州；同时，苏州垂涎买办肥缺者，也多被吸引到了上海。

由于以上原因，苏州买办的势力相对而言十分微弱，在清末并未形成一支有影响的社会力量，而且受到广大华商的唾弃难以立足。前述施莹仅为美孚洋行租屋设栈，广大商人仍视其为"买办"群起而攻之："甘冒此不韪，蔑弃公司，为虎作伥，不知是何肺腑。"[②] 苏州商会也旗帜鲜明地站在商人一边，使施莹犹芒刺在背，处于极端孤立的境地。施莹慑于众怒退缩之后，美孚洋行又曾引诱寓居苏州的解子霖等二人，以游历暂居名义另租房屋，仍因苏州商人和商会的反对而未能得逞。买办在苏州如此不受欢迎，又无强大的势力，自然也就难以在作为商人领导机构的商会中觅得一席之地。

---

① 汪敬虞编：《中国近代工业史资料》（下册），第2辑，科学出版社，1957年，第7页。

② 苏州商会档案，第296卷，第12页。

从苏州商会所属的行业看，也有不同于其他商会的某些特点，这一特点是不同地区民族工商业发展的特殊格局所造成的。例如天津是历代漕粮转运的中心，粮食业历史悠久，实力雄厚，是天津的第一大经济支柱，因此粮食行业的商董以其经济实力在天津商会中居重要位置，历届的 30 名会董中，粮食业的代表就有 5 人。由于天津是长芦盐的集散地，盐业在天津各业中堪称翘楚，商号云集，盐商也成为商界中的显赫集团，其中著名商董王贤宾出任商会总理要职直至 1911 年。

苏州手工业和商业的发展特点，可以概括为"苏城出产以纱缎为大宗，而丝蚕次之；行店以钱业为大宗，而绸缎布匹次之"①。经营纱缎、绸绫的丝织业，是苏州素称发达的行业，19 世纪 70 年代即有织机 2 127 台，年产绸缎 76 572 匹。② 此外，苏州在清代系江苏省垣所在地，风景优雅别致，园林巧夺天工，长期以来一直是大批宦游寄迹和官绅富商的聚居之地，因而除纱缎、绸绫外，金银、珠宝、玉器、烟酒等直接适应官绅富贾奢靡生活需要的一些行业也十分发达，并以钱业和典当业的资财最为雄厚。

与此相应，这些行业在苏州商会中的势力也格外突出。据民国初年的《苏州总商会同会录》刊载，在总共 30 多个行业的 720 户中，上列诸业及其分支达 15 个之多，共 237 户，占总数的 33%。总理、协理和会董的构成同样如此。苏州商会在清末共选举六届会董，下表列举了这六届会董所代表的行业，可以看出始终是钱业、典业、纱缎、绸缎等行业的代表居主导地位（见下页表）。

表列六届会董共 117 人，其中典业 33 人次，占总数 27.2%；钱业 27 人次，占总数 23.1%；纱缎业 21 人次，占总数 17.9%；绸缎业 22 人次，占总数 18.8%。以下则依次为珠宝业、米业、茶业、酱业和烟业，其余众多行业的代表则均未曾问津会董要职。六届总理、协理，也全为绸缎业、钱业、典业和珠宝业所垄断。其中绸缎业商董尤先甲曾荣膺五届总理，钱业商董吴理杲四任协理，钱业另一商董倪思九也曾出任协理。唯一未占这两个行业总理、协理

---

① 苏州商会档案，第 391 卷，第 14 页。
② 参见段本洛、张圻福：《苏州手工业史》，江苏古籍出版社，1986 年，第212 页。

盟主地位的第四届，也为典业的张履谦和珠宝业的倪开鼎所占。

苏州商会会董身份构成表

届次	典业	钱业	纱缎业	绸缎业	珠宝业	米业	茶业	酱业	烟业	不明	总计
一	5	5	2	2				1		1	16
二	6	4	2	3				1		1	17
三	6	5	3	3	1						18
四	6	4	4	4	1	1	1				21
五	5	5	5	5			1	1			22
六	5	4	5	5	1	1	1		1		23
合计	33	27	21	22	3	3	3	2	1	2	117

从苏州商会的成员构成特点，可以窥见在其领导层次的构成和权力分配上，仍受制于财大势众的少数几个行业。苏州商会章程规定：从会员、会董到总理、协理，均一律采取民主选举的方式产生。但同时又指明，各行帮每年公捐会费 300 元以上，即可举会员一名。这样就使经济实力雄厚的行业，在商会中的会员数超过一般行业，能够在选举时获得多数票。另外，商会所需经费也主要来源于这些行业缴纳的会费。据估算，钱业、典业、纱缎、绸缎等大行业，承担了全部会费的一半，由此也可挟其经济实力而在商会内部的权力分配上占据优势。所以，苏州商会尽管以不记名投票选举会董和总理、协理，但历届都是少数几个实力雄厚的行业居垄断地位，说明在投票选举背后，还存在着一个根据经济实力分配权力的准则，而且这个不曾写进章程的准则在背后起着更重要的作用。可以肯定，类似的情况在其他许多商会中也不同程度地存在，只是居垄断地位的行业因地而异。它表明清末商会虽不同于行会组织而具有近代社团特征，但仍然沿袭了某些旧的传统因素。考察清末商会的性质，对此尤需注意。

四　反帝较坚决与反封建软弱的政治性格

清末苏州商会积极反对帝国主义侵略奴役的态度，集中体现在抵制美货与收回铁路主权两次大的反帝爱国运动中。

1905 年 10 月苏州商会诞生之际，全国的抵制美货运动已进入低潮，许多商会都退出了斗争行列，连发起这场运动的上海商会也在 8 月之后逐渐偃旗息鼓。但是，苏州商会却继续坚持领导斗争。

直到 1906 年初，苏州商会仍表示："商会以公理公德为主，抵制美约一节，为吾中国各行省之公愤，为环球列国所公许，则买卖美货者，实为破坏公理公德之尤。"① 同时，苏州商会还规定："自后如有洋广货、纱布、烟纸、洋油各店，其立愿不用美货者不计外，现在存储美货之店，暂且不入商会。如已入会，而有影戳洋商，不顾名誉者，查明立予出会。"并且阐明："有义务者方有权利，无义务者必无权利之可言，此定理也。彼甘销美货之店，其不愿担任抵制之义务可知，既无义务，权利何在？故商会于不任义务各店，得将其所有权利，一切褫夺之，以昭炯戒。"②

特别值得注意的是，苏州商会的资本家还认识到："此次若不办到废约地步，将来各国效尤，试问我华人尚能出国境一步么？如其不能出国境，此为摈民，非是国民，埃及、印度、波兰，前车不远，能无寒心？"③ 很显然，通过抵制美货运动，苏州资产阶级的政治视野逐渐拓展，开始把眼光从身家行店的狭小范围移注于全国乃至全球。如果说市场是资产阶级学习民族主义的第一所学校，那么反帝爱国运动则是增强资产阶级国家观念和国民意识最有效的课堂。运动当中，苏州商人要求在对外交涉中享有国民应该具备的发言权，宣称："国民全体公认，方可签字。否则续约虽定，吾国民仍不公认。"④ 这种国民利权思想的萌发，可以看作是苏州资产阶级在政治上进一步觉醒的表现。

维护铁路主权的斗争，是苏州商会继抵制美货之后所领导的又一场反帝爱国运动。江浙两省铁路的修筑权，19 世纪末为英国侵略者强占，1905 年底收回利权运动兴起之际，英国公使一再要求清廷签订苏杭甬铁路正约。苏州商会闻讯集会抗议，并向清政府表示："会商就地绅董，金谓浙江铁路已由浙省绅民自行筹办，江浙既系邻省，苏杭又属咫尺，现在宁沪铁路正筹挽利权，其室碍情形不言而喻，应请毋庸订立正约。"⑤

---

① 《时报》，1906 年 2 月 2 日。
② 《时报》，1906 年 2 月 2 日。
③ 苏州商会档案，第 295 卷，第 14 页。
④ 苏绍柄辑：《山钟集》，第 449 页。
⑤ 苏州商会档案，第 267 卷，第 6 页。

与此同时，苏州商会加紧筹备成立苏省商办铁路公司。在卷帙浩繁的苏州商会档案中，我们查到苏州商会与商部往来的三份电文，从中可以了解其在促使苏路公司创立过程中所起的作用。1906年2月，苏州商会致商部"乙密"电："苏浙铁路已定商办，浙已开办，苏亦宜办自苏达浙一段，以期交通，路线百里，费约二百余万。绅商现先认定底股三十万元，余再订章招股。乞大部俯赐注册，名曰苏省商办苏南铁路有限公司。"[1] 2月27日，商部回电称："路政重要，急宜郑重以图。希转诸绅商，妥筹改为苏省铁路公司。"[2] 不久，商部又致电苏州商会："速举总理、协理，拟简章，请代奏。"[3] 根据上述三电，可知江苏绅商在1906年4月公开呈请设立商办铁路公司之前，暗地已与商部有过磋商，而"通官商之邮"起联络作用的正是苏州商会。

为筹集30万元底股成立铁路公司，苏州商会邀集各业召开特别大会，阐明"唤起全省精神，成就全省路政，关系诚非细故"。[4] 最后议定：拨出公益金10万元，由苏路公司作股本接收，余20万元由各商分任。经过此番努力，清廷饬准成立江苏商办铁路公司，谕允苏省铁路商办。

从上述收回江苏铁路主权的斗争过程看，苏州商会显然发挥了主导作用，其影响甚至超过了在全国众多商会中具有领袖群伦地位的上海商会。它一开始就站在前列领导了这场斗争，不仅暗地率先向商部提出商办铁路要求，而且在江苏全省绅商公开联名禀请成立商办铁路公司的呈文中，苏州商会的总理、协理和会董有9人列名，上海商会列名的则仅有总理及个别会董。两相对照，苏州商会的态度无疑更为积极。获准成立苏路公司后，苏州商会的尤先甲、王同愈等领导人又亲任苏州分公司经董，负责所有购地、勘线、招股、兴工各项事务。

在后来的保路斗争中，苏州商会的表现也较诸上海商会更加激进。1907年10月，清廷屈服于英国压力签订了所谓借款、筑路

---

① 苏州商会档案，第298卷，第41页。
② 苏州商会档案，第298卷，第51页。
③ 苏州商会档案，第298卷，第52页。
④ 苏州商会档案，第297卷，第36页。

"分为两事"的卖路合同。消息传出，苏州商会马上致电农工商部、外务部，宣称"不认商借商还，力拒外款"。① 同时，接连召开集股保路大会，宣传"商会宗旨，在劝各绅以集股保路为第一义，"② 广泛动员社会各阶层踊跃投入保路斗争，并坚决表示："不做则已，做则必求达其目的，誓死不回，以期终于有成。"③

上海商会虽也曾致电农工商部，说明"改借款宫督，均乖商信，沪市孔紧，尤虑动摇"。④ 但检索有关资料，却未见上海商会出面组织大规模的拒款保路大会，领导上海保路运动者主要是临时成立的江苏铁路协会。斗争过程中，上海曾有人倡议拒用英商汇丰银行发行的钞票，停止与怡和洋行贸易。上海道急请商会致函各处分会，"一体设法劝阻"。上海商会即遵饬发布通告，"广为劝阻，唯恐内地绅商误信传单，致起风波"。⑤ 事实表明，保路运动期间上海商会已丧失了在抵制美货运动中显露出的斗争锋芒，苏州商会则一跃成为领导这一运动的主角。

需要进一步分析的是，苏州商会为什么在清末的反帝爱国运动中有如此突出的积极表现？首先应该说明，苏州商会成员中无一买办的特点虽属原因之一，但并非决定性因素。在各方面复杂因素影响下，买办也有可能同情甚至参加大规模的反帝斗争。例如上海商会召集全体会董举行特别大会，商议"合全国誓不运销美货"，包括所有以买办身份出任会董者在内，"无一人不举手赞成"。⑥ 天津商会起初集会响应上海商会的号召，具有买办身份的协理宁世福还在会上呼吁："吾绅商尤当始终无懈，分途布告，切实举行不购美货。"⑦ 此外，在天津、上海等商会态度妥协之际，我们也找不到有买办在其内部施加影响的事实。这些都说明买办的有无并不完全决定商会在反帝运动中的态度，当然也不足以证明苏州商会因无买

---

① 《江浙铁路风潮》，第 2 册，"两省拒款函电"，第 31 页。
② 苏州商会档案，第 297 卷，第 52 页。
③ 苏州商会档案，第 297 卷，第 52 页。
④ 《江浙铁路风潮》，第 1 册，"两省拒款函电"，第 5 页。
⑤ 引自上海商会致苏州商会函，光绪三十四年（1908 年）正月，见苏州商会档案，第 291 卷。
⑥ 苏绍柄辑：《山钟集》，第 11 页。
⑦ 《大公报》，1905 年 6 月 20 日。

办即会有更加积极的表现。

那么，究竟有哪些因素影响商会在反帝运动中的表现呢？

第一，封建统治者的态度如何，对商会行动的变化有着十分明显的影响。例如那些较早在抵制美货运动中趋于妥协而退缩的商会，大多都是因为承受不住当地统治者的压制。天津商会响应抵制美货号召不数日，就受到当局的粗暴干涉。直隶总督袁世凯严禁商会采取抵货运动，并下令不准登载拒约消息的《大公报》发行。巡警总宪及府、县也秉承袁世凯旨意，接连向商会领导人施加威胁。天津商会不敢抵制，被迫妥协。很显然，其态度在短短几日内出现急剧变化，并非由于买办从中破坏，而主要是因为袁世凯及各级官吏的压制。

上海是全国抵制美货运动的中心，清廷在美国公使要求下，屡次电令两江总督周馥革惩主持抵货运动的上海商会领导人曾铸。周馥虽畏于舆论公愤未敢即行照办，但却与上海道密谋以攻诘暗害相威胁。曾铸在各方面的压力之下，不得不发表《留别天下同胞书》退出了抵制运动。

苏州各级官府尽管不支持商会抵制美货的行动，但也未公开加以干涉。因此，苏州商会不像天津、上海商会那样，在领导抵制美货运动中遇到来自地方统治者的压制。加之苏州商会是为适应苏州商人更深入地从事抵制美货运动成立的，所以它诞生之后自然以坚持领导抵制美货运动为己任。当时，全国许多商会都已相继妥协，苏州商会坚持斗争的行动也就显得比较突出。

第二，商会在反帝运动中的表现，很大程度上也受到所在地区社会经济发展态势的制约。在天津，抵制美货运动兴起之时，正值市面"稍有起色，方冀商务蒸蒸日上"，商会领导人担心抵制美货导致"顿起风潮，市面买卖因此顿形窒塞"，遂发布通告称抵制美货"于天津市面殊多未便，窃思我津商人当此创巨痛深之后，实不能再受此扰累"[①]。这表明天津商会的妥协既是对封建统治者的屈服，也是出于对商人经济利益得失的考虑和维护市面的目的。

上海则由于对外贸易之盛，名列全国榜首，经营洋货的商人为数甚多，势力颇大，所以商会同样面临着因抵货造成许多经营美货

---

① 《大公报》，1905 年 6 月 22 日。

商人经济损失的严重问题。5月，"相戒不用美货"的号召发出后，不少经营美货进口的宁波帮富商继续加订美货。7月议决正式实行抵制美货时，一些经营美货的商人只同意即日起"不定美货"，反对"不用美货"，形成两种主张的尖锐对立。有些美货商号甚至联名致电袁世凯，乞请"设法疏通，以恤商困，而救倒悬"。① 8月，在张謇等上层资本家的支持下，经营美货商人又鼓吹"疏通"办法，要求将前订美货贴印花出售，使内部的矛盾和分化愈趋激烈。坚持抵制的曾铸告退之后，上海商会实际上也就游离于抵货运动之外了。

在苏州，当然也不乏经营洋货的商人，然而其势力却远不如上海、天津的洋货商强大，难以在抵制美货运动中形成一个有影响的反对派。此外，受整个工商界齐心协力共同抵货的鼓舞，苏州一些兼营美货的商人在运动中态度也比较积极。例如前曾提到的施莹，本与美商订有一年合同，运动中也"决意签名，誓将合同废去"。大成号店主吴讷士不仅停销美烟，而且毅然将店内存货当众焚毁，"以尽实行不用美货之义务"。② 这在上海和天津是不多见的。因此，苏州商会在领导抵制美货运动的过程中，也较少遇到来自内部商人的阻力，不像上海商界始终存在着内部矛盾和分裂因素。还应看到，19世纪末20世纪初苏州占主导地位的纱缎、绸缎等传统手工业日见衰败，其原因如同苏商所称，乃是由于"洋商纷至沓来"，"洋货侵贯内地"。其在海外的市场，也因西方各国人造机制丝的排挤不断丧失，面临前所未有的困境。苏商生计受到的威胁愈是严重，其反帝心理因素的积淀也就愈为深厚。

上述表明，工商业者经济利益的得失，对苏州商会在反帝斗争中的表现也不无影响，但这种影响主要不是促使其妥协的消极因素，而是推动苏州商会积极反对帝国主义经济侵略的一个重要原因，此在保路运动中表现更为突出。例如苏州商会之所以力拒借款筑路，正是意识到"各种商业之发达，皆随铁路以进行，若借款事成，实与我民以切肤之痛"。③ 另外，苏州商会的上层领导人有许

---

① 张存武辑：《光绪三十一年（1905年）中美工约风潮》，第154页。
② 《时报》，1905年8月2日。
③ 苏州商会档案，第297卷，第35、36页。

多系苏路公司的大股东，如果商办铁路流产，势必遭受经济损失，因而他们表示："借款成则路权失，商民病，而个人之财产生命，亦将趋于消灭之地。至已认之股份归于乌有，史无论矣。……乘此成败一瞬之时，力图挽回，未始无补。"① 于是，苏州商会维护路权的态度也显得格外坚决。

在近代工业比较发达的上海，工商业者投资范围比较广泛，其重心并非集注于铁路，而在纺织、面粉以及其他一些行业，故路权上虽有所失，其他方面却可得到一定的补偿，不像苏州资本家那样与路权得失有着更为密切的利益关系。因而上海商会在争取苏杭甬铁路商办的斗争中一开始即不如苏州商会积极，反对清廷借款卖路的态度和行动也不如苏州商会坚定。

清末苏州商会在反帝运动中表现突出，但反封建的态度却较诸上海、武汉、广州等地的商会软弱得多。这一特点，在其成立之后苏州商人进行的抗征捐税斗争中即有所反映。起初，商会唯恐开罪官府招致不测，对商人的斗争未予支持，使得酒商请免摊捐、洋广货抵制加捐和请免团防捐等斗争，均以失败告终。直到 1909 年，苏州商会才在广大商人的吁请下，领导了反对印花税和统捐的斗争。②

1910 年国会请愿运动中，苏州商会曾派会董杭祖良与上海商会代表沈缦云等人一起赴京，向督察院递交了"请速开国会书"，恳求清廷"速开国会，以振商业，而维商情"。③ 10 月，清廷玩弄权宜之计，宣布提前于宣统五年开设议院。许多商会对清廷已逐渐丧失信心，而苏州商会的绅商却大喜过望，出任江苏谘议局副议长的苏州商会代表蒋炳章，一得到消息即"私以谘议局全体议员名义分电枢府及各要津，以示代表欢祝之意"，遭到许多议员的指责。④ 与此同时，苏州商会还出面组织了大规模的庆祝活动，接连三天高搭彩棚提灯游行。

---

① 苏州商会档案，第 297 卷，第 35、36 页。
② 参见唐文权：《清末苏州商会与捐税斗争》，《近代史研究》，1985 年，第 3 期。
③ 《时报》，1910 年 7 月 21 日。
④ 《民立报》，1910 年 10 月 13 日。

苏州商会对待辛亥革命的态度，则与东南许多商会迥然相异。武昌起义爆发之后，东南许多省份的商会相继表示赞助革命，与清廷决裂，但苏州商会的绅商却栗栗危惧，以致市面风潮迭起。在这历史性的转捩关头，苏州商会只是"以省城人民财产，以及全省商业关系甚巨"，请求官府增兵梭巡，保全地方治安，[1] 并且认定市面风潮因"鄂警风传"引起，所以对革命不仅无赞颂之词，而且充满畏惧惶恐，亟欲尽速平息风潮。其应对风潮的主要措施，是求助于清政府饬拨现洋接济（曾获准得到 20 万元），仍表现出对封建统治势力的较大依赖性，因而也根本不可能考虑归附革命，脱离清朝统治。

但革命形势发展之速，出乎苏州商会绅商的意料之外。紧随武昌起义取得胜利，又有许多省份相继宣告独立，特别是上海光复之后，苏州更加人心惶惶，商会绅商终于不得不从权应变，敦促巡抚程德全宣布和平独立，并拥戴程登上都督宝座。尽管江苏和平独立对当时革命形势的发展有积极作用，独立之后苏州商会也做了诸如助饷、恢复市面和协助维持治安的工作，但与上海、武汉等许多商会比较，其表现不能不相形见绌。[2]

苏州商会反封建软弱，支持革命态度不鲜明的原因有两点。

首先在于苏州财大势众、影响显著的几个行业，与旧的生产方式特别是封建统治者联系十分密切。而这些行业的总董，又在商会中占据重要领导位置，由此导致商会缺乏勇猛进取的反封建革命素质。如苏州纱缎、绸缎、珠宝等业的畸形发展，即主要是缘于封建官绅和地主奢侈糜烂生活需要的刺激。钱业和典当业的繁荣，也离不开长期以来大批封建官僚的惠顾。苏州商人曾向程德全表示："以商务言，有都督即有官幕，有官幕即有眷属。举凡其人，有所衣衣之苏州，有所食食之苏州，无论其为需用品、奢费品、美术品、装饰品，果有鹜趋麇集之人烟，即有雾集云屯之商务。"[3] 寥

---

① 中国近代史资料丛刊：《辛亥革命》（七），第6页。

② 有关上海、武汉、广州的情况，请参见沈渭滨、杨立强：《上海商团与辛亥革命》；皮明庥：《武昌首义中的武汉商会商团》；邱捷：《广东商人与辛亥革命》等文。

③ 苏州商会档案，第305卷，第30页。

寥数语，不难看出其与封建统治势力之间相互依存的关系。

其次是苏州地区革命力量非常薄弱，革命形势的发展远不如湖北、湖南、上海等地迅速。武昌起义爆发之前，全国没有一个商会表示支持革命，在此之后各地商会的态度也不尽一致，其原因就在于各地区阶级力量消长变化和革命形势发展的差异，对商会政治动向的转变以及转变到何种程度产生了重要影响。在革命力量较强的武汉、长沙、上海、重庆、广州等地，武昌起义胜利后反革命势力纷纷逃遁躲避，革命力量转居优势地位，逼使这些地区商会的态度不得不变；而在革命力量比较薄弱，反动势力或负隅顽抗，或伺机待变的地区，商会则持观望态度，仍继续与封建势力保持联系，希望维持旧有秩序，避免商人遭受损失。苏州的情况即是如此。

辛亥前夕，苏州虽也曾有革命党人活动，但力量一直比较薄弱，特别是新军中没有革命组织，所以武昌发难之后，苏州无足够的革命力量举义响应。巡抚程德全的统治未受到威胁，苏州商会此时当然不会公开转向革命一边。上海独立后，革命党先后派民军50人和敢死队200人赴苏，全国的革命浪潮也愈益汹涌，清朝覆亡已在所难免，苏州商会为求保全之策，才敦请程德全宣告和平光复。光复后的苏州，"市面照常贸易，安静如常"，这正是苏州商会所希望的。

当然，我们强调苏州商会在辛亥革命中的软弱表现，只是较诸南方独立诸省大多数商会而言。如果与北方许多商会一直协助地方封建势力抵制革命的行动相比较，则苏州商会敦促江苏和平独立的举动仍具有积极的影响，这一点最后也应予以说明。

第十二章　苏州商会与行会之比较
——个案分析之二

中国近代的商会与传统的公所、会馆等行会性组织，究竟有无区别？有何区别？这是涉及商会性质的一个重要问题，也是国内外学者意见分歧之所在。日本学者大都视商会为全市性的商业行会，即旧式行会的联合体，二者并不存在本质区别。如根岸佶认为："商会的外观同外国商业会议所无异，而其实质，征之于它的内容和进行的活动，显然是行会性的。"[①]仓桥正直也指出，晚清中国的商会，"是具有强烈行会性质的商业会议所"。[②]国内多数学者则认为，商会有别于传统的公所和会馆等行帮团体，是带有新时代特征的资产阶级社团组织。但直到目前，商会作为一个新的研究课题，国内学术界对其加以探讨只是在最近几年才刚刚开始起步。就上述有争议的问题虽然已发表了一些富有启迪性的见解，但尚无专文作全面论述。这里，我们准备以较有代表性的苏州作为典型，对商会与行会这两种组织的结构、功能和性质等方面进行初步的比较研究，以期引出符合历史实际的中肯结论。

一　苏州行会概况

为了便于进行比较研究，首先需要对苏州商会和行会的基本情

---

① 见徐鼎新：《中国商会研究综述》，《历史研究》，1986 年，第 6 期，第84 页。

② 《清末商会和中国资产阶级》，《中国近代经济史研究资料》，1984 年下半年，第 50 页。

况略作必要说明。关于苏州商会的概况，前面已有专章作过一些探讨，为节省篇幅，这里不再赘述。下面着重谈谈苏州的行会。

苏州是我国历史上行会制度最为发达的城市之一，而清代则是苏州行会组织趋于鼎盛和发展变化时期。就一般情况而言，苏州当时的行会组织与全国其他地区的行会组织并无本质区别，在名称上或曰公所，或称会馆。但是，这两种组织又并非完全等同，其实际情形十分复杂。加上有清一代苏州会馆、公所前后名称混用，二者容易混淆，以致后人也常常笼统地称会馆、公所均为行会组织，这是应该加以澄清的。

首先看会馆。根据目前所能见到的资料，可知苏州的会馆大约始建于明朝万历年间，兴盛于清代康熙、乾隆时期。嘉庆十八年（1813年）嘉应会馆碑记云："姑苏为东南一大都会，五方商贾、辐辏云集，百货充盈，交易得所。故各省郡邑贸易于斯者，莫不建立会馆。"[①] 据不完全统计，迄于晚清，苏州拥有会馆共约五十所，记载比较完整明确的有四十七所。按创建者身份划分，这些会馆大体上可区分为以下三类：一、纯由工商业者创建的会馆。如钱江（绸商）会馆、仙翁（纸商）会馆、东越（烛商）会馆、大兴（木商）会馆、武安（绸商）会馆、毗陵（猪行）会馆等，这类会馆共三十二所，占总数的68％强。二，由仕商共同创建的会馆。如岭南会馆、三山会馆、江西会馆、邵武会馆、吴兴会馆、安徽会馆等，这类会馆共十所，约占总数的21％强。三、由各地方文武官员创建的会馆。有湖南会馆、八旗奉直会馆等两所，占总数的4％强。

虽然苏州90％以上的会馆都与工商业者有联系，但不论何人所建，绝大多数均为"恭祀神明，使同乡之人，聚集有地"[②]，因而是一种以籍贯地域为基础的同乡会性质的组织。如陕西商帮之所以于1761年创建会馆，是因为"我乡之往来斯者，或数年，或数十年，甚或成家室，长子孙，往往而有。此会馆之建

---

① 江苏省博物馆编：《江苏省明清以来碑刻资料选集》（以下简称《江苏碑刻》），第351页。

② 江苏省博物馆编：《江苏省明清以来碑刻资料选集》（以下简称《江苏碑刻》），第351页。

所宜亟也"。① 嘉应仕商 1813 年在苏州设立会馆时，也说明，"凡会馆之设，仕商所以萃聚，亦往来借以驻足也"。② 很显然，苏州的会馆不仅有少数并非单纯工商组织，而且占绝大多数的工商会馆，也不是限制同业自由竞争的行会性组织，只是同一籍贯者"迎神麻、联嘉会、襄义举、笃乡情"③ 的松散机构。地域性和外来性可以说是会馆的基本特征，这种并非某一行业全部工商户联合组成的机构，事实上也不可能发挥出限制整个行业内部竞争的效应。其实际作用在于：(1) 为流寓外域的同乡者提供聚会、驻足和联络乡谊的场所；(2) 为同乡之人办理善举，提供救济；(3) 团结同乡，共同对付异域商人的竞争。

不过，也不能简单地据此认为会馆即完全与行会毫无联系。由于会馆本身不断发展变化，某些地域性会馆脱颖而成同业性会馆之后，即初步具有了行会性质。例如原属江苏各府木商所建的地域性大兴会馆，在道光以后改弦易辙，允许他省在苏州的木商加入，成为木商行业的共同会馆。又如杭州线商所建的武林杭线会馆，道光末年也成为线商帮的行业会馆。太平天国之后，又邀请苏帮线庄加入，发展演变为整个苏州线商的共同会馆。④ 这类初步突破地域界限的会馆，虽然并未制定严格限制竞争的行规，但已逐渐视同业行帮的利益重于地域商帮的乡谊，在维护整个行业共同的利益得失方面，无疑打上了行会的印记。在此之后，它们主要已不是同籍之人的联谊场所，而是同行业工商户的议事机构。譬如扩充重建后的大兴会馆，即"供奉关圣、朱子神位，以为木商集议公所"⑤；又如毗陵（猪业）会馆记载："商等猪业一行，曾创建毗陵猪业会馆，为同业集议之所。前清盛时，共有同业三十余家。曾订章规，互资信守，尚无舛乱挽夺纷争情事。"⑥ 这种情况反映了随着商品经济的发展，会馆向同业公所过渡的历史趋势。变化之后，会馆、公所往往名实相混，也说明会馆与行会之间有着一定的联系。

---

① 《江苏碑刻》，第 331 页。
② 《江苏碑刻》，第 354 页。
③ 《江苏碑刻》，第 340 页。
④ 《江苏碑刻》，第 166～167 页。
⑤ 《江苏碑刻》，第 101 页。
⑥ 《江苏碑刻》，第 207 页。

上述变化虽然在苏州不乏其例，但整个来说并不普遍。因此直至清末，苏州的会馆之为行会组织形式，仍属例外和少数，而绝大多数的行会组织，都是以所谓"同业公所"的名目出现的。苏州的公所也发端于明朝，但当时为数甚少，到清代的康熙特别是乾隆年间，才真正兴盛起来。据有的研究者统计，清代苏州地区总共有一百五十七个公所，足以见其发达程度。① 与会馆相比较，公所一般不强调地域籍贯的限制，通常按行业设立（在苏州也有少数类似于会馆的地域性公所，如浙绍公所、三省公所等）。公所的创立，主要是为了限制同业内部之间的竞争和外来侵夺，谋求同行业的共同发展，即所谓"予国商人列肆而居，流分派别，其系其纷，然有事同工，趋同利，往往淬毅力以结合，订约言以互遵……始能相维相系，不敢不渝，以收敬业乐群之效"。② 行业公所是商品经济进一步发展的产物，以同业间的联络取代地域商帮狭隘的联系，这是历史的进步。但与此同时，它以约束同行业内部之间的竞争为主旨，当资本主义产生发展之后，则又成为新经济因素成长的障碍。这种双重影响，正是行会组织历史作用复杂性的反映。

综上所述，所谓将近代商会组织与传统行会组织进行比较，主要应该是商会与公所（包括少数发生变化，性质与公所相似的会馆）的两相比较，而不应该笼统地把会馆全部归并于行会之中。

二 苏州商会与行会的本质区别

我们认为，近代的商会与传统的行会有着许多原则性的本质区别，不能简单地视商会为行会的联合体。具体分析，两者之间的区别主要表现在以下几个方面。

第一，组织成员和构成判然有别。

为数众多的公所和行业性会馆，一般系由同行业者联合而成，尽管不强调地域界限，但却有行业帮派之分。其产生缘由正如集德公所所云："窃惟吾行置器一业，每逢公事，向无汇议之所。自遭兵燹之后，公事叠出，是以邀集同行公议，捐资置地，建造集德公

---

① 唐文权：《苏州工商各业公所的兴废》，《历史研究》，1986年，第3期。
② 《江苏碑刻》，第154页。

所，以为同业汇议之所。"① 余各公所的创建，也无不大率如此。它们都不是一个城市绝大部分工商业者共同的社会团体，而只是某个行业的机构，因此组织较小，相互之间各有其势力范围，界限分明，壁垒森严。

商会则是一种跨行业的统一联合组织，它不限籍贯和行业，从横向上把全城各个行业联络和组织成为一个整体。从表面上看，苏州商会与其他地区一样，其会员人数并不很多。名誉会员系声望素孚，比较开明而又热心支持商会活动的社会贤达；特别会员则由独捐巨款，每年赞助会费三百元以上，并且是关心社会公益者充任。清末苏州商会历届名誉会员一般都只二三人左右，特别会员付之阙如。苏州商会的一般会员也必须具备下列条件：一、行止规矩；二、事理明白；三、在该地经商；四、在二十四岁以外。② 苏州商会试办章程还规定，各行帮每年公捐会费三百元以上得举会员一人，依此递加，至得举三人为限。会员总数起初以七十左右为限额，实际上虽一般有所增加，也未逾百名。然而事实上，商会会员多为各业帮董，在商会中相当于委员的地位，其真正的一般成员是会友，此即各行各业的普通工商业者。会友无限额规定，凡岁捐会费十二元者，经商会认可即得充任。苏州商务总会下属的某些分会，甚至不具体规定商人必须承担多少会费，由其根据财力情况自行酌量输助，"凡商家赞成入会者，即为本会会友"。③ 据1908年苏州商会刊印之《商会题名录》所载：入会的达四十三个行帮，1 106个店铺作坊，几乎是工商各业无不悉数列名其间。可见，商会在组织上较之行会要广泛得多。时人有称："商之情散，惟会足以联之；商之见私，惟会足以公之。"④ 尽管当时也有"公所为一业之团体"，商会为"各业之团体"的说法，但我们以为这从"一业"到"各业"的历史转变中，实际上已包含着质的变化。如果说就其表象尚不能充分说明这种质的变化，那么通过后面进一步对两者不同职能和内部种种特性的比较，将会帮助我们对此有更加深刻

---

① 《江苏碑刻》，第116页。
② 《苏州商务总会试办章程》，苏州市档案馆藏档，全宗号乙₂₋₁，案卷号3。
③ 《江震商务分会试办章程》，乙₂₋₁，卷3。
④ 乙₂₋₁，67/11。67为案卷号，11为页码，下同。

的理解。

这里，我们仍紧接上文就商会与行会的组织构成进一步加以说明。会馆和公所的组织形式都非常简单。前已提到，会馆只是一种十分松散的类似于同乡会性质的组织，一般仅推选几名董事负责日常馆务，对成员缺乏较强的约束力。公所虽通过行规对成员进行严格的限制和约束，但其本身同样缺乏健全的组织机构，内部的分工也不很细密，往往仅推司年、司月和执事各一人负责主持日常有关事务。

与之形成鲜明对照的是，商会已属一种机构比较健全、制度也比较完整的工商社会团体。各个公所的规章一般都只简单的十余条，苏州商务总会试办章程却多达十一章八十条，对各个方面都有十分详细的说明和规定。总理是商会最高领导人，协理次之。总理、协理以下为议董，一般二十人左右。其内部分工非常细密，庶务、会计、理案、书记、查账、纠仪、理事等各司其职。从总理、协理、议董到会员乃至会友，形成了一个完整的层级结构，各自的权限和义务均十分明确。同时，商会还制定了严格的财经制度和会议制度。凡收取款项，随时发给收条，由总理、协理及会计议董分别签字。支出款项若在百两以内，由总理、协理和议董公议后签字支发，超出此数则须经全体会员讨论同意。每月收支结清后，会计议董交总理、协理和其他议董稽核签字。年终时还由全体会员公举二人查账，最后交总理、协理当众宣布，并刊册报部及分送会友，以昭信用。会议制度规定，商会所开会议有年会、常会和特会三种。年会每年正月举行，全体会员参加，主要是总结一年的工作，推举新领导成员。常会每星期召开一次，由全体议董集议应予施行的各项事务。特别会议不定期举行，商议特殊紧要事项。另需指出，苏州商务总会在组织上还有"维系所属分会之责"。它通过总会、分会及至分所的层层控制和联结，又组成以总会为枢纽，网罗梅里、平望、江震、盛泽、常昭、昆新、东塘、青浦等八个县级分会以及十二个镇的分所，组成了一个极为广泛的组织系统。以上这些和狭隘的传统行会组织，是完全不能比拟的。

第二，两者的职能迥然相异。

行会的基本职能之一，是周济同业中的贫困者，兴办慈善事业。如同治七年（1868 年）银楼业建怀安公所，即特别强调"将来整顿行规，兴办善举"①。梳妆公所电明确规定："如遇有病无力医治伙友，由公所延医诊治给药，设或身后无着，给开衣衾棺木，暂葬义冢。"② 其余的公所，同样都是把救济贫困作为"第一要务"。但行会最主要的职能，在于通过制定必须共同遵守的行规，用强制的办法限制行业内部或外部的竞争，以维护各行业的既得利益。概而言之，行规有以下几方面的具体内容：其一，规定各类商品价格。价格一经议定，同业中人即"毋许私加私扣"③。手工业产品的规格，有的也有严格限定。如染坊业公所"向有成规，一、议原布对开；一、议洋标对开；议斜纹三开；一、议粗布三开"。④其二，限制同业招收学徒和使用帮工的数目。如梳妆公所1893年采取制定缴纳行规钱的经济手段对此加以限制，"无论开店开作，欲收学徒，遵照旧规入行，由店主出七折大钱三两二钱"。学徒满师如欲入行，也须有"伙友司出七折大钱六两四钱"。⑤ 其三，以同样的方式限制增开商店和作坊，特别是限制外地人开店设坊。如小木业公所1898年重订的行规明定：外来伙友开业者须交纳行规钱四两八钱，本地人则减半。如果不交而私自开业者，将会受到加倍罚惩。⑥ 梳妆公所规定外来开店者须交的行规钱，更多达二十两。除此之外，行会还规定同业店铺统一的工资水平，其中包括店员工资和帮工的工钱。所有这些措施，都是为了保持对市场的已有垄断，维护独占利益。

商会则突破了上述行会的种种陈规陋习，其"扩商权"、"开商智"、"联商情"的宗旨，与会馆的"联乡情"和公所的"固行谊"等口号相比，显然有着本质的不同。近代的商会，以其崭新的姿态，在经济上具备了以振兴工商各业为主旨的社会职能。诸如联络工商、调查商情；研究商学、开通商智；调息纷争、和协商情；改良品物、发达营业等等，商会的活动和影响无所不至。正因为如此，工商户纷纷交口赞誉："盖自设立商会以来，商情联络，有事

① 《江苏碑刻》，第157页。
② 《江苏碑刻》，第118页。
③ 《江苏碑刻》，第217页。
④ 《江苏碑刻》，第63页。
⑤ 《江苏碑刻》，第119页。
⑥ 《江苏碑刻》，第108页。

公商，悉持信义，向来搀伪攘利、争轧倾挤之风，为之一变。"①
不难看出，传统的行会在客观上起了抑制创新和竞争的阻碍作用，
而商会正好要唤起这种创新和竞争精神。

还需强调指出的是，苏州商会的职能并不仅仅限于经济方面，
同时还一定程度地囊括了管理城市基层社会生活的更广阔的内容。
与其他地区不同，清末民初苏州商会拥有众多独特的下属外围基层
社会组织——市民公社。市民公社以各主要街道为行政区划组成，
具体负责经办者，大多是所在地区的商人，宗旨为"联合团体，互
相保卫，专办本街公益之事"。② 其从事的具体活动十分广泛，包
括教育、慈善、交通、金融税务、物价以至军需杂务等各个方面，
举凡"自治范围以内所当为者，而公社中人皆力为之"。③ 可见，
市民公社实际上就是基层地方自治机构。当时，市民公社绝大部分
都是经商会出面呈请官府立案创办。公社的经办者也认为商会"综
握商务机关，凡我商民均隶属之"④，视其为顶头上司。商会本身
则通过一系列人事渗透和行政参与，把市民公社作为下属外围基层
组织。市民公社凡遇有与官府交涉事项，多由商会出面代为呈转，
官府遇事也通常经由商会转饬市民公社。这样，市民公社所从事的
地方自治活动，事实上是在商会的控制指导之下进行的。商会的职
能也因之大为扩充，一定程度地掌握了民间市政建设与管理权。除
了市民公社，清末苏州商会还有一个与之关系更为密切的下属组
织——苏商体育会。苏商体育会也即苏州商团的前身，1906 年由
商会禀准成立，其宗旨为"讲求体育，力矫柔弱，以振起国民尚武
之精神，而结成商界完全之团体"。⑤ 起初，体育会成员主要习柔
软体操，后亦练兵式体操，并领得一部分枪支弹药，逐步发展成为
一支准军事力量。1910 年夏秋之际，体育会改组为商团，时拥四

---

① 乙₂₋₁，68/43。

② 《苏城观前大街市民公社简章》(1909 年 6 月)，《辛亥革命史丛刊》，第 4
辑，中华书局，1982 年，第 72 页。

③ 《观前大街市民公社缘起》(1901 年 9 月)，《辛亥革命史丛刊》，第 4 辑，
中华书局，1982 年，第 55 页。

④ 《金阊东塘东段市民公社致苏州商务总会呈略》(1910 年 10 月)，《辛亥革
命史丛刊》，第 4 辑，中华书局，1982 年，第 92 页。

⑤ 《苏商体育会章程》，苏州市档案馆编：《苏州商团档案汇编》，未刊。

个支部，共六百二十八人。光复后又由商会禀请都督府立案，成立了商团公会，下有十五个分部，人员枪支都大大扩充。由于掌握了这支准军事力量，苏州商会又间接具备了武化社团的某些功能。同时，商会还兼有一定的政治职能。它成立之后，成为代表工商各业的统一领导机构，不仅大力保护资产阶级的经济利益，而且也集中反映资产阶级的政治愿望，参与一系列政治活动。清末立宪请愿运动中，苏州商会即派出代表杭祖良，赴京加入请愿代表团，并向都察院递交了请愿书，表达资产阶级吁请"速开国会，以振商业，而维商情"的政治经济要求。① 总之，商会的职能以发展工商的经济方面内容为主，同时涉及社会生活的广泛领域。在这方面，传统的行会组织也无法与其同日而语。

第三，落后封建性与近代民主性的鲜明对比。

公所和同行业性会馆等行会组织，都带有明显的落后封建色彩。首先，它的建立即与封建迷信活动紧密相联。公所、会馆既是成员汇集聚议之地，又是其共同祭神的场所。各行各业，无不拥有自己的所谓保护神。诸如木业崇奉鲁班，鞋业敬拜鬼谷子，烛业祭祀关圣，等等。遇祖师诞辰，则要举行隆重的迎神赛会，以祭祀祝福。其次，行会以同乡、同行为结合纽带，也体现了狭隘的地域观念和封建宗法关系。嘉庆十八年（1813年）嘉应会馆创建时就曾说明："惟思泉贝之流通，每与人情之萃涣相表里，人情聚则财亦聚，此不易之理也。矧桑梓之情，在家尚不觉其可贵，出外则愈见其相亲。我五邑之人来斯地者，无论旧识新知，莫不休戚与共，痛痒相关，人情可谓聚矣。"② 再次，行会内部森严的等级制度同封建宗法关系相互渗透，使其成员被强制束缚于地域和行业的利益之中，难以跨越雷池。下引一条史料，当可窥其落后的封建特性。"苏州金箔作，人少而利厚，收徒只许一人，盖规例如此，不欲广其传也。有董司者，违众独收二徒。同行闻之，使去其一，不听，众忿甚，约期召董议事于公所。董既至，则同行先集者百数十人矣。首事四人，命于众曰：董司败坏行规，宜寸磔以释众怒。即将

---

① 《时报》，1910年7月21日。

② 《嘉应会馆碑记》，转引自段本洛、张圻福：《苏州手工业史》，江苏古籍出版社，1986年，第141～142页。

董裸而缚诸柱，命众人各咬其肉，必尽而已，四人者率众向前，倾刻同遍，自顶至足，血肉模糊，与溃腐朽烂者无异，而呼号犹未绝也。"① 同治十一年（1872 年），类似事例在苏州仍有发生，直至将违反规约者咬死。在一个工商组织内部，如此生咬人肉，草菅性命，如果不是依仗封建等级制度和宗法关系，是不可能想象会经常发生的。

商会虽不能说完全没有落后的封建色彩，但与行会比较起来，则其近代民主特性表现较为鲜明，而且显然占主导地位。商会是"众商业之代表人"，它集工商各业于一体，不可能信奉某个行业的师祖或保护神，因而摒弃了行会祭祀神灵的封建迷信传统。苏州商会在其章程中就曾明文规定："一切迷信祈报之费，本会概不担任。"同时，在打破同乡、同行的地域观念和封建宗法关系之后，商会也不从事所谓周济某个行业贫困者的慈善活动。此于苏州商会章程中同样有明确记载："一应善举，无关大局、无关紧要者（如布施、周济、养而不教之类），本会经费虽裕，概不担任，亦不得于会中提议。"②

最能反映商会近代民主特性的，是其内部的一系列人事干部制度和组织原则。会中所有领导成员，都是采取无记名投票的民主方式，每年选举一次。其中总理、协理由议董选举产生，议董由会员推选，会员则由会友公举。各层级的领导人物，均为得票多者担任，选举票在有全体会员参加的年会上当众拆封，同时宣布选举结果。这显然是近代社团组织的一整套民主选举程序。此外，商会还有类似于弹劾制的规定，使一般成员有权监督上层领导人物。依据商部奏定《商会简明章程》，议董如有徇私和偏袒情事，致商人有所屈抑，会员、会友均可联名禀告商会，由总理、协理召集议董会议，查证确凿即行开除。其情节较重，查系属实者，另具禀商部，援例惩罚。如总理、协理或其他议董也徇私祖庇，则各商可直接向商部禀控，要求将其撤职。③ 苏州商会据此作了相应的具体规定，

① 黄钧宰：《金壶七墨》，逸墨卷二，金箔作。转引自上揭段本洛、张圻福书，第 147 页。

② 乙—21，3/86。

③ 《奏定商会简明章程》，《东方杂志》，第 1 年，第 1 期。

总理及其以下各员如有不协众情者，会员、会友五人联名，即可要求商会公开集议，查有确据即撤换另举。

商会的民主气息，在其定期举行的会议上也有具体体现。一般情况下，总理、协理虽为最高层次的领导人，但遇有重大事项却并不能擅自决断，必须由议董甚至全体会员公议。每次集议时，须有应到会者半数以上参加，否则不能形成议案。会上"开诚布公，集思广益，各商如有条陈，尽可各抒议论，俾择善以从，不得稍持成见"[1]。经过充分的讨论之后，遂举手表决形成决议，如果意见暂时不能统一而无法议决，则留待下次再议，并由商会组织专人进行调查，弄清有关具体情况，供复议时咨询参考。一般会友虽不参加商会常会，但可随时"指陈利弊，条陈意见"[2]。遇有重大事情，十人以上联名也可要求召开特别会议讨论。以上种种，表明商会在各方面都已初步具备了近代社团的特征，而这些则正是传统行会所缺乏的。

第四，中世纪封闭性和近代开放性的强烈对照。

在总的组织特征上，传统行会属于狭隘封闭型的行业性机构，商会则是开放型的联合性社会团体。传统行会的中世纪封闭性特征，首先表现为各公所、会馆内部成员及其等级层次间缺乏多渠道和经常性的信息交流，强行被种种僵化、陈腐的教条和模式所束缚，麻木不仁，反应迟钝。如果没有外来不可抗拒的强大影响和刺激，一般很难随时通过自身内部机制的调节而适应变化了的外在环境。19世纪70年代以后，民族资本主义产生并不断发展，行会的形式显然不能适应新经济因素崛起之后的社会态势。但在此之后的相当长时间里，绝大多数行会却仍然死守那些过时的陈规陋习，其结果无异于作茧自缚。其次又表现为各公所、会馆之间缺乏沟通，壁垒森严，此疆彼界随处可见。这种封闭隔绝的特性，在行会内部的技术保密和垄断上表现最为典型。例如苏州花素缎机四业，向分京（南京）、苏（苏州）两帮，"各有成规，不相搀越"。各业的织造手艺，"均系世代相传，是以各归主顾，不得紊乱搀夺"[3]。

---

① 《奏定商会简明章程》，《东方杂志》，第1年，第1期。

② 乙$_{2-1}$，3/26。

③ 《江苏碑刻》，第180、156页。

又如金钱业行规明确规定："不得收领学徒，只可父传子业。"① 苏州银器手工业也向分银饰包金和铜饰包金两个行业，相互间"判然两途"，"不准搀夺立行霸业"。有时，因为技术和市场的垄断引起矛盾，"动辄集众妄为"。② 各个行业都深知只有垄断技术，才能独占市场，防止他人竞争。因此，这种排他性的封闭特质，成为行会维护同行既得利益的一种主要手段。

与此相反，商会则在于联络群情，开通商智，提倡工商各业共同激励与兴利除弊。通过定期召开常会，其内部成员经常进行广泛的信息交流，随时互通商情。举凡物产衰旺、工艺优劣、市场涨落、销场畅滞等等，无不属于集议内容之列。各行各业若有亟应整顿改革的传统陋习，商会也组织讨论咨访，指明利弊，并研究变通办法，为之联络更正，由此大大密切了各行各业的联系。同时，商会还组织商品陈列所和劝业会，征集各业所产物品加以陈展，通过考辨优劣、劝奖竞争，达到振兴实业的目的。这一措施，同样增强了各行业之间的互相了解，进一步打开了工商业者的眼界。另外，商会组织系统对各种商人组织也是开放的，它本身即处于动态的建构过程中，不断同化或纳入其他商人团体。例如前曾提及的苏商体育会和市民公社，就是先后隶属商会的商人准武装组织和社会基层机构。在苏州，如学务公所、教育会等民间文化教育类团体以及救火龙社等消防卫生组织，也属商会的下属或外围团体。由此又以商会为中枢，逐渐形成了一个纵横交错的开放性民间社团网络。更加令人瞩目的是，苏州商会与本省和全国各主要商会也保持着非常密切的联系，遇有重大行动即互相呼应、协调配合。如抵制美货运动、讨论商法草案大会、国会请愿运动等等，都是全国各地商会共同的一致行动。在保存下来的苏州商会档案中，我们还发现苏州商会与南洋、美洲各华侨商会也多有联络。其中与苏州商会直接发生信函往来联系的，就有新加坡、巴达维亚、安班澜、霹雳、雪山峨、泗水、横滨等地的中华商务总会。这说明清末的商会已突破狭隘封闭的地域观念，积极谋求对外建立更为广阔的政治经济联系。随其逐步发展，它的开放性也愈来愈明显和突出。

---

① 《江苏碑刻》，第 180、156 页。
② 《江苏碑刻》，第 180、156 页。

通过以上分析，我们认为近代的商会和传统的行会在某种意义上虽然可以说同属工商业民间组织，但商会的根本宗旨、基本职能、组织结构和总体特征等等，都与行会截然相异。因此，它并非一业行会到各业行会的简单过渡，而是与行会性质根本不同的新型社会团体。

三　苏州商会与行会的历史联系

近代商会的产生，是对传统行会的一种历史否定。然而历史的否定是辩证的、具体的否定，并不意味着否定者与被否定对象渺不相干。中国近代特殊的历史背景和条件，更使商会在否定行会的同时，又同其保持着千丝万缕的血缘联系，二者在本质的"异"中又有着非本质的"同"或"类似性"。对这种非本质的联系和类似性视而不见，也是非历史主义的态度。

按照苏州商会的组织法，凡每年交纳会费三百元以上的行帮可推举会员一人，并准其自行开列会友名单到会。另外，商会在估量自身实力时，往往也以包容"行"或"帮"的数量作依据。例如1906年苏州商会在一份布告中说："本会开办以来，已及期年，各商入会者，约有四十余帮。然未入会者，尚属不少，风声所树，自当络绎而来。"① 或许，个中情形正如商会中人所自称的那样，商会"大都以各业公所、各客帮为根据"。②

商会以公所和客帮为根据，是商会与行会存在血缘联系的具体反映和描述。然而首先需要明确，这里所说的引为根据，并不意味着各业公所和客帮就是商会的基层组织。因为组织系统间的相互融合或纳入是有前提和条件的，也就是说二者之间必须存在某种可能导致融合或纳入的共同系统质。例如，苏州体育会和市民公社能经由"商"的中介而变成商会的外围组织，前提在于它们与商会同属开放型和带有民主色彩的近代新式商人团体，同以由旧趋新的商人为构成主体，因此存在彼此融合化生的同一性。反之，公所、会馆等行会组织与商会分属两套完全不同的组织系统，两者宗旨、结构、性质也全然歧异，所以不可能原封不动地纳入商会组织系统。

---

① 乙$_{2-1}$，67/24。

② 《民国元年六月五日苏州商务总会呈工商部条陈》。

事实上，商会本身从来就没有将会馆或公所视作自己天经地义的基层组织，也从未将会馆或公所的成员看成是自己理所当然的成员。1906年1月，苏州商会曾知照典当公所，谓："本总会成立时，各典业绅董咸来集议，是以举议董、会员，各典绅商早经列名造册呈部。乃自数月以来，所议捐助会费尚未开单到会，应付冬季会款并未清交，致各业商董啧有烦言。是否典业各商或有意见不符，未能一律入会？不妨各从所愿，先将愿入会各典开列捐数，到会登册收款，俾免各业商董訾议，庶以全体面而资公用。"① 很明显，各业商人一般都是各该业公所的成员，但却未必即列名商会之中，在组织形式上公所也并不是作为基层组织整个包容在商会系统之中。

那么，到底应当如何理解近代商会与传统行会的历史联系呢？

我们认为，商会与行会之间的历史联系，其实是一种组织系统间的起源关系。换句话说，既存的会馆、公所等旧式工商行帮组织，是商会组织建构的历史起点和基础。这里面包含有两层意思：其一，商会的创设和开展活动，需要获得公所、会馆各行帮人力及财力的支持。商会并不是一个空架子，而是由具体的商人所组成的。但早在商会出现之前，这些商人就已经被纳入到会馆、公所等组织形式之中了，因此，商会不得不对行会有所依赖。其二，各公所和行帮势力的大小，在商会内部领导层中也有相应体现。商会的骨干通常早就是各公所和行帮的头面人物，如商会议董杭祖良、李文模即长期担任纱缎业文锦公所董事，苏绍柄也是以福建汀州会馆和福建烟业董事身份跻身于商会领导层的。苏州商会的一则告示也说明："典当、米业等帮为商业大宗，经理公所绅董已举入议董、会员，衔名早行呈部。"② 由此不难看出，商会"以各业公所、各客帮为根据"，实际含义在于以公所、客帮的财力和人力为根据，而不是以其组织形式为根据。真正使商会感兴趣的，乃是各公所控制的"行"和会馆赖以建立的"帮"。商会是建立在这些行帮组织基础.之上的，如果失去了"行"和"帮"的支撑，商会也就成了空中楼阁。因此，在清末民初，各地的商会与行会都基本维持着相互并存和依赖的局面。苏州靴鞋业履源公所明文规定，由业董萧炳荣

---

① 乙₂₋₁，259/30。

② 乙₂₋₁，36/29。

和商会代表黄驾雄共同管理公所内部事务，就是并存和互赖格局的典型表现。不过，这种并存互赖的局面，也是以公所为代表的旧式行会不断解体更新，逐渐发展成近代意义的同业公会作为前提和基础的。

中国近代商会组织同传统行会组织结下不解之缘，归根结底是为半殖民地半封建社会的总体社会性质所决定的。当资本主义自西徂东，商品经济随之迅速发展之际，中国社会内部与古老封建经济相依为命的行会组织非但没有走向衰亡，反而正处于发达时期。这一特殊历史条件，便决定了作为新型工商组织的商会，既不可能经过长时期酝酿和准备，按照一般常规从本土自然而然地生长出来，也不可能完全从西方照搬移植，而只能在欧风美雨的急促催生下从行会母体中脱胎出来，这样就无法斩断与传统行会组织的某些联系。

在主观上，商会力图消除行与行、帮与帮之间的畛域界限，谋求工商各业的广泛合作，即所谓"或两帮夙有嫌隙，本会方宜调和商情，未便执此拒彼。至于乡贯区分，凡在苏经商，无论籍隶外府，虽远隔他省，亦未便拒绝以示不广"。[1] 实践当中，商会的努力也产生了一定效果。但是，工商界长期形成的"微论官与商既多隔阂，即商与商亦复分歧"[2] 的局面，不可能在短期内得到根本改观。商会既然以行会为基础，那么各行业和商帮之间的此疆彼界必然也会不同程度地在其内部有所反映，大行业欺压小行业、本地商帮压抑外地商帮的现象也不可能完全避免，更无论那些以会馆、公所董事身份出任商会要职者，必然会将长期习染的某些行帮作风带进新型的商会组织中来。

尽管商会制定了十分详尽的民主选举措施，而且也付诸实施，但我们细加考查仍可发现，其内部实际权力的分配却是由各行帮资财的厚薄和捐款的多寡所决定的。苏州商会中拥有实权的总理、协理和议董等要职，即长期为几个财大势众的行业领袖所分享。例如总理、协理连续六届都是由绸缎业、钱业、典业和珠宝业的富商大贾担任，其中绸缎业的尤先甲先后五次出任总理，钱业董事吴似村

---

① 乙$_{2-1}$，67/42。
② 乙$_{2-1}$，391/14。

与之配合五任协理。唯一一次两业盟主地位有所变化的第四届，则为典业和珠宝业所占据。议董中以上四个行业的代表，每届所占比例也高达 90％左右。之所以形成这一格局，乃是因为上述行业在苏州手工业和商业中居有领袖群伦的举足轻重地位。正如苏州商会档案资料所透露的那样："苏城出产以纱缎为大宗，而丝蚕次之；行店以钱业为大宗，而绸缎布匹次之。"① 此种情况从另一个侧面说明，近代苏州的商会仍在某种程度上受到行帮的制约。

再者，商会在联络官府、压制店员和工匠等方面，也继承了行会组织的某些职能。例如 1906 年 7 月，苏州机工毛石大等数十人因工贱米贵，"首倡罢工，抢梭喊饥"，商会即应纱缎业的请求，转请官府"指名访拿，惩办示众"。② 在 1909 年 5 月发生的机工罢工事件中，商会又函请当局"迅先派差协保分头弹压"。不久，云锦公所司年探知机工将邀众冲击司年、司月账房，赶紧连夜投书密报商会，要求迅即派员"弹压解散"，并"密拿严办"为首者，商会同样一如所请。③

上述种种，无不表明商会与行会有着比较密切的联系，保留着若干旧式行会的落后因素和组织残余。然而也应阐明，商会与行会的密切联系，并不纯粹表现为商会受到旧式行会的制约和消极影响，同时还体现为商会对行会的影响与改造，也是传统行会组织本身发生变化，旧的组织形式不断解体，新的组织形式逐渐发生的结果。

1907 年成立的苏城糖食公所，在组织形式上就给人以一种新异之感。其职员与旧有的司年、司月、执事显然有别，除举总董一员外，还设有"经济董事"和"评议董事"各 8 人，专理各项经济事务；其章程明确规定以"联络商情、亲爱同业"为宗旨；"每年正月同业皆诣公所，谈议商情一次"；凡议定一事，须经总董酌核、同业中十分之六同意，"始可准行"。这些含有一定民主色彩的改革，使旧式公所在向近代同业公会转变的途程中迈出了重要一步。1909 年广货业唯勤工所为认捐发起组织"同业研究议会"，提出以"联合团体、讲求保护自治"、"开拓风气、集思广益"、"振兴商业、

① 乙₂₋₁，49/8。
② 乙₂₋₁，251/5。
③ 乙₂₋₁，143/16。

保全捐数"为宗旨和目的。其内部设有议长、监议员、评议员、备议员、调查员等旧公所前所未有的职员，并一律经由"投票公选"。所议范围包括："生计盛衰、捐项多寡以及各种善举、一切公益改良进步、将来推广实业学堂、制造出品等事。"① 这些内容明显超出了旧有行规议条所包含的范围。公所、会馆组织形式和职能方面的这些变化，在当时已引起工商界人士的注意。有人将其概括地表述为："会馆有时行公议裁判等事，俨如外国领事馆；公所为各业之机关，俨如商业会议所。其始不过曰联乡谊、营慈善而已，浸假而诉讼冤抑之事为之处理矣，浸假而度量衡归其制定矣，浸假而厘金归其承办矣，浸假而交通运输之规则归其议决矣。"② 各个地区行会组织变化的情况虽不尽一致，但其发展的总体趋势却十分明显，这就是朝着适应资本主义经济运转的方向转变，其结果也就与商会形成了某种程度的吻合及一致性。

公所、会馆组织形式的变化和职能的趋新，又是与其内部传统行规的松弛相伴随的。1910 年 6 月，煤炭业坤震公所曾拟定行规云，"凡各店出货，秤皆由公所较准，一律十五两作一斤为公秤，发给各店"使用，售价"由公所集议"，各店"照单出售，不准高抬，并不得贱卖"；进货也"由公所发给盖戳起货票，方准起驳"。有违例者，"公所即发知单，邀集同人开会，酌量议罚，以戒不谨之风"③。但是，此种一如既往的陈腐条规并未得到该行一百七十余户同业的一致接受，迁延达四个月之久也未获通过。最后，公所只得对其作了重大修改，有关统一使用公秤和管理进货的规定被删除，统一售价的规定也改得较前松动。④ 与之相似，靴鞋业履源公所草章中有关"公所会议定价，不得自行高低"的行规，在重订章程中也被删去。⑤

行会组织内部规章的演变，无疑使其逐渐缩小了与商会质的差异，从而更进一步加强了它同商会的联系。1907 年糖食公所筹备

---

① 乙₂₋₁，68/3—5。

② 杨荫杭：《上海商帮贸易之大势》，《商务官报》，第 1 册，第 12 期。

③ 乙₂₋₁，32/9。

④ 乙₂₋₁，401/19。

⑤ 乙₂₋₁，1181/4。

成立时，苏州商会曾对其简章进行核议。次年靴鞋业成立履源公所，其禀文和同业规条均经商会移交官府立案批准，以至该业商人对商会"不胜衔恩感激之至"。① 1909 年底广货业惟勤公所筹设"研究议会"，也是经由商会呈报当局。煤炭业呈请设立坤震公所，当局搁置经年未予批准，后经商会出面调处担保，窘局顿时改观，商会"昨复"，而官府"今准"。② 由上可知，商会与行会的密切联系，并不能笼统地一概视为近代社团对封建行会的依赖，更不能不加分析地据此认为商会是旧式行会的联合体。

总括上述，我们的初步结论是：清末苏州商会不同于传统的公所、会馆等行会组织，它是统一联结工商各业、具有浓厚近代民主色彩的资产阶级新式社团；但同时又保留着一些落后的残余，与会馆、公所存在着密切的联系和相互依赖性。这一方面是因为商会在某种程度上受到旧式行会组织形式的影响，另一方面也是旧式行会逐渐更新的结果。

---

① 乙$_{2-1}$，143/23。
② 《江苏碑刻》，第 214～154 页。

第十三章 苏州商会的司法职能与影响
——个案分析之三

调解商事纠纷，亦即受理商事诉讼，是清末苏州和其他地区的商会保护商人利益的一项重要措施，也是商会的重要社会职能之一。由于商会的这一职能涉及有关司法方面的内容，但又与一般官府衙门断结讼案有很大不同，因而我们将受理商事诉讼称为商会不完全的司法职能。

一 争取受理商事诉讼权

商会成立之前，商事裁判权掌握在官府衙门手中，工商户遇有涉讼纠纷，只能诉诸商务局或地方官府。清政府设立商务局，曾标榜旨在振兴商务，保护工商业者的利益，但又规定商务局只任用候补官员，不得任用一般商董，结果工商业者无进局议事的资格，其权力主要由封建官僚一手把持，仍与封建衙门无本质区别。由于当时无商法可循，诉诸署衙的商事纠纷往往只凭官吏的主观意志妄加判断，而主事之官吏，"熟商务而通商情者甚鲜，且其升迁黜陟商不能议"，绝大多数又只知"以抑商为主，或且以肥己为心，故商务之中一涉官场，必多窒碍"，以致商人无不叹曰："安望其能整顿我商务哉？"①

20世纪初，清政府公开打出振兴商务、奖励实业的旗帜，大力推行"新政"，统治集团内部某些大官僚对商务局之名不副实，

---

① 《书税务司理财要略后》，《江南商务报》，第2期。

也开始有所批评。有的指出其不用商董，"未免与商视如秦越，商情甘苦，终难上达"①；还有的披露，"官视商为鱼肉，商畏官如虎狼，局所虽多，徒滋分扰"②；甚至连有的商务局也不得不承认："官有隔绝之势，商无呼吁之门，声气不通，斯振兴无术。"③

可以想象，声称专门保护工商利益的商务局尚且如此，其他官府衙门对商事纠纷就更是视为细故而敷衍塞责，往往经年不理，造成陈案累累，不仅导致商人已经遭受的损失得不到清偿，而且为长期纠讼涉司复又破费，直至倾家荡产。资产阶级改良主义思想家陈炽早就曾对此进行了尖锐的批评，指出"如控欠一端，地方官以为钱债细故，置之不理已耳，若再三渎控，且将管押而罚其金。……商之冤且不能白，商之气何以得扬？"④ 在这种情况下，广大商人迫切盼望能有一个真正维护自己切身利益的机构，出面受理商事纠纷。因此。商会作为各业商人的统一社会团体，它一经成立，自然就为商人所殷切相期。商会为满足商人的愿望，也主动将此列入自己的职责范围。

另外，商部鉴于商人对商务局的强烈不满，在奏准颁行的《商会简明章程》中，也规定商会有权调解商事纠纷。该章程第十五款指明："凡华商遇有纠葛，可赴商会告知总理，定期邀集各董秉公理论，从众公断。如两造尚不折服，准其具禀地方官核办。"⑤ 1906 年，商部还曾颁发商会理结讼案统一格式，进一步说明各商会"凡遇各业此等倒欠钱债讼案，一以竭力劝导，从速理结，以息讼累为宗旨。故凡有赴商局控追以及奉督宪发局饬讯之案，皆由议员饬由该会各业商董遵照奏定章程，传齐中证，开会集议，凭两造当面秉公议劝理结，俾其忽延讼累。"⑥ 这样，商会取代商务局受理商事诉讼的职权明载条文，得到清政府正式承认。

为此，清末许多商会专门设立了商事裁判所，负责受理商事纠纷。如成都商会商事裁判所成立后，宣布"专以和平处理商事之辖

①　盛宣怀：《请设上海商业会议公所折》，《愚斋存稿》，卷 7，第 35 页。
②　《东抚袁复奏陈变法折》，《皇朝经世文新编续集》，卷 1。
③　《江南商务局照会商董并颁发章程》，《江南商务报》，第 8 期。
④　赵靖等编：《中国近代经济思想资料选辑》（中册），第 84 页。
⑤　《商会简明章程》，《东方杂志》，第 1 年，第 1 期。
⑥　《大清光绪新法令》，第 16 册，第 38 页。

缪，以保商规、息商累为宗旨"，使工商户"免受官府之讼累，复固团体之感情"①。保定商务总会设立商务裁判所后，"凡商号一切诉讼案件，概归商务裁判所办理"。时论称："过去的商会有评论曲直之权，无裁判商号诉讼之权。今若此是，商会俨然公庭。"② 苏州商会正式设立专理有关商事讼案的公断处虽然是在民国初年，但其1905年创立之初拟定的试办章程中，也开宗明义阐明"调息纷争"为宗旨之一，并设立十余名理案议董，对有关实施办法作了详细规定和说明。如第48条载："在会之人因商业纠葛（如买卖亏倒财产钱贷等），本会当为之秉公调处，以免涉讼。"第51条规定："甲商在会，乙商未入会者，乙商另请公人到会调处。"又第54条规定："如遇假冒牌号，混淆市面，诬坏名誉，扰害营业，该商因此而致有吃亏之处者，告知本会，查明确系累被诬，应公同议罚议赔，以保商业。"③ 上述规定表明，苏州商会成立之后同样也将调解商事纠纷作为保护商人利益的一项主要职责。除此之外，苏州商会的试办章程还指明，在会商号如被他人诉讼于官府衙门，商会也将协助其调解。其具体办法是：凡因商务被控必须传讯者，商会公同据实查覆，"俾良懦者得尽其词，狭黠者无可饰辩"；凡因钱债细故被控者，由商会随时酌觅担保，以使各商免羁押之累；凡有土棍吏役讹诈欺压、藉端滋扰商业者，商会代为申诉。如此种种措施。都是为了使商人不再遭受长期诉讼纠纷之苦。

二 受理商事纠纷概况

由于商部要求各商会按统一格式将理结各业讼案详细填录，按年呈报以资考核，因此在苏州商会档案中比较完整地保存了商会历年的理案记录，为我们了解有关情况提供了翔实的第一手资料。据粗略统计，苏州商会自光绪三十一年（1905年）十月成立至次年十二月，受理讼案约达七十起，其中已顺利了结的占70%以上，迁延未结而移讼于官府的不到30%。如从成立之时至宣统三年（1911年）八月计算，苏州商会所受理的讼案更多达三百二十余

① 《四川成都商会商事裁判所规则》，《华商联合报》，第17期。
② 《保定商会设所裁判案》，《华商联合报》，第8期。
③ 苏州市档案馆藏：苏州商会档案，第3卷，第18页。

起，有的案件还经过了反复的调查与集会审议。可以说，受理商事诉讼已成为苏州商会的主要活动之一。

就一般情况而言，由商会受理的讼案均与商务有关，但细分其内容也比较广泛。最多的是钱债纠纷案，即控追欠款等，其次是假冒牌号、拐骗等事，另有劳资纠纷、官商摩擦、华洋商纠葛、股东间矛盾等等。类似钱债纠纷、假冒牌号等案，苏州商会大部自身即能迅速了结，而处理劳资纠葛和华洋商之间的冲突，则往往不得不借助于官府势力的支持。

如1906年苏州信隆草药店股东之一姚氏病故之后，余各股东拟折股，姚氏之妻控告于元和县衙。县衙迁延数月未理，后转而移诸商会。商会邀集双方切切劝导，迅速断结，"两造输服，情愿息讼免累"，很快即各具息讼切结，移县销案。① 对于劳资之间的纠纷，商会有时也从中予以调解，但更多的则是移文官府请派兵弹压。1906年，纱缎业机匠要求增加工资，提出资方如不应允即举行罢工，该业商董即请商会排解。苏州商会调查其缘由，认为纱缎业工资改钱码为洋码时，恰逢洋价跌落，机匠收入因之而确有减少，故劝诫纱缎业商董应允机匠部分要求，在原工资钱码七十串之外，花缎工酌加一分半，素缎工加一分，使纠纷暂时平息下来。② 但在此之后，纱缎业机工仍屡有罢工或暴动之事发生，每当该业商董赴会禀告，商会即移文县衙，请其出示"严禁聚众停工，并派差巡逻弹压"③。

至于涉及外商的讼案，如果是通过买办商人间接与外商发生纠葛，苏州商会大都也能站在华商立场上，一定程度地限制外商和头办势力的侵害，保护华商的利益。如1911年美孚洋行买通苏商施炳卿，偷偷运进大批煤油，拟违反约规在苏州租界之外设栈销售。广货业全体商人联名申诉于商会，要求予以取缔。苏州商会对此事一直十分重视，始终据理力争。经劝导理结，施炳卿在各方面压力下宣布辞去美孚洋行买办职务，美孚行栈也不得不另行搬迁。④ 然

---

① 苏州市档案馆藏：苏州商会档案，第165卷，第50页。
② 苏州市档案馆藏：苏州商会档案，第296卷，第16～17页。
③ 苏州市档案馆藏：苏州商会档案，第79卷，第29页。
④ 苏州市档案馆藏：苏州商会档案，第296卷，第16～24页。

而，碰到华商与洋商直接发生矛盾冲突的讼案，苏州商会则往往无力作最后裁决，态度也不是很坚决。1906年，一华商载米木船被日商轮撞沉，该商诉诸苏州商会要求赔偿，而商会最后只能是移请洋务局核办。次年，苏州恒康钱庄通过日商大东轮局运送现洋伍千元至湖州，验收时发现短缺七百元，于是转请苏州商会出面向日商索赔。苏州商会照会日本驻苏领事，转达了恒康钱庄的正当要求。但日商百般推诿抵赖，拒不认赔。苏州商会只得致函湖州商会，认为"此事转辗经手，未能明确指实在何处遗失，势必互相推诿，非严密调查，殊难水落石出"①，同时顺水推舟将此案的审理转予湖州商会。湖州商会复函指出："洋人强词夺理，抹情混争，殊属不顾名誉"，仍请苏州商会与日本领事交涉，要求"照章赔偿，以昭信义"②。但在档案资料中，却未见苏州商会再有下文回复，其是否继续采取了什么措施，我们不得而知。据估计，此案最终很可能是不了了之。

如何处理涉外的讼案，苏州商会试办章程第57条曾说明："华洋商务遇有交涉，本会酌量事理，可作代表，且遵照部章第十六款办理。"这就是说，苏州商会对类似讼案只是酌情代理，也可置之不理。而商部奏定章程第16款规定："华洋商人遇有交涉龃龉，商会也令两造各举一人秉公处理，即酌行剖断。如未允洽，再由两造公正人合举众望夙著者一人，从中裁判。"据此规定，华商与洋商的纠纷，主要也应由商会调解或代为审理。由于涉及外商的讼案关系到国与国的交涉，非寻常商事纠纷可比，单靠商会本身的职权也确实力不能及。问题在于，苏州商会调解类似讼案的态度不是很坚决，缺乏进取力争的精神，往往只是照请照转，未作主观努力和坚决的斗争，这不能不说是苏州商会软弱的表现。

尽管如此，苏州商会在成立之后的短短几年里，理结了大量繁琐的钱债纠纷以及其他讼案，对于保护商人正当权益仍发挥了积极作用，因而受到广大商人的欢迎和赞誉。特别应该指出的是，商会审理这些讼案时，破除了匍匐公堂、刑讯逼供的衙门积习，主要采取倾听原告与被告双方相互申辩，以及深入调查研究、弄清事实的

---

① 苏州市档案馆藏：苏州商会档案，第291卷，第17页。
② 苏州市档案馆藏：苏州商会档案，第291卷，第23、25页。

办法子以调解。以苏州商会在自订章程中的话说，即所谓"本会调处事件以和平为主，秉公判断"。为此，苏州商会还拟定了详细的理案章程，具体规定了理案的程序步骤：首先由理案议董分别邀集原告和被告"详询原委"，并记录在案；接着，商会召传有关见证人查询，掌握证据；在此期间，被告人如要求再行申辩，准其赴会申述一次；然后，商会再邀请两造双方所属行业的董事，详细询问案由；最后经商会议董"秉公细心研究一番"，提交公断。公断时原告、被告双方及其有关人员到场与座，两造中证人未到不得提议。提议期间双方均可尽自当众陈述情由，但不得高声哗争。① 这些规定可以说是苏州商会以理服人、民主断案的具体表现。

从有关具体情况看，苏州商会调解商事纠纷，实际上只是在纠讼双方之间充当居间调停的角色，而不是作最后的仲裁判决。其理案章程明确规定："议决后或未允协，两造互有翻异或尚多疑窦，当再详细研究，可于下期再集两造提议一次。"试办章程第 52 条也说明："如两造相持不下，准其赴诉有司。如迁延不结，两造仍愿会中调息者，本会亦不推辞。"以上又表明，商会理案显然有别于官府衙门的专制性裁决，体现了较多的民主色彩，在很大程度上使商人免除了冤情难伸、公允难明之苦。当然，如遇确凿证据证明理屈，但仍不遵守劝诫调解者，商会也予以处罚，令其退出商会。

一般来说，由于商会本身是商人自己的组织领导机构，对有关工商各方面的情况比较熟悉，主其事者也是当地享有声望的工商界头面人物，与广大工商业者的切身利益息息相关，故其理案大都能切中问题症结，一扫官府或借机敲诈勒索，或任意迁延时日甚或妄加裁决的种种陋习。正因为如此，工商户纷纷赞誉："遇有亏倒情事，到会申诉，朝发夕行，不受差役需索之苛，并无案牍羁绊之累，各商藉资保护，受益良非浅鲜。"② 当时的苏省农工商务局在致苏州商会的公函中也不得不承认："地方官多视为钱债细故，讯结无期，不免拖累……事关商民争讼，木局不若贵会见闻之真切。遇有疑难，尚须集思广益，随时咨请指示，以晰是非而判曲直。"③ 商部在颁

① 苏州市档案馆藏：苏州商会档案，第 290 卷，第 70 页。
② 苏州市档案馆藏：苏州商会档案，第 60 卷，第 43 页。
③ 苏州市档案馆藏：苏州商会档案，第 67 卷，第 23 页。

发给苏州商会的一份札文中透露：商会理结大量钱债讼案，"其中时有曾经纠讼于地方衙门经年未结之案，乃一至该会评论之间，两造皆输情而遵理者。功效所在，进步日臻"①。可见，商会在调解商事纠纷方面所作的努力及其显著成效，不仅受到广大商人的欢迎和赞誉，而且也使官府为之折服。

不过，也有些地方衙门对于由商会掌握审理商事纠纷的大权不满，认为这是商会侵夺地方官的权限。1909年，湖州劝业道即曾批示武康县商务分会章程说："查核所拟章程，诸多不合，并有理案问案等名目，尤属侵越行政之权。即欲调处商界争端，亦仅能由该会协议和息，不得受理诉讼。"② 此批示在《华商联合报》刊出后，立即受到许多商会和商人的指责。值得肯定的是，对于已经取得的受理商事诉讼权，苏州商会采取了比较强硬的态度加以维护，力图保持独立行使这一职权的权力。在苏州，虽未曾发生类似上述地方署衙限制商会审理商事纠纷的事件，但商务局也曾一度意欲干预。1909年，苏省商务局增设裁判课员清理钱债词讼，要求苏州商会将理结各案按月报送，"以资考核"，俨然一副上级机关督察下属机构的口吻。苏州商会则针锋相对，首先指明本会"按照定章只于年终将已结未结各案汇册报部一次，其呈报贵局一节，并无部章可稽"。接着指出："商会性质与有司衙门之有所统属者略有区别……与贵局统辖之地方官非可一律"，并要求"所有贵局讯结各案，亦请按月照送一份，以资联络而备参考。"③ 商务局没有料到商会态度如此强硬，不得不复函解释并表示歉意。以上事实表明，苏州商会在争取和发挥受理商事纠纷这一职能的过程中，也是有过一番斗争的。

三　影响与局限

清末苏州商会和其他地区的商会较有成效地发挥了其调解商事纠纷的职能，对于保护和促进资本主义工商业的发展起了明显的积极作用，此从上述各方面事实已可显而易见，一些研究者也给予了

---

① 苏州市档案馆藏：苏州商会档案，第69卷，第2页。
② 《华商联合报》，第15期"海内外商会记事"。
③ 苏州市档案馆藏：苏州商会档案，第67卷，第23页。

充分的肯定，毋庸再行赘述。需要进一步分析的是，清末商会理结商事纠纷，是否也同时产生了某种消极的影响。对此，迄今尚未见学术界有人论及。我们认为，其消极影响与其积极作用同时并存，主要表现就是在某种程度上不自觉地维护了旧的行会制度。

众所周知，行会制度是封建社会内部商品经济有一定发展，但市场很狭小、社会分工不发达的产物。在商品生产获得一定发展的情况下，随之而来必然会产生相互竞争，威胁到原有商人和手工业者的垄断地位。为了巩固其垄断地位，各行各业内部无不联合起来，制定种种严格的措施，以防止和限制内部与外部的竞争，保持同行的独占利益。各个行业内部的这一联合组织形式，即是所谓的行会。行会限制竞争的具体措施五花八门，诸如限定招收学徒人数，统一划定商品价格和销售市场，十家之内不得新开店铺，新开店铺必须缴纳行规钱等等。这些带强制性的规定，严重阻碍着工商业的进一步发展。近代资本主义经济产生并有了一定发展之后，与传统行会制度的冲突日趋尖锐，不少商人和手工业者面临商品生产的迅速扩展和竞争的愈益激烈，力图突破行会的束缚，扩大生产和经营以增强自身实力。于是，违反传统行规的纠纷不断发生。商会成立之前，类似的纠纷照例是禀请官府衙门裁决。商会诞生后，即诉诸商会调解。那么，商会对这种实质上是维护还是否定旧行会制度的纠纷案，又是持何种态度呢？

具体就苏州商会的态度来说，通过有关档案资料可以清楚地发现，其在最初主要是偏向于维护旧的行规，对违反行规的商人予以处罚。下面试以几个典型案例，略作具体说明。

明清以来苏州商业和手工业即比较发达，行会制度也比较成熟完备。即使是相近的行业，往往也各立门户自建行会。如金箔一项，分为捶金箔和贴金箔两个相近行业，贴金箔制作张金，捶金箔则以张金捻金线，1873 年即分别立有金箔公所和圆金公所，从原料的收购到产品销售市场，均畛域分明，互不侵越。光绪三十三年（1907 年），金箔公所金线业十余户禀控贴金箔商户违规采购金线"盗袭制造"，"任意越项搀夺"。张金业（即贴金箔）商人则指责金线业"奸控讼制，希图把持"。经商会从中调解，张金业应允不再收购乡工金线，也不自捻金线，金线业则承诺不到南京、杭州、上海、镇江等地乡庄收买张金，所用只在苏州一地采购，仍维持各自原来的"势力范围","永远遵守"①。但事隔数月，金线业又违约数次采购上海张金，结果被商会处以十倍罚款。事后，金线业抗不遵罚，并联名表示不能再受原订议约的限制，理由是苏州张金业"所造之货更不如前"，"不能合用"。这实际上就是要打破张金业在苏州长期以来的市场垄断，竞争的结果将迫使其改变传统的一成不变的手工制作方法，进一步提高产品质量。然而，苏州商会不是劝导张金业改进生产以与外埠同业竞争，而是将拒不采购苏州张金的金线业驱逐出会。张金业在协约废除后，也打破行规兼作捻金线，被商会劝令出会。② 这一事实既体现了苏州商会维护旧行会制度的态度，也说明行会制度本身呈现出瓦解的趋势，苏州商会已无法维持行会的旧有尊严。

苏州猪业商人，依据籍贯和行业，也分别设有敬业公所、毗陵会馆和猪业公所。按传统行会法规，十家之内不得新开肉店。违例者议罚。但到宣统二年（1910 年）前后，相继有任建卿、谢瑞福和张世福诸商欲违规设店。敬业公所呈文苏州商会，声称："此店若开，势必致阖业交哄，不独紊乱公所规章，并且解散同业团体。"祈请商会劝令该诸商"易地开张"，"以敬业众"。③ 苏州商会表示："有此紊乱行规而不力争，则后之效尤者踵相接。敝会为各业之团体，有一业中之一人紊乱行规而可以迁就，则他业之效尤者必踵相接，关系颇巨。"④ 然而，此案的理结旷日持久，商会虽一再"调劝两造，唇焦舌敝"，任、谢等商却据理力争，态度强硬地表示："现今商等股份已竟集足，店事已定，一切资财物件均已办齐，约计用去银洋一千余元。一旦被伊等霸阻，致商等血资化为乌有，生业维艰，无可设法。"⑤ 为此，商会曾多次移文县衙，"希即派差前往谕禁"。但到最后，商会不得不拟定折衷性调解方案，征得双方同意，准允开设新店，但每户需视具体情节交纳行规钱洋一百元至三百元给敬业公所，"嗣后违章开设，亦以此为例"⑥。虽然十家之

---

① 苏州市档案馆藏：苏州商会档案，第 166 卷，第 48 页。
② 苏州市档案馆藏：苏州商会档案，第 166 卷，第 24 页。
③ 苏州市档案馆藏：苏州商会档案，第 205 卷，第 15 页。
④ 苏州市档案馆藏：苏州商会档案，第 204 卷，第 8 页。
⑤ 苏州市档案馆藏：苏州商会档案，第 204 卷，第 16 页。
⑥ 苏州市档案馆藏：苏州商会档案，第 205 卷，第 16 页。

内禁开新店的传统行规被打破，但必须事先缴纳百元乃至数百元的行规钱，对开设新店者仍是不小的负担，又成为阻碍商业发展的新障碍。

毋庸讳言，苏州商会的上述表现是其残存传统行会落后因素的反映；但是也要看到，它这样做主要目的在于维护多数商人眼前的利益，而不是一味着眼于维护旧的行会制度。因此，苏州商会只是在某些方面不自觉地扮演了延续中世纪行会制度的角色，故不能据此断定商会也是行会性质的组织。

分析苏州商会之所以有这些表现，需要考察商会成立后行会的状况及其对商会的影响。众所周知，商会突破了传统行会的狭隘封闭性，是各行各业工商业者共同的领导机构。但它诞生之后，各业原有的会馆、公所等行会性组织却并未消亡，仍然普遍继续存在甚至在某些方面进一步获得发展。更重要的是，商会在组织上与行会有着比较密切的联系。苏州商会即曾自称"以各业公所、各客帮为根据"[1]。其会董、会员大都是各业公所的总董，所用经费也由在会各行业捐助。从某种意义上讲，绝大多数公所可以称为商会的下属基层组织，商会也因之在一定程度上受到行会公所的影响。既然是以各业公所为依托，它理所当然必须维护各公所多数工商业者的利益，不可能完全对其所提要求置若罔闻。再则，行会公所在资本主义经济的冲击之下，中世纪的封建落后性虽不断受到削弱，但仍然保留着大量的传统行规，并继续以此维持同业的既得利益。于是，商会在支持公所保护该业既得利益的同时，也就不自觉地维护了行会的某些陈规陋俗。

正是由于商会之维护行会制度的着眼点与公所毕竟有所不同，因而其态度不久就发生了微妙而值得重视的变化。至1910年，苏州商会对类似违反行规新开店铺的纠纷案，即不如此前对待金箔业和猪业纠纷那样，竭尽全力支持公所议罚违规者，而只是将公所的禀文照移县衙处置。如苏州染业文绚公所曾规定："嗣后不准再在城内开设染坊，如有闭歇之户，亦不准再在原处顶替复开。"[2] 但到1910年，染业中李明兰、宋锦如两商仍分别借闭歇店铺牌号，

---

① 《苏州商务总会呈工商部条陈》，民国元年（1912年）6月5日。
② 苏州市档案馆藏：苏州商会档案，第205卷，第21页。

暗中增设染坊。事为同业所知，文绚公所数次呈文商会，请求劝令停闭，而商会迟迟不予理结，每次都只将文绚公所的呈文照移吴县署衙办理，县衙又复推诿于商会。染业诸商窥见商会态度暧昧，也纷纷"忽视定章，相率效尤"，至宣统三年（1911年）正月，不仅李、宋两商增开染坊未停闭，而且又有六户接踵开张。[①] 文绚公所向商会诉苦说："公所为一业代表，若向阻止，不惟徒然无益，反起同业嫉妒之嫌。若知而不言，事经董保查报明确，公所不无徇庇之咎。"[②] 字里行间，仍希望商会能受理此项纠纷。但是，苏州商会始终未正式理结。

商会态度的这种变化，说明其在维护旧行会制度方面的消极作用很快即逐渐转向微弱。因此，评价清末苏州商会受理商事纠纷活动的后果，应该看到其占主导的一面仍然是促进工商业发展的积极作用，而不宜过于强调其所产生的消极影响。

马克思和恩格斯在《共产党宣言》中曾经指出："现代资产阶级本身是一个长期发展过程的产物"，"资产阶级的这种发展的每一个阶段，都有相应的政治上的成就伴随着"。[③] 可以说，清末苏州商会控制受理商事诉讼权，正是当时苏州资产阶级通过商会的凝聚结合，发展成为一个相对独立的阶级队伍之后所取得的一项政治成就。而苏州商会在理结商事纠纷活动过程中所表现出的维护旧行会制度，以及对官府的某些依赖，又说明苏州资产阶级发展仍不成熟，在某些方面仍然受到旧的传统因素的制约和影响。

---

① 苏州市档案馆藏：苏州商会档案，第205卷，第17页。
② 苏州市档案馆藏：苏州商会档案，第205卷，第23页。
③ 《马克思恩格斯选集》，第1卷，人民出版社，1972年，第252页。

附录一　最近十年中国近代
资产阶级研究综述

晏　英

在中国近代史研究中，辛亥革命一直是颇受重视的研究领域之一。近十年来，不少论者采用新的研究方法，探讨新的研究课题，或就一些老问题提出了新观点，进一步拓展了辛亥革命史研究的领域和视野。其中引人注目的是对辛亥革命时期资产阶级及其社团的研究，取得了丰硕成果。直到目前，史学界对这一课题的探讨仍方兴未艾。这里，我们特将近十年的资产阶级及其社团研究作一概述，以供有关研究者参考。

一　中国资产阶级何时形成

关于中国资产阶级形成于何时，史学界主要有以下几种不同的意见：

第一种意见认为，随着19世纪70—80年代中国资本主义近代企业的产生，中国资产阶级就已形成。

第二种意见认为，戊戌变法时期资产阶级上层已形成，"以康有为为首的资产阶级维新派，主要是被民族资产阶级上层呼唤出场的"。这时，民族资产阶级中下层"没有形成独立的政治力量"，"还只能处于前者的附庸和助手地位，远未能在政治上经济上拥有独立的发言权"。①

---

① 胡绳：《从鸦片战争到五四运动》（下册），人民出版社，1983年，第498～499页。

第三种意见认为，它形成于19世纪末20世纪初。因为戊戌变法以前，投资于商办新式企业的大多数人的经济利益和政治态度，基本上没有脱离原来买办、地主和官僚的地位与立场，只是开始有了不同程度的转化。所以，还不能说当时已经形成了一个独立的资产阶级。到了19世纪末20世纪初，民族资本主义经济有了较大增长，资本家数量相应增加；出现了一批资产阶级、小资产阶级知识分子；民族资产阶级跃上了政治舞台。此时，作为一支独立阶级队伍的资产阶级才真正形成。①

第四种意见认为，1904年商会的诞生是资产阶级初步形成的重要标志。其理由是，一个阶级的形成，有赖于其成员之间相互联系的加强和组织程度的提高。联结工商各业资本家的商会成立之后，改变了以往公所、会馆各立门户的分散隔绝状况，有史以来第一次将各行帮凝聚成为一个相对统一的整体。各省商会密切配合协调行动，又进一步使全国的工商业者联结成一个整体网络。新兴的资产阶级不仅通过商会联成一个有着共同政治经济利益的社会集体，而且获得了社团"法人"地位，进而能够采取种种办法将自己的势力和影响层层渗透到社会生活的各个领域。在抵制美货、收回利权、国会请愿运动中，工商业资本家大都通过商会表达自己的意志和愿望。可以说只是在商会成立之后，资产阶级才真正有了为本阶级利益说话办事的统一组织机构，从此他们不再以个人或落后的行帮形象，而是以新式社团的姿态出现在社会舞台上。因此，商会的成立是资产阶级初步形成的一个重要标志。②

在1983年上海举行的"近代中国资产阶级研究"学术讨论会上，有人又提出，民族资产阶级的形成，从19世纪70—80年代开始而完成于20世纪初年。有的认为，经济是一个复杂、相对的因素，很难用工厂或资本的数字来判断资产阶级在哪一年或哪一个十年形成。而政治斗争则有一个大致的时间界限，因此在各种因素中可以着重考虑政治因素。据此，发生维新运动的19世纪90年代，

---

① 林增平：《中国民族资产阶级形成于何时》，《湖南师院学报》，1980年，第1期。

② 朱英：《从清末商会的诞生看资产阶级的初步形成》，《江汉论坛》，1987年，第8期。

可视为民族资产阶级的基本形成时期。还有论者强调鸦片战争后工场手工业在中国资本主义经济中占有重要位置，后来又有了进一步发展，因此提出民族资产阶级形成的起点应是 19 世纪 40 年代，完全形成则是在 19 世纪末。[1]

另还有论者考察了民国初期成立的中华全国商会联合会，认为商联会领导资产阶级参加了当时国内几乎所有的重大活动，使资产阶级在经济、政治、组织、思想上趋于成熟，进入有领导、有组织、有纲领的高级阶段，中国资产阶级的完整形态至此形成。[2]

二 民族资产阶级的阶层划分及构成特点

如何划分民族资产阶级内部的不同阶层？民族资产阶级内部是否能划分为不同的阶层？史学界迄今尚无完全一致的意见。

过去大都以占有生产资料的多少和政治态度的不同作为标准，将民族资产阶级划分为上层和中下层。认为上层一般占有规模较大、数量较多的企业，主要由大地主、官僚、买办和大商人转化而来，在政治上拥护立宪改良，反对革命；中下层一般是经营资金和规模都比较有限的小厂矿和工场手工业主，主要由手工业作坊主、中小商人转化而来。在政治上，中层同情革命，但具有较大的妥协性；下层的革命要求则比较强烈，有的还亲身参加了革命。[3]

还有的指出："中国民族资产阶级按其与帝国主义、封建主义联系的多少，可分为上层和中下层。"与此相应，民族资产阶级在政治上也有"左右两翼之别"。[4]

近年来，不少论者对上述划分民族资产阶级上中下阶层的经济标准和政治标准提出了质疑。有的认为，"作为资产阶级上层，在当时社会上无疑是存在的"。但从经济方面看，很难准确地把握究

---

① 参见杨立强等：《"近代中国资产阶级研究"讨论会综述》，《历史研究》，1983 年，第 6 期。

② 虞和平：《中华全国商会联合会的成立与中国资产阶级完整形态的形成》，《历史档案》，1986 年，第 4 期。

③ 章开沅、林增平主编：《辛亥革命史》（上册），人民出版社，1980 年，第51、73 页；李新主编：《中华民国史》（第一编上卷），第 76～77 页。

④ 沈渭滨、杨立强：《再论近代中国的时代中心）,《复旦学报》，1985 年，第1 期。

竟占有多少资本才能归为上层，"有些人即使投资的资本主义企业不多，实际占有的投资额也不十分大，但因为他们的社会地位较高，在工商界影响较大，倒实际上充当着民族资产阶级'头面人物'的重要角色"。①

有的论者通过具体考察上海资本家在辛亥革命前后的表现，对资产阶级上层反对革命，中下层具有革命要求这一政治态度上的划分标准也提出了不同意见。认为倾向和支持革命的并非都是中下层，一些上层代表人物也曾支持甚至参加革命活动。"决定一个资本家在某一时期采取革命还是改良的政治立场，经济地位并不是唯一的因素，除此之外，同各派政治势力的力量对比、客观的革命形势、他所接受的思想影响以及他个人的政治气质，都有关系。因此，把资本家阶级的不同阶层作为划分立宪派与革命派的唯一决定因素，这只能是一种简单化的公式。"②

还有的认为，辛亥革命以前资产阶级上层和中下层并未完全分化，相互间"既有政治上的分化趋势，又分化未周，上层和中下层之间固然有差别有矛盾，但并不存在一条彼此隔绝的鸿沟，基本上是浑然合一，共荣共辱，作为一种统一的社会政治力量在发挥作用。"③

在对以往民族资产阶级上中下阶层的划分法提出质疑的同时，一部分论者开始按照经济部门分析民族资产阶级的构成特点及其影响。

有的认为，由于中国近代半殖民地半封建社会的特殊历史环境所致，民族资本主义工商业走上了一条畸形发展的道路。商业的发展速度远远超过工业，因而商业资本和商业资产阶级的数量较诸产业资本和工业资产阶级要多得多。此外，因为商业资本经营的方式对于社会的联系更为直接和广泛，资本经营内容的变化更为灵活，所以对于资产阶级各种社会政治要求的反应也就更为敏捷。加之商

---

① 唐传泗等：《中国早期民族资产阶级的若干问题》，《学术月刊》，1984 年，第 3 期。

② 丁日初：《辛亥革命前的上海资本家阶级》，《纪念辛亥革命七十周年学术讨论会论文集》（上册），中华书局，1983 年。

③ 马敏：《中国早期资产阶级（1860—1913）概论》，提交第二次近代中国资产阶级研究学术讨论会论文。

业资产阶级人数多、分布广，故而在辛亥革命时期成为一支非常活跃的政治力量。[1]

还有的通过具体分析辛亥革命时期的上海商团和沪军都督府的成员构成情况，也指出"商业资产阶级不仅在人数上而且在活动能量上远远超过工业资产阶级"；"在政治风云的变幻中，他们是这一阶级的测向器"。另一方面，从上海商团的历史及其在辛亥革命中的表现看，民族资产阶级的软弱性和妥协性更多的是来自于商业资产阶级上层。[2]

关于中国民族资产阶级的这一构成特点对其性格特征及其表现所带来的消极影响，有的论者进一步指出，由于商业资产阶级较之工业资产阶级更迫切希望秩序稳定，少出动乱，他们"又在整个资产阶级队伍中占主导地位，必然会使资产阶级在通常情况下都趋于稳健甚至保守……除非迫不得已，他们一般不会轻易地主动参加大的社会变革行动。这就是中国民族资产阶级较其西欧前辈，在政治上显得更为软弱的主要原因之一"。辛亥革命未能取得最后的胜利，即与拥有较强经济实力和一定政治影响的商业资产阶级转向袁世凯有着密切联系。[3]

三 资产阶级在辛亥革命中的地位和作用

辛亥革命前的中国资产阶级发展到何种程度？能量和影响究竟如何？学界的意见也不一致。西方国家和我国台湾省的一些学者认为，当时的中国资产阶级还非常幼弱，能量和影响十分有限。有的指出，即使是实力雄厚、阶级意识强烈的江浙资产阶级，其势力和影响也没有超过长沙。有的甚至断言，当时的资产阶级"还没有形成一股阶级的力量"。我国大陆的许多研究者通过一些综合研究以及对江浙、武汉、广东等地资产阶级的具体分析，得出了与此完全

---

[1] 朱英：《清末商会与抵制美货运动》，《华中师范大学学报》，1985 年，第 6 期。

[2] 沈渭滨、杨立强：《上海商团与辛亥革命》，《历史研究》，1980 年，第 3 期。

[3] 朱英：《近代中国民族商业资本的发展特点与影响》，《华中师范大学研究生学报》，1986 年，第 1 期。

相反的结论。

汪敬虞认为："无论是同先进的英国或落后的沙俄比较，中国的资产阶级，还是略胜一筹的。"这里主要是就辛亥革命前的中国资产阶级同西方国家资产阶级革命前的资产阶级进行比较而言的。例如中国在辛亥革命之前的三年已有商会组织数百处，而英国的资产阶级商会组织，却是在革命之后的一百多年才出现的。辛亥革命前中国自办的现代工厂已有将近 40 年的历史，而英国在资产阶级革命时期现代工厂还没有开始发展。汪敬虞还强调指出，中国资产阶级的软弱性主要是由半殖民地半封建社会的特殊环境所造成的。中国资本主义现代企业发展的微弱，也只是相对当时外国资本主义在华企业而言的。[①]

朱英通过对辛亥革命前新式商人社团进行考察，对当时资产阶级的能量与影响也给予了详细说明。他论证了各类新式商人社团的诞生，是资产阶级成长壮大的一个新的界标，它使其社会形象大为改观，迅速扩充了社会影响，成为城市社会生活中不可缺少的重要角色，也是影响政局的一支不可忽视的社会力量。"清末商人通过自己纵横交错的各类新式社团组织，已程度不同地控制了市政建设权、民政管理权、公益事业管理权、社会治安权以及工商、文教、卫生等多方面的管理权，其势力和影响层层渗透扩展到社会生活的各个领域。在政治上，清末商人不仅自身成为历次反帝爱国运动的主导者，而且也是各派进步政治力量赖以依托的一个新兴阶级。"[②]

另有不少论者则采取区域研究的方式，对一些地区的资产阶级进行了剖析。章开沅通过对江浙资产阶级的考察，说明长沙决不是江浙资产阶级势力及其影响的边缘。上海的一些大资本家，其企业活动已扩展到华北、东北、华东、华南和华中等各个地区；上海发生的金融风潮，影响也波及全国各地，反映了江浙金融资本家在整个国内市场中的重要地位。此外，江浙资产阶级还成立了自己的社会组织——商会，并通过商会将势力迅速伸入其他各种社会团体，

---

① 汪敬虞：《中国近代社会、近代资产阶级和资产阶级革命》，《历史研究》，1986 年，第 6 期。

② 朱英：《清末新式商人社团的兴起及其影响》，《中国经济史研究》，1989 年，第 4 期。

逐步控制了一些大中城市的市政机构。在政治活动中，江浙资产阶级从 20 世纪初年即开始以独立社会力量的姿态登上了历史舞台，参加了反帝爱国运动、收回利权运动和请求立宪运动。江浙的独立和南京攻克，江浙资产阶级也作出了贡献，并进入了光复后的各级政权，起着相当的支配作用。①

丁日初则专门对上海资本主义的发展和资本家的社会活动进行了具体研究，得出如下结论："上海的资本家已经有了相当的数量，成为一个具有独立的经济地位的集团，正式形成为民族资本家阶级。"在政治上，上海资产阶级"明显地具有独立的阶级意识"，开展了一系列社会政治活动，如组织商会、商团、领导反帝斗争、参与立宪和实行地方自治，参加同盟会的革命活动等等。②

皮明庥在研究了武汉民族资产阶级之后指出，辛亥革命前武汉有民族工业企业 41 家，已逐步形成了一批由商人、买办、官绅、地主转化而来以及由学徒、店员、工匠上升而成的工业资本家，此外还有数量更多的商业与金融业资本家，构成了武汉民族资产阶级的主体。他们在抵制美货、保路风潮和立宪运动中，显示出了较大的政治能量。武昌起义和阳夏战争过程中，武汉民族资产阶级公开支持革命，发挥了重要的积极作用。③

广东资产阶级也是一支比较活跃的社会力量。邱捷认为，辛亥革命前广东的工业、商业和金融业都有引人注目的发展，资本家的数量相当可观，并且在反帝斗争中体现了挽救国家危亡的爱国热情和保护国内市场的强烈愿望。④

上述论者以大量原始档案文献和社会调查资料为依据，从总体上和不同地区、不同侧面进行探讨，共同得出了比较令人信服的结

---

① 章开沅：《辛亥革命与江浙资产阶级》，《纪念辛亥革命七十周年学术讨论会论文集》（上册），中华书局，1983 年；《就辛亥革命性质问题答台北学者》，《近代史研究》，1983 年，第 1 期。

② 丁日初：《辛亥革命前的上海资本家阶级》，《纪念辛亥革命七十周年学术讨论会论文集》（上册），中华书局，1983 年。

③ 皮明庥：《武昌首义中的武汉商会、商团》，《纪念辛亥革命七十周年学术讨论会论文集》（上册），中华书局，1983 年。

④ 邱捷：《辛亥革命前资本主义在广东的发展》，《学术研究》，1983 年，第 4 期。

论，即 20 世纪初年的中国资产阶级已经成为社会政治和经济生活中不可忽视的新生力量。

关于资产阶级在辛亥革命中的表现和影响，过去研究不多，评价也偏低。近十年来，在这方面的探讨大大加强，并提出了一些新的看法。有的论者充分肯定了上海资本家在辛亥革命中的积极表现：（1）参与上海武装起义，支持革命军进攻南京，对辛亥革命在上海、南京地区的军事胜利，做出了及时而直接的贡献；（2）组织政党、主张共和，支持北伐，以争取实现共和政体；（3）通过各种途径，从财政上支持革命事业。他们认为，"上海资本家阶级，特别是它的上层代表人物，是主动积极地支持、参加以至于领导了上海地区的辛亥革命的"。[①]

对广东商人在策动广东独立过程中的积极作用，也有论者进行了详细研究并给予了充分肯定。他们认为广东独立过程与其他和平独立的省份有所不同，主要是商人们奔走呼号的结果，而作为立宪派大本营的咨议局所起的作用并不大。[②]

另有不少论者通过对商会、商团的研究，进一步揭示了资产阶级在辛亥革命中的作用，具体内容在下节商人社团中再作介绍。

四 资产阶级与各派政治力量的关系

首先介绍有关资产阶级与革命派关系的不同观点。

有的论者认为，革命派代表整个民族资产阶级的利益。他们通过自己的政治纲领反映资产阶级的要求，表达资产阶级的长远利益，而立宪派则主要是着眼于资产阶级的现实利益，直接反映资产阶级眼前的要求和愿望。[③]

有的论者则指出，民族资产阶级中下层是革命派的阶级基础。他们从"手工业作坊主和中小商人转化而来"，对帝国主义、封建势力不满，强烈要求独立发展资本主义，但又具有较大妥协性，很

---

① 丁日初：《上海资本家在辛亥起义及胜利后的积极表现》，《近代历史研究》，1983 年，第 1 期。

② 邱捷：《广东商人与辛亥革命》，《纪念辛亥革命七十周年学术讨论会论文集》（上册），中华书局，1983 年。

③ 朱英：《立宪派阶级基础新论》，《江汉论坛》，1986 年，第 5 期。

少有直接革命的实际行动，也难于产生能直接反映其历史要求的代表人物，因此不得不由革命派充当其"政治上的代表人物"。①

还有的论者认为，革命派的阶级基础主要是民族资产阶级下层，即"民间普通工商业者和已经上升起来的小企业家"，其中包括"一部分资产阶级思想的和小资产阶级的知识分子"②。

另还有论者指出，革命派的阶级基础首先是国内民族资产阶级中下层，同时也包括华侨资产阶级中下层。此外，国内和华侨中有可能上升到资产阶级行列的众多城乡上层小资产阶级，是革命派最为广阔而深厚的阶级基础。但是，作为革命派最优秀代表的孙中山，其"反映资产阶级激进部分的主张，实际上也为整个民族资产阶级提供最迅速发展的道路和最好的前途，从这一点，孙中山也是整个民族资产阶级的先进代表"③。

还有部分论者考察了辛亥革命时期资产阶级与革命派关系的实际状况，从不同侧面得出了一些结论。有的指出，从革命开始酝酿直至发展到高潮的长时期里，除少数个别人外，资产阶级作为一个整体，几乎与革命派没有发生什么联系，其多数甚至还对革命持反对态度。革命高潮时期也只有少数资本家真心实意对革命派予以支持，多数人仍观望不合作。当以孙中山为代表的革命派同以袁世凯为代表的反动势力进行最后决战时，广大资产阶级又拥袁倒孙。因此，辛亥革命时期资产阶级与自己的政治代表革命派之间，始终缺乏真正了解和沟通，两者在思想上和行动上均严重脱节。这一方面是因为革命派受客观条件的限制和主观认识的不足，没有在资产阶级当中做深入细致的动员启发工作；另一方面是因为中国特殊的经济结构和阶级构成，决定了资产阶级无法避免的妥协性和软弱性，缺乏应有的革命素质。④

有的论者集中论述了南京临时政府成立后资产阶级与孙中山及

---

①　金冲及、胡绳武：《辛亥革命史稿》，上海人民出版社，1980年，第36～38页。

②　范文澜：《范文澜历史论文选集》，第136～137页。

③　段云章：《关于资产阶级革命派阶级基础的几点探讨》，《纪念辛亥革命七十周年学术讨论会论文集》（上册），中华书局，1983年。

④　朱英：《辛亥革命时期的孙中山与资产阶级》，《近代史研究》，1987年，第3期。

袁世凯之间的关系，分析了孙中山让位的原因。他们认为南京临时政府得不到资本家拥护的重要原因之一，在于孙中山与资本家阶级之间的思想裂隙。资本家专注于自身直接利益，孙中山则不仅考虑资本家的利益，更着眼于国家和民族的利益。袁世凯属于正在向资产阶级转化过程中的官僚，资本家阶级与孙中山思想上的裂隙愈扩大，对袁世凯的期待就愈强烈，终至弃孙取袁。资本家阶级的这一错误抉择，是迫使孙中山让位的重要原因。①

资产阶级与立宪派的关系，争议比较明显的是其哪一部分充当了立宪派的阶级基础。多数论者认为，民族资产阶级上层是立宪派的阶级基础。有的指出，民族资产阶级上层具有两重性，"他们不愿完全同封建势力分离，并维护清王朝统治"，但又与清王朝有矛盾，希望清廷革新内政，推行君主立宪制，立宪派的政治主张正好反映了他们的意愿。②

近年来，有一种意见认为，立宪派的阶级基础是整个民族资产阶级。其主要理由是，武昌起义爆发前，不论是资产阶级上层还是中下层，参加或支持革命的毕竟是少数，不能代表其所属整个阶级或阶层对革命的态度。与此相反，支持立宪，讳言革命，则是资产阶级各阶层在武昌起义前基本的政治态度。③

这种观点目前在史学界尚未引起反响。持前一观点的论者近年也进一步阐明：肯定清末资产阶级上层的政治代表是立宪派，是指立宪派的主张、纲领或是章程、宣言之类，以及他们所进行的活动，确属体现了整个资产阶级上层的利益、意愿、要求和它所要实现的任务，而不是以若干上层人士对立宪所持的态度作为依据。④

关于资产阶级与清统治者之间的关系，即所谓官商关系的发展演变，史学界过去基本上未进行专门探讨，有关论著涉及这一问题时，大多强调官商之间的尖锐矛盾。近年来，有些论者进行了专门

① 韩明：《孙中山让位于袁世凯原因新议》，《历史研究》，1986年，第5期。

② 林增平：《略论民族资产阶级上层与清末立宪派》，《辛亥革命史丛刊》，第2辑，中华书局，1982年。

③ 朱英：《立宪派阶级基础新论》，《江汉论坛》，1986年，第5期。

④ 林增平：《革命派、改良派的离合与清末民初政局》，《历史研究》，1986年，第3期。

研究，提出了新的看法。

有的认为，辛亥革命前十年，官商仍然存在着沿袭已久的各种矛盾，但同时又发生了令人注目的新变化。由于清朝统治者对工商作用的认识发生了重大变化，并开始实行振兴商务、奖励实业等一系列经济变革措施，与资产阶级在某些方面有了一定程度的利益交汇，官商之间由此一度确立了前所未有的松懈联盟关系。不过，这一联盟并不稳固，到辛亥革命前夕即因多方面的原因趋于瓦解，并使官商矛盾激化至无以复加的尖锐程度。官商联盟的建立，促进了资本主义工商业的发展和商人社会地位的提高。官商联盟的瓦解，则是加速清王朝分崩离析的原因之一。①

有的通过清末商会的产生，论述了官商关系的变化。认为1904年以后商会的迅速发展，是官商合作的结果。商会同官府保持着密切的联系，并往往在官方支持下进行活动。当时，清政府与工商业资产阶级关系（即所谓官商关系）之紧密，超过了以前任何时期。"甚至可以这样认为，这时期的官商关系，主流不是对立和斗争，而是在振兴实业基础上的相互依赖和合作。"②

五　新式商人社团研究

新式商人社团是近几年史学界新开辟的一个研究课题，受到许多研究者的重视。目前，探讨较多的是商会。

关于商会的阶级属性，国内绝大部分论者都肯定它是资产阶级的社会团体。徐鼎新指出，商会是民族资本主义经济获得初步发展，民族资产阶级已经形成并开始成长起来，进而要求固结团体以"扩商权"的社会经济产物。从中国第一个商会组织——上海商业会议公所出现，它便是"真正代表工商界利益，是工商业者自己的团体"③。章开沅认为，"只有在商会成立以后，资产阶级才有了真

---

①　朱英：《清末"官商联盟初探"》，《中国社会经济史研究》，1986年，第3期。

②　王笛：《试论清末商会的设立与官商关系》，《史学月刊》，1987年，第4期；《试论晚清官商关系》，提交第二次近代中国资产阶级研究学术讨论会论文，1988年。

③　徐鼎新：《旧中国商会溯源》，《中国社会经济史研究》，1983年，第1期。

正属于自己的社团，有了为本阶级利益说话办事的地方"①。朱英也指出，清末各地商会基本上均以工商业者为主体所组成，是资产阶级的社团组织。他还进一步考察了某些商会的成员构成特点，例如在上海、天津、武汉等地的商会中，有少数兼有买办身份的民族资本家甚至以买办身份为主的人，而在另一些商会如苏州商会的成员中则无一买办。上海、天津、武汉等商会中，工业资本家所占比例相对而言比较大，而苏州商会中工业资本家人数甚少，领导权全部控制在商董手中。②

在论述与清末商会性质相关的其他几个问题时，论者之间出现了不同的意见。由于商会与官商两者均存在着密切联系，国外有的学者断定"商会是官办的组织"。国内学者中有的也指出，"商会虽也算商人的组织，但他们一般来说并不能满足资本家参与政治的要求"。各商会的总理、协理及会长均受官府"札委"并"颁发关防"，俨然衙门，因而商会是"半官方机构"③。

另一种意见认为商会并非"官办"或"半官方机构"，而完全是商人自己的社团。设立商会的动因，就是因为原有的官办商务局仍是地道的封建衙门，为了振兴商务，必须改变"局为官设"的局面。商会创立伊始，便明确向工商界宣布商会不是衙署，还作出了一系列联合各行各业共同商讨兴利除弊、宜改宜革的规定，这些同官办的商务局是有根本区别的。④

还有一种意见认为，清末商会具有"官督商办"的性质特点，是带有一定"官督"色彩的商办民间社团。其官督色彩表现在，它是在官府谕允劝办的形式下始得以诞生并获得法律保障地位的，不仅在人事、权限等方面不同程度地受到清政府的束缚，而且在活动内容和方式上也承受着来自清政府特别是商部的某些监督限制。但是，不能过分夸大官府对商会的实际控制程度，否认其商办自治特征。商会领导人由商人自己推选，经费源于商人，用于商人，其具

---

① 章开沅：《就辛亥革命性质问题答台北学者》，《近代史研究》，1983 年，第 1 期。

② 朱英：《清末苏州商会历史特点试探》，《历史研究》，1990 年，第 1 期。

③ 邱捷：《亥辛革命时期的粤商自治会》，《近代史研究》，1982 年，第 3 期。

④ 徐鼎新：《旧中国商会溯源》，《中国社会经济史研究》，1983 年，第 1 期。

体活动远远超出清政府的限定。可以说，商会是一个有着相当自治权力的商办民间组织，商部并非直接操纵商会的领导机构，而是扮演着类似于监察机构的角色。①

关于商会与传统行会的异同，日本学者认为，商会仍具有行会特征，是扩大了的各业的联合性行会。我国的一些学者对此提出了不同的意见。

徐鼎新认为，商会内部之所以容纳行帮势力，是因为19世纪末20世纪初中国原有行会组织已发生若干变化，其头面人物对联合各业力量成立商会表示关切，行帮内部"已吸收了一些资产阶级商会的新血液，不少主张和措施在一定程度上表达了新兴资产阶级的要求"②。

马敏、朱英通过分析苏州商会的情况，对商会与行会的区别及其联系给予了全面说明。他们强调，近代的商会和传统的行会在某种意义上虽然可以说同属工商业机构，但商会的根本宗旨、基本职能、组织结构和总体特征等等，都与行会截然相异。因此，它并非从一业行会到各业联合行会的简单过渡，而是与行会性质根本不同的具有浓厚近代民主色彩的新型社会团体；但同时商会又保留着一些落后的残余，与会馆、公所存在着密切的联系和相互依赖性。这一方面是因为商会在某种程度上受到旧式行会组织形式的影响，另一方面也是旧式行会渐趋更新的结果。③

商团是引起史学界重视的另一种新式商人组织。皮明麻考察了武汉商团，认为商团是一种半武装性的组织，具有明显的政治性质。但武汉三镇的商团情况不尽相同，汉口商团具有纯商、纯民性质，支持革命的态度比较鲜明，武昌、汉阳的商团则由绅与商合办。④

沈渭滨、杨立强以上海为例，指出商团是商业资产阶级政治性

① 朱英：《清末商会"官督商办"的性质与特点》，《历史研究》，1987年，第6期。

② 徐鼎新：《旧中国商会溯源》，《中国社会经济史研究》，1985年，第1期。

③ 马敏、朱英：《浅谈晚清苏州商会与行会的区别及其联系》，《中国经济史研究》，1988年，第3期。

④ 皮明麻：《武昌首义中的武汉商会、商团》，《纪念辛亥革命七十周年学术讨论会论文集》（上册），中华书局，1983年。

的武装团体。在上海独立前，它既维护商业资产阶级行帮性利益，具有行帮武装的性质，又协助清政府维护上海的统治秩序，具有地方政治武装的色彩。在此之后，上海商团从清政府地方治安的补充力量，转变为清政府的对立物，成为上海辛亥革命中反清武装的一部分。① 吴乾兑提出了不同意见，认为上海商团是在民族危机日益严重的形势下，经过资产阶级革命党人的发动，由上海各行业的商团联合组成的统一武装团体。它胚胎于宋教仁等人准备组织的"义勇队"，具有反清爱国的意义。它不是清政府支援和扶植下的武装团体，而是革命派联合立宪派反对清政府高压政策的产物。②

朱英分析了苏州商团的情况，认为在性质上苏州商团与上海、武汉地区的商团一样，是以商人及其子弟为主体、由商业资产阶级上层控制的一种准军事组织。同时又具有以下特点：与商会的关系更为密切，在某种程度上可以说是商会的外围机构；组织比较细密，规章也较完备，是统一的一元化组织；是纯民间组织，不带有任何官方色彩。③

除商会、商团外，还有论者分别论述了清末按街区行政区划组织的苏州基层商办地方自治机构——市民公社、上海商人自治机构——上海城厢内外总工程局——上海城自治公所、商办文化教育类团体、商办消防团体和风俗改良类团体。④

关于商人社团在辛亥革命中的表现与作用，论者对商会和商团作了较多说明。以往的评价一般偏低，认为辛亥革命爆发时，除上海、无锡等少数城市的商会、商团为形势所迫而在不同程度上参加了起义活动外，大多数地方的商会和商团都对革命采取观望或敌视

---

① 沈渭滨、杨立强：《上海商团与辛亥革命》，《历史研究》，1980 年，第 3 期。

② 吴乾兑：《上海光复和沪军都督府》，《纪念辛亥革命七十周年学术讨论会论文集》（上册），中华书局，1983 年。

③ 朱英：《辛亥革命时期的苏州商团》，《近代史研究》，1986 年，第 5 期。

④ 章开沅、叶万忠：《苏州市民公社与辛亥革命》，《辛亥革命史丛刊》，第 4 辑，中华书局，1982 年；吴桂龙：《清末上海地方自治运动述论》，《近代史研究》，1982 年，第 3 期；朱英：《清末新式商人社团的兴起及其影响》，《中国经济史研究》，1989 年，第 4 期。

的态度。

近十年来，许多论者对商会和商团在辛亥革命期间的政治活动予以肯定。有的指出，武昌起义爆发前，有些商会领导就参与了一系列反帝爱国运动，特别是在抵制美货运动中，商会起了倡议、联络、推动和领导者的重要作用。而从抵制美货、收回利权、保路运动和辛亥革命的先后承接关系看，抵制美货运动可以说是辛亥革命的先兆。①

武昌起义爆发前，全国无一商会公开支持革命，但在此之后，许多商会、商团的态度发生了变化。对此，许多研究者也给予了充分肯定。有的指出，汉口商会支持武昌首义，迅速转向军政府，筹款济军，还成立商团协助维护社会治安，接应民军光复汉口、汉阳，支援和参加阳夏战争，在许多方面给了起义军及时而有力的支持。② 有的认为，上海商团参加了革命党人领导的光复上海的起义，并在其中发挥了一定的作用。例如在攻克江南制造局的战斗中，广大商团团员"奋勇前进，不稍反顾"；起义后维持上海地方治安；参加浙江联军攻宁战役等，作出了重要贡献。③

也有论者强调指出，对不同地区商会、商团对待革命的态度应作具体分析。各地区革命形势发展程度和阶级力量消长变化的不同，对商会政治动向是否转变以及转变到何种程度，有着决定性的影响。在革命党力量较强，并发动武装起义的武汉、上海、长沙等地，商会采取了支持甚至参与策划起义的激进态度；在革命力量比较薄弱的江西、苏州等地，商会主要是鼓动和平独立；而在封建势力未受到革命冲击而相对强大的北方，商会则继续与封建统治者沆瀣一气，反对革命。"不论是支持革命党起义，还

---

① 丁日初：《辛亥革命前的上海资本家阶级》，《纪念辛亥革命七十周年学术讨论会论文集》（上册），中华书局，1983 年；耿云志：《1905 年反美爱国运动中的资产阶级》，《近代史研究》，1985 年，第 1 期；朱英：《清末商会与抵制美货运动》，《华中师范大学学报》，1985 年，第 6 期。

② 皮明庥：《武昌首义中的武汉商会、商团》，《纪念辛亥革命七十周年学术讨论会论文集》（上册），中华书局，1983 年。

③ 沈渭滨、杨立强：《上海商团与辛亥革命》，《历史研究》，1980 年，第 3 期。

是从事和平独立，在当时都不同程度地声援了革命，加速了清王朝的覆亡。"①

　　还有的论者考察了清末的天津商会，指出辛亥革命爆发后相当长的一段时间里，天津商会对南方革命一直持谴责态度，把天津地区的各种经济恐慌的原因，都推到革命头上，而且很长时间不用民国年号，而用折衷的"壬子年"。此外，天津商会还反对南方革命军北上，深恐引起动乱，其落后性和保守性十分明显。②

---

　　① 朱英：《清末商会与辛亥革命》，《华中师范大学学报》，1988年，第5期。
　　② 胡光明：《论早期天津商会的性质与作用》，《近代史研究》，1986年，第4期。

附录二　开拓近代中国商人文化研究的构想

　　近些年来，文化史一直是最热门的研究领域之一。但是，对近代中国商人文化的探讨，迄今为止却仍然是一个空白。这种状况与商人在近代中国尤其是晚清时期的重要社会影响，是极不相称的。史学界已有学者依据档案文献与各种史料，说明晚清的商人已逐渐摆脱长期以来四民之末的卑微地位，通过各种方式控制和掌握了相当一部分市政建设权、民政管理权、公益事业管理权、社会治安管理权以及工商、文教、卫生等多方面的管理权，其势力和影响层层渗透扩展到社会生活的各个领域，成为城市社会生活中最有影响的在野社会力量。与此相应，商人文化对于当时整个社会的影响也格外突出。最近几年，笔者曾对晚清新兴商人进行过一些探讨，深感要全面了解当时商人的思想意识、社会活动及其影响，仅仅局限于以往单纯历史学的研究格局与狭隘视野是远远不够的，必须采取多层次、多学科交叉渗透的方法进行多视角的综合分析。其可尝试的方法之一，就是开拓近代中国商人文化研究。要开拓这一新的研究领域，首先必须弄清其研究对象和内容。我认为，近代中国商人文化研究的对象和内容大致应包括以下几个方面：

　　近代中国商人的宗教信仰　宗教是一种意识形态，它包括宗教信仰、宗教情感以及同这种信仰和情感相适应的宗教仪式和宗教组织。中国是一个多宗教的国家，除祖先崇拜外，还敬奉各种自然神和鬼怪英雄。手工业者和商人按行业区分，又各有其崇拜的保护神，如木业崇奉鲁班、鞋业敬拜鬼谷子、烛业祭祀关圣等等。遇祖师诞辰，必举行隆重的迎神赛会，以祭祀祝福。由于没有专门的宗教团体，公所、会馆等工商业行会性组织，兼而承担了有关的职能。公所、会馆往往既是成员汇集聚议工商之地，又是其共同祭神的场所，经济活动与宗教活动由此结为一体。

需要进一步探讨的是，近代中国商人的宗教信仰有哪些发展变化以及变化的动因与影响。一个明显的变化是不少商人开始信奉西方传入的基督教。法国学者白吉尔在其《中国资产阶级与辛亥革命》一书中指出："由于受西方思想意识和风俗习惯的影响，资产阶级的信仰和生活方式也与众不同。中国商人开始追求近代物质文明和精神享受，主要是受盎格鲁——撒克逊商人的影响。因此，他们普遍（也许是表面现象）信仰耶稣教。"[①] 美国学者 Shirley S. Garrett 通过对中华基督教青年会的考察，也说明商人与该组织有着密切联系，不仅是主要的经济资助者，有的甚至参与发起创办一些分会，并成为会中主要成员[②]。目前，应该着重分析近代中国商人对基督教的认识发展过程，考察其信奉基督教的诸多原因，并论述其是否与西方商人信奉基督教的方式仍存在差异，以及与其经济括动和社会活动的联系与影响。

近代中国商人宗教信仰的另一个发展变化，是过去崇拜诸神的传统心理日趋式微。特别是到晚清时期，许多行业虽仍然敬拜保护神，但仅仅是保留一种形式而已，逐渐失去往昔那种虔诚神圣的宗教信仰感情。新成立的商会、商团等为数众多的各类近代商人组织，都不再供奉各种传统的神灵；有的甚至明确称祭祀神灵的传统为落后迷信，加以摒弃。例如1905年成立的苏州商务总会在其章程中明文规定："一切迷信祈报之费，本会概不担任。"[③] 这些变化，反映了当时商人意识形态的变迁，很值得深入剖析。

近代中国商人的价值观念　价值观念可以具体分为人生价值观、经济价值观、道德价值观、审美价值观等等，它是个人、群体和社会用以衡量事物与行为的标准，直接影响乃至决定人的行为方式。因此，研究近代中国商人的价值观念，对于考察其在各个方面

---

① 《国外中国近代史研究》，第4辑，中国社会科学出版社，1983年，第47页。

② 《商会与基督教青年会》，载《两个世界之间的中国城市》，美国斯坦福大学，1914年。

③ 苏州商会档案，第3卷，第30页。

的所作所为都有着重要意义。概括地说，中国古代的商人与一般社会下层对自然与人生的价值观无明显区别，受儒家伦理传统影响极深，顺应自然和环境，多半是在敬天、尊祖、安分、知命的价值观下求生存。即使达到豪华富贵，一般也不会改变对自然与人生的价值观，甘于屈从不得做官甚至不得衣丝车马等苛刻的朝令。在重农抑商的整个社会价值取向制约下，封建社会商人的最终目标实际上不是致富，而是积累资金购买土地，成为地主并获取功名。

近代中国商人的价值标准、价值体系与价值取向则逐渐有所变化，他们意识到时代赋予自己的历史使命，开始谋求改善自己的环境，提高社会地位，不再一味顺应自然，听从命运摆布。晚清著名资本家张謇即曾指明，当时的商人对官府役吏的种种留难需索"不复如以前噤声忍受"。自由、平等、民主诸观念的萌发，也使商人不再完全依赖过去，迷信所谓权威，而要表达自己的意见，参与自己感兴趣的活动以及自由地改变生活方式等。另一方面，从社会价值观的角度看，无论是社会的、经济的、政治的或道德的价值观，近代商人虽都有不同程度的改变或处于改变过程之中，但也有某些方面受根深蒂固的传统影响极深而鲜有变化。例如近代商人仍普遍热衷于功名虚衔，崇尚所谓气节。他们致富之后，不惜重金通过捐纳获得各种各样的功名虚衔，借以提高自己的身价，跻身于"绅商"行列。还有许多商人"言商仍向儒"，虽投身于工商界多年，依旧时时注意不改所谓士大夫本色，讲求操行气节，崇奉明清之际的儒学大家，即如著名商人经元善所说："终身立志行事，愿学圣贤，不敢背儒家宗旨。"① 对此又应如何作出合理的解释，也需加强研究。

近代中国商人的家族与家庭　家族和家庭都包括有丰富的文化内容，如家族和家庭的结构、功能、成员关系等，与此相关联的还有家族和家庭中的婚姻问题。家庭是社会的基本单位，它的扩大即是家族，不同国家和不同历史时期家庭的结构、功能存在着很大差异。

近代中国商人的家族和家庭仍保留着不少的旧传统，但在许多方面也发生了变化。例如家庭结构及其规模，会因为商人远走他

---

① 虞和平编：《经元善集》，华中师范大学出版社，1988年，第238页。

乡，到大都市经营商业并定居而改变。家庭的功能也不再是集政治、经济、教育等各方面于一体。其政治功能显然已为新式商人社团所取代。商人子弟纷纷进入新式实业学堂甚至出国留学，使其家庭的教育功能日渐削弱。许多商人走出家庭参加各种社会活动，家族家庭成员间的关系也随之发生变化。特别值得深入探讨的是近代商人家族和家庭的经济职能。在近代中国，依然存在着"夫妻店"或前店后场的格局，但也出现了从事现代商业的大家族。其所经营的商店，采取资本主义性质的管理方式，而不是封建家长制的旧方法。如果对此进行深入考察，不仅可以从中发现近代商人家族和家庭的发展变化，而且将会使我们从新的角度对近代中国商业的发展特点得到更合乎实际的认识。所以，近代商人家族和家庭是近代商人文化中一个颇有学术价值的研究内容。

近代中国商人的生活方式　这里所说的生活方式，并非指商人的全部社会生活活动。从文化史的角度研究近代中国商人的生活方式，应侧重于衣食住行等生活习俗及各种文化娱乐生活。在近代，资本主义经济的产生发展和西方生活习俗的引入，使中国传统的生活方式受到前所未有的冲击，商人是受其影响较大的一个社会阶层。在衣食住行及文化娱乐方面，近代商人都有程度不同的变化。白吉尔考察有关史实后指出："无论是西服、楼房，还是驾驶汽车、轮船，总之，凡是新鲜事物，中国资产阶级都一概接受。"[1] 这里所说的"资产阶级"，主要是指商人。

白吉尔指出的这种变化，在清末民初中国一些大都市的上层商人中的确并不少见。但是也要看到，旧的价值观仍在一定程度上制约着商人的生活方式。例如20世纪初，天津新成立的商务总会即告诫商人应"遵节俭，尚素朴"。甚至要求商人"寻常出入上街办事及寻常聚会所用衣履，只准以布为之，不得用锦绣华丽之物"；日常饮食也"只准一饭一菜，不准甘脆肥浓，任意挥霍"[2]。尽管这些要求在实际生活中已难以完全办到，但它反映了儒家传统价值

---

① 《国外中国近代史研究》，第4辑，中国社会科学出版社，1983年，第47页。

② 《天津商会档案汇编（1903—1911）》（上册），天津人民出版社，1989年，第37～38页。

观对商人的生活方式依然有所影响,使得商人"犹抱琵琶半遮面",不敢公开赞扬和宣传自己的新生活方式。对此,我们应进行具体研究,不仅考察其各种表现,还应分析其深层次的心理变化,即生活观念的发展演变过程。

应注意的是,生活方式的发展变化与社会变革有着密切的关系。例如民国初年,"新礼服兴,翎顶补服灭,剪发兴,辫子灭……爱国帽兴,瓜皮帽灭"[①],如此种种,即是辛亥革命推翻帝制、创立共和,在社会生活方式领域带来的革新潮流。通过对近代商人生活方式发展变化的考察,可以从一个侧面了解其对新的社会风尚习俗乃至新的社会制度的态度,也可以探讨其在近代中国生活方式发展过程中所处的地位及其作用,有利于全面观照近代商人的整体社会风貌。同时,对于进一步深入认识近代中国的社会结构特征也不无裨益。

近代中国商人的心理结构 近年来,国内已有学者在这方面进行了可贵的探索。有的专文论述了近代中国商人的心理结构,认为在外层动态情绪方面,近代中国商人具有四个特点,即危机感、自重感、落伍感和归属感。普遍缺乏安全感,重新寻求稳定中心,构成其最本质的共同情绪特征。在内层心理特质方面,中国近代商人的心理结构具有某种新旧交叉融合、由旧趋新的特征,具体表现为由忍耐性向抗争性过渡,由封闭保守性向开放进取性过渡,由依赖性向独立性过渡。上述诸方面特征,构成了中国近代商人独具一格的过渡型心理结构[②]。这种新视角的探索,使我们对近代商人的了解进到更深的层次,同时也有助于对近代中国社会总体运动特点获致更全面深刻的认识。因为任何社会群体的心理变迁都有其现实社会历史土壤的根基,中国近代商人心理结构的特点,归根结蒂是受制于近代中国半殖民地半封建社会的诸种特征。另外,从近代中国商人心理结构的特点,还可发现中国资产阶级在反帝反封建斗争中表现出的种种妥协、稚弱的阶级品格,也与其缺乏强固成熟的心理结构不无关系。毫无疑问,近代商人心理结构不仅是近代商人文化

---

① 《新陈代谢》,《时报》,1912 年 3 月 5 日。

② 马敏:《中国近代商人心理结构初探》,《中国社会科学》,1986 年,第 5 期。

研究中的一个重要课题，而且对于其他相关学科有关问题研究的扩展也将起到推动作用。

近代中国商人的文化教育观　研究近代商人的文化教育观，应着重考察近代商人对中国传统文化教育的认识，对近代西方文化教育的态度以及与此相关的文化教育活动。近代中国的商人，大多数仍主要是受中国传统文化熏陶和旧式教育制度的培养而成长起来的，因而对中国传统的文化教育怀有很深的感情，常常情不自禁地发思古之幽情。但处在近代世界和中国急剧变化动荡的时代，面对西方文化的猛烈冲击和中国落后受辱的残酷现实，又使他们越来越对传统文化教育体制产生怀疑，转而注目和接受西方新式文化教育制度。作为对时代变迁比较敏感的商人，他们还逐步意识到发展近代文化教育，对于振兴民族工商业具有不可忽视的重要影响。他们有的阐明："商业之发达，由于开商智，商智之开通，由于设商学。"① 还有的呼吁："时至今日，所谓商战世界，实即学战世界。"② 基于以上认识，晚清的新兴商人积极参与创办新式学堂，成为推动近代教育发展的一支重要社会力量。不少商界知名人物，在教育会、学务总会或学务公所等新式民间教育组织中担任重要领导职务。在经济上，商人更是民办新式学堂不可缺少的主要资助人。

近代中国商人的思想意识　研究商人的近代思想意识，在某种意义上可以说是考察近代商人阶级意识的萌发增长过程。近代中国新式商人随着鸦片战争后开埠通商即开始逐渐产生，但当时尚处于从旧式商人向新式商人的初步转化过程之中，思想意识方面无明显变化。其近代思想意识的萌发增长，主要是在 19 世纪末 20 世纪初。应该特别强调，近代思想意识的萌发增长，是新兴商人逐步发展成为一支独立阶级队伍的重要标志之一。所以，它是近代中国商人文化研究中不应忽略的一个问题。

19 世纪末 20 世纪初商人近代思想意识的萌发增长，主要表现在以下几个方面：第一，民族主义爱国思想空前高涨。在民族危机日益严重的紧急关头，商人们开始将眼光从自己的身家财产移注于国家和民族的前途命运，大声疾呼，"凡我商人，宜发爱国之热忱，

---

①　苏州商会档案，第 43 卷，第 66 页。
②　苏州商会档案，第 3 卷，第 29 页。

本爱国之天良"①；有的还明确表示，"商兴则民富，民富则国强，富强之基础，我商人宜肩其责"。② 第二，国民权利思想和时代使命感日渐强烈。在长期的封建社会中，商人被贬为四民之末而横遭压抑，无任何权利可言。近代新兴商人开始意识到，"我辈同为国民"，应"合心协力，团结一气"。随着时代的变迁和重商思潮的兴盛，近代商人自卑心理也逐渐消除，萌发出强烈的时代使命感，将自己誉为社会的中坚，声称"论人数以商界为至众，论势力以商界为最优"③；他们还宣称："商人居中控驭，骎骎乎握一国之财政权，而农工之有大销场，政界之有大举动，逐悉唯商人是赖。"④字里行间尽管不无夸大之词，但却表明当时的商人已意识到时代赋予本阶级的历史使命。第三，联结团体、自治自立的思想明显增长。爱国之心和时代使命感促使商人对中国经济落后和自身涣散不群的态势深为忧虑："团体未立，势涣力微，有利不能兴，有害不能除，长此不变，恐有江河日下之势。"⑤ 他们迫切希望迅速改变这种状况，于是"合大群""固结团体"被紧迫地提上了议事日程。不少商人呼吁："四方同志，联络众诚，公益维持，和衷共济。"⑥在此思潮催生下，各种新式商人社团即如雨后春笋般在各地相继建立。另外，近代商人仍保留着不少旧的封建思想意识的残余，并且在某种程度上制约着其自身的社会活动，我们对此也应予以考察和分析。

近代中国商人的社会团体 商人社会团体能够反映商人文化各个方面的情况，它是联结商人个体的纽带，也是商人个体和群体的中介代表，体现着大多数商人的意愿，其言论和行动较诸商人个体更能全面地反映商人阶层的特征。

近代商人的社会团体既有会馆、公所等旧式组织，又有各种类型的新式团体，如商会、体育会、商团、市民公社等等。前者是封建社会中国行会的延续，后者则是资本主义经济发展、新兴商人力

---

① 《苏报》，1903 年 4 月 30 日。
② 《兴商为强国之本说》，《商务报》，1904 年，第 8 期。
③ 《为国会事公告海内外华商联合请求书》，《华商联合会报》，第 3 期。
④ 关百康：《粤商自治会函件初编》序言，广州中山图书馆藏。
⑤ 《萍乡商会简明章程》，《华商联合会报》，第 21 期。
⑥ 苏州商会档案，第 391 卷，第 14 页。

量成长壮大的产物，大多出现于 20 世纪初的晚清时期。在会馆、公所等旧式组织中，近代商人所保留的旧的文化传统因素有较多的反映。例如会馆、公所强调"联乡情"，"固行谊"，表现出狭隘封闭的地域和行业的排他性，缺乏近代开放特征。其内部的等级制度和宗法关系残余，也反映了浓厚的封建色彩。

但是也应注意，近代的会馆、公所并非与旧式行会完全相同。到晚清时期，许多会馆、公所内部也开始发生变化，出现了某些近代因素。例如 1907 年成立的苏州糖食公所，在组织形式上即与旧式公所有所不同，设立了总董和议董，规定所议事项须经总董酌核，同业中十分之六同意，"始可准行"①。1909 年苏州广货业唯勤公所成立"同业研究会"，提出以"联合团体，讲求保护自治"，"开拓风气，集思广益"为宗旨，设有议长、监议员、评议员、备议员、调查员等旧公所没有的职员，并一律经由"投票公选"，所议事项内容也明显超出了旧有行规议条所包含的范围。这些含有一定民主色彩的改革，使旧式公所在向近代同业公会转变的途程中迈出了第一步，也反映了近代商人由旧趋新走向近代化的发展方向。

在新型商办社团中，更明显地体现了商人近代文化的主导特征。就组织制度来说，新型商办社团如商会、商团、商学公会等，都拟定了会馆、公所所没有的详细规章，对会员的义务及权利作了明确规定，包括领导成员有徇私和偏袒行为，会员可联名禀控，要求将其撤换等。领导人由会员以无记名投票方式推选，得票数多者担任，每年改选一次，连选连任，但不得超过三届，这显然是一整套具有近代特征的民主选举程序。新型商办社团的近代民主气息，在其他许多方面也有反映。例如遇有重大事项，领导人不能专权独断，必须由全体议董或会员公议，并且规定须有应到会者半数以上参加才能开议，众议通过之后方能付诸实施。上述种种，与旧式行会组织内部壁垒森严的等级制和宗法关系相比，形成了截然不同的对照，当然，新型商办社团中也残留着某些旧的文化传统因素，与会馆、公所存在着比较密切的联系，我们对此应进行具体分析。

近代中国商人的经济活动 从文化史角度研究近代商人的经济活动，侧重点与一般经济史研究有区别，应着重探讨近代商人的企

---

① 苏州商会档案，第 14 卷，第 16 页。

业精神及素质、企业管理方式，企业人际关系以及与此紧密相联的其他问题。首先应该弄清楚，什么是企业家精神？近代工商业者的企业家精神有何特点？近年来，开始有一些研究者涉及这一问题。有的论者指出："处在当时特定的历史条件下，民族资本家阶级的企业精神，最突出的表现为其民族性与爱国心。"① 也有论者认为，民族精神是否是近代企业家精神的本质特征值得商榷，"各界人士都会有'民族性与爱国心'，有爱国心的人不一定必然具有企业家素质，而企业家素质同爱国心相结合，它会更加发扬"。② 这种看法具有一定启发性，表明近代企业家精神不仅包括一般所说的共同内涵，而且具有爱国心这一鲜明时代特征。还有论者认为："企业家精神是企业活动中作为精神支柱的一种力量，它具体表现为锲而不舍的事业心和自强不息的开拓创新改革精神。"③ 这是对企业家精神的概括描述，至于近代工商业者的企业家精神究竟包括哪些方面，每一个方面又应当如何归纳，还可以深入研究。

对近代商人经营管理方式的考察，应该从多角度、多层面进行分析。例如既可以与旧式商人的经营管理方式进行纵向比较，阐明其与传统方式的不同以及仍然存在的某些联系，又可以与欧美诸国近代商人的经营管理方式作横向对比，剖析相互之间的异同以及形成异同的各种原因。关于儒家传统教义对近代商人在企业经营管理方面的影响，也应进行深入细致的研究。例如重义轻利的儒家信条，对近代商人即有深刻影响：许多商人遵循"道义之可贵"的遗训，强调"讲信义以维商俗"④，不敢公开表示"孳孳以营利为心"，有的甚至"虽在市中，不敢争利"⑤。从道义上说这并不为错，但用于资本主义企业的经营则行不通。

---

① 徐雪筠：《近代上海民族资本家的企业家精神》，《上海研究论丛》，第 3 辑（上册），上海社会科学出版社，1989 年。

② 丁日初对上揭徐雪筠文的评论，《上海研究论丛》，第 3 册，上海社会科学出版社，1989 年，第 334 页。

③ 徐鼎新：《近代上海新旧两代民族资本家深层结构透视》，《上海研究论丛》，第 3 册，上海社会科学出版社，1989 年。

④ 《天津商会档案汇编（1903—1911）》（上册），天津人民出版社，1989 年，第 37 页。

⑤ 《徐愚斋自叙年谱》序。

在人际关系方面，近代商业企业中仍保留着比较浓厚的乡谊和宗族观念残余。前述商人家族和家庭问题时对此已有所论及，这种家族乡谊关系在近代商业企业中又加上了一层资本雇佣关系。传统家族乡谊关系与资本雇佣关系结合，在近代商业企业中形成了一种新的人际关系，其具体结合方式，所产生的影响，均应进行全面分析，不能一概斥为封建关系而加以全盘否定。在筹集企业资金、增强经济力量等方面，家族和乡谊关系有时也产生了某些积极作用。但仅囿于同族、同乡的狭小范围，对企业发展也带来了不良后果，尤其是不利于引进同族同乡之外的人才。也有些商人在企业经营管理中打破了用人的乡谊地域界限，论才而定，表现出长远的经济战略眼光。

刊登在当时报刊上五花八门的商业广告，也是商人文化的一个重要内容。在近代，通过各种形式的广告推销商品，扩大企业的影响，这本身就是过去所没有的一种资本主义性质的经营方式。从广告内容、形式、风格的发展变化，可以看出商人经营商品种类、推销方式和知识水平等多方面的演变状况。

近代中国商人的政治参与　研究近代商人的政治参与，主要是考察其政治文化，内容包括近代商人的政治思想、政治活动及其政治影响等。近代中国的商人作为一个社会群体，在 19 世纪尚未公开地直接表达自己的政治要求，主要是通过资产阶级改良派反映其愿望。20 世纪初，随着民族资本主义工商业的发展，商人力量日趋壮大，近代思想意识萌发增长，他们开始直接投身于各种政治运动，提出了参与国家内政外交、改革封建君主专制制度等一系列政治要求。对于清政府丧权辱国的外交政策，广大商人表示了强烈的不满，并态度坚决地加以反对。例如在 1905 年反对中美工约的风潮中，商人通过商会的领导成为斗争的主导者。上海商人公开向清政府外务部声明，"此次约本必须寄予沪商公阅，方能由部画押"[1]；苏州商人也表示，"国民全体公认，方可签字，否则续约虽定，吾国民仍不公认"。[2] 这显然是要求在对外交涉中拥有发言权，因而有商人宣称，"此次抵制禁约，是我四百兆同胞干预外交之第

---

[1]　张存武辑：《光绪三十一年（1905 年）中美工约风潮》，第 248 页。
[2]　苏绍柄辑：《山钟集》，第 440 页。

一起点"。①

近代商人争取政治权利的另一个重要方式是控制地方自治权。自1904年东三省商人成立保卫公所以争取地方行政权，其他许多省份的商人也都纷纷创立自治机构或团体，如上海的城厢内外总工程局、苏州的市民公社、广州的粤商自治会等等。商界有识之士希望以此"合无数小团体成一大团体，振兴市面，扩张权利，不惟增无量之幸福，更且助宪政之进行"。② 1909年清政府颁行《城镇乡地方自治章程》，由上及下推行地方自治政策，这不仅使商人通过地方自治争取政治权利的活动取得合法化，而且为商人提供了更多的便利条件。考察有关史实，可知近代商人确实通过地方自治运动取得了比较可观的成效，控制和掌握了相当一部分城市市政建设和管理权。

当然，商人要想真正获得参政的权利，还必须从根本上改变封建君主专制制度。对于封建专制的种种危害，商人们不无认识，因而他们积极支持资产阶级立宪派发起的促使清廷速开国会、实施宪政的请愿运动，并选派代表赴京递交三份请愿书，以数十万商民的名义，从内政、外交、经济三个方面向清廷阐明速开国会的必要性和紧迫性，表现了商人强烈的政治要求，也扩大了立宪运动的声势。当清廷顽固拒绝各界人士请开国会的呼吁以及武昌起义爆发后，不少商人又转而支持革命运动，在各方面为加速清朝的覆亡起了积极作用。可见，商人的政治参与对近代中国政治格局的发展变化产生了一定影响。关于商人政治参与的思想、方式及其作用，还可与近代西方欧美国家的商人进行比较研究，通过具体对比将会使我们对近代中国商人的政治文化特点得到更为清晰的认识。

本文从以上诸方面对近代中国商人文化研究的具体对象作了简略介绍，主要是提出问题，希望更多的专家学者能就此提出见解，以便使之更臻完善。可以相信，近代中国商人文化研究不仅可以填补中国文化史研究领域中的一个空白，而且将会给中国近代史研究进一步向纵深发展提供一个突破点。

---

① 苏州商会档案，第295卷，第20页。

② 《苏州观前大街市民公社缘起》，《辛亥革命史丛刊》，第4辑，中华书局，1982年，第59页。

跋

在业师章开沅教授和刘望龄教授的引导下，从 1982 年读研究生开始，我即对近代中国早期资产阶级研究产生了浓厚的兴趣，并注意利用一些外出机会，在各地搜集有关史料，随时了解国内外研究动态，以便在前人研究成果的基础上，发掘出新的有价值的研究课题。研究生毕业后留校承担科研和教学工作，有幸继续得到业师的指导，从事有关问题的研究。

鉴于自己的学识与能力，最初的计划并非想写一部专著，只是以辛亥革命与资产阶级的关系为主线，列出若干问题，作系列专题研究。其中既有整体上的综合阐释，也有微观性的个案剖析。几年来，按照这个计划陆续撰写了一批论文，有的曾在《历史研究》、《近代史研究》和《中国经济史研究》等刊物上发表。后又作为一门课程，向研究生和助教进修班讲授，得到进一步补充。目前，国内尚无系统论述近代中国早期资产阶级的专著出版，故不揣浅陋，以数年的研究成果为基础，增加一些新的内容，最后撰成此书。

章开沅师以研究中国近代资产阶级的极深造诣而蜚声中外史学界。我在写作本书的过程中，经常得到他的指点，有些章节是在其具体指导下写成的，由此受益匪浅，特表衷心谢忱。

多年来，诸多师友也给予了我热情帮助。第十一章的初稿，是与学兄马敏共同撰写的。内人魏晏萍在工作繁忙的情况下，承担许多家务，尽量使我能集中精力从事学术研究。尤其是在书稿送出之后，出版社经过三审，提出了一些修改意见，而我却受美国基督教亚洲高等教育联合董事会的资助，赴香港中文大学作访问研究，马小泉兄在百忙之中抽出宝贵时间帮我进行删改和核查史料。没有这些帮助，本书是难以完成和顺利出版的。

　　有关近代中国资产阶级研究的起点，在国内外学术界已相当高。在此基础上进一步探讨新课题，提出新见解，对于我来说实在有点勉为其难。本书所论各个方面，都是一些不很成熟的想法，诚恳期望得到专家学者的批评教正。

作　者

1991 年 10 月于武昌华中师范大学

后　记

　　1911 年举世瞩目的辛亥革命爆发，迄今已整整 100 周年了。这场革命爆发的时间尽管距今已愈来愈遥远，但其重要意义与历史地位不仅未因此而被人们忽略，相反还越来越受到重视。百年以来，辛亥革命对中国近现代历史的发展演变，乃至在亚洲与整个世界所产生的重要影响，一直受到广泛的关注，海内外学界对辛亥革命的研究也可谓硕果累累。但在百年之后，以"百年"之眼光对辛亥革命重新加以审视和探讨，当会在原有研究的基础上获取许多新的认识，取得更多新成果。

　　华中师范大学中国近代史研究所（原名历史研究所），是我国恢复学位制度后的首批中国近现代史专业博士学位授权点和国家级重点学科，也是教育部人文社会科学重点研究基地。多年以来，研究所在首任所长、著名历史学家章开沅先生（现为本所名誉所长）的率领下，在辛亥革命史研究方面取得了一系列突出成果，荣获多项国家级与省部级优秀科研成果奖，受到国内外近代史学界的高度重视与好评，由此成为国内外公认的辛亥革命史研究重镇之一。2009 年，研究所又承担了教育部哲学社会科学研究重大项目"辛亥革命的百年记忆与诠释"和湖北省人文社会科学专项重大项目"辛亥革命史事长编"的研究任务，此外还承担了多项有关辛亥革命的省部级课题。

　　为了纪念辛亥革命 100 周年，在华中师范大学出版社的大力支持下，研究所与出版社通力合作，决定倾全力推出这套 30 种的大型"辛亥革命百年纪念文库"。文库所收之书籍主要分为两大系列，一为学术研究系列，包括新出版的学术著作和部分以前出版经修订的专著，还有曾任研究所所长的刘望龄教授的 80 万字遗稿《辛亥首义与时论思潮详录》；二为人物文集系列，包括新编和原已出版的两类。由于操作方面的困难，本研究所研究人员主持编写的近 500 万字的《辛亥革命史事长编》，章开沅先生主持修订的三卷本《辛亥革命史》，以及另外几本相关学术著作，均未收录在本文库之内，而是由其他出版社出版。因此，这套文库虽然已达 30 余册，但仍不能体现近 30 年来研究所在辛亥革命史研究方面的全部成果。

尽管如此，"辛亥革命百年纪念文库"的出版仍十分不易，除研究所全体研究人员以及特邀之校外学者全力以赴的共同努力之外，还得到了华中师范大学出版社以及其他各方面的大力支持与合作，否则在时间如此紧张的情况下，将很难完成这一艰巨的任务。

"辛亥革命百年纪念文库"能够得以出版，应该感谢教育部社会科学司的鼎力支持与鼓励。2009 年，研究所全体研究人员经数次开会讨论之后，确定以"辛亥革命的百年记忆与诠释"为题，撰写一部多卷本学术著作，作为向纪念辛亥革命 100 周年的学术献礼。当年 11 月，我赴京参加社会科学司组织的全国高等学校人文社会科学重点研究基地主任会议，专门向张东刚副司长介绍这一研究计划，希望得到社会科学司的支持，张东刚副司长对该选题当即给予充分肯定。不久之后，"辛亥革命的百年记忆与诠释"被列为教育部哲学社会科学研究重大委托项目。除此之外，张东刚副司长当时还建议我们在辛亥革命百年纪念之际，将正在编撰的系列新著与资料，与先前已出版但受到国内外近代史学界关注的重要著作与史料书籍修订之后，汇集在一起共同出版，此乃出版"辛亥革命百年纪念文库"的最早动议。

随后，我将这一计划向章开沅先生作了汇报，他认为这是一个很好的设想，于是即与华中师范大学出版社社长范军先生商议出版事宜。我校出版社的范军社长和段维总编辑都是颇具学术眼光的出版人，多年来一直十分支持研究所辛亥革命研究著述的出版。此次虽在出版社进行改制面临较大经济压力的情况下，两位出版社领导仍是一拍即合，决定克服重重困难承担出版"辛亥革命百年纪念文库"的任务。在确定出版这套文库而进入实际操作阶段之后，其间还曾出现过一些先前未曾预料到的变故，几乎使早先设想的计划难以按时全部完成。此时，依然是范军社长与段维总编辑勇于担当，严定友副总编辑、冯会平主任以及出版社全体编辑共同努力，才使原定计划得以继续实施。因此，华中师范大学出版社对于这套文库的顺利出版，发挥了至关重要的作用。

作为"首义之区"的辛亥革命史研究，湖北省和武汉市政府也一直给予了支持和帮助。在纪念辛亥革命100周年到来之际，省市领导当然会更加重视。尤其是湖北省常务副省长李宪生先生，对我们研究所有关辛亥革命的研究计划与"辛亥革命百年纪念文库"的出版特别关注。研究所向湖北省政府专题报告研究设想与文库的出版计划，得到了省政府的大力支持和经费上的宝贵资助。

此外，国家新闻出版总署也对这套文库的出版给予了大力支持。2010年，经过专家评审通过，"辛亥革命百年纪念文库"学术研究系列列入了国家出版基金资助项目。由此不仅提高了文库的出版档次，也在一定程度上缓解了出版社面临的经济压力。

这套文库最终能够顺利出版，使我近两年始终处于不安状态的一颗心得以平安踏实下来。两年来，由于在实际操作过程中不断有这样或那样的问题出现，有的问题甚至非常棘手，一度使人丧失了信心，所以我一直都担心这套文库不能如期顺利出版。个人为之付出的心血尚不足道，更为担心的是有负于历史和时代赋予的使命，对不起我所在的研究所多年来在国内外享有的辛亥革命史研究重镇的声誉。现在，这套文库虽然仍存在着诸多不足之处，但终于顺利出版了，值得庆贺。在此需要感谢的单位与个人太多，难以一一列举，只能一并致以最诚挚的谢意。

最后，还有几个具体问题需要说明。

第一，收入该文库的部分早期出版的学术著作，现虽经修订补充，但由于当时在注释的完整性要求上，与现今相比较并不十分严格，甚至可以说不完全合乎学术规范。对于这种情况，各书作者尽量进行了补充，力图按照现在的规范要求，使注释达到完整的程度，但因客观条件所限，仍有少数注释没有达到这一要求，敬请读者谅解。

第二，现在重新修订出版的学术著作中，有些作者对相关问题的认识和结论已有所变化，有的甚至存在着较大的差别，但大多对此并没有作明显的改动。这一方面是因为时间紧张来不及作更多的修改，另一方面从中可以看出作者从事相关学术探索的发展历程，甚至能够在一定程度上从某个侧面具体地体现辛亥革命史研究不断深入和不断进步。

第三，各书所收录的时人文章、演说词、诗词等各类文字作品，都具有史料性质与价值，其中也难免带有那个时代的烙印与痕迹，用字用词习惯、数字用法与现今的著录和编校规范（如 2010 年出版的《现代汉语词典》第 5 版、1995 年颁布的国家标准《出版物上数字用法的规定》等）有些不同，有的甚至存在某些"政治性"的问题，但为了尊重历史原貌，保持史料的完整性，便于学术研究，一般都未予以删改，请读者和研究者阅读和使用时注意鉴别。

第四，需要特别说明一点，所谓辛亥人物也并非局限于革命志士，而是包含更为广泛的范围。对于那些中间流派的甚至是旧营垒人物的诗文，只要是在历史上产生过较大影响，或者对于史事与社会情况记载较为翔实而确有参考价值者，也在这套丛书收容之列。因为革命运动决非是革命党人的孤立行动，它是在错综复杂的社会关系与各种矛盾中产生与发展起来的，所以也有必要研究其他各种营垒与各种类型的人物，才能对辛亥时期的历史获致更为全面而深刻的理解。

朱　英

2011 年 5 月 16 日于武昌